KB129786

이 책을 먼저 읽은 독자들의 찬사

읽는 내내 숨쉬기조차 어려웠다. 지옥 같은 환경에서 '깜둥이' 소리를 들으며 고등학교도 간신히 졸업한 뚱보 청년이 어느 날 거울 앞에서 자신을 마주한다. 3개월 만에 48킬로그램을 감량하고 네이비 실 지옥주 훈련을 극복한다. 이후 100마일 이상의 울트라 마라톤, 육군 레인저 스쿨, 세계 최고 턱걸이 기록까지 온몸이 부서지고 터지는 한계를 하나씩 돌파해낸다. 차별이든 비극이든 가난이든 우울증이든 이혼이든 비만이든 우리 앞에 어떤 장애물도 이 저자만큼은 아닐 것이다. 이에 어떤 핑계도 댈 수 없다. 이 책을 통해 우리는 현실에 직면하고 고통을 극복하고 잠재력을 끌어내는 법을 배울 뿐 아니라 궁극적으로 나를 주저앉히는 것은 바로 나이며, 바로 내가 내 삶의 주인임을 깨닫게 된다. 돈과 성공의 비법을 설파하는 수많은 알량한 자기계발서가 범람하는 이 시대! 처절함과 고통의 한계 극복이 생생하게 다가오는 진짜 자기계발서다.

_신수정(KT 엔터프라이즈 부문장, 『일의 격』 저자)

지금껏 숱하게 '이만하면 됐다'고 안주해버린 날들을 뼈저리게 반성하게 된다. 그동안 우리는 자신의 가능성을 무시한 채 너무 쉽게 포기하고 삶을 정당화하며 살아온 것은 아닐까. 저자는 극한의 상황 속에서도 최고의 성과를 만들어내며 인간의 무한한 가능성을 몸소 증명하고 있다. 우리가 포기하는 이유는 '나는 여기까지'라고 생각하기 때문이라고, 그 순간에도 우리에게는 60퍼센트의 잠재력이 남아 있다는 사실을 일깨워주는 최고의 자기계발서다.

_김유진(변호사, 『나의 하루는 4시 30분에 시작된다』 저자)

현재의 삶에 만족하며 사는 이가 얼마나 될까? 이 책은 내가 나의 결핍과 고통을 진실하게 마주하도록 하여 그것이 더 이상 장애물이 아님을 일깨워준다. 두려움을 동력으로 바꾸어 한계를 뛰어넘는 법을 그는 몸소 보여준다. 어려운 환경과 조건에 발이 묶여 스스로 꿈을 포기한 이 시대에 많은 청년들이 이 책을 통해 자유롭게 달려 나갈 수 있길 바란다. 그의 이야기를 듣고 나면 더 이상 '시간이 없어서', '타이밍이 안 좋아서', '출발점이 달라서'라며 실패의 이유를 댈 수 없을 테니까.

_드로우앤드류(유튜브 크리에이터, 『럭키 드로우』 저자)

데이비드 고긴스는 순수한 의지와 영감을 가진 인물이다. 그의 이야기를 듣는 것만으로도 산을 뛰어오르고 싶은 의욕이 솟는다. 나는 고긴스 같은 사람들 덕분에 세상이 바뀐다고 믿는다. '비범한 사람 중에 비범한 사람'이 되고자 하는 그의 목표는 우리가 진정한 잠재력을 발휘할 수 있는 영감이 된다. 나는 그를 만난 후 더 나은 사람이 되었다.

_ 조 로건('조 로건 이야기Joe Rogan Experience' 팟캐스트 진행자)

데이비드 고긴스는 무슨 일이 있어도 모든 목표, 모든 꿈을 실천한다. 그는 안전 지대에서 살지 않기 때문에 한계가 없다. 그는 정신만 단련한다면 육체는 무엇이든 감당할 수 있다는 것을 몸소 증명한다.

_마커스 러트럴(전 네이비 실, 「론 서바이버Lone Survivor」 저자)

현대 신경과학은 용기와 성공으로 가는 길은 고통과 두려움을 피하는 것이 아니라 포용하는 것이라고 가르친다. 이를 실제로 보여주는 산증인이 바로 데이비드 고긴스다. 그는 끊임없이 자기를 단련하며 감정이나 외부 조건, 동기부여 여부와는 관계없이 지속적으로 성과를 내고 자신의 뇌를 재구성하는 능력을 습득했다. 이 책은 그 방법을 알려준다.

_앤드루 D. 휴버먼(스탠퍼드대학교 의과대학 신경생물학 교수)

이 책을 다 읽을 때쯤이면 피해자의 사고방식에서 벗어나게 될 것이다. 이 재미있고 신랄한 회고록에서 분명히 밝히고 있듯이 실천은 전적으로 여러분에게 달려 있다. 심장에 구멍이 뚫린 이 남자의 말처럼, 인생에는 변명의 여지가 없고 더 열심히 노력해야 할 이유만 있을 뿐이다.

_짐 드펠라이스(「아메리칸 스나이퍼American Sniper」 공저자)

극심한 고난을 극복하고 이룬 성공을 보여주는 최초의 책은 아니다. 하지만 가장 설득력 있는 책 중 하나다. 역경을 이겨내고, 운동으로 위대함을 성취하고, 국가와 자선 단체에 봉사하고, 자신의 운명을 지배한 그의 이야기는 우리가 조금 더 높은 곳에 도달하고, 더 많은 것을 베풀도록 영감을 준다. 데이비드 고긴스는 '절대 포기하지 않는다'는 네이비 실의 정신을 모든 일에 적용한다.

_에릭 올슨(전 미국 특수작전 사령부 사령관)

이런 사람이 존재한다는 사실 자체가 삶에 영감을 준다. 모든 사람이 데이비드 고긴스처럼 살 수는 없겠지만 마음만 먹으면 그와 같이 될 수 있다는 것을 보여준다.

_켈리 슬레이트(서핑 선수, 11회 월드 챔피언)

'데이비드 고긴스라면 어떻게 생각했을까?' 그의 정신적 강인함과 철학으로부터 배운다.

_《포브스》

이 책을 읽은 뒤, 교훈이든 규칙이든 무엇이라고 부르든 간에 놀라움으로 가득 찼다.

_《옵서버》

소파에 앉아만 있는 이들을 당장 일어나게 하는 책!

_《커커스 리뷰》

나의 모든 결점이 장애물이 아니라 기회라는 것을 알려주는 책!

_아마존 독자 Gavin***

인생을 바꾸는 일을 진지하게 생각해보지 않았다면 이 책을 읽지 마시길.

_아마존 독자 Anto***

역경을 극복하고 깨지지 않는 정신을 발휘하도록 힘을 실어주는 최고의 필독서!

_아마존 독자 Josh***

한마디로 이 책은 삶을 바꾼다. 이전과는 전혀 다른 방식으로 동기부여가 될 것이다.

_아마존 독자 Alec***

피해자의 삶에서 나를 구원해준 이 책에 감사를 표한다.

_아마존 독자 Surg***

50대가 되어서 이 책을 읽은 것이 안타까울 뿐이다!

_아마존 독자 Jere***

인생에서 더 나은 내가 되고 싶을 때마다 이 책을 펼친다.

_아마존 독자 Jess***

생생하고 현실적이며 잔인할 정도로 정직한 이야기. 누군가가 당신의 엉덩이를 걷어차야 한다면 이 책을 읽어라.

_아마존 독자 Lind***

타인을 신경 쓰느라 인생을 낭비하는 이들에게 최고의 교훈.

_아마존 독자 Ashl***

이보다 동기부여 되는 책은 읽지 못했다!

_아마존 독자 momm***

인생에 대한 나의 관점을 송두리째 바꿔놓았다.

_아마존 독자 J***

마음이 멈추라고 하는 순간에도 우리가 어디까지 할 수 있는지 보여주는 훌륭한 이야기.

_아마존 독자 Amb***

당신을 강인하게 만들어 줄 최고의 책.

_아마존 독자 Kevi***

모든 자조를 버리고 이 책을 일 년에 두 번 이상 읽어라.

_아마존 독자 Kare***

이 책은 인생의 필수품이다. 당장 오늘부터 읽기 시작해라.

_아마존 독자 Nika***

이 감동적이고 멋진 이야기를 읽으며 미친 듯이 울고 웃었다. 그는 신이 보낸 전사다.

_아마존 독자 Todd***

이 책을 한마디로 어떻게 설명해야 할지 모르겠다. 한 가지는 확실하다. 모든 사람들이
이 책을 읽어야 한다!

_아마존 독자 Ja***

누구도 나를 파괴할 수 없다

일러두기

· 이 책은 국립국어원의 표준어규정 및 외래어 표기법을 따랐으나 일부 인명, 지명 등은 실제 발음을
  따랐다.
· 독자의 이해를 돕기 위한 옮긴이의 주석은 본문 내 괄호 안에 '-옮긴이'를 표기했다.
· 원서의 미국 단위계(무게, 높이, 크기 등)는 괄호 안에 미터법으로 변환하여 표기했다.

누구도 나를 파괴할 수 없다

인생이라는 극한의 전쟁에서 끝내 승리하는 법

CAN'T

HURT

ME

데이비드 고긴스 지음

이영래 옮김

웅진 지식하우스

내가 멈추는 것을 절대 허용하지 않을
내 머릿속의 위대한 목소리에 바친다.

차례

◦◦◦◦ 1장 성공의 연료 ◦◦◦◦
: 당신을 고통스럽게 하는 것은 무엇인가

◦◦◦◦ 2장 냉혹한 진실 마주하기 ◦◦◦◦
: 책임 거울 앞에서 현실을 직시하라

◦◦◦◦ 3장 편안함이라는 지옥 ◦◦◦◦
: 하기 싫은 일을 할수록 위대해진다

7장 40퍼센트의 법칙

: 내 안의 한계 조절기를 파괴하라

8장 생산성 극대화

: 실력을 폭발시키는 최적의 루틴을 찾아라

9장 레인저 리더십

: 한 번의 성공에 매몰되지 마라

작전 준비 명령

실시 시간: 365일 24시간

전투 편성: 단독 임무

상황: 지나치게 편하고 여유로운 삶을 사느라 자신의 진정한 잠재력을 미처 깨닫지 못한 채 죽을 위험에 처함.

임무: 사고의 틀을 깨부순다. 피해 의식은 영원히 버린다. 삶의 모든 측면을 온전히 자신 것으로 삼는다. 깨지지 않을 견고한 토대를 마련한다.

실행 내용:

a. 이 책을 처음부터 끝까지 읽는다. 그 안에 담긴 모든 기법을 익히고, 10가지 도전을 모두 받아들인다. 그리고 반복한다. 반복은 당신의 정신을 단련시킬 것이다.

b. 최선을 다했다면 괴로워야 정상이다. 이 임무는 기분을 띄우기 위한 것이 아니다. 이 임무는 더 나은 존재가 되고 세상에 더 큰 영향을 미치는 일에 관한 것이다.

c. 지쳐도 멈추지 않는다. 모든 것을 끝냈을 때 비로소 멈춘다.

분류: 이것은 영웅의 탄생에 대한 이야기다. 영웅은 당신이다.

지휘권자: 데이비드 고긴스

서명:

계급 및 직위: **전 네이비 실 수석 부사관**

들어가며

동기부여로 바뀌는
사람은 아무도 없다

당신이 정말 어떤 사람인지, 어떤 일을 해낼 수 있는지 알고 있는가? 분명 그렇다고 생각할 것이다. 하지만 당신이 믿는다고 해서 그게 사실인 것은 아니다. 나를 속이는 건 쉽다.

걱정할 필요는 없다. 당신만 그런 것은 아니니까. 어느 동네나, 어느 나라나, 전 세계 어디를 가나, 수백만의 사람들이 좀비처럼 퀭한 눈으로 안락함에 중독된 채 피해 의식에 사로잡혀 자신의 진정한 잠재력을 알아채지도 못하고 거리를 돌아다닌다. 내가 이렇게 잘 아는 이유는 항상 그런 사람들을 만나고, 그들의 이야기를 듣기 때문이고, 당신과 마찬가지로 나도 그런 사람들 중 하나였기 때문이다.

나에게도 아주 그럴듯한 변명이 있었다.

나는 운이 나빴다. 고장 난 채 태어나 집에서는 두들겨 맞고, 학교에서는 괴롭힘을 당하고, '깜둥이'라는 소리를 수없이 들으며 자랐다.

우리는 가난했다. 빈민을 위한 임대주택에서 정부 보조금으로 연명하며 금방이라도 우울증으로 질식할 것만 같았다. 나는 밑바닥 인생을 살았고 미래의 전망이란 한마디로 엿 같았다.

정말 바닥이 어떤 건지 아는 사람은 많지 않다. 나는 그게 어떤 것인지 정확히 안다. 그건 유사流砂(바람이나 물에 의해 아래로 흘러내리는 모래-옮긴이)와 같다. 이 모래는 당신을 집어 삼키고 놓아주지 않는다. 삶이 유사와 같다면 그저 부유하듯 살게 된다. 같은 선택을, 당신을 죽이는 손쉬운 선택을 반복하면서 말이다.

사실 우리 모두는 습관적으로 자신을 제한하는 선택을 한다. 그것은 뜨고 지는 태양처럼 자연스럽고 중력처럼 본질적이다. 우리의 뇌 배선은 그렇게 만들어져 있다. 동기부여가 헛소리인 이유가 여기에 있다.

아무리 뛰어난 격려의 말도, 자기 계발 비법도 임시방편일 뿐이다. 그것으로는 뇌의 배선이 달라지지 않는다. 당신 목소리를 증폭시키지도, 당신의 삶을 더 낫게 만들지도 않는다. 동기부여로 바뀌는 사람은 아무도 없다.

내 인생에 주어진 나쁜 패 역시 나의 것이다. 그 패를 바꿀 사람은 나뿐이다. 그래서 나는 고통을 추구했고 괴로움과 사랑에 빠졌다. 그리고 결국 세상에서 가장 나약한 멍청이였던 나 자신을 신이 창조한 그 어떤 사람보다 강하게 만들었다.

아마 당신은 나보다 훨씬 나은 어린 시절을 보냈을 것이고 지금도 꽤 괜찮은 삶을 살고 있을 것이다. 하지만 당신이 어떤 사람이든, 부모가 어떤 사람이든, 당신이 어디에 살든, 직업이 무엇이든, 돈이 얼마나 있든, 당신은 아마 진정한 자기 역량 중 40퍼센트 정도만 이용하고 있을 것이다.

부끄러운 줄 알아라.

우리 모두에게는 훨씬 더 많은 것을 할 수 있는 잠재력이 있다.

몇 년 전, 매사추세츠 공과대학에 패널로 초청받았다. 나는 학생으로 대학 강의실에 발을 들여놓은 적이 없었고 고등학교도 간신히 졸업했다. 그랬던 내가 청중에게 정신력에 대해 이야기하기 위해 미국에서 손꼽히는 유명 대학을 찾은 것이다. 토론 중 저명한 MIT 교수가 각자에게는 유전적 한계가 있다고 말했다. 정신력이 제아무리 강해도 깰 수 없는 아주 단단한 한계 말이다. 이 유전적 한계 앞에 정신력은 무력하다는 것이 그 교수의 말이었다.

그 자리에 있는 모든 사람이 교수의 생각을 받아들이는 것 같았다. 그도 그럴 것이 그는 정신력에 대한 연구로 유명한 종신 교수였다. 정신력은 그가 평생 연구한 분야였다. 하지만 그건 완벽한 개소리이기도 했다. 내가 보기에 그는 과학을 이용해 우리 모두에게 변명거리를 제공하고 있었다.

나는 입을 다물고 있었다. 똑똑한 사람들에게 둘러싸인 멍청이 같은 느낌이 들어서였다. 하지만 청중 한 명이 내 표정을 알아차리고 교수의 말에 동의하냐고 물었다. 그렇게 콕 집어 묻는데 망설일 생각은 없었다.

"정신력에 대해 연구하는 것 말고 정신력을 갖고 살아가는 것에 대해 얘기해보죠"라고 말하면서 교수 쪽으로 몸을 돌렸다.

"교수님이 말씀하신 것이 대부분의 사람들에게 해당되겠지만,

100퍼센트는 아닙니다. 늘 불가능에 도전하는 1퍼센트의 사람들이 있으니까요."

나는 경험을 통해 깨달은 것을 설명했다. 누구든 완전히 다른 사람이 될 수 있고 그와 같은 소위 전문가라는 사람들이 불가능하다고 주장하는 것을 이룰 수 있다고. 하지만 거기에 이르기 위해서는 온 마음과 의지와 단련된 정신이 필요하다고 말이다.

기원전 5세기 페르시아제국의 철학자 헤라클레이토스는 그 점을 정확히 알고 있었다. 전장에 대한 글에 그는 이렇게 적었다.

'전장에 있는 100명 중 10명은 거기 있어서는 안 될 이들이고, 80명은 인간 방패일 뿐이다. 다행히 9명은 싸울 줄 아는 진짜 병사다. 그리고 마지막 1명, 그가 바로 용사다.'

첫 숨을 쉬었을 때부터 당신에게는 죽을 자격이 생긴다. 또 자신의 위대함을 발견하고 단 하나의 용사가 될 자격도 생긴다. 앞으로 벌어질 전투에 채비를 갖추느냐는 당신에게 달렸다.

당신만이 당신 정신의 주인이 될 수 있다.

바로 그것이 자기 능력 밖이라고 생각하는 일을 성취하는 도전적 삶을 살기 위해 필요한 것이다.

나는 MIT 교수들 같은 천재는 아니지만 그 한 명의 용사다. 당신이 막 읽게 될 이야기, 개판이었던 내 인생 이야기는 자기 자신의 주인이 되는 입증된 경로를 알려줄 것이다. 그리고 당신에게 현실과 직면하여 자신을 책임지고, 과거의 고통을 극복하고, 두려움의 대상을 사랑하는 법을 배우고, 실패를 즐기고, 모든 잠재력을 끌어내고, 당신이 정말로 어떤 사람인지 알아낼 힘을 부여할 것이다.

인간은 학습과 습관과 스토리를 통해 변화한다. 이 책에서 당신은 몸과 마음이 투지로 움직여서 모든 역량을 발휘할 때 어떤 일을 할 수 있는지, 그런 상태에 어떻게 도달하는지 배우게 될 것이다. 투지를 가지고 움직일 때는 당신 앞에 무엇이 있든, 그것이 인종차별이든, 성차별이든, 부상이든, 이혼이든, 우울증이든, 비만이든, 비극이든, 가난이든, 그것이 당신의 변신을 위한 연료가 된다.

여기에 제시하는 단계들은 장애물을 없애고, 영광으로 빛나며, 지속적인 평화를 가져다주는 진화의 알고리즘이 될 것이다.

준비되었나? 이제 자신과의 전투에 나서야 할 때가 왔다.

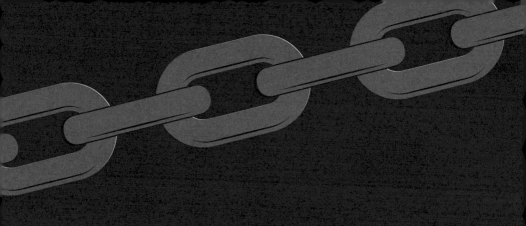

1장

성공의 연료

: 당신을 고통스럽게 하는 것은 무엇인가

현실이 목을 조를 때
이미 내 삶은 제대로 망한 포춘 쿠키가 되어 있었다.
쿠키를 열 때마다 나는 같은 메시지를 받았다.
'너는 실패할 운명이다!'

우리는 지옥에 살았다

1981년 어느 아름다운 동네에 지옥이 있었다. 윌리엄스빌은 당시 뉴욕주 버펄로에서 가장 세련된 주거지였다. 녹음이 우거지고 호감이 가는 이 안전한 거리에는 모범 시민으로 가득한 우아한 집들이 늘어서 있었다. 그곳에서 의사나 변호사, 철강 회사 임원, 치과 의사, 풋볼 선수 등이 사랑스러운 아내, 평균 2.2명의 자녀들과 함께 살았다. 아메리칸드림이 살아 숨 쉬는 곳이랄까. 지옥은 그곳 파라다이스 로드 한편에 있었다.

우리는 침실이 4개 있는 2층 흰색 목조건물에 살았다. 4개의 사각 기둥이 있는 현관은 윌리엄스빌에서 가장 넓고 푸른 잔디밭으로 이어졌고, 집 뒤쪽으로는 텃밭이, 그리고 차고에는 1962년식 롤스로이스 실버 클라우드Silver Cloud와 1980년식 메르세데스 450 SLC가 채워져 있었으며 진입로에는 신형 1981년식 검은색 콜벳Corvette이서 있었다. 파라다이스 로드의 모든 사람은 먹이사슬 위쪽에서 살았다. 이웃들은 겉모습만 보고 우리, 즉 행복하고 안정된 고긴스 가족이 그 맨 꼭대기에 있다고 생각했다. 표면이 번쩍일수록 진실은 더 쉽게 가려지는 법이다.

평일 아침 7시마다 우리는 집 앞에 서 있었다. 아버지 트루니스 고긴스는 키는 크지 않았지만 체구가 복서처럼 다부졌다. 그는 맞춤 양복을 입고 가족과 이웃을 향해 따뜻하고 환한 미소를 지었다. 어느 면으로 보나 출근하는 성공한 사업가였다. 아버지보다 열일곱 살 어린 어머니는 날씬하고 아름다웠으며, 형과 나는 다른 아이들, 다른 백인 아이들처럼 청바지와 아이조드Izod(패션 브랜드—옮긴이) 셔츠를 말쑥하게 차려입고 있었다. 그 부유한 미국 가정의 집 앞 진입로는 부모와 아이들이 직장과 학교로 가기 전 손을 흔들고 고개를 끄덕이는 모습을 연기하는 무대였다. 이웃들은 그들이 원하는 것만 봤다. 아무도 깊이 파고들지 않았다.

다행이었다. 사실 고긴스 가족은 인근에서 밤을 새우고 집에 막 들어오는 길이었다. 파라다이스 로드가 지옥이었다는 것은 내가 악마와 살았다는 뜻이다. 이웃들이 문을 닫고 집으로 들어가거나 그들의 차가 모퉁이를 돌아 사라지면 아버지는 미소를 지우고 도끼눈을 떴다. 그는 우리에게 지시를 내리고 잠을 청하러 집 안으로 들어갔지만 우리 일과는 아직 끝나지 않았다. 형 트루니스 주니어와 나는 가야 할 곳이 있었고 우리를 그곳에 데려다주는 것은 밤을 새운 어머니 몫이었다.

1981년 당시 나는 1학년이었다. 학교에서는 정신이 나간 채로 있었다. 공부가 어려워서가 아니라(적어도 그때까지는 아니었다) 깨어 있을 수 없어서였다. 선생님의 단조로운 목소리는 자장가였고, 책상 위에 올린 팔은 포근한 베개였으며, 선생님의 화난 음성은(내가 졸고 있는 것을 알았을 때) 반갑지 않은 요란한 알람 시계였다. 어린아이는 스펀지 같아서 언어와 생각을 초고속으로 빨아들여 토대를 만들고 그 위에 읽기, 쓰기, 산수같이 평생 사용해야 할 기술을 쌓아 올린다. 하지만 나는 밤에 일을 했기 때문에 아침에는 깨어 있으려 노력하는 것 외에 다른 것에는 도무지 집중할 수가 없었다.

휴식 시간과 체육 시간은 또 다른 의미의 지뢰밭이었다. 운동장에서는 정신을 차리는 것이 훨씬 수월했다. 문제는 숨기는 것이었다. 나는 셔츠가 빠져나오게 둘 수 없었다. 반바지도 입을 수 없었다. 멍은 드러내면 안 되는 붉은 깃발이었다. 혹 남의 눈에 띄면 더 많은 멍을 얻게 된다는 것을 알고 있었다. 그래도 운동장이나 교실에서만은 잠시나마 안전했다. 그의 손이 닿지 않는 장소였기 때문이다. 6학년인 형도 비슷한 생활을 했다. 상처를 숨겨야 했고 돈을 벌러 가기 전에 잠을 자둬야 했다. 하교를 알리는 종이 울리면 진짜 삶이 시작되기 때문이었다.

윌리엄스빌에서 이스트버펄로의 매스튼까지는 차로 30분쯤 걸리는 별로 멀지 않은 곳이지만 완전히 딴 세상이었다. 이스트버펄로의 도심에는 대부분 흑인 노동자들이 살았고 변두리는 범죄가 많은 동네였다. 그래도 1980년대 초반까지는 쓰레기 같은 빈민가는 아니었다. 당시에는 베들레헴 제철소가 건재했고 버펄로는 미국의 마지막 철강 도시였다. 도시에 있는 대부분의 남자는 흑인, 백인 할 것 없이 노조가 있는 건실한 직장에 다니며 생활비를 벌었다. 그것은 곧 장사가 짭짤했다는 의미였다.

그런 버펄로 지역에서 아버지는 스무 살에 이미 지역의 코카콜라 유통권과 배달 루트 4개를 확보했다. 그 나이 젊은이에게 꽤 큰 돈이었지만 아버지에게는 더 큰 꿈이 있었고 미래를 보는 눈도 있었다. 동네 빵집이 문을 닫자 그는 그 건물을 빌려 버펄로 최초의 롤러스케이트장 스케이트랜드Skateland를 만들었다.

10년 뒤 그 스케이트장은 페리 스트리트의 한 건물로 이전했다. 건물은 매스튼 심장부의 한 블록 전체를 거의 다 차지할 만큼 컸다. 아버지는 스케이트장 위층에 술집을 차리고 버밀리언 룸Vermillion Room이라는 이름을 붙였다. 1970년대 이스트버펄로의 명소가 된 그곳에서 어머니는 아버지를 만났다. 당시 어머니는 열아홉이었고 아버지는 서른여섯이었다. 어머니가 집을 떠난 것은 그때가 처음이었다. 어머니는 가톨릭 가정에서 성장했다. 목사의 아들이었던 아버지는 어머니 눈높이에 맞춰 신자 행세를 했고 어머니의 호감을 샀다. 어머니는 아버지의 매력에 완전히 빠져들었다.

1971년 형이 태어났고 1975년 내가 태어났다. 내가 여섯 살 때 롤러스케이트장의 인기는 절정에 달했다. 스케이트랜드에는 매일 밤 사람이 넘쳐났다. 우리는 보통 저녁 5시쯤 그곳에 도착했다. 형은 매점에서 팝콘을 만들고, 핫도그를 굽고, 냉장고를 채우고, 피자를 만들었고, 나는 스케이트를 크기와 종류별로 정리했다. 매일 오후면 나는 발판에 올라서서 스케이트에 분무형 탈취제를 뿌리고 고무 스토퍼를 교체했다. 탈취제의 연무가 머리 주위에 자욱했고 내

여섯 살 때 스케이트랜드에서.

콧구멍에서는 늘 탈취제 냄새가 났다. 눈은 항상 충혈되어 있었다. 하지만 늘 몸을 재빠르고 체계적으로 놀리려면 그런 것들에 신경 쓸 수 없었다. DJ 부스에서 일하는 아버지가 항상 지켜보고 있었기 때문이다. 스케이트가 하나라도 없어지는 날에는 끝장이었다. 문을 열기 전에는 내 키의 두 배가 되는 대걸레로 스케이트장 바닥을 윤이 나게 닦았다.

저녁을 허겁지겁 먹고 난 뒤 7시가 되면 문이 열리고 쇼가 시작되었다. 우리는 제자리에 있어야 했고 맡은 구역은 완벽하게 정리된 상태여야 했다. 아버지는 감독관이었다. 아버지가 DJ 부스에 들어서면 빅 브라더처럼 스케이트장 전체가 아버지의 시야 안에 들어왔다. 우리가 실수를 저지르면 불호령이 떨어졌다.

밝은 조명 아래에서는 별 볼일 없는 곳이었지만 조도를 낮추면 무대조명이 스케이트 링크를 붉게 물들이고 돌아가는 미러볼에 반사되면서 디스코 스케이트의 환상을 자아냈다. 평일 밤이나 주말이면 수백 명이 스케이트를 타러 왔다.

나는 혼자 스케이트를 빌려주며 대여소 전체를 관리했다. 발판을 목발처럼 가지고 다녔는데, 그게 없으면 손님들에게 내 얼굴이 보이지 않았다. 큰 스케이트는 카운터 아래 있었지만 작은 스케이트는 너무 높은 곳에 있어서 선반을 기어올라야 했다. 손님들은 그 모습을 보고 웃음을 터뜨렸다. 어머니는 스케이트랜드의 유일한 캐셔였다. 어머니는 모든 사람의 입장료를 받았고, 아버지는 입장하는 사람의 수를 헤아려서 수입을 계산했다. 그 때문에 문을 닫은 후 정산서를 확인할 때 수입을 대략 알고 있었다. 돈은 빠짐없이 거기에 있어야 했다.

돈은 모두 아버지 것이었다. 나머지는 노동에 대한 대가를 한 푼도 받지 못했다. 어머니는 자기 이름으로 돈 한푼 가져본 적이 없었다. 어머니 이름의 신용카드도, 은행 계좌도 없었다. 아버지는 모든 것을 통제했고, 우리는 어머니의 현금 출납기에 돈이 부족하면 어떤 일이 일어나는지 잘 알고 있었다.

물론 스케이트랜드를 찾는 고객들 누구도 이런 사실을 알지 못했다. 그들에게 스케이트랜드는 가족이 소유하고 운영하는 꿈의 나라였다.

한두 시간은 부모들도 아래층에서 스케이트를 타거나 링크를 도는 아이들을 지켜봤다. 하지만 나중에는 어른들끼리 즐기러 위층으로 올라갔다. 사람들이 어느 정도 자리를 옮기고 나면 아버지는 DJ 부스에서 빠져나와 위층 사람들과 합류했다. 아버지는 매스튼의 비공식적인 시장이었고 뼛속까지 정치적인 교활한 사람이었다. 고객은 아버지의 목표물이었다. 사람들은 그 사실을 알지 못했다. 서비스로 술을 얼마나 내주든 다정하게 포옹을 하든 아버지는 어느 누구에게도 전혀 관심이 없었다. 고객은 모두 돈이었다. 무료로 술을 한잔 주는 것은 그 사람이 두 배, 세 배로 술을 더 팔아주리라는 것을 알기에 하는 짓이었다.

스케이트랜드는 보통 밤 10시에 문을 닫았지만 우리에게는 밤사이 해야 할 일이 있었다. 어머니와 형, 나는 지저분한 화장실에서 피에 젖은 탐폰을 치우고, 2개의 화장실에서 대마초 냄새를 빼고, 링크 바닥에서 박테리아가 득시글대는 껌을 떼내고, 매점 주방을 청소하고, 재고를 조사했다. 자정이 되기 직전 우리는 파김치가 되어 사무실로 들어갔다. 어머니는 머리를 맞대고 사무실 소파에 누운 형과 나에게 담요를 덮어주셨다. 천장은 베이스의 저음으로 흔들리고 있었다.

어머니에게는 아직 할 일이 있었다.

어머니가 바에 들어서면 아버지는 문 앞에서 손님을 맞이하거나 지하부터 2층까지 오르내리며 술을 나르도록 했다. 항상 잡일이 쌓여 있었고 어머니는 잠시도 쉬지 못했다. 그동안 아버지는 바 전체가 보이는 구석에서 어머니를 주시했다. 버펄로 출신의 가수로 아버지의 친한 친구였던 릭 제임스는 고향에 올 때마다 아버지의 술집에 들렀다. 가게를 찾는 유명인은 그만이 아니었다. 내셔널 풋볼 리그National Football League, NFL의 빅 스타인 O. J 심프슨과 버펄로 빌스의 동료들, 테디 팬더그래스와 시스터 슬레지도 단골이었다. 모르는 사람들이라고? 찾아보라.

내가 나이가 조금 더 들었거나, 아버지가 좋은 사람이었다면, 그런 유명인들과 함께했다는 데 자부심을 가졌을지도 모르겠다. 하지만 어린아이에게 필요한 것은 그런 삶이 아니다. 부모가 누구든, 그들이 무슨 일을 하든, 아이들은 적절하게 조정된 도덕의 나침반을 가지고 태어나는 것 같다.

일곱 살, 여덟 살만 되어도 무엇이 옳은지 그른지 알 수 있다. 공포와 고통의 한가운데에서 태어나도, 그런 식이어서는 안 된다는 것을 안다. 진실은 녹초가 된 정신에 가시처럼 와서 박힌다.

무시하기로 마음먹어도 낮과 밤이 하나의 흐릿한 기억으로 합쳐지는 동안 둔한 울렁거림이 항상 그곳에 남는다.

끔찍한 폭력과 파괴된 가족

기억에 남는 순간이 있다. 이 순간은 아직도 뇌리에서 떠나지 않는다. 엄마가 예상보다 일찍 술집으로 올라갔다가 아버지가 어머니보다 열 살은 어려 보이는 여자와 다정하게 이야기하는 것을 발견한 날이었다. 아버지는 어머니의 시선을 느끼고도 대수롭지 않게 여기며 무시해버렸다. 어머니는 아버지를 쳐다보면서 조니 워커 레드 두 잔을 들이켜 마음을 진정시켰다.

어머니는 알고 있었다. 아버지는 캐나다 포트 이리 국경 너머에서 매춘부들을 몰래 데려왔다. 버펄로 최대 은행의 대표가 소유한 여름 별장은 종종 아버지가 운영하는 매춘굴이 되었다. 아버지는 대출할 때면 버펄로의 은행가들에게 자신이 데리고 있는 매춘부들을 소개했고, 대출은 통과되었다. 어머니는 그 젊은 여자가 아버지가 늘 만나는 여자들 중 하나라는 것을 알고 있었다. 이전에도 그녀를 본 적이 있었다. 스케이트랜드 사무실 소파에서 그들이 몸을 섞는 것을 본 적도 있었다. 거의 매일 밤 아이들을 재우는 그 소파에서 말이다. 그들이 함께 있는 것을 발견한 어머니에게 그 여자는 미소를 지었다. 아버지는 신경도 쓰지 않았다. 어머니가 모르고 있었던 건 아니지만 직접 눈으로 보면 더 상처가 되는 법이다.

자정 무렵 어머니는 경비원 한 명과 차를 타고 은행으로 가고 있었다. 그는 어머니에게 아버지를 떠나라고 설득했다. 그날 당장. 그는 무슨 일이 일어나고 있는지 알았던 것 같다. 어머니도 모르지 않았지만 도망칠 수 없었다. 독립할 수단이 전혀 없었고 우리를 아버지 손에 남겨둘 수 없었기 때문이다. 아버지가 혼인신고를 거부했기 때문에 어머니는 부부 공동재산에 대한 권리도 없었다. 그때쯤에야 어머니가 막 풀어보려던 문제였다. 어머니는 독실한 중류 가정 출신이었고 항상 행실이 발랐다. 아버지는 그에 대해서도 화를 냈고, 자기 아이들의 어머니보다 창녀들을 더 소중하게 여겼다. 그렇게 아버지는 어머니에게 올가미를 씌웠다. 어머니는 혼자서는 아무것도 할 수 없었다. 떠나려면 빈손으로 떠나야 했다.

스케이트랜드에서는 좀처럼 푹 잘 수 없었다. 사무실이 댄스 플로어 바로 밑에 있어 천장이 심하게 흔들렸기 때문이다. 그날 밤 어머니가 사무실에 걸어 들어왔을 때 나는 깨어 있었다. 어머니는 미소를 지었지만 눈에 눈물이 고여 있었다. 어머니가 나를 부드럽게 안아 들었을 때 숨에서 났던 스카치 냄새를 기억한다. 어머니를 따라 들어온 아버지는 술에 취해 있었고 짜증이 좀 난 상태였다. 그는 내가 자고 있던 소파 쿠션 밑에서 권총을 꺼내(똑바로 읽은 게 맞다. 여섯 살인 내가 잠을 자던 쿠션 밑에 장전된 총이 있었다!) 내게 내보이고는 미소를 지으며 바짓가랑이 안 발목 권총집에 집어넣었다. 다른 손에는 1만 달러에 가까운 현금이 든 갈색 종이 쇼핑백 2개가 들려 있었다. 그때까지만 해도 평소와 다를 게 없는 밤이었다.

부모님은 집으로 가는 차 안에서 한마디도 하지 않았다. 두 분 사이에는 팽팽한 긴장감이 흘렀다. 어머니는 오전 6시가 되기 직전에 파라다이스 로드 진입로에 차를 댔다. 우리 기준으로는 조금 이른 시간이었다. 아버지는 비틀거리며 차에서 내려 경보 장치를 해제하고 주방 테이블 위에 현금을 던져놓은 뒤, 위층으로 올라갔다. 우리는 아버지를 뒤따랐다. 어머니는 형과 나를 침대에 눕히고 내 이마에 입을 맞춘 뒤 불을 끄고 안방으로 들어갔다. 아버지가 어머니를 기다리며 가죽 벨트를 쓰다듬고 있었다. 아버지는 어머니가 눈을 부릅뜨는 것을 좋아하지 않았다. 사람들 앞에서는 특히 더.

"이 벨트가 너를 때리려고 텍사스에서부터 먼 길을 왔다고." 그가 조용히 말하고는 그것을 휘둘렀다. 그것도 버클 쪽으로. 가끔은 어머니도 저항을 했는데 그날 밤도 그랬다. 어머니는 대리석 촛대를 아버지 머리를 향해 집어 던졌다. 아버지가 몸을 피했고 촛대는 벽에 부딪혔다. 어머니는 욕실로 달려 들어가 문을 잠근 후 변기 위에 웅크리고 앉았다. 아버지는 문을 발로 차 열고 손등으로 어머니를 세게 쳤다. 어머니의 머리가 벽에 부딪혔다. 아버지가 어머니의 머리칼을 움켜쥐고 복도로 끌고 나올 때 어머니는 의식이 거의 없었다.

그때쯤 형과 나는 그 소리를 들었고 아버지가 어머니를 계단 아래까지 질질 끌고 가는 것을 지켜봤다. 어머니의 관자놀이와 입술에서 피가 흐르고 있었다. 어머니의 피가 내 마음속 도화선에 불을 붙였다. 그 순간 증오가 두려움을 눌렀다. 나는 계단을 뛰어 내려가 아버지 등에 올라타서 작은 주먹으로 등을 내리치고 눈을 할퀴었다. 방심하고 있던 아버지는 한쪽 무릎을 꿇으며 넘어졌다. 나는 아버지를 향해 울부짖었다.

"엄마 때리지 마!" 아버지는 나를 바닥에 내동댕이치고 벨트를 손에 든 채 내 쪽으로 성큼성큼 걸어오더니 어머니를 향해 돌아섰다. 그리고 살짝 웃음을 띠며 말했다.

"너, 깡패를 키우고 있구나?"

아버지가 벨트를 휘두르자 나는 몸을 공처럼 웅크렸다. 등에 멍이 드는 것을 느낄 수 있었다. 그때 어머니는 현관 근처 제어판 쪽으로 기어가 비상 단추를 눌렀고 떠나갈 듯한 경보음이 집 안을 가득 채웠다. 아버지는 동작을 멈추고 위층으로 올라갔다. 경찰이 오고 있었다.

어머니의 안도는 오래가지 못했다. 경찰들이 도착하자 아버지는 현관에서 그들을 맞이했다. 그들은 아버지의 어깨 너머로 몇 걸음 뒤에 서 있는 어머니를 봤다. 어머니의 얼굴은 부어 있었고 피딱지가 말라붙어 있었다. 하지만 당시는 지금과 달랐다. #미투#Metoo(SNS에 #Metoo라는 해시태그를 이용해 성범죄 피해 사실을 밝히며 심각성을 알리는 캠페인-옮긴이) 같은 건 없는 시절이었다. 경찰들은 어머니를 못 본 체했다. 아버지는 그들에게 아무 일도 아니라고, 가정교육이 좀 필요했을 뿐이라고 이야기했다.

"이 집을 좀 보세요. 제가 아내를 학대하는 걸로 보이나요? 전 아내에게 밍크코트며 다이아 반지를 사줍니다. 죽도록 일을 해서 아내가 원하는 거라면 뭐든지 사주는데 아내는 제게 대리석 촛대를 던지네요. 제가 버릇을 잘못 들였나 봐요."

경찰은 차까지 바래다주는 아버지를 낄낄대며 따라갔다. 그들은 어머니의 말을 들어보지도 않고 떠났다. 아버지는 그날 아침에는 어머니를 때리지 않았다. 그럴 필요가 없었다. 어머니는 정신적인 상처를 입은 후였다. 그때부터 법은 아버지 편에 서 있다는 사실을 깨달았다. 아버지에게는 얼마든지 사냥이 가능한 수렵 허가 기간이었다.

다음 한 해 동안 우리 스케줄은 크게 달라지지 않았다. 구타도 계속되었다. 한편으로 어머니는 작은 빛 조각으로 어둠을 덮으려고 애썼다. 스카우트가 되고 싶어 했던 나를 지역대에 가입시켜주었다. 어느 토요일 진한 남색 클럽 스카우트 셔츠를 입던 것이 아직도 기억난다. 제복을 입었다는 것이, 적어도 몇 시간 동안은 정상적인 아이인 척할 수 있다는 것이 자랑스러웠다. 어머니는 나와 문으로 향하면서 미소를 지었다. 내 자랑스러운 마음, 어머니의 미소는 그 빌어먹을 컵 스카우트 때문만이 아니었다. 그것들은 더 깊은 곳에서 올라온 것이었다.

우리는 암울한 상황에서 우리 자신을 위한 긍정적인 것을 찾으려 했다. 그것은 우리가 소중한 존재이고, 완전히 무력하지는 않다는 증거였다.

그때 아버지가 버밀리언 룸에서 돌아왔다.

"둘이 어딜 가는 거야?" 아버지가 나를 노려봤고 나는 바닥을 응시했다. 어머니가 목소리를 가다듬고 부드럽게 말했다.

"데이비드를 클럽 스카우트 모임에 데려가려고요."

"도대체 무슨 짓들을 하는 건지!" 나는 고개를 들었다. 내 눈에 눈물이 차오르는 동안 그는 웃고 있었다. "우린 경마장에 갈 거야."

한 시간도 되지 않아 우리는 바타비아 다운스Batavia Downs에 도착했다. 기수가 말에 연결된 경량 마차에 타고 벌이는 구식 하니스 레이스harness race가 펼쳐지는 곳이었다. 아버지는 입구에 들어서자마자 경마 신문을 집어 들었다. 어머니와 형과 나는 몇 시간 동안 베팅을 하고, 줄담배를 피우고, 스카치를 마시고, 자신이 건 말이 질 때마다 소란을 부리는 그를 지켜봤다. 그가 도박의 신에게 화를 내고 멍청이 같은 짓을 하는 동안 나는 사람들이 지나갈 때마다 가능한 한 눈에 띄지 않으려 몸을 움츠렸다. 하지만 눈에 띄지 않을 수 없었다. 스카우트처럼 차려입고 관중석에 있는 아이는 나뿐이었다. 내 제복은 가짜였다. 나는 스카우트가 아니라 스카우트인 척하는 아이였다.

아버지는 그날 수천 달러를 잃었고 집으로 오는 내내 그에 대해 떠들어댔다. 담배 때문에 목이 쉬어 있었다. 형과 나는 뒷좌석에 처박혀 있었고 그가 창밖으로 침을 뱉을 때마다 가래가 다시 차 안으로 들어와 내 얼굴에 달라붙었다. 내 피부에 닿은 그의 더러운 침이 독처럼 화끈거리며 증오심을 부추겼다. 될 수 있는 대로 눈에 보이지 않고, 눈을 피하고, 밖으로 돌고, 주목받지 않기를 바라는 게 매를 피하는 가장 좋은 방법이란 것은 오래전부터 알고 있었다. 수년에 걸쳐 우리 모두가 익힌 방법이었지만 나는 그 거지 같은 방법을 버리기로 했다. 더 이상 그 악마를 피해 숨지 않을 생각이었다.

그날 오후 고속도로로 들어서 집으로 향하면서 그는 계속 목청을 높였다. 나는 뒷자리에서 그를 노려봤다. '두려움을 이기는 신념'이라는 말을 들어본 적이 있는가?

내게는 두려움을 이기는 증오였다.

그는 백미러로 내 시선을 알아챘다.

"너, 뭐 할 말 있어?"

"우린 경마장에 가서는 안 됐어요."

형이 몸을 돌려 나를 보았다. 정신이 나갔다고 생각한 모양이었다. 어머니는 안절부절못했다.

"뭐라고? 한번 더 지껄여봐." 그가 천천히 말했다. 끔찍한 공포가 묻어났다. 내가 아무 말도 하지 않자 그가 나를 후려치려고 뒷좌석으로 손을 뻗었다. 하지만 나는 체구가 작았기 때문에 쉽게 피할 수 있었다. 그가 반쯤 몸을 돌리고 헛손질을 하는 동안 차가 이리저리 흔들렸다. 그게 화를 돋웠다. 그는 조용히 차를 몰면서 숨을 골랐다. "집에 도착하면 네놈은 옷을 벗어야 할 거야."

그는 심한 매질을 하려 할 때마다 그렇게 말했다. 피할 방법은 없었다. 나는 그의 말대로 했다. 내 방에 들어가 옷을 벗고, 복도를 지나 그의 방으로 들어간 뒤, 문을 닫고, 불을 끄고, 다리를 늘어뜨린 채 침대 모서리에 엎드렸다. 상체는 앞으로 뻗고 엉덩이를 보였다. 그것이 심리적, 육체적 고통을 극대화하기 위해 그가 설계한 방식이었다.

구타는 잔인했지만 더 끔찍한 것은 그걸 기다리는 일이었다. 내게는 뒤쪽 문이 보이지 않았다. 그는 시간을 끌며 내 두려움이 최대한 커지도록 했다. 그가 문을 열면 공포는 극에 달했다. 방이 너무 어두워 주변이 잘 보이지 않았기 때문에 벨트가 피부에 닿을 때까지 마음의 준비를 할 수도 없었다. 한두 대 때리고 마는 게 아니었다. 정해진 수가 없어서 언제 매질이 끝날지, 끝나기는 하는 건지 알 수 없었다.

매질은 한참 동안 이어졌다. 엉덩이에서 시작했다가 너무 따가워서 손으로 막으면 그는 허벅지를 때렸다. 손이 허벅지까지 내려가면 허리를 채찍질했다. 그는 수십 번 벨트를 내려친 후 숨이 차면 기침을 했다. 매질이 끝날 때쯤엔 온통 땀으로 번들거렸다. 내 숨도 거칠어져 있었다. 하지만 나는 울지 않았다. 그의 사악함은 너무나 현실적이었고 증오는 내게 용기를 줬다. 그 개자식에게 만족감을 주고 싶지 않았다. 나는 일어서서 그 악마의 눈을 바라본 뒤, 절뚝이며 방으로 돌아와 거울 앞에 섰다. 목부터 무릎 뒤 주름이 있는 곳까지 매질의 흔적에 덮여 있었다. 그런 뒤에는 며칠간 학교를 빠졌다.

계속 폭행을 당하면 희망이 증발해버린다. 감정은 억누르지만, 트라우마가 무의식적인 방식으로 독가스를 방출한다. 수많은 구타를 견디고 목격해온 어머니지만 그때 가한 폭행은 어머니를 끝없는 안개 속에 몰아넣었다. 나는 그 몇 년 전부터 어머니가 껍데기 속에 몸을 숨겼던 것을 기억한다. 어머니는 아버지가 부를 때 말고는 대부분 멍한 상태였다. 아버지가 부르면 어머니는 마치 노예처럼 움직였다. 어머니가 자살을 생각하고 있었다는 것은 몇 년 후에나 알게 되었다.

증오의 땅에서 벗어나기로 하다

형과 나는 고통을 서로에게 해소했다. 우리는 마주 보고 앉거나 섰고 형은 할 수 있는 한 세게 주먹을 휘둘렀다. 보통은 게임으로 시작했지만, 형은 나보다 네 살 많았고 힘이 훨씬 셌다. 그는 주먹에 모든 힘을 쏟았다. 내가 쓰러졌다 일어나면 그는 다시 때렸다. 할 수 있는 한 세게. 격투기 선수처럼 목청 높여 소리치는 그의 얼굴은 분노로 일그러져 있었다.

"하나도 안 아파! 그렇게밖에 못해?" 나도 맞받아쳤다. 나는 그가 줄 수 있는 것보다 더 큰 고통을 참을 수 있다는 사실을 알려주고 싶었다. 하지만 잠자리에 들고, 싸워야 할 전투가 없고, 숨을 곳도 없을 때면 나는 오줌을 쌌다. 거의 매일.

어머니의 매일은 생존의 교과서였다. 쓸모없다는 이야기를 너무 많이 들은 나머지 어머니는 그렇게 믿게 되었다. 어머니가 하는 모든 일은 아버지가 아들들과 자신을 때리지 않도록 비위를 맞추기 위한 것이었다. 하지만 어머니의 세상에는 보이지 않는 지뢰선이 있었다. 언제 어떻게 거기에 도달하는지 모르고 있다가 아버지에게 심한 매질을 당한 후에야 알게 되는 때가 있는가 하면, 사나운 매질을 당하기 위해 일부러 자신을 몰아세울 때도 있었다.

어느 날은 귀가 너무 아파서 학교에서 조퇴를 했다. 어머니 침대에 누워 있는데 왼쪽 귀가 참기 어려울 정도로 욱신거렸다. 통증이 느껴질 때마다 증오심이 치솟았다. 나는 병원에 가지 못하리란 것을 잘 알고 있었다. 아버지는 의사에게 돈을 쓰는 것을 허락하지 않았다. 우리에게는 보험도, 주치의도 없었다. 다치거나 아프면 견디라는 말을 들었다. 그는 자신에게 직접적인 이익이 되지 않는 한 어떤 것에도 돈을 내놓지 않았다.

30분쯤 후 어머니가 2층으로 올라왔다. 내가 몸을 바로 눕히자 목 옆으로 피가 흘러내려 베개가 온통 얼룩진 것이 보였다.

"안 되겠다. 엄마랑 가자."

어머니가 나를 일으켜서 옷을 입히고 차에 태웠다. 하지만 시동을 걸기 전에 아버지가 쫓아 나왔다.

"어디 가려는 거야?"

"응급실이요." 어머니가 시동을 걸면서 대답했다. 아버지는 핸들에 손을 뻗으려 했지만 어머니가 먼지를 일으키며 차를 출발시켰다. 격노한 그는 쿵쿵거리며 집 안으로 들어가 문을 쾅 닫고 형을 불렀다.

"아들, 조니 워커를 가져와!" 트루니스 주니어는 집에 있는 바에서 레드 라벨 병과 잔을 가져갔다. 그는 술을 따르면서 아버지가 술을 들이켜는 모습을 지켜보고 있었다. 한 잔씩 마실 때마다 술이 분노에 기름을 붓는 것 같았다. "너나 데이비드는 강해질 필요가 있어." 그가 악을 썼다. "나는 나약한 게이 새끼들은 키우지 않아. 조금 아플 때마다 의사를 찾아가면 그런 놈들이 되는 거라고. 알았어?" 형은 겁에 질린 채 고개를 끄덕였다. "너희는 고긴스 집안 남자들이다. 그런 병 따위는 이겨내야 해."

그날 나를 치료한 의사의 말에 따르면, 우리는 아주 적절한 순간에 응급실에 갔다. 염증이 너무 심해 조금만 더 버텼다면 왼쪽 귀의 청력을 완전히 잃었을 것이라고 했다. 어머니는 나를 구하기 위해 자신의 목숨을 걸었다. 우리는 어머니가 대가를 치르리란 사실을 잘 알고 있었다. 우리는 기분 나쁜 침묵 속에서 집으로 돌아왔다.

우리가 파라다이스 로드에 도착했을 때까지도 아버지는 주방 테이블에서 열을 올리고 있었고 형은 옆에서 술을 따르고 있었다. 트루니스 주니어는 아버지를 두려워했지만 한편으로는 그의 주술에 걸려 그를 숭배하고 있었다. 큰아들인 그는 아버지에게 좀 나은 대우를 받았다. 아버지는 형에게도 매질을 하긴 했지만 그의 뒤틀린 마음속에서 트루니스 주니어는 왕자였다. "네가 자라서 우리 집 가장이 되는 걸 보고 싶구나." 아버지는 형에게 말했다. "오늘 밤 너는 내가 진짜 남자라는 걸 알게 될 거다."

우리가 현관으로 들어선 순간부터 아버지는 어머니를 마구잡이로 때렸다. 형은 그 모습을 지켜볼 수 없었다. 구타가 폭풍처럼 몰아칠 때마다 그는 방에서 모든 것이 끝나기를 기다렸다. 그는 어둠을 외면했다. 진실은 그가 감당하기에 너무 무거웠기 때문이다.

여름이면 주중에는 아버지 눈에서 벗어나기가 쉽지 않았다. 하지만 형과 나는 자전거를 타고 가능한 한 오래 아버지에게 멀리 떨어지는 법을 배웠다. 어느 날 점심을 먹기 위해 집에 와서 평소처럼 차고를 통해 집으로 들어갔다. 아버지는 오후면 늘 깊이 잠을 잤기 때문에 붙잡힐 염려가 없다고 생각했다. 하지만 그것은 잘못된 생각이었다. 아버지는 편집광이었다. 그는 적을 꾀어내기 위해 갖은 음흉한 짓을 꾸미는 인간이었다. 우리가 집을 떠난 후 그는 경보 장치를 가동했다.

문을 열자 사이렌이 요란하게 울렸다. 속이 울렁거렸다. 벽에 붙은 채 움직이지도 못하고 있는데 발소리가 들렸다. 계단이 삐걱거리는 소리를 들으면서 망했다는 걸 느꼈다. 아버지는 갈색 가운 차림으로 식당을 가로질러 거실로 들어왔다. 권총을 겨누고 모퉁이를 돌아오고 있었다.

모퉁이를 돌자마자 5~6미터 앞에 서 있는 나를 봤지만 그는 무기를 내리지 않았다. 그러고는 총으로 정확히 내 미간을 겨냥했다. 나는 될 수 있는 대로 표정을 지우고 그를 똑바로 봤다. 마룻바닥에 못이 박힌 듯 움직일 수 없었다. 집에 다른 사람은 없었다. 마음 한쪽에서는 그가 방아쇠를 당기길 기대했다. 이때쯤 나는 살든 죽든 신경 쓰지 않게 되었다. 지칠 대로 지친 여덟 살 아이였다. 아버지를 무서워하는 것도 지겨웠고 스케이트랜드도 신물이 났다. 1~2분 후 그가 총을 내리고 위층으로 다시 올라갔다.

이제 파라다이스 로드에서 누구든 죽어 나가리라는 것이 분명해졌다. 어머니는 아버지가 그의 38구경 권총을 어디에 두는지 알고 있었다. 어머니가 시간을 맞춰 아버지 뒤를 따르기도 했다. 일을 어떻게 치를지 구상하면서. 어머니는 아버지와 다른 차로 스케이트랜드로 간 뒤, 아버지가 도착하기 전 사무실 소파 쿠션 아래에 있는 총을 꺼내고, 우리를 집에 일찍 데려온 후, 잠자리에 들게 하고, 현관 옆에서 총을 든 채 그를 기다린다. 그가 차를 세우면 어머니는 현관으로 나가 진입로에서 그를 죽인다. 시신은 우유 배달부가 찾을 수 있게 남겨둔다. 외삼촌들은 그러면 안 된다고 어머니를 설득했지만, 그들도 확실한 조치가 없으면 시체가 될 사람이 어머니라는 데 동의했다.

어머니에게 다른 방법을 알려준 것은 오랜 이웃이었다. 베티는 우리 집 건너편에 살았고 이사 간 후에도 어머니와 계속 연락했다. 베티는 어머니보다 스무 살이 많은 베티는 지혜로운 사람이었다. 그녀는 몇 주 전부터 탈출 계획을 세우라고 조언했다. 첫 단계는 어머니 이름으로 신용카드를 만드는 것이었다. 그건 어머니가 다시 아버지의 신용을 얻어야 한다는 뜻이었다. 아버지의 공동 서명이 필요했기 때문이다. 베티는 어머니에게 자신과 친하게 지내는 것을 비밀로 하라고 당부했다.

몇 주 동안 어머니는 기대감으로 눈을 반짝이는 열아홉 미인 시절처럼 아버지를 대하며 그를 속였다. 아버지로 하여금 어머니가 다시 자신을 숭배하게 되었다고 믿게끔 한 것이다. 어머니가 신용카드 신청서를 아버지 앞에 내밀자, 그는 기꺼이 그녀에게 약간의 구매력을 허락하겠다고 말했다. 신용카드가 우편으로 도착했을 때 어머니는 봉투 밖으로 딱딱한 플라스틱 모서리를 만지면서 안도감을 느꼈다. 신용카드는 마치 황금 티켓처럼 빛났다.

며칠 후 어머니는 아버지가 주방 테이블에서 형, 나와 아침을 먹으면서 전화로 친구에게 자신을 욕하는 것을 들었다. 그것이 시발점이었다. 그녀는 테이블로 걸어와서 이렇게 말했다. "나는 네 아버지와 헤어질 거야. 너희는 아버지 곁에 남아도 되고 나와 같이 가도 돼."

아버지는 어리둥절해서 말을 잇지 못했다. 형도 마찬가지였다. 하지만 나는 의자에 붙이라도 붙은 것처럼 벌떡 일어나 검은 쓰레기 봉지 몇 개를 집은 뒤 짐을 싸러 위층으로 올라갔다. 형도 결국 자기 물건을 챙겼다. 떠나기 전, 우리 넷은 주방 테이블에서 마지막 만찬을 가졌다. 아버지는 충격과 경멸이 담긴 눈초리로 엄마를 쏘아봤다.

"넌 가진 게 하나도 없잖아. 넌 내가 아니면 아무것도 아냐. 넌 배운 것도 없고, 돈도 희망도 없어. 넌 1년 안에 몸이나 팔게 될 거야." 그는 말을 멈추었다가 형과 나에게로 초점을 옮겼다. "너희 둘은 자라서 게이 새끼가 될 거다. 다시 돌아오는 건 꿈도 꾸지 마, 재키. 네가 떠나고 5분 안에 너를 대신할 여자를 데려다 놓을 거니까."

어머니는 고개를 끄덕이고 일어섰다. 어머니는 그에게 젊음과 영혼을 바쳤다. 그리고 마침내 그 관계를 마무리했다. 어머니는 최소한의 물건만 챙겼다. 밍크코트와 다이아몬드 반지도 남겨두었다.

아버지는 우리가 엄마의 볼보(그의 소유지만 전혀 타지 않은 유일한 차)
에 짐을 싣는 것을 지켜봤다. 자전거는 차 뒤에 묶여 있었다. 차가
천천히 집 앞을 떠났다. 처음에 아버지는 꼼짝도 하지 않았지만 나
는 차가 모퉁이를 돌기 전 차고로 움직이는 아버지를 봤다. 어머니
는 가속페달을 힘껏 밟았다.

어머니를 믿어보자. 어머니는 만일의 사태에 대비한 계획을 세워
두셨다. 어머니는 아버지가 미행할 것이라고 짐작했다. 그래서 부모
님이 사는 인디애나로 가는 고속도로를 타는 대신 아버지가 모르는
비포장도로를 따라 베티의 집으로 갔다. 베티는 차고 문을 열고 우
리가 도착하기를 기다리고 있다가 우리가 들어서자마자 문을 홱 잡
아당겨 내렸다. 아버지가 우리를 뒤쫓는다고 생각하며 콜벳을 타고
달리는 동안 우리는 아버지 코앞에서 밤이 되기를 기다리고 있었다.
밤이 되면 아버지는 틀림없이 스케이트랜드로 갈 것이라고 생각했
기 때문이다.

그런데 베티의 집을 떠나 버펄로에서 150킬로미터쯤 떨어진 곳
에서 낡은 볼보의 엔진오일이 새면서 일이 틀어졌다. 배기구에서
검은 연기가 마구 쏟아져 나오자 어머니는 공황 상태에 빠졌다. 모
든 것을 억누른 채 두려움을 마음속 깊숙이 쑤셔 넣어두었던 어머
니는 장애물이 나타나자 허물어져버렸다. 눈물이 어머니 얼굴에 기
다란 자국을 만들었다. 어머니의 눈은 접시만큼 커졌다. 집을 떠나
는 걸 원치 않았던 형은 돌아가자고 말했다. 어머니는 조수석에 있
던 내게 기대 어린 시선을 던졌다.

"어떻게 해야 할까?"

"가요, 엄마. 우린 도망쳐야 해요."

어머니는 인적 없는 주유소에 차를 댔다. 극도로 흥분하던 어머니는 공중전화로 돌진해 베티에게 전화를 걸었다.

"전 못하겠어요, 베티. 차가 고장 났어요. 돌아가야 해요."

"지금 어딘데요?" 베티가 차분하게 물었다.

"모르겠어요. 어딘지도 모르겠어요!"

베티는 주유소 직원을 찾아 전화를 바꾸라고 했다. 주유소 직원이 우리가 펜실베이니아 이리Erie 외곽에 있다고 설명했다. 베티가 직원에게 몇 가지 설명을 했고, 그는 수화기를 다시 엄마에게 넘겼다.

"재키, 이리에 볼보 딜러가 있대요. 오늘 밤은 호텔을 찾아서 묵고 내일 아침에 그쪽으로 차를 가져가요. 직원이 거기까지 갈 만큼 기름을 채워줄 거예요." 어머니는 듣고 있었지만 대답하지 못했다. "재키, 듣고 있어요? 내가 말한 대로 하면 괜찮을 거예요."

"네, 알겠어요." 감정적으로 지친 어머니는 겨우 속삭였다. "호텔, 볼보 딜러. 알겠어요."

당시에는 이리 시내에 괜찮은 호텔이 딱 하나 있었다. 홀리데이 인. 볼보 딜러십에서 멀지 않은 곳이었다. 형과 나는 어머니를 따라 프런트로 다가갔다. 그런데 더 나쁜 소식이 기다리고 있었다. 남은 방이 없다는 것이었다. 어머니의 어깨가 축 처졌다. 형과 나는 옷이 담긴 검은 쓰레기봉투를 들고 어머니의 양쪽에 서 있었다.

"회의실에 접이식 침대를 놔드릴게요." 직원이 말했다. "화장실은 저쪽에 있어요. 그런데 9시에 회의가 시작되니까 일찍 나오셔야 해요."

감사하게도 우리는 사무실용 카펫이 깔려 있고 형광등이 달린 회의실에서 잠을 잘 수 있게 되었다. 우리만의 연옥이었다. 서로 자일로 연결된 채 도망 중인 신세였지만 어머니는 포기하지 않았다. 어머니는 누워서 우리가 잠들 때까지 천장 타일을 응시했다. 그러고는 근처 커피숍으로 가서 불안한 눈으로 우리 자전거와 도로를 지켜봤다. 밤새도록.

우리는 문이 열리기 전부터 볼보 서비스 센터 밖에서 기다렸다. 덕분에 정비사들은 우리에게 필요한 부품을 조달해서 그날 일과가 끝나기 전까지 차를 고쳐주었다. 우리는 해가 질 무렵 이리를 떠나 밤새 달린 끝에 8시간 후 인디애나 브라질의 조부모님 집에 도착했다. 어머니는 해가 뜨기 전 낡은 목조 주택 옆에 차를 대고 눈물을 흘렸다. 나는 그 이유를 이해할 수 있었다.

그날의 일은 정말 의미심장하게 느껴졌다. 나는 여덟 살밖에 되지 않았지만 인생의 두 번째 단계에 와 있었다. 나는 그 작은 남부 인디애나의 시골 마을에서 무엇이 나를, 우리를 기다리고 있는지 알지 못했다. 그리고 그게 무엇이든 별로 신경 쓰지 않았다.

내가 아는 것은 우리가 지옥에서 도망쳤다는 것뿐이었다. 내 인생에서 처음으로 악마로부터 자유로워졌다.

독성 스트레스로 장애를 얻다

우리는 이후 6개월 동안 외갓집에 머물렀다. 나는 인근에 있는 성수태고지Annunciation라는 가톨릭 학교에 다시 2학년으로 들어갔다.

2학년에 여덟 살 난 학생은 나 하나뿐이었지만 다른 아이들은 내가 2학년을 다시 다니고 있다는 것을 전혀 몰랐다. 나는 글도 잘 읽을 줄 몰랐지만, 운 좋게도 캐서린 수녀님을 선생님으로 만나게 되었다. 키도 몸집도 작은 캐서린 수녀님은 예순 살이었고 앞니 하나가 금니였다. 그녀는 수녀였지만 수녀복을 입지 않았다. 게다가 성미가 까다롭고 대쪽 같았다. 나는 그런 그녀의 성격이 너무 좋았다.

작은 학교였다. 캐서린 수녀님은 한 교실에서 1~2학년 학생을 가르쳤다. 학급 학생은 18명이 전부였다. 그녀는 자신의 책임을 회피하는 법이 없었고 부진한 내 학업도 다른 학생의 나쁜 행동도 학습 장애나 정서적 문제 탓이라고 보지 않았다. 그녀는 내 뒷이야기를 알지 못했고 그럴 필요도 느끼지 못했다. 그녀에게 중요한 것은 내가 유치원 교육을 받은 후 그녀 교실에 나타났다는 것이고, 내가 지식을 쌓도록 하는 것이 그녀의 일이라는 점뿐이었다. 그녀에게는 나를 전문가에게 보내거나 문제라는 딱지를 붙일 수많은 이유가 있었지만 그것은 그녀의 스타일이 아니었다. 그녀는 아이에게 꼬리표를 붙이거나 변명하지 않았다. 그런 사고방식은 내가 학업을 따라잡기 위해서도 꼭 필요한 것이었다.

캐서린 수녀님 덕분에 나는 미소를 신뢰하지도 무서운 얼굴로 사람을 판단하지도 않게 되었다. 아버지는 수없이 미소를 지었지만 나에게 조금도 관심이 없었다. 그러나 늘 성난 얼굴을 한 캐서린 수녀님은 우리에게 관심을 가졌고, 나에게 마음을 써주었다. 그녀는 우리 각자가 최선을 찾아내길 원했다. 내가 이렇게 확신하는 이유는 그분이 얼마나 시간이 더 필요하든 나와 함께 보내면서 수업을

2학년 때 브라질에서.

따라가도록 도와주었기 때문이다. 2학년이 끝나기 전에 나는 2학년 수준으로 글을 읽을 수 있게 되었다. 형은 잘 적응하지 못했다. 몇 개월 후 그는 버펄로로 돌아가서 아버지를 따라다니며 스케이트 랜드의 온갖 잡일을 했다. 떠났던 적이 없는 것처럼 말이다.

이후 어머니와 나는 둘만의 집으로 이사했다. 임대주택 단지 램프라이트 매너에 있는 방 2개짜리 아파트였다. 월세는 한 달에 7달러였다. 하룻밤에 수천 달러를 버는 아버지는 3~4주에 한 번씩 양육비로 25달러를 보냈다. 어머니는 백화점에서 일해서 몇백 달러를 벌었다. 일을 하지 않는 시간에는 인디애나 주립대학에서 강의를 들었는데, 거기에도 돈이 들었다. 핵심은 돈이 더 필요했다는 것이다. 그래서 어머니가 정부에 지원 신청을 해 한 달에 123달러와

식료품 할인 구매권을 받게 되었다. 기관에서 첫 달 치 보조금 수표를 써주었다. 하지만 어머니에게 차가 있다는 것을 알고는 차를 팔면 기꺼이 도와주겠다면서 자격을 박탈했다.

문제는 우리가 인구가 8,000명인 시골 마을에 살았다는 것이다. 거기에는 대중교통이 없었다. 차가 있어야 나는 학교에 가고 어머니는 일을 가고 야간 수업을 들을 수 있었다. 어머니는 어떻게든 생활환경을 바꿔보기 위해 필사적으로 노력했고 부양 자녀 지원 프로그램에서 다른 해결책을 찾았다. 그렇다고 형편이 나아진 것은 아니었다.

123달러로 뭘 얼마나 할 수 있겠는가? 어느 날 밤 돈이 떨어져서 기름이 거의 바닥인 차를 타고, 은행에 잔고도 없이, 냉장고가 텅 비고, 전기 요금 고지서가 밀려 있는 집으로 돌아오던 날이 생생히 기억난다. 나는 유리병 2개에 동전을 모아놓은 것을 기억해내고 선반에서 그것들을 집어 들었다.

"엄마, 얼마인지 세어봐요!"

어머니가 미소 지으셨다. 어린 시절 외할아버지는 어머니에게 거리에서 동전을 발견하면 꼭 챙겨두라고 가르쳤다. 할아버지는 대공황을 거쳐 오셨고 가난이 어떤 것인지 알고 계셨다. "언제 필요해질지 모른단다." 할아버지는 말씀하셨다. 매일 밤 수천 달러가 들어오는 지옥에서 살 때는 돈이 떨어진다는 것이 있을 수 없는 일이었다. 하지만 어머니는 어린 시절의 버릇을 잊지 않고 계셨다. 아버지는 그런 어머니의 버릇을 하찮게 여겼지만 이제 그렇게 모아둔 돈이 얼마나 힘을 발휘할지 확인할 순간이 왔다.

우리는 거실 바닥에 병을 엎어놓고 돈을 헤아렸다. 전기 요금을 내고, 차에 기름을 채우고, 식료품을 살 수 있을 만한 돈이었다. 집으로 돌아오는 길에 하디스Hardee's에서 버거를 사 먹을 수 있을 정도였다. 어려운 상황이었지만 우리는 그럭저럭 버텨냈다. 어머니는 형을 몹시 그리워했지만 내가 잘 적응하고 친구를 사귀는 모습에 기뻐하셨다. 나는 학교에서 한 해를 잘 보냈다. 인디애나에서는 첫날 밤부터 단 한 번도 밤에 오줌을 싸지 않았다. 치유되고 있는 것 같았다.

하지만 나의 악마들은 사라진 것이 아니었다. 그들은 잠복 중이었다. 다시 나타났을 때는 한층 더 악랄하게 공격했다.

3학년은 나에게 충격이었다. 아직 대문자 읽는 요령을 익히고 있는데 필기체를 배워야 하기 때문만은 아니었다. 담임선생님인 D는 캐서린 수녀님과는 딴판이었다. 우리 학급 역시 규모가 작았다. 학생은 20명이었고 3학년과 4학년으로 나뉘어 있었다. 하지만 선생님은 학급을 잘 이끌지 못했고 내게 필요한 가외 시간을 내주는 데도 전혀 관심이 없었다.

내 문제는 학기가 시작하고 첫 2주 동안 본 표준화 시험 때부터 시작되었다. 성적이 엉망이었다. 나는 아직 다른 아이들보다 한참 뒤처져 있고 이전 학년은 물론 그 학습 내용을 바탕으로 새로운 것을 배우는 데도 어려움을 겪었다. 캐서린 수녀님은 그런 신호를 포착해 취약한 학생에게 더 많은 시간을 할애하고 매일 내게 도전이 될 만한 과제를 내주셨다. 하지만 D 선생님은 학기가 시작되고

한 달도 되지 않아 어머니에게 내가 다른 학교, 즉 '특수학교'에 다녀야 한다고 말했다.

아이들은 '특수'가 뭘 의미하는지 안다. 그건 망할 나머지 인생을 낙인이 찍힌 채 살아야 한다는 의미다. 정상이 아니라는 뜻이다. 그 위협만으로도 계기가 되기에 충분했다. 나는 하룻밤 새에 말을 더듬게 되었다. 스트레스와 불안으로 생각에서 말로 가는 흐름이 엉켰고 그건 학교에서 무엇보다 심각한 문제였다.

학교 전체에서 유일한 흑인 학생, 게다가 학교에서 가장 멍청한 학생이라는 굴욕감을 견뎌야 하는 흑인 아이를 생각해보라. 내가 하려고 한 모든 일, 말하려고 한 모든 일이 틀린 것처럼 느껴졌다. 그런 느낌이 너무 강해서 선생님이 내 이름을 부를 때마다 나는 홈이 간 레코드판처럼 더듬대며 대답하는 대신 침묵을 지켰다. 창피당하지 않기 위해 노출을 제한한 것이다.

D는 이런 나에게 공감조차 하려 하지 않았고 곧바로 소리치는 것으로 감정을 터뜨렸다. 때로는 내 의자 뒤에 손을 대고 몸을 숙이고 얼굴을 내 얼굴에 가까이 붙이고서 말이다. 그녀는 자신이 판도라의 상자를 뜯어내고 있었다는 것을 전혀 몰랐다. 학교는 한때 안전한 피난처, 상처받지 않는 장소였다. 하지만 어느새 고문실로 변했다.

D는 나를 학급에서 내보내고 싶어 했고 학교도 그녀 편이었다. 어머니는 나를 위해 싸웠고, 교장은 정해진 기한에 언어 치료사를 정하고 그들이 추천하는 정신과에서 그룹 치료를 받으면 나를 학교에서 내보내지 않겠다고 약속했다.

정신과는 어린아이가 스스로를 믿지 못하게 하고 싶을 때 보내면 딱 좋을 곳이었다. 한마디로 3류 영화 같은 곳이었다. 의사는 의자 7개를 반원형으로 배치했다. 아이들은 거기에 앉아 있으려 하지 않거나 앉아 있을 수 없는 아이들이 대부분이었다. 한 아이는 헬멧을 쓰고 계속 벽에 머리를 박고 있었고, 한 아이는 의사가 이야기하는 동안 일어나서 방구석으로 걸어가더니 쓰레기통에 오줌을 쌌다. 내 옆에 앉은 아이가 그중 가장 정상적이었다. 그는 자기 집에 불을 질렀다고 했다. 첫날 정신과 의사를 빤히 쳐다보며 '여기는 내가 있을 곳이 아냐'라고 생각한 것이 기억난다.

이 경험은 내 사회적 불안감을 몇 단계는 훌쩍 끌어올렸다. 말을 더듬는 증상을 억제할 수 없게 되었다. 머리카락이 빠졌고 검은 피부에 흰 반점이 생겨났다. 의사는 ADHD라 진단하고 리탈린Ritalin을 처방했지만 내 문제는 그렇게 간단한 것이 아니었다.

나는 독성 스트레스로 고통을 겪고 있었다.

여러 연구를 통해 내가 경험한 유형의 신체적, 정서적 학대가 어린아이에게 여러 부작용을 유발한다는 것이 입증되었다. 어린 시절에는 두뇌가 대단히 빠르게 성장하고 발달하기 때문이다. 그런 시기에 아버지가 식구 모두를 파괴하려 하는 사악한 개자식이라면 스트레스가 치솟게 된다. 그런 스트레스를 자주 겪으면 아이는 꼭대기에 선을 긋는다. 그것이 아이의 새로운 기준선이 된다. 이제 아이는 영원히 '투쟁-도주' 상태에 머무르게 된다.

투쟁-도주는 위험에 빠졌을 때 아주 유용한 도구가 될 수 있다. 전투를 치르거나 문제에서 도망칠 힘을 주기 때문이다. 하지만 평생 그렇

게 살 수는 없다.

난 모든 걸 과학으로 설명하려 하는 스타일은 아니다. 하지만 사실은 사실이다. 소아마비나 수막염보다 독성 스트레스가 아이들에게 악영향을 끼친다는 소아과 의사들의 글을 읽은 적이 있다. 나는 독성 스트레스가 학습 장애와 사회 공포증으로 이어진다는 것을 직접 체험했다. 의사들에 따르면 독성 스트레스는 언어 발달과 기억력을 제한하고, 이는 지능이 아주 높은 학생조차 배운 것을 떠올리는 데 어려움을 겪게 만든다고 한다. 장기적으로 보면, 나와 같은 아이들은 성장해서 흡연, 알코올의존증, 약물 남용은 말할 것도 없고 임상 우울증, 심장 질환, 비만, 암에 걸릴 위험이 크다. 학대 가정에서 자란 사람들은 소년범으로 체포될 가능성이 53퍼센트 높다. 성인이 되어 강력 범죄를 저지를 확률은 36퍼센트 높아진다. 누구나 들어봤을 용어인 '위기 청소년at-risk youth'의 전형이 바로 나였다. 어머니는 아이를 폭력범으로 키울 분이 아니었다. 수치를 보면 명확해진다. 나를 파괴의 길로 몰아넣은 사람이 있다면 그건 바로 아버지, 트루니스 고긴스였다.

나는 그룹 치료를 오래 받지 않았다. 리탈린도 먹지 않았다. 나는 두 번째 치료 후 데리러 온 어머니 차 조수석에 멍한 표정으로 앉아 있다가 말했다. "엄마, 이젠 치료하러 가지 않을래. 저 애들은 다 미쳤어." 어머니도 동의했다.

하지만 나는 여전히 상처가 있는 아이였다. 독성 스트레스로 고통받는 아이들을 가르치고 관리하는 최선의 방법으로 입증된 것이 엄연히 존재했다. 그렇지만 D는 그런 회보나 제안서 따위는 받지 않았다고 생각할 수밖에 없다. 그녀의 무지를 비난할 수는 없다. 1980년대에는 지금만큼 과학적 증거가 명확하지 않았다. 내가 아는 것은 캐서린 수녀님 역시 D와 똑같이 기형적인 아이와 참호에서 힘든 시간을 보내야 했지만, 수녀님은 높은 기대치를 유지했고 자신의 불만이 스스로를 압도하게 놔두지 않았다는 사실뿐이다. 수녀님은 '모두가 배우는 방식이 다르다. 나는 네가 배우는 방식이 무엇인지 찾아낼 것이다'라는 마음가짐을 갖고 있었다. 캐서린 수녀님은 내게 반복이 필요하다는 것을 추론해냈다. 그분은 내게 다른 학습 방식, 같은 문제를 반복해서 풀어야 하는 방식이 필요하다는 것, 거기에는 시간이 걸린다는 것을 알고 있었다. D에게 중요한 것은 오로지 생산성이었다. D는 "따라오지 못할 거면 나가"라고 말했다. 난 궁지에 몰린 것 같은 기분이었다.

발전을 보여주지 못하면 영원히 '특수'라는 블랙홀로 내몰리게 되리라는 것을 알고 있었다. 그래서 해결책을 찾았다.

커닝을 하기 시작한 것이다.

공부는 어려웠다. 엉망이 된 내 머리로는 특히 더 그랬다. 하지만 커닝은 끝내주게 했다. 나는 친구의 숙제를 베꼈고 시험 때는 근처에 앉은 애들의 답안을 훔쳐봤다. 성적에 아무런 영향이 없는 표준화 시험의 답도 커닝했다. 효과가 있었다! 점점 오르는 시험 점수가 D의 화를 누그러뜨렸고, 어머니는 학교에서 오는 전화를 받지 않아도 되었다. 나는 문제를 해결했다고 생각했다. 하지만 사실은 가장 저항이 적은, 쉬운 길을 택함으로써 새로운 문제를 만들고 있었다. 이런 대처 메커니즘은 내가 학교에서 절대 아무것도 배우지 못하고 절대 아무도 따라잡지 못하리란 것을 확인해주었다. 이것은 내 운명을 인생 낙제 쪽으로 밀어붙였다.

브라질에서 보낸 어린 시절에 받은 신의 가호가 있다면 너무 어린 나머지 촌 동네에서 곧 직면하게 될 종류의 편견을 이해하지 못했다는 것이다. 어딘가에서 '유일'한 종류가 되면, 무지한 사람들 때문에 변두리로 내몰리고, 의심받고, 존중받지 못하고, 따돌림과 학대를 당하게 된다. 산다는 건 그런 것이다. 당시에는 특히 더 그랬다.

현실이 목을 졸랐을 때 이미 내 삶은 제대로 망한 포춘 쿠키가 되어 있었다. 쿠키를 열 때마다 나는 같은 메시지를 받았다.

'너는 실패할 운명이다!'

ξ

—————— CHALLENGE #1 ——————

고통 목록을 만들어라
- 나를 망치는 것들을 직시하기

내 거지 같은 패는 일찍부터 도착해서 한참 동안 내 곁을 맴돌았다. 하지만 누구나 삶의 어느 부분에서는 도전에 직면한다. 당신의 나쁜 패는 무엇인가? 당신은 어떤 거지 같은 일에 직면하고 있는가? 폭력을 당하고 있는가? 학대를 당하고 있는가? 따돌림? 늘 안전하지 못하다고 느끼는가? 혹시 충분한 지원 속에서 너무 편안하게 성장해서 스스로를 한계까지 밀어붙여본 적이 없다는 것이 당신을 제한하는 요인은 아닌가?

무엇이 당신의 성장과 성공을 제한하는가? 직장이나 학교에 당신을 방해하는 누군가가 있는가? 기회 앞에서 가치를 충분히 인정받지 못하거나 배제되고 있는가? 승산 없는 게임에 직면해 있는가? 스스로가 자신을 망치고 있지는 않은가?

일기를 써보자. 다이어리가 없다면 구입한다. 노트북, 태블릿, 스마트폰의 노트 앱을 이용해도 좋다. 모든 것을 자세히 기록해야 한다. 이 과제에 뜨뜻미지근하게 임할 생각은 마라. 나는 수치스러운 가족사를 모두 까발렸다. 상처를 받았다면, 아직도 위험한 상황에 처해 있다면, 그 이야기들을 속속들이 적어야 한다. 고통에 형체를 부여하라. 그 힘을 완전히 받아들여라. 당신은 이제 그 망할 상

50

황을 완전히 바꾸어놓을 테니.

당신은 당신의 사연, 변명, 당신이 아무것도 될 수 없는 타당한 이유를 이용할 것이다. 궁극적인 성공의 연료로 삼을 것이다. 재미있을 것 같은가? 맞다, 물론 재미는 없을 것이다. 하지만 아직 그것까지 걱정할 필요는 없다. 그 이야기는 다시 할 것이다. 지금은 상황을 조사하기만 하면 된다.

목록을 만들었다면, 누구든지 원하는 사람에게 그것을 공유하라. 소셜 미디어에 접속해서 과거나 현재 상황이 어떻게 자신의 영혼 깊은 곳까지 영향을 미치는 짐이 되고 있는지 사진을 올리거나, 글 몇 줄을 쓰고 싶은 사람도 있을 것이다. 당신이 그런 사람이라면 해시태그 #나쁜패badhand, #누구도나를파괴할수없다canthurtme를 이용하라. 그렇지 않다면 혼자 그것을 인정하고 받아들여라. 무엇이든 당신에게 효과가 있는 방법을 사용하면 된다. 쉽지 않은 일이라는 걸 알고 있다. 하지만 이런 행동만으로도 극복할 힘을 얻을 것이다.

2장

냉혹한 진실 마주하기

: 책임 거울 앞에서 현실을 직시하라

나는 목표를 세우고 그것을 거울에 붙였다.
이후 수년 동안 내 곁에 머물
새로운 의식이 탄생한 순간이었다.
나는 이것을 '책임 거울'이라고 부르기로 했다.

운명은 때로 공포 영화 같다

어린 시절은 돈 걱정은 없었지만 트라우마로 점철되었다. 아버지에게서 자유로워지자 외상 후 스트레스 장애 수준의 기능장애와 가난이 우리를 덮쳤다. 어머니는 내가 4학년이 되었을 때 윌모스 어빙Wilmoth Irving을 만났다. 그는 인디애나 출신의 성공한 목수이자 건설업자였다. 어머니는 그의 푸근한 미소와 느긋한 스타일에 끌렸다. 그에게 폭력성이란 없었고 우리가 숨 쉴 수 있게 해주었다. 그와 함께 있으면 든든한 지원을 받는 것처럼, 마침내 우리에게 좋은 일이 일어난 것처럼 느껴졌다.

우리가 함께 있을 때면 어머니는 웃으셨다. 밝은, 진짜 웃음이었다. 어머니는 좀 더 바로 설 수 있게 되었다. 어머니는 그를 통해 자존감을 되찾았다. 그는 어머니가 스스로를 다시 아름답다고 생각하게 해주었다. 내게 윌모스는 이전까지 그려보지 못한 건강한 아버지상이었다. 그가 나를 애지중지하며 사랑한다는 말이나 입에 발린 간지러운 말 따위는 하지 않았지만 그는 곁에 있어주었다. 초등학교 때부터 나는 농구에 빠져 있었다. 절친이 된 조니 니콜스와도 농구 덕분에 친해질 수 있었다. 월모스는 나와 게임을 했다. 그는 항상 나를 데리고 코트로 갔다. 그는 동작을 보여주고, 수비 훈련을 시키고, 점프 슛을 발전시키도록 도왔다. 우리 셋은 생일과 명절을 함께 보냈다. 8학년이 되기 전 여름, 그는 무릎을 꿇고 어머니에게 정식으로 청혼했다.

월모스는 인디애나폴리스에 살았다. 우리는 다음 해 여름에 그의 집으로 이사 가기로 했다. 그는 아버지만큼 부유하지는 않았지만 돈을 꽤 잘 벌었다. 우리는 다시 도시 생활을 할 기대에 부풀어 있었다. 그러나 1989년 크리스마스 다음 날 모든 것이 멈추었다.

우리가 인디애나폴리스로 완전히 집을 옮긴 것이 아니어서 월모스는 브라질에 있는 우리 외갓집에서 크리스마스를 보냈다. 다음 날 그는 자신이 속한 성인 농구 팀에서 게임을 하기로 되어 있었고 팀원 한 명을 대신해달라고 나를 초대했다. 나는 너무 신이 나서 이틀 전부터 짐을 꾸렸다. 하지만 그날 아침 그는 못 가게 되었다는 이야기를 전했다.

"데이비드, 이번에는 널 못 데리고 가겠다." 그의 말에 나는 고개를 떨구고 한숨을 쉬었다. 내가 화났다는 것을 눈치챈 그는 나를 달랬다. "며칠 후 어머니가 인디애나폴리스로 오실 거야. 그럼 그때 게임을 하자."

나는 마지못해 고개를 끄덕였다. 어른들의 일을 따지고 들 만한

윌모스와 함께.

나이가 아니었고 해명을 요구할 자격이 없다는 것도 알았다. 어머니와 나는 현관에 서서 그가 차고에서 차를 빼내 미소 지으며 손을 흔드는 것을 지켜봤다. 그렇게 그는 차를 몰고 떠났다.

그것이 살아 있는 그를 본 마지막 순간이었다.

그는 예정대로 그날 밤 성인 농구 팀과 경기를 했고 혼자 '흰 사자들이 있는 집'으로 돌아갔다. 그는 친구, 가족, 배달원에게 길을 가르쳐줄 때마다 그 표현을 사용했다. 그의 단층집 기둥에 흰 사자상이 있었기 때문이다. 그는 다가오는 위험을 의식하지 못한 채 흰 사자들 사이를 통과해 차고에 차를 댔다.

한 무리의 사람들이 몇 시간 동안 창밖을 보며 그를 기다렸다. 그가 운전석에서 내리자 그들은 어둠 속에서 그에게 다가가 가까이에서 총을 쐈다. 그는 가슴에 다섯 발을 맞았다. 그가 차고 바닥에 쓰러지자 범인은 그를 밟고 미간에 결정타를 날렸다.

윌모스의 아버지는 아들 집에서 몇 블록 떨어진 곳에 살고 계셨다. 다음 날 아침 흰 사자 상 앞을 지나던 그는 아들 집의 차고 문이 열려 있는 것을 발견하고 뭔가 잘못되었다는 것을 직감했다. 그는 차고에서 아들의 시체를 발견하고 흐느껴 울었다.

윌모스는 겨우 마흔셋이었다.

나는 윌모스의 어머니가 전화를 했을 때 외갓집에 있었다. 할머니는 전화를 끊고 내게 옆으로 오라고 손짓하셨다. 나는 어머니를 떠올렸다. 윌모스는 어머니의 구세주였다. 껍데기만 남았던 어머니는 겨우 마음을 열고 행복을 받아들일 준비를 하고 있었다. 이 일이 어머니에게 어떤 영향을 미칠까? 신은 그녀에게 망할 휴식이라는 것을 줄 생각이 있기는 한 것일까? 끓어오르기 시작한 분노는 몇 초 만에 나를 압도했다. 나는 할머니의 손을 떨치고 냉장고를 주먹으로 세게 쳤다.

어머니를 찾기 위해 할머니와 우리 집으로 갔다. 어머니는 윌모스에게서 소식이 없어 제정신이 아니었다. 어머니는 우리가 도착하기 직전 그의 집에 전화했다. 형사가 전화를 받자 어리둥절하긴 했지만 이 사태를 예상하지 못했다. 그런 일을 어떻게 예상할 수 있단 말인가? 할머니는 혼란에 빠진 어머니를 자리에 앉혔다.

어머니는 처음에 우리 말을 믿지 않았다. 윌모스는 장난을 잘 쳤고 그건 그가 시도해볼 법한 장난이었기 때문이다. 그러다가 윌모스가 두 달 전 총에 맞았다는 것을 기억해냈다. 그는 그자들이 쫓은 것이 자신이 아니라고, 총알은 다른 사람을 겨냥한 것이었다고 말했다. 총알이 스친 것일 뿐이었기 때문에 어머니는 그냥 잊기로 했다. 그 순간까지 어머니는 윌모스가 수상한 일에 개입했다고 의심한 적이 없었다. 어머니는 그 부분에 대해 아무것도 알지 못했고 경찰도 그가 총을 맞고 살해된 이유를 정확히 밝혀내지 못했다. 그가 부정한 사업이나 마약 거래에 연관되었을 것이라고 추측할 뿐이었다. 어머니는 가방을 꾸릴 때까지 그의 죽음을 받아들이지 못했지만 그래도 장례식을 위한 옷은 챙겼다.

우리가 도착했을 때 노란색 테이프로 경찰 저지선이 쳐진 그의 집은 빌어먹을 크리스마스 선물같이 보였다. 장난이 아닌 진짜였다. 어머니는 차를 세우고 테이프 밑으로 기어 들어갔다. 나도 어머니 뒤를 바짝 쫓아서 현관으로 갔다. 윌모스가 살해된 현장을 눈에 담으려 왼쪽을 흘끗 보았다. 차고 바닥에는 아직 그의 피가 고여 있었다. 열네 살짜리가 범죄 현장을 돌아다니고 있었지만 어머니도, 윌모스의 가족도, 심지어 경찰도 내가 거기에서 새아빠가 될 뻔한 사람이 살해당한 사건의 무거운 분위기를 그대로 느끼고 있는 것을 걱정하지 않았다.

정말 말도 안 되는 일이지만 경찰은 그날 밤 어머니를 윌모스의 집에 머물게 해주었다. 어머니 혼자는 아니었다. 살인자가 돌아올 경우를 대비해서 윌모스의 형제들이 총 두 자루를 가지고 함께 있었다. 나는 몇 마일 떨어진 곳에 있는 어둡고 으스스한 윌모스 누나네 집 남는 방에 묵었다. 그 집에는 다이얼에 채널이 13개 있는 캐비닛 모양의 아날로그 티비 세트가 있었다. 화면이 깨끗하게 나오는 채널은 3개뿐이었다. 나는 지역 뉴스 채널을 틀어두었다. 그들은 30분마다 똑같은 테이프를 돌렸다. 어머니와 내가 폴리스 라인 아래로 들어간 뒤 흰 천이 덮인 윌모스의 시신이 바퀴 달린 들것에 실려 대기 중인 앰뷸런스로 향하는 것을 지켜보는 장면이었다.

공포 영화의 한 장면 같았다. 나는 홀로 앉아 같은 장면을 몇 번이고 보았다. 내 마음은 계속 어둠으로 건너뛰는 고장 난 레코드판이었다. 과거는 암울했고 이제는 환한 미래마저 산산조각 나버렸다. 유예는 없다. 나에게 익숙한 망할 놈의 현실이 모든 빛을 옥죄고 있었다. 그 장면을 볼 때마다 두려움이 커져서 방을 가득 채웠다. 그런데도 멈출 수 없었다.

윌모스가 죽고 며칠 후, 새해가 되자마자 나는 인디애나 브라질에서 스쿨버스를 탔다. 여전히 슬픔을 떨치지 못한 채였다. 어머니와 나는 브라질에 남을지 계획대로 인디애나폴리스로 이사 갈지 결정하지 못했기 때문에 머리가 복잡했다. 우리는 불확실한 상황에 놓였고 어머니는 계속 쇼크 상태였다. 어머니는 눈물도 흘리지 못했고 다시 한번 정서적 공허감에 사로잡혔다. 어머니가 인생에서 경험한 모든 고통이 아물지 않고 벌어진 상처 그대로 다시 떠오른 것 같았다. 어머니는 그 상처 속으로 사라졌고 그 공허 속에서 어머니에게 손을 내밀어줄 사람은 아무도 없었다. 그 사이 개학을 했고 나는 무엇이든 내가 붙들 수 있는 조각이라도 찾기 위해 학교생활에 동조하는 척했다.

하지만 쉽지 않았다. 나는 보통 버스를 타고 학교에 갔다. 학교로 돌아가는 첫날, 지난해에 묻어둔 기억이 다시 나를 괴롭혔다.

1년 전 어느 날 아침, 나는 스쿨버스 왼쪽 뒤 타이어 쪽 자리로 들어가 앉았다. 학교에 도착하자 버스가 연석 옆에 차를 댔다. 차에서 내리려면 앞 차들이 움직이기를 기다려야 했다. 그 사이 우리 옆으로 차 한 대가 섰다. 그런데 귀여운 꼬마가 쿠키 접시를 들고 우리 버스를 향해 달려왔다. 버스 운전사는 아이를 보지 못했고 버스가 앞으로 움직였다.

놀라는 아이 어머니의 얼굴이 눈에 들어왔고 곧이어 내가 앉은 쪽 창에 피가 흩뿌려졌다. 아이 어머니는 공포로 울부짖었다. 머리카락을 부여잡은 그녀는 상처 입은 난폭한 짐승 같았다. 멀리에서 들리기 시작한 사이렌 소리가 점차 가까워졌다. 여섯 살쯤 된 남자아이였다. 쿠키는 운전사를 위한 선물이었다.

우리는 모두 버스에서 내리라는 지시를 받았다. 비극의 현장을 지나가면서 어떤 이유에선지-인간의 호기심이라고 불러도 좋고 어두운 것이 어두운 것을 끌어당기는 자기적 인력이라고 해도 좋다-나는 버스 아래로 시선을 돌려 아이를 보았다. 아이는 형체를 알아볼 수 없었고 폐유 같은 피가 차 밑에 엉겨 있었다.

1년 동안 나는 그 장면을 한 번도 생각하지 않았다. 그런데 윌모스의 죽음이 그것을 일깨워 머릿속이 온통 그 생각뿐이었다. 나는 선을 넘었다. 아무것도 개의치 않았다. 나는 비극을 충분히 경험했다. 세상은 비극으로 가득하고 계속 쌓이다가 결국은 나를 삼키리라는 것을 알 만큼 말이다.

더 이상은 침대에서 잠을 잘 수 없었다. 어머니도 마찬가지였다. 어머니는 TV를 켜두거나 책을 손에 들고 안락의자에서 잠을 청했다. 밤이면 나는 침대에서 몸을 웅크리고 있으려 노력했지만 언제나 바닥에서 태아 같은 자세로 깨어났다. 결국 포기하고 바닥에서 잠을 잤다. 바닥에서는 더 이상 그 아래로 떨어질 일이 없었기 때문이다.

우리에게 다가오고 있다고 믿었던 새로운 출발, 우리에게는 그런 새로운 출발이 절실히 필요했다. 그 때문에 윌모스는 없었지만 인디애나폴리스로 이사하기로 했다.

새로운 희망, 그것이 거짓일지라도

어머니는 대학 입학 예비 과정이 있는 도심의 사립 고등학교에 원서를 냈다. 평소처럼 나는 커닝을 했다. 내가 베낀 답안지의 주인이 더럽게 똑똑한 놈이었던 것 같다. 고등학교 1학년을 앞둔 여름에 입학 허가서와 수업 일정이 우편으로 배달되었다. 수업 스케줄은 모조리 AP^Advanced Placement(고등학생들에게 대학 과목을 이수할 기회를 제공하는 수업-옮긴이)로 이루어져 있었다.

커닝과 과제 베끼기로 상황을 헤쳐나가면서 어찌어찌 1학년 농구 팀에 들어갔다. 주 전체 랭킹 1위인 팀이었다. 미래의 대학 선수 몇몇이 있었고 나는 포인트 가드부터 시작했다. 덕분에 자신감이 높아지기는 했지만 학업 성적이 사기라는 것을 알고 있었기에 그 경험이 삶의 토대가 될 수는 없었다. 더구나 학비가 너무 많이 들어서 어머니는 1년 후 손을 들었다.

나는 노스센트럴 고등학교에서 2학년을 시작했다. 대다수가 흑인인 동네에 있는 학생 4,000명의 공립학교였다. 등교 첫날 나는 사립학교에 다니는 백인 남자아이처럼 차려입었다. 청바지는 몸에 꼭 맞았다. 칼라가 있는 셔츠를 바지 안에 넣고 위빙 가죽 벨트를 매고 있었다. 바보 취급을 면한 유일한 이유는 농구를 할 줄 알아서였다.

2학년 한 해는 건들거리고 돌아다닌 게 전부였다. 옷차림은 점차 힙합 문화의 영향을 받았고 비행 청소년의 경계에 있는 녀석들과 어울렸다. 종종 학교를 빼먹기도 했다는 소리다. 어느 날 어머니는 대낮에 집에 왔다가 식탁에, 어머니 표현에 따르면 '10명의 깡패 녀석들'과 앉아 있는 나를 발견했다. 틀린 말도 아니었다. 몇 주 만에 어머니는 짐을 챙겨서 다시 인디애나 브라질로 돌아왔다.

나는 농구 입단 테스트가 있는 주간에 노스뷰 고등학교에 들어갔다. 점심시간에 사람으로 꽉 찬 식당에 갔던 것이 기억난다. 노스뷰는 전교생이 1,200명이었고 그중 5명만이 흑인이었다. 예전이라면 난 그들과 비슷한 놈 취급을 받았겠지만 이제는 아니었다.

나는 다섯 사이즈가 큰 바지를 잔뜩 내려 입고 학교에 갔다. 시카고 불스의 오버사이즈 재킷에 모자는 뒤로 쓰고 고개를 삐딱하게 기울였다. 교사, 학생, 직원 모두가 외래종을 보는 것처럼 내게서 눈을 떼지 못했다. 나는 그들 대부분이 실제로 만난 적이 없는 흑인 깡패였다. 내가 등장하는 것만으로도 주위가 조용해졌다. 나는 레코드판을 긁으며 완전히 새로운 리듬을 만들어내는 바늘이었다. 힙합과 마찬가지로 모두가 알아보기는 했으나 모두가 좋아하는 것은 아니었다. 나는 조금도 신경 쓰지 않는 것처럼 유유히 그곳을 지나갔다.

하지만 실제로는 그렇지 않았다. 나는 거만하게 굴었고 등장은 자신만만했지만 그곳으로 돌아가는 것이 위태롭게 느껴졌다. 버펄로는 불타는 화염 속 같았다. 브라질에서 보낸 어린 시절로 인한 외상 후 스트레스로도 부족해서 떠나기 전에는 죽음으로 인한 외상을 두 번이나 겪었다. 이사는 언민에서 벗어나 그 모든 것을 내려놓고 잊어버릴 기회였다. 수업은 힘에 부쳤지만 나는 친구를 사귀었고 새로운 스타일을 개발했다. 돌아왔을 때 내 외모는 내가 변했다는 환상을 유지하게 할 만큼 달라져 있었다. 하지만 변화를 위해서는 불쾌한 상황을 헤쳐나가야 한다. 문제에 맞서고 현실을 직시해야 한다. 그렇지만 그런 어려운 일은 하나도 하지 않았다. 나는 여전히 기댈 견고한 토대라고는 전혀 없는 멍청한 어린애였다. 농구 선발전은 남아 있던 한 줌의 자신감마저 빼앗아 가버렸다.

체육관에 도착하자 그들은 흔히 입는 운동복이 아닌 유니폼을 입게 했다. 당시에는 크리스 웨버나 제일런 로즈가 미시간대학교에서 유행시킨 헐렁한 스타일이 인기였다. 브라질의 코치들은 그런 것에 대해서는 전혀 알지 못했다. 그들은 꼭 맞는 흰색 농구 반바지를 입혔다. 고환을 압박하고 허벅지를 꽉 조이면서 단단히 잘못되었다는 느낌을 주는 옷이었다.

내 태도도 문제가 되었다. 인디애나폴리스에서는 코치들이 코트에서 욕하는 것을 용인했다. 좋은 플레이를 하거나 면전에서 숫을 날릴 때면 나는 상스러운 욕을 했다. 인디애나폴리스에서는 욕을 연구하기까지 했다. 욕설은 그곳 농구 문화의 자연스러운 일부였다. 시골로 돌아가자 내 뛰어난 욕 실력이 문제가 되었다. 선발전이 시작되었고 나는 경기를 잘 풀어갔다. 페이크로 상대 선수를 제치고 그들을 조롱하면서 코치들에게 기량을 뽐냈다. 내 태도는 코치들을 당황시켰고 그들은 오래지 않아 공을 빼앗고 나를 코트 앞에 배치했다. 이전에 맡아본 적 없는 포지션이었다. 나는 바스켓 아래가 낯설었고 플레이는 형편없었다. 나는 입을 닫았다. 한편 조니는 두드러지게 활약했다.

그때 내게 일어난 유일한 좋은 일은 조니 니콜스를 다시 만난 것이었다. 내가 떠나 있는 동안에도 우리는 가까운 관계를 유지했다. 돌아온 후 일대일 경기 릴레이가 다시 본격화되었다. 그는 체구가 작았지만 좋은 선수였고 선발전에서도 최고의 선수 중 하나였다. 그는 슛을 쏘고, 마크가 없는 사람을 알아차리고, 코트를 달렸다. 그가 고교 대표 팀에 선발된 것은 놀랄 일이 아니었다. 하지만 내가 간신히 2군에 낀 것은 둘 모두에게 충격이었다.

나는 콧대가 납작해졌다. 농구 선발전 때문이 아니었다. 그 결과는 내가 느끼고 있던 다른 것에서 나온 현상이었다. 브라질은 겉으로는 똑같은 것같이 보였지만 다르게 느껴졌다. 초등학교 때는 공부가 힘들었을 뿐, 마을에서 몇 안 되는 흑인 가족 중 하나였어도 인종차별을 뚜렷이 느끼거나 알아채지 못했다. 그러나 10대에는 어디에서나 차별당했다. 내가 지나치게 민감해서가 아니었다. 노골적인 인종차별은 항상 존재했다.

브라질로 돌아오고 얼마 지나지 않아 사촌인 데이미언과 나는 외진 곳에서 열린 파티에 갔다. 우리는 거기에서 놀다가 귀가 시간을 넘겼다. 사실 귀가 시간을 넘긴 정도가 아니라 밤을 꼴딱 새웠다. 날이 밝자 할머니께 전화를 걸어 데리러 와달라고 부탁했다.

"할머니 말을 안 들었으니 걸어서 돌아오는 게 좋겠다."

그렇게 전화가 끊겼다.

할머니 댁은 15킬로미터도 더 떨어진 곳에 있었다. 출발할 때만 해도 우리는 실없는 소리를 하며 산책을 즐겼다. 데이미언은 인디애나폴리스에 살았고 우리는 둘 다 특대 사이즈 스타터Starter 재킷에 헐렁한 청바지를 질질 끌고 있었다. 브라질 시골길에서 볼 수 있는 전형적인 옷차림은 아니었다. 몇 시간에 걸쳐 10킬로미터쯤을 걸었을 때 픽업트럭 한 대가 포장도로를 타고 우리 쪽으로 달려 내려왔다. 우리는 차가 지나가도록 길가로 붙었다. 하지만 트럭은 속력을 늦췄다. 차가 우리 곁을 지날 때 앞자리에 탄 2명의 10대와 뒤칸에 서 있는 사람을 봤다. 차에 타고 있던 사람이 열린 창 너머로 우리를 가리키며 소리쳤다.

"깜둥이 새끼들!"

우리는 반응하지 않고 머리를 숙인 채 같은 속도로 걸었다. 이윽고 그 낡은 트럭이 자갈밭에 끼긱거리며 멈춰 서는 소리가 들렸다. 먼지 폭풍이 일었다. 나는 몸을 돌려 그 사람을 보았다. 꾀죄죄한 백인 남자가 손에 권총을 들고 트럭 운전석에서 빠져나왔다. 그는 총을 내 머리에 겨눈 채 걸어왔다.

"네놈들은 어디서 왔어? 왜 너희 같은 깜둥이 새끼들이 이 마을에 있는 거야?"

데이미언이 길을 따라 천천히 걷는 동안 나는 총을 든 놈에게 시선을 고정하고 아무 말도 하지 않았다. 그는 50센티미터 앞까지 다가왔다. 그때보다 폭력의 위협이 현실적으로 다가온 적은 없었다. 소름이 돋았다. 하지만 나는 도망치거나 움츠리지 않았다. 몇 초 후 그는 트럭으로 돌아갔다.

그 말이 처음은 아니었다. 얼마 전 조니와 여자애 몇 명과 피자헛에서 놀고 있을 때였다. 그 자리에는 내가 좋아했던 팸이라는 갈색 머리 백인 여자애도 있었다. 그녀도 나를 좋아했지만 둘 다 티를 내지 않았다. 그저 함께 있는 것이 즐거운 순진한 아이들이었다. 그때 팸의 아버지가 그 애를 데려가기 위해 왔다가 우리 모습을 봤다. 아버지를 본 팸의 얼굴은 백지처럼 하얘졌다.

그는 붐비는 식당으로 뛰어 들어와 모두의 시선을 받으며 우리에게 다가왔다. 그는 내게 한마디도 하지 않고 딸에게 시선을 고정한 채 이렇게 말했다. "네가 이 빌어먹을 깜둥이 새끼와 앉아 있는 꼴은 다신 안 봤으면 좋겠다."

팸은 아버지를 따라 문밖으로 나갔다. 그 애의 얼굴은 수치심으로 달아올라 있었고 나는 꼼짝하지 않고 바닥을 응시했다. 그것은 내 인생에 가장 굴욕적인 순간이었다. 길에서 총을 앞에 두었던 때보다 훨씬 상처가 컸다. 사람들 앞에서 일어난 일이었고 그 단어가 멀쩡한 성인 입에서 나온 것이기 때문이었다. 그가 왜 그렇게 증오로 가득 차 있는지 이해할 수 없었다. 브라질에 있는 얼마나 많은 사람이 길을 걷는 나를 보고 그와 같은 생각을 할까? 절대 답을 알고 싶지 않은 의문이었다.

또 다른 걸림돌, 피부색

'눈에 띄지 않으면 누군가 나를 욕할 일도 없을 것이다.' 브라질에서 고등학교 2학년을 다니는 동안 나는 이런 생각 아래 움직였다. 뒷자리에 숨었고, 의자에 깊이 눌러앉아 그저 시간만 때웠다. 우리 학교는 그해에 학생들에게 외국어를 가르쳤다. 웃기는 일이었다. 그 가치를 몰라서가 아니라 나는 스페인어는커녕 영어도 제대로 읽지 못했기 때문이다. 8년간 커닝으로 버티면서 내 무지는 단단하게 굳어갔다. 진급은 했지만 배운 것은 아무것도 없었다. 나는 시스템을 속이고 있다고 생각했지만 실은 스스로를 속이고 있었다.

학년이 절반쯤 지난 어느 날 아침, 나는 스페인어 수업을 하는 교실에 걸어 들어갔다. 그러고는 교실 뒤 사물함에서 교과서를 꺼냈다. 내겐 상황을 쉽게 헤쳐가는 기술이 있었다. 주의를 기울이지 않아도 그런 것처럼 보여야 한다. 나는 의자에 몸을 묻고 교과서를 펼친 뒤 교실 앞에서 수업하는 교사에게 시선을 고정했다.

책을 내려다보자 교실 전체가 조용해졌다. 적어도 나는 그렇게 느꼈다. 교사의 입술은 계속 움직이고 있었지만 아무런 소리도 들리지 않았다. 나의 주의가 내게, 오로지 내 책에 남겨진 메시지로 좁아져 있었기 때문이다.

교과서에는 제목이 있는 페이지 오른쪽 위에 내 이름이 연필로 적혀 있었다. 누가 봐도 그 책이 내 것임을 알 수 있었다. 그 아래 누군가가 올무를 쓴 나를 그려놓았다. 어렸을 때 하던 행맨 게임에 나온 것 같은 간단한 그림이었다. 그리고 그 밑에는 이렇게 적혀 있었다.

'깜뎅이, 우린 널 죽이고 말 거야!'

철자가 틀렸는데도 나는 전혀 알지 못했다. 나는 철자를 잘 몰랐다. 하지만 그들이 전하려는 뜻은 분명히 알 수 있었다. 나는 교실을 둘러봤다. 분노가 태풍처럼 몰려와 귀에서 바람 소리가 들릴 지경이었다. '여기 오면 안 되는 거였어. 브라질에 돌아오는 게 아니었어!'

내가 경험한 모든 사건을 찬찬히 떠올리고 더 이상 참을 수 없다고 판단했다. 교사가 이야기를 하는 와중에 나는 자리에서 벌떡 일어났다. 그녀가 내 이름을 불렀지만 나는 들으려고 하지 않았다. 나는 교실에서 나와 교과서를 손에 들고 교장실로 달려갔다. 너무 화가 나서 교장실로 바로 걸어 들어가 책상에 증거를 던졌다.

"이런 일엔 이제 진력이 나요."

당시 교장이었던 커크 프리먼Kirk Freeman 선생님은 지금까지도 내 눈에 눈물이 고여 있던 것을 기억한다고 한다. 브라질에서 이런 일이 일어나는 것은 그리 이상한 일도 아니었다. 인디애나 남부는 인종차별주의의 온상이었고 프리먼 선생님은 그것을 잘 알고 있었다. 4년 후인 1995년 독립 기념일에 KKK단Ku Klux Klan(백인 우월주의를 표방하는 미국의 극우 비밀결사-옮긴이)은 두건이 달린 예복 차림으로 브라질 중심가에서 행진했다. KKK의 거점은 학교에서 15분 거리에 있는 센터 포인트였고 그곳 아이들은 우리 학교에 다녔다. 그중 몇몇은 역사 시간에 내 뒤에 앉아서 거의 매일 내게 들리라고 인종과 관련된 농담을 했다. 나는 누가 그랬는지 조사해줄 것이라고 기대조차 하지 않았다. 그 순간 무엇보다 내가 바란 것은 공감이었고 교장 선생님의 눈빛을 통해 그가 내가 겪고 있는 일에 가슴 아파 하면서도 어떻게 해야 할지 모른다는 것을 알 수 있었다. 그는 나를 어떻게 도와줘야 할지 몰랐다. 대신 그는 오랫동안 그림과 메시지를 살핀 뒤 나를 위로할 말을 준비하고 내 눈을 바라봤다.

"데이비드, 이건 몰라서 그러는 거다. 낙서한 사람이 '깜둥이'의 철자도 제대로 모르잖니."

목숨을 위협당한 제자에게 그가 할 수 있는 일은 그게 전부였다. 교장실을 나오면서 내가 느낀 외로움은 절대 잊을 수 없는 것이었다. 복도에 그렇게 많은 증오가 흘러넘치고 있다고, 내가 알지도 못하는 누군가가 피부색 때문에 내가 죽기를 바란다고 생각하니 무서웠다. 같은 질문이 머릿속을 맴돌았다. 도대체 누가 나를 이렇게 싫어하는 거지? 나는 적이 누군지 몰랐다. 역사 수업을 같이 듣는 백인 애들 중 하나일까? 사실은 속으로 나를 싫어하는 놈이 있나? 길에서 나를 겨눈 총열을 내려다보는 것이나 인종차별주의자인 친구의 아버지를 대하는 것과는 또 다른 일이었다. 그건 적어도 솔직했다. 학교에서 누가 그런 식으로 느끼는지 궁금해하는 것은 다른 종류의 불안이었고, 나는 그런 불안을 떨쳐버릴 수 없었다. 마치 눈에 보이지 않는 잉크로 벽에 가득 적혀 있는 듯한 숨은 인종차별이 보였다. 그것은 '유일'한 존재라는 무게를 극히 더 무겁게 만들었다.

전부는 아니더라도 미국에 있는 소수민족, 여성, 동성애자는 대부분 그런 종류의 외로움, 자신이 '유일'한 존재라는 것이 불러오는 외로움을 알고 있다. 대부분의 백인은 그것이 얼마나 힘든지 모른다. 그들도 알고 나면 그것이 얼마나 진을 빼놓는지 알게 될 것이다. 사람들 사이에 있는 것 자체가 당신을 뒤쫓고 판단하는 세상에 완전히 노출되는 것이기 때문에 집 밖으로 나가고 싶지 않다. 사실 언제 차별이 일어나는지, 주어진 순간에 차별이 존재하는지는 구분할 수 없다. 하지만 때때로 그것이 느껴진다. 그 자체가 극도로 혼란스러운 경험이다. 브라질에서 나는 어디를 가나 유일한 존재였다. 점심시간에 학교 식당의 테이블에서 조니를 비롯한 친구들과 시간을 보내면서도, 수업 시간에도, 그 망할 농구 코트에서도.

그해 말 나는 열여섯이 됐고 할아버지는 선물로 중고 쉐보레 사이테이션Citation을 사주셨다. 학교로 차를 몰고 간 첫날 아침, 누군가 스프레이로 내 차 운전석 문에 '깜둥이'라고 휘갈겨 놓았다. 이번에는 철자가 정확했다. 교장 선생님은 또 한번 할 말을 잃었다. 그날 이루 말할 수 없는 분노가 내 마음속을 휘저었다. 하지만 뿜어져 나오지는 않았다. 그 분노는 안에서 나를 망가뜨렸다. 나는 어떻게 해야 하는지, 그런 격한 감정을 어디로 돌려야 하는지 배우지 못했기 때문이다.

차라리 내가 모두와 싸워야 했을까? 나는 싸움 때문에 세 번이나 정학당했다. 그때는 거의 무감각해진 상태였다. 나는 흑인 민족주의에 빠져들었다. 맬컴 X는 내가 선택한 선지자였다. 학교에서 돌아오면 그의 초기 연설 중 하나를 담은 영상을 매일 들여다봤다. 나는 어딘가에서든 위안을 찾으려고 노력했고 그가 역사를 통해 흑인들의 절망적인 상태를 분노로 만드는 방식은 내게 자양분이 되었다. 하지만 그의 정치철학이나 경제관은 내 머리로 따라가기가 벅

찼다. 내가 공감한 것은 백인에 의해, 백인을 위해 만든 시스템에 대한 분노였다. 나는 증오의 연무 속에서 무익한 분노와 무지에 갇혀 살았기 때문이다. 하지만 나는 네이션 오브 이슬람Nation of Islam(미국의 흑인 이슬람교도로 구성된 과격파 흑인 단체–옮긴이)과 뜻을 같이한 것은 아니었다. 거기에는 규율과 자제력이 필요했지만 내겐 그런 깃들이 전혀 없었다.

대신 11학년 때 나는 인종차별주의 백인들이 싫어하고 두려워하는 전형적인 모습이 되는 방법으로 사람들을 열받게 했다. 바지를 엉덩이 아래까지 내려 입었고 자동차 스테레오를 사이테이션 트렁크를 가득 채운 대형 스피커에 연결했다. 그리고 큰 도로를 달리면서 스눕독의 '진 앤드 주스Gin and Juice'를 창문을 울릴 정도로 크게 틀었다. 핸들에는 털이 북슬북슬한 커버를 씌웠고 백미러에는 천으로 만든 주사위 한 쌍이 달랑거렸다. 매일 아침 학교에 가기 전 욕실 거울을 들여다보면서 학교에 있는 인종차별주의자들을 엿 먹일 새로운 방법을 구상했다.

내가 한 짓은 나를 가장 싫어하는 사람들을 자극하기 위한 것이었다. 내게는 나에 대한 다른 이들의 의견이 중요했다. 그것이 내가 살아가는 얕은 방식이었기 때문이다. 나는 고통으로 가득했고, 진정한 목표가 없었다. 멀리에서 보고 있었다면 성공할 기회를 포기한 것처럼 보였을 것이다. 완전한 실패로 향하고 있는 것처럼. 하지만 모든 희망을 놓은 것은 아니었다. 남아 있는 꿈이 하나 있었다.

나는 공군이 되고 싶었다.

변화의 신호가 켜질 때

할아버지는 37년 동안 공군에서 요리사로 복무했다. 할아버지는 그 일을 대단히 자랑스럽게 여겨서 제대한 후에도 일요일에 교회에 갈 때면 제복을 차려입었고 주중에 현관 앞 포치에 앉아 있을 때도 제복을 챙겼다. 그의 자부심에 영향을 받아 나도 민간 보조 항공 부대인 민간 공중 초계 부대Civil Air Patrol에 들어가고 싶었다. 우리는 일주일에 한 번씩 만나 줄을 맞춰 행진하고, 장교들에게 공군에서 할 수 있는 다양한 일에 대해 배웠다. 이렇게 나는 비행기에서 뛰어내려 조종사를 안전하게 대피시키는 공수 구조대원이라는 직업에 매료되었다.

고등학교에 입학하기 전 여름방학에 일주일 동안 PJOC라는 공수 구조 오리엔테이션 코스에 참여했다. 늘 그렇듯 나는 '유일'한 흑인이었다. 어느 날 스콧 기어렌Scott Gearen이라는 공수 구조요원이 강연을 하러 왔다. 그는 엄청난 이야깃거리를 가지고 있었다. 기본 훈련의 일환으로 약 13,962미터 고도에서 낙하한 기어렌은 낙하산을 폈다. 문제는 바로 위에 다른 스카이다이버가 있었다는 것이다. 정상적인 상황이 아니었다. 기어렌에게는 선행권이 있었다. 그는 훈련받은 대로 다른 다이버에게 손을 흔들었다. 하지만 그 다이버는 보지 못했고 기어렌은 심각한 위험에 빠졌다. 위에 있는 다이버가 시속 약 193킬로미터로 자유낙하 중이었기 때문이다. 그는 기어렌과 부딪히지 않기를 바라며 무릎을 끌어안았지만 소용이 없었다. 기어렌은 팀원이 그의 낙하산 갓을 뚫고 날아와 무릎으로 자신의 얼굴을 강타할 때까지 무슨 일이 일어나고 있는지 전혀 몰랐다. 기어렌은 곧 의식을 잃고 자유낙하했다. 찢어진 그의 낙하산은 저항력이 없었다. 다른 스카이다이버는 낙하산을 펼치고 경미한 부상을 입은 채 살아남았다.

기어렌의 착륙은 착륙이라고 할 수 없었다. 그는 바람 빠진 농구공처럼 땅에서 세 번 튀었다. 다행히 의식이 없어서 몸이 늘어진 덕분에 시속 160킬로미터로 땅에 부딪혔는데도 몸이 산산조각 나지 않았다. 수술대에서 두 번이나 심정지가 왔지만 응급실 의사들이 호흡을 되돌려놓았다. 병원 침대에서 일어난 그는 의사들에게서 완벽하게 회복될 수 없고 공수 구조 요원으로 일할 수도 없을 것이란 이야기를 들었다. 18개월 후 그는 의학적으로 불가능한 일을 해냈다. 완전히 회복해서 사랑하는 직장으로 복귀한 것이다.

수년 동안 나는 이 이야기에 사로잡혀 있었다. 그가 불가능을 이기고 살아남았기 때문이다. 그의 생존은 내게 큰 반향을 일으켰다. 윌모스가 살해당하고, 내게 퍼부어진 인종차별 사건을 겪는 동안 나는 망할 낙하산도 없이 자유낙하를 하는 듯한 기분이었다. 기어렌은 죽지만 않으면 어떤 것이든 뛰어넘을 수 있다는 것을 보여주는 산증인이었다. 그의 강연을 들은 후부터 나는 졸업 후 공군에 입대하겠다고 마음먹었고, 학교는 관심에서 더 멀어졌다.

11학년 때 학교 농구 팀에서 탈락하고 나서는 더 심해졌다. 기량 때문에 탈락한 것이 아니었다. 코치는 내가 우수한 선수라는 것도, 내가 농구를 무척 좋아한다는 것도 알고 있었다. 조니와 나는 밤낮으로 농구를 했다. 우리 우정은 오로지 농구를 통해 이어진 것이었다. 하지만 1년 전 코치들의 주니어 대표 팀 기용에 불만을 가진 나는 여름 훈련에 참여하지 않았고, 그들은 이를 팀에 대한 헌신이 부족하기 때문이라고 받아들였다. 나는 농구 팀에서 내쳐지면서 학점 혜택까지 없어졌다는 것도 알지 못했고 신경도 쓰지 않았다. 어쨌든 나는 커닝으로 학점을 간신히 유지했다. 나는 더는 학교에 다닐 이유가 없다고 생각했다. 군대가 교육에 중점을 둔다는 것을 꿈에도 몰랐기 때문이다. 군은 누구나 받아준다고 생각했다. 두 가지 일이 계기가 되어 나는 정신을 차리고 태도를 바꾸게 되었다.

첫 번째는 11학년에 군 입대 적성검사Armed Services Vocational Aptitude Battery, ASVAB에서 떨어진 것이다. ASVAB는 군대 버전의 수능 시험이다. 군대가 지원자의 지식과 미래의 학습 잠재력을 동시에 평가하는 표준화 시험인 것이다. 나는 내가 가장 잘하는 것을 할 준비를 갖추고 시험장에 갔다. 커닝 말이다. 나는 수년 동안 모든 수업의 모든 시험에서 커닝을 했다. 하지만 ASVAB 시험장에 가서 자리에 앉았을 때 충격에 빠졌다. 왼쪽과 오른쪽에 앉은 사람들의 시험지가 나와 달랐던 것이다.

내게 변화가 필요하다는 두 번째 신호는 11학년을 마치고 여름 방학이 시작되기 전 우체국 소인이 찍혀서 도착했다. 어머니는 월 모스가 살해된 후 여전히 감정의 블랙홀에 갇혀 있었다. 어머니의 대처 메커니즘은 가능한 한 많은 일을 하는 것이었다. 어머니는 드 포대학교에서 전임으로 일하면서 인디애나 주립대학교에서 야간 수업을 맡았다. 생각할 시간이 생기면 현실을 자각해야 했기 때문이다. 어머니는 끊임없이 움직였고, 내 곁에 있는 시간이 없었으며,

D와 F로 점철된 11학년 성적표.

성적표를 보자고 하지도 않았다. 11학년 첫 학기가 끝나고 조니와 내 성적표가 F와 D로 점철되어 있던 것이 기억난다. 우리는 2시간에 걸쳐 성적표를 조작했다. F는 B로 D는 C로 고치면서 낄낄거렸다. 어머니께 가짜 성적표를 보여드릴 수 있다는 비뚤어진 자부심까지 느꼈다. 하지만 어머니는 내 말을 믿고 성적표를 보여달라고 하지 않았다.

우리는 같은 집에서 평행선을 달리듯 살았다. 나는 혼자 살다시피 했기 때문에 더 이상 어머니 말을 듣지 않았다. 그 우편물이 도착하기 열흘쯤 전에 어머니는 나를 내쫓았다. 통금 시간 전에 파티에서 돌아오지 않았기 때문이다. 어머니는 내게 통금을 지키지 않을 거면 아예 집에 오지 말라고 했다.

마음속으로는 이미 몇 년 전부터 혼자 살고 있다고 생각했었다. 혼자 밥을 해 먹고, 빨래를 했다. 어머니에게 화가 난 것은 아니었다. 자만심에 차 있었고 이제 어머니가 필요 없다고 생각했을 뿐이다. 나는 그날 밤 집에 돌아가지 않았고 열흘 가까이 조니와 다른 친구 집에서 지냈다. 결국 가진 돈을 다 썼다. 우연히 어머니가 그날 아침 조니네로 전화해서 학교에서 온 우편물에 대해 이야기했다. 무단결석으로 출석 일수의 4분의 1 이상이 부족하고 평균 점수가 D이며, 12학년 동안 학점과 출석에 큰 개선이 없다면 졸업할 수 없다는 내용이었다. 어머니는 감정적인 반응을 보이지 않았다. 화가 났다기보다는 지쳐 있었다.

"집에 가서 볼게요."

"그럴 필요 없다." 어머니가 대답했다. "낙제 위기라는 이야기를 해주려고 했던 것뿐이야."

그날 집으로 돌아갔다. 배가 몹시 고팠다. 나는 용서를 구하지 않았고 어머니도 사죄를 요구하지 않았다. 그저 문을 열어주고는 집으로 들어갔다. 나는 주방으로 가서 피넛 버터와 젤리를 바른 샌드위치를 만들었다. 어머니는 한마디 말도 없이 우편물을 전해주었다. 나는 벽에 마이클 조던과 특전 부대 포스터가 겹겹이 붙은 내 방에서 우편물을 읽었다.

책임 거울의 탄생

그날 밤, 샤워를 한 후 부식된 욕실 거울에 서린 김을 닦아내고 내 모습을 제대로 보았다. 마주 보고 있는 사람이 마음에 들지 않았다. 나는 돈도 목표도 미래도 없는 건달 새끼였다. 너무 역겨워서 그 망할 놈의 얼굴에 주먹을 날리고 유리를 깨버리고 싶었다. 그러나 대신 그에게 말했다. 현실을 마주할 시간이라고.

"네 꼴을 좀 봐. 공군에서 너 같은 새끼를 원할 거라고 생각하니? 넌 아무짝에도 쓸모없어. 넌 빌어먹을 골칫거리일 뿐이야."

나는 면도 크림에 손을 뻗어 얼굴에 얇게 바르고 새 면도기를 꺼내 면도를 하면서 스스로에게 계속 쏟아부었다.

"멍청한 개자식. 지능은 3학년 수준이지. 넌 그냥 등신이야! 농구 말고는 뭔가 해보려고 한 적이 없지. 목표가 있다고? 그게 무슨 개소리야."

뺨에서 턱까지 면도한 후 머리에도 거품을 발랐다. 변화가 절실했다. 새로운 사람이 되고 싶었다.

"군대에 있는 놈들이 바지를 끌고 다니는 거 봤어? 깡패 새끼처럼 말하는 것도 집어치워. 그런 식으로는 턱도 없어. 편한 방법만 찾아다니는 건 그만해. 이제는 철들 때도 됐어!"

온몸에서 나는 김은 영혼에서 쏟아져 나와 파문처럼 피부 위로 번졌다. 즉흥적으로 부정적인 감정을 토로한 것이 스스로를 채찍질하는 계기가 되었다.

"너한테 달려 있어. 아주 엿 같은 상황이라는 건 나도 알아. 무슨 일을 겪었는지 나도 안다고. 빌어먹을 크리스마스. 아무도 너를 구하러 오지 않아. 엄마도 월모스도. 아무도. 너밖에는 없다고!"

말이 끝났을 때는 면도도 깨끗하게 끝나 있었다. 두피에 맺힌 물방울이 이마로 흘러 콧대를 타고 내려왔다. 달라 보였다.

처음으로 나 스스로에게 책임을 물었다. 이후 수년 동안 내 곁에 머물 새로운 의식이 탄생했다.

성적을 올리고, 몸을 단련하고, 학교를 졸업하고, 공군에 가는 목표를 이루는 데 도움이 될 의식이었다. 의식은 간단했다.

매일 밤 얼굴과 머리를 면도하고, 큰 소리로 마음을 표현하고, 현실을 마주했다. 나는 목표를 세우고 그것을 포스트잇에 적은 뒤 거울에 붙였다. 나는 이 거울을 책임 거울이라고 부른다. 매일 세운 목표 달성의 책임이 내게 있다는 것을 상기시키기 때문이다.

처음 내 목표는 외모를 다듬고 누가 시키지 않아도 내 일을 하는 것이었다.

'매일 군대에 있는 것처럼 잠자리를 정돈한다!'

'옷을 단정하게 입는다!'

'매일 아침 머리를 깎는다.'

'잔디를 깎는다!'

'설거지를 한다!'

그때부터 책임 거울은 내가 중심을 잃지 않게 해주었다. 이런 전략을 실행한 건 아직 어릴 때였지만, 나는 인생의 어느 단계에서든 이 방법이 유용하다는 사실을 깨달았다. 은퇴를 앞두고 새로운 나를 만들려는 사람도 있을 것이다. 이별을 경험했거나 살이 쪘을 수도 있다. 영구적인 장애를 입었거나, 부상을 이겨내려 하거나, 아니면 그저 목적 없이 인생을 얼마나 낭비하며 살아왔는지 깨닫게 되었을 수도 있다. 어떤 경우든 당신이 느끼는 부정성은 당신에게 변화에 대한 열망이 있다는 뜻이다. 하지만 변화는 쉽지 않다. 이런 의식이 큰 효과를 발휘한 것은 내 말투 때문이었다.

나긋나긋한 어조가 아니었고 노골적으로 이야기했다. 그것이 나를 바로 세울 수 있는 유일한 길이었기 때문이다. 11학년에서 12학년으로 올라가는 여름, 나는 두려웠다. 자신이 없었다. 나는 똑똑한 아이가 아니었다. 나는 10대에 모든 책임을 회피했고 그러면서 인생의 모든 어른을, 시스템을 속이고 있다고 생각했다. 스스로를 속여 사기와 거짓으로 이루어진 부정적인 순환의 고리에 스스로를 밀어 넣었다. 표면적으로는 발전처럼 보였다. 내가 현실이라고 불리는 벽에 부딪힐 때까지는. 그날 밤 집에 돌아와 학교에서 온 우편물을 읽고서는 더 이상 현실을 부정하지 않고 세게 부딪혀보기로 했다.

"저런, 데이비드, 공부를 진지하게 생각하지 않고 있구나" 하는 식으로 빙빙 돌려서 말하지 않았다. 현실을 있는 그대로 받아들여야 한다. 변할 수 있는 유일한 방법은 스스로에게 진실해지는 것이기 때문이다. 무식하고 학교 공부를 진지하게 해본 적이 없는 사람이라면 "난 바보 멍청이야!"라고 말해야 한다. 인생에서 뒤처지고 있기 때문에 당장 온 힘을 다해야 한다고 말해야 한다.

거울을 보고 뚱뚱한 사람을 발견한다면 "살 좀 빼야겠는데"라고 말해서는 안 된다. 진실을 말하라. "저 돼지 새끼!" 괜찮다. 돼지면 돼지라고 말해야 한다. 당신이 매일 보는 더러운 거울은 매번 당신에게 진실을 말해준다. 그런데 왜 스스로에게 거짓말을 계속하는 것인가? 그렇게 해서 잠깐 기분이 좀 나아진 뒤 똑같이 살아갈 생각인가? 뚱뚱하다면 뚱뚱하다는 사실을 변화시켜야 한다. 건강에 더럽게 안 좋으니까. 경험해봐서 내가 잘 안다.

그만두고 위험을 감수하는 것이 두려워서 30년 동안 싫어하는 일을 매일 해왔다면, 나약한 겁쟁이로 살아온 것이다. 끝! 더 보탤 말이 없다. 자신에게 진실을 말해야 한다. 시간 낭비는 그만하면 되었다고, 실현하려면 용기가 필요한 다른 꿈이 있다고. 그래야 등신 같은 겁쟁이로 죽는 일을 면할 수 있다.

자신의 잘못을 통렬하게 비난하라!

징징대지 말고 운동화 끈이나 매라

힘겨운 진실을 듣고 싶어 하는 사람은 없다. 개인으로도 문화 전체로도, 우리는 꼭 들어야 할 것을 피해 다닌다. 세상은 엉망진창이다. 사회에는 큰 문제가 산적해 있다. 우리는 인종과 문화라는 선으로 서로를 구분한다. 사람들은 거기에 귀를 기울일 용기가 없다. 인종차별과 편견이 여전히 존재하고 어떤 사람들은 너무 나약해서 그것을 인정조차 하지 않으려 한다. 지금도 브라질의 많은 사람은 그 마을에 인종차별이 없다고 주장한다. 그것이 내가 커크 프리먼 선생님을 지지하는 이유다. 2018년 봄 내가 전화를 드렸을 때도 선생님은 내가 겪은 일을 정확히 기억하고 있었다. 그분은 진실을 두려워하지 않는 소수 중 하나였다.

당신이 어딘가에서 '유일'한 사람이고, 실제로 인종 때문에 대량학살이 자행되는 상황이 아닌 한, 현실을 직시할 필요가 있다. 당신의 삶이 엉망이 된 것은 과격한 인종차별주의자 때문도, 숨겨진 체계적 인종차별주의 때문도 아니다. 당신이 기회를 잃은 것은, 돈을 많이 벌지 못하는 것은, 직장에서 잘린 것은 미국과 망할 놈의 도널드 트럼프 때문도 아니고 당신 조상이 노예였거나, 몇몇 사람들이 이민자나 유대인을 증오하거나, 여성을 괴롭히거나, 동성애자들이 지옥에 떨어질 거라고 믿기 때문이 아니다. 이런 일이 삶을 훌륭하게 살아가는 데 방해가 되고 있는가? 내가 알려줄 것이 있다.

'그것은 당신이 스스로를 막고 있기 때문이다!'

당신은 더 열심히 하는 대신 포기하고 있다. 당신이 한계에 부딪힌 진짜 이유를 자신에게 말해줘야 비로소 당신은 부정적인 현실을 제트 연료로 바꿀 수 있다. 당신이 불리하다고 말한 것들이 당신의 활주로가 될 것이다!

낭비할 시간이 없다. 시간은 사막에 있는 시내처럼 증발해버린다. 그러니까 더 나아져야 한다면 자신에게 잔인해져도 좋다. 삶을 개선하려면 나약함을 떨쳐내야 한다. 거울 속의 나를 나긋하게 대해서는 현재를 바꾸고 미래를 여는 데 필요한 전면적인 변화의 의욕을 얻을 수 없다.

책임 거울을 보는 시간을 처음 가지고 난 다음 날 아침, 나는 요란한 핸들 커버를 벗겨버리고 주사위도 떼어냈다. 그리고 바지를 올려 입고 셔츠를 안으로 넣은 후 벨트를 맸다. 학기가 시작되자 나는 더 이상 점심 식탁에서 노닥거리지 않았다. 호감을 얻으려고 멋지게 행동하는 것은 시간 낭비였다. 인기 있는 애들과 어울리는 대신 테이블에 따로 앉아 혼자 밥을 먹었다.

잘 들어두어라. 나머지 나의 진전은 눈 깜짝할 사이에 일어난 탈바꿈 같은 것이 아니었다. 행운의 여신이 갑자기 나타나 따뜻한 물에 나를 씻기고, 애정의 입맞춤을 해준 것이 아니다. 내가 또 다른 피해자로 남지 않은 유일한 이유는 마지막 순간에 노력이란 걸 했기 때문이다.

고등학교 졸업반 때 나는 운동을 하고, 농구를 하고, 공부를 하는 것에만 집중했다. 책임 거울이 더 나은 것을 향해 계속 나아갈 수 있도록 의욕을 불어넣어주었다. 나는 동이 트기 전 일어나서 거의 매일 아침 5시에 YMCA로 가 근력 운동을 하고 학교로 갔다. 그리고 시간만 나면 달렸다. 보통 어두워진 후 근처 골프 코스 주변을 달렸다. 어느 날 밤에는 20킬로미터를 달렸다. 평생 가장 많이 달린 날이었다. 달리다가 익숙한 교차로에 이르렀다. 백인 놈이 내게 총을 겨눈 그 거리였다. 나는 그곳을 피해 반대 방향으로 1킬로미터쯤 달렸다. 그때 뭔가가 내게 돌아서라고 말했다. 다시 교차로로 간 나는 그 일에 대해 생각했다. 그 거리가 너무나 무서웠다. 심장이 뛰었다. 그것이 내가 그 빌어먹을 좁은 길로 돌진한 이유였다.

몇 초 후, 양옆 숲으로 점점 길이 좁아지는 가운데 개 두 마리가 줄을 풀고 나를 쫓았다. 할 수 있는 일은 그 짐승들보다 앞서가는 것뿐이었다. 1965년의 미시시피 어디쯤에서처럼 트럭이 다시 나타나 나를 깔아뭉개는 상상이 계속 이어졌다. 나는 숨을 쉴 수 없을 때까지 계속 더 빠르게 달렸다. 결국 그 지옥의 사냥개들이 포기하고 사라졌다. 남은 것은 나와 내 호흡의 리듬, 깊고 조용한 시골길 뿐이었다. 돌아설 때는 두려움이 사라져 있었다. 나는 그 망할 악몽을 무릎 꿇렸다.

그때부터 나는 불편함을 갈망하게끔 나 스스로를 세뇌했다. 비가 오면 달리러 나갔다. 눈이 오면 내 마음은 '빌어먹을 운동화를 신어'라고 말했다.

두려움에 패배할 때면 책임 거울 앞에서 그 문제를 다루었다. 그 거울을 마주하는 것, 나 자신을 마주하는 것이 불평과 싸워나갈 동기를 부여했다. 그 결과 나는 더 강해졌다. 힘과 회복력을 갖추는 것은 목표를 달성하는 데 도움을 줬다.

내게는 공부만큼 힘든 것이 없었다. 부엌 식탁은 밤이나 낮이나 자습실이 되었다. ASVAB에 두 번째로 떨어진 후, 어머니는 공군에 입대하겠다는 내 생각이 진지하다는 것을 깨달았고, 공부 체계를 갖출 수 있도록 과외 선생님을 찾아주셨다. 그 체계란 암기였다. 내 경우 메모를 몇 줄 하고 외우는 것으로는 학습이 불가능했다. 교과서를 읽고 모든 페이지를 노트에 적어야 했다. 그리고 그것을 두 번, 세 번 반복해야 했다. 그렇게 해야 지식이 내 마음의 거울에 달라붙었다. 학습이 아니라 필사, 암기, 기억 소환 과정을 거쳐야 했다.

영어와 역사를 그렇게 공부했고 수학 공식을 쓰고 외웠다. 과외 선생님이 1시간 동안 수업을 하면 그 수업 내용을 적은 노트를 6시간 동안 공부해야 기억에 남았다. 내 자습실 운영 스케줄과 목표를 포스트잇에 적어 책임 거울에 붙였다. 무슨 일이 일어났는지 짐작이 가는가? 학습에 대한 집착을 키울 수 있었다.

여섯 달 동안 읽기 실력은 4학년 수준에서 고등학교 수준으로 향상되었다. 나는 수천 장의 메모장을 만들었고 그것들을 몇 시간, 며칠, 몇 주 동안 공부했다. 수학 공식도 마찬가지였다. 그 힘 중 일부는 생존 본능에서 나왔다. 성적으로 대학에 진학하지 못할 것은 뻔했다. 12학년 초에는 학교 농구 팀 주전이었지만 이제 내 이름을 아는 대학 스카우터는 없었다. 내가 아는 것은 브라질에서 탈출해야 한다는 것뿐이었고 가장 좋은 방법은 군대였다. 그 목표를 이루기 위해서는 ASVAB에 통과해야 했다. 세 번째 시험에서 겨우 공군 커트라인을 통과했다.

목표를 세우는 것이 내 모든 것을 변화시켰다. 적어도 단기간은 그랬다. 12학년 동안 공부와 운동은 내 정신에 엄청난 에너지를 선사했다. 내 영혼에서 분노가 뱀이 허물을 벗듯 벗겨져 나갔다. 브라질의 인종차별주의자를 향한 분노; 나를 지배하고 안에서부터 나를 태우던 그 감정이 소멸되었다. 내가 마침내 근원을 직시했기 때문이다.

나를 불편하게 하는 사람들이 사실은 자신에 대한 확신이 약한 이들이라는 것을 깨달았다. 알지도 못하는 어떤 사람을 오로지 인종에 근거해서 조롱하고 위협하는 것은 내가 아닌 그들이 뭔가 단단히 잘못되어 있다는 명백한 증거였다. 자신에 대한 확신이 없는 사람은 다른 사람의 의견에 가치를 두기 쉽다. 나는 '모든 사람'의 의견에 가치를 두고 있었다. 그런 의견을 낸 사람들의 정신 상태를 생각하지 못한 채 말이다. 어리석게 느껴지는가? 하지만 누구나 쉽게 빠지는 함정이다. '유일'한 존재이면서 자신이 없을 때라면 특히 더 그렇다. 그런 관계를 이해하고 나니 그들에게 화를 내는 게 시간이 아까웠다. 그들을 괴롭히려면 쓸모없는 일을 너무나 많이 해야 했다. 그때부터는 타인의 모욕적인 말이나 비하하는 행동 하나하나가 내 안의 엔진을 가속하는 연료가 되었다.

졸업할 무렵에는 자신감이 완벽한 가정환경이나 신이 내린 재능에서 비롯되는 것이 아니라는 사실을 알게 되었다. 자신감은 책임감에서 비롯되었고 그것은 내게 진정한 자존감을 가져다주었다. 자존감은 항상 앞으로 향하는 길을 밝혀줄 것이다.

내 경우에는 자존감이 브라질에서 영원히 떠나는 길을 밝혀주었다. 하지만 완전히 탈출한 것은 아니었다. 가장 큰 가치에 도전했던 시간과 장소에서 벗어나면, 전쟁에서 이긴 듯한 느낌을 받는다. 그런 신기루에 휩싸여서는 안 된다. 당신의 과거, 가장 깊은 곳에 있는 두려움은 잠복했다기 두 배의 강도로 되돌아온다. 절대 방심해서는 안 된다. 공군은 내 내면이 아직 지나치게 연약하다는 것을 일깨워주었다.

내 몸과 마음은 아직 단단해지지 않았다.

—— CHALLENGE #2 ——

책임 거울 만들기
- 자신에게 아부 떨지 마라

자신을 똑바로 마주해야 할 시간이다. 있는 그대로, 진짜 내 모습과 직면하라. 이것은 자기애를 북돋는 기법이 아니다. 나약한 태도로는 안 된다. 자신의 비위를 맞추지 마라. 바로 자존심을 다 버리고 진짜 내 모습을 찾기 위한 첫걸음을 내딛기 위해서 말이다.

나는 책임 거울에 포스트잇을 붙였다. 꼭 포스트잇이어야 한다. 디지털 기기는 효과가 없다. 당신의 모든 불안, 꿈, 목표를 포스트 잇에 적어 거울에 붙여야 한다. 교육이 더 필요한 사람이라면 똑똑하지 않으니 죽도록 노력해야 한다는 것을 스스로에게 상기시켜라. 끝! 거울에서 뚱뚱한 사람을 발견한다면 당신이 돼지라는 뜻이다! 받아들여라! 이런 순간에는 자신에게 불친절해도 괜찮다. 발전을 이루려면 나약한 정신으로는 어림없기 때문이다.

직업적 목표든지(직장을 그만두고 사업을 시작한다), 생활 습관에 관한 목표든지(살을 빼고 적극적인 태도를 갖는다), 운동에 대한 것이든지(5킬로미터, 10킬로미터, 마라톤을 뛴다), 매일 내가 지금 있는 곳이 어디인지, 그 목표를 달성하기 위해 필요한 단계는 무엇인지 자신에게 솔직해져라. 그리고 각 단계, 자기 계발을 위해 거쳐야 할 이정표를 포스트잇에 적어라. 이는 당신이 직접 조사하고 목표를 적절히 나누어야 한다는 의미다. 예를 들어 살을 20킬로그램 빼려 한다면 당신의 첫 번째 포스트잇에 적어야 할 것은 첫 주에 2킬로그램을 감량하는 것이다. 그 목표를 달성하면 포스트잇을 떼어내고 다음 목표를 적어 붙인다. 궁극적인 목표가 실현될 때까지 말이다.

목표가 무엇이든 거기에 이르는 데 필요한 작은 단계에 대한 책임은 직접 지는 것이다. 자기 계발에는 헌신과 자제가 필요하다. 당신이 매일 보는 더러운 거울이 진실을 드러내줄 것이다. 회피하는 것은 이제 그만두어라. 그 거울을 당신에게 유리하게 이용하라. 공감한다면, 포스트잇이 붙은 책임 거울을 응시하는 자신의 모습을 사진에 담아 해시태그 #누구도나를파괴할수없다canthurtme, #책임거울accountabilitymirror과 함께 소셜 미디어에 게시해보자.

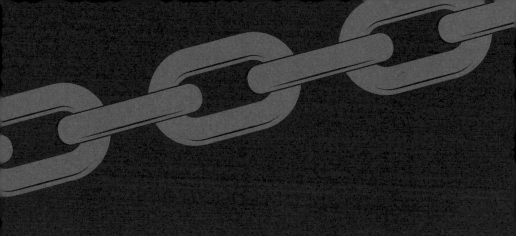

3장

편안함이라는 지옥

: 하기 싫은 일을 할수록 위대해진다

나는 이제 안다.
모든 신체적, 정신적 한계가 진짜가 아니라는 것을.
내게 너무 일찍 포기하는 습관이 있다는 것을.

바퀴벌레를 잡는 136킬로그램 거구의 남자

자정이 넘어 거리는 쥐 죽은 듯 조용했다. 나는 픽업트럭을 몰고 텅 빈 주차장으로 들어간 후 엔진을 껐다. 고요 속에서 들리는 소리는 가로등 할로겐 전구의 기분 나쁜 웅웅 소리와 펜으로 식당 리스트에 표시하는 소리뿐이었다. 당신은 알고 싶지 않겠지만 패스트푸드점과 식당 같은 산업형 주방에서는 반갑지 않은 야간 방문객을 자주 맞이한다. 그것이 나 같은 사람이 이런 야심한 시각에 그곳에 나타나는 이유다. 나는 서류철을 팔걸이 밑에 쑤셔 넣고, 장비를 착용한 뒤 쥐덫을 챙겼다.

그 작은 녹색 상자는 어디에나 있다. 식당을 둘러보면 예외 없이 잘 보이지 않는 곳에 이런 상자가 숨겨져 있다. 내 일은 미끼를 놓고, 그 상자를 옮기거나 교체하는 것이다. 때로는 횡재를 한다. 죽은 쥐를 발견하는 것이다. 그러나 조금도 놀라지 않는다.

이 일은 내가 공수 구조대에 들어가겠다는 꿈을 안고 공군에 입대해 신청한 보직이 아니다. 당시 나는 열아홉 살이었고 175파운드(약 80킬로그램)였다. 4년 후 제대했을 때는 300파운드(약 136킬로그램)에 육박했고 다른 종류의 순찰을 돌게 되었다. 그 몸무게로는 쥐덫에 미끼를 놓기 위해 몸을 굽히는 것도 힘들었다. 너무 뚱뚱한 나머지 작업복 바지 가랑이에 운동용 양말을 꿰매두었는데, 그래야 한쪽 무릎을 꿇었을 때 바지가 터지지 않았다.

외부 순찰이 끝나면 내부의 황무지를 모험할 시간이 온다. 나는 인디애나폴리스 담당 구역의 거의 모든 레스토랑 열쇠와 경보 해제 암호를 갖고 있었다. 안에 들어서면 손에 든 은색 용기에 독약을 가득 채우고 얼굴에 방독 마스크를 썼다. 마스크의 입에는 유독 가스로부터 나를 보호해주는 이중 필터가 있었는데 그걸 쓰면 빌어먹을 외계인처럼 보였다.

나를 보호해준다.

이 일에서 내가 좋아하는 부분이 있다면 늦은 시간에 어두운 그늘을 드나들며 일하는 그 직업의 은밀한 본성이었다. 그것은 내게 꼭 필요한 것이었다. 망할 살충제 때문이 아니다. 아무도, 나까지도 나를 볼 수 없게 만들기 때문이었다. 유리문이나 스테인리스 스틸 조리대에 비친 내 모습을 우연히 보게 되더라도 내가 보는 것은 내가 아니었다. 품질이 한참 떨어지는 저예산 스톰 트루퍼storm trooper(영화 〈스타워즈〉 시리즈의 군인-옮긴이) 같았다. 나가는 길에 어제 만든 브라우니를 슬쩍하는 남자.

그건 내가 아니었다.

조리대와 타일 바닥에 약을 뿌리기 위해 불을 켜면 숨을 곳을 찾아 급히 도망치는 바퀴벌레들이 보이곤 했다. 이전에 왔을 때 놓은 끈끈이 덫에 달라붙어 죽은 쥐도 있었다. 그것들을 봉지에 넣어서 버렸다. 나방과 파리를 잡기 위해 설치한 조명 시스템을 확인한 뒤 거기도 치웠다. 그러고는 30분도 되지 않아 그곳을 나와 다음 식당으로 향했다. 나는 매일 밤 열두 곳을 돌아봐야 했고 모든 일을 해가 뜨기 전에 끝내야 했다.

이런 일에 역겨움을 느끼는 사람도 있을 것이다. 돌이켜 보면 나도 역겹다. 하지만 일 때문은 아니다. 그건 정직한 일이다. 필요한 일이다. 공군 신병 훈련소에서 나는 첫 훈련 담당 하사의 눈 밖에 났다. 그녀는 나를 변소 여왕latrine queen(미 공군에서 화장실 청소를 담당하는 교육생을 이르는 말—옮긴이)으로 만들었다. 병영의 화장실을 깨끗하게 유지하는 것이 내 일이었다. 그녀는 변소에서 먼지 한 톨이라도 발견하면 첫날로 돌아가서 훈련을 다시 시작할 것이라고 말했다. 나는 그 처벌을 달게 받아들였다. 공군에 있는 것만으로도 행복했던 나는 그 망할 변소를 깨끗이 청소했다. 화장실 바닥에서 밥을 먹어도 됐을 것이다. 4년 후, 그토록 의욕이 넘쳐 변소 청소마저 신나게 하던 남자는 사라지고 없었다. 나는 아무것도 느끼지 못했다.

터널 끝에는 빛이 있는 법이라고들 한다. 하지만 일단 어둠에 눈이 익어버리면 그렇지가 않다. 내게도 바로 그런 일이 일어났다. 내 삶에 무감각해졌고, 결혼 생활은 비참했으며, 그런 현실을 받아들였다. 나는 한때 용사가 되기를 바랐으나 한밤에 바퀴벌레를 잡는 신세가 되었다. 마지못해 움직이면서 시간을 팔아 살아가는 지구상의 많은 좀비 중 하나일 뿐이었다. 사실 당시 내 일에 대해 가진 유일한 생각은 그나마 한 단계 발전했다는 것이었다.

처음 군에서 제대했을 때 나는 세인트 빈센트 병원에 일자리를 구했다. 밤 11시부터 아침 7시까지 최저임금을 받으며 경비로 일했다. 한 달 봉급은 700달러 정도였다. 이따금 에코랩Ecolab 트럭이 보였다. 해충 구제업자가 성기적으로 방문했고 나는 그를 위해 병원 주방의 문을 열어주는 일을 했다. 하루는 그와 이야기를 나누게 됐는데 그가 에코랩에서 사람을 구한다는 말을 전해주었다. 무료로 트럭이 나오고 상사의 참견도 없다고 했다. 봉급도 35퍼센트가 높았다. 나는 건강상의 위험 같은 건 생각하지 않았다. 아예 생각이란 걸 하지 않고 제안을 받아들였다. 나는 저항이 가장 적은, 입에 쉽게 들어오는 숟가락만 받아먹으면서 도미노가 연이어 쓰러지며 서서히 나를 죽이는 것을 보고만 있었다. 하지만 무감한 것과 무지한 것에는 차이가 있다. 어두운 밤에는 정신을 산만하게 하는 일이 많지 않았다. 나는 첫 번째 도미노를 건드렸다는 것을 알고 있었다. 내가 일으킨 연쇄반응이 나를 에코랩까지 데려온 것이다.

맥주병처럼 가라앉은 자신감

공군은 나의 출구여야 했다. 그 첫 번째 훈련 담당 하사는 결국 나를 다른 소대로 보냈다. 새로운 소대에서 나는 스타 신병이 되었다. 그때 나는 키 6피트 1인치(약 185센티미터)에 몸무게는 175파운드(약 79킬로그램) 정도였다. 나는 빠르고 강했으며 우리 부대는 신병 훈련소에서 가장 뛰어난 소대였다. 곧 나는 꿈의 직업인 공수 구조대가 되기 위한 훈련을 받았다. 공수 구조대는 공중에서 적진으로 뛰어내려 조종사를 위험에서 구해내는 훈련을 받은 수호천사들이었다. 나는 우수한 훈련생이었다. 팔굽혀펴기, 윗몸일으키기, 플러터 킥flutter kick(똑바로 누워 양다리를 교차로 올리고 내리는 복근 운동—옮긴이), 달리기에서 선두에 있었다. 단 1점 차이로 우등 이수 자격을 놓쳤다. 하지만 공수 구조 훈련 예비 단계에서 그들이 알려주지 않은 것이 한 가지 있었다. 수중 자신감 훈련. 몇 주 동안 훈련생들을 물에 빠뜨려놓는 코스에 붙인 우아한 이름이었다. 나는 물을 정말 무서워했다.

어머니 덕분에 3년 만에 공공 임대주택에서 정부 보조금을 받으며 사는 신세를 면했지만, 수영 수업을 받을 정도의 여유는 없었다. 우리는 수영장에 간 적이 없었고 열두 살에 보이스카우트 캠프에 가서야 수영과 대면했다.

공수 구조대에 들어가기 위한 수영 시험에서는 진짜 수영을 할 수 있어야 했다. 시간제한이 있는 500미터 자유형이었다. 열아홉 살이 되어서도 나는 자유형도 할 줄 몰랐다. 나는 반스 앤드 노블 서점에서 『수영, 바보라도 할 수 있다Swimming for Dummies』를 사서 그림을 보고 공부한 뒤 매일 수영장에서 연습했다. 물에 얼굴을 담그는 것이 끔찍하게 싫었지만 팔을 한 번 젓고, 두 번 젓고, 결국 한 바퀴를 헤엄칠 수 있게 되었다.

나는 대부분의 사람들보다 부력이 작다. 잠깐이라도 수영을 멈추면 가라앉는다. 그 때문에 겁에 질려 심장이 빨리 뛰기 시작하고 심하게 긴장하면 상황은 더 악화된다. 결국 수영 시험에는 통과했다. 하지만 시험을 통과한 것과 물에 친숙하고 자신감이 있는 것은 다른 얘기다.

수중 자신감 훈련은 10주 공수 구조대 프로그램의 일부로, 훈련생들이 스트레스 상황에서 물속에서 맡은 과제를 얼마나 잘 처리하는지 확인하는 단계별 시험이 있다. 내게 최악의 단계는 보빙Bobbing이었다. 수업은 5명의 그룹으로 나뉘어 이루어진다. 그룹은 장비를 모두 갖추고 물이 얕은 쪽 레인에 일렬로 선다. 우리는 등에 아연도 금강으로 만든 80리터 탱크 2개를 묶고 약 7.3킬로그램짜리 웨이트 벨트weight belt(잠수·운동 시 무게를 더하기 위해 착용하는 벨트-옮긴이)를 차고 있었다. 엄청난 짐을 지고 있었지만 그건 괜찮았다. 문제는 이 단계에서는 탱크에 있는 산소로 숨을 쉴 수 없었다는 점이다. 우리는 1미터 깊이에서 가장 깊은 곳은 3미터인 풀의 경사를 따라 자세를 잡고 천천히 뒤로 걸어가야 했다. 내 마음은 의심과 부정으로 소용돌이쳤다.

'여기에서 대체 무슨 짓을 하고 있는 거야? 이건 네가 할 일이 아냐! 넌 수영을 못한다고! 넌 사기꾼이고 그들은 그걸 알아낼 거야.'

시간은 느리게 흘렀다. 1초가 1분같이 느껴졌다. 횡격막이 폐에 공기를 넣으려고 요동쳤다. 이론적으로는 이완이 수중 훈련의 열쇠라는 것을 알았지만 너무 겁을 먹어서 긴장을 놓을 수 없었다. 공황 상태를 피하기 위해 노력하느라 머리가 욱신거렸다. 마침내 모두 자리를 잡았고 보빙을 시작할 시간이 왔다. 그것은 발에 낀 핀을 이용하지 않고 바닥에서 수면까지 올라와, 공기를 마시고, 다시 아래로 가라앉는 것을 의미했다. 짐을 잔뜩 지고 일어서는 것이 쉽지는 않았지만 적어도 숨을 쉴 수는 있다. 첫 호흡은 구원이었다. 산소가 몸에 밀려들면서 긴장이 풀리기 시작했다. 교관이 "전환!"이라고 소리칠 때까지는. 이는 발에 낀 핀을 손으로 가져가 팔로 당기면서 그 추진력으로 수면까지 올라오라는 신호였다. 바닥을 밀어낼수 있지만 발은 움직일 수 없었다. 그 짓을 5분 동안 했다.

수중 자신감 훈련을 하는 동안 잠깐씩 의식을 잃는 것은 흔한 일이었다. 몸이 스트레스를 받고 산소 공급이 제한되는 데 따른 현상이다. 나는 손에 오리발을 쥔 채 겨우 숨을 쉴 수 있을 정도로 얼굴을 물 밖으로 내밀었다. 그 사이 열심히 움직이며 산소를 태우고 있었다. 너무 많은 산소를 너무 빨리 태우면, 뇌가 멈추면서 정신을잃는다. 교관들은 그것을 '마법사와 만난다'고 말했다. 시계가 재깍거리는 동안 나는 시야에 별들이 떠 있고 마법사가 가까이 다가오는 것을 느꼈다.

그 단계는 통과했다. 곧 발이나 팔로 오리발을 젓는 데 익숙해졌다. 처음부터 끝까지 쉽지 않았던 것은 가장 간단한 과제 중 하나인, 손을 사용하지 않고 물을 젓는 것이었다. 손과 턱을 물 밖으로내놓고 오로지 다리만 사용해야 했다. 다리를 3분 동안 믹서 날과같은 동작으로 저어야 했다. 3분이라면 그리 긴 시간처럼 여겨지지않을 것이다. 대부분의 분대원들에게는 쉬운 일이었지만 내게는 불가능에 가까웠다. 턱이 계속 물에 닿았고, 그것은 시간이 세 배로늘어난 채 다시 시작된다는 의미였다. 주위의 동료들은 다리를 거의 움직이지 않고도 편안히 있었다. 중력을 거스르는 것처럼 보였다. 나는 전속력으로 다리를 저어도 백인들의 반만큼도 턱을 올릴 수 없었다.

풀에서 보낸 매일이 굴욕이었다. 사람들 앞에서 당황한 것은 아니었다. 모든 단계를 통과했지만 내면은 고통스러웠다. 매일 밤 나는 다음 날 수행할 과제에 집착했다. 너무 겁이 나서 잠을 잘 수 없었다. 나의 두려움은 곧 동료들, 내가 보기에는 쉽게 훈련을 거치는 듯한 동료들에 대한 분노로 모습을 바꾸었다. 그것이 과거를 끌어냈다.

나는 분대 내 '유일'한 흑인이었다. 인디애나 시골에서 보낸 어린 시절이 떠올랐다. 수중 자신감 훈련이 힘들어질수록 어두운 기억이 더 높이 올라와 나를 안에서부터 잠식하는 것 같았다. 다른 훈련생들이 잠을 자는 동안 내 혈관에는 강한 두려움과 분노가 넘쳐흘렀고 이 야밤의 집착은 일종의 자기 충족적 예언이 되었다. 실패할 수밖에 없었다. 걷잡을 수 없는 두려움이 내가 통제할 수 없는 어떤 것, 단념하겠다는 마음을 불러일으켰기 때문이다.

이 모든 것이 6주 차 '버디 브레싱buddy breathing(2명의 다이버가 위로 올라갈 때 한 사람의 산소가 부족해지면 하나의 탱크를 나누어 사용하는 체계—옮긴이)' 연습에서 정점에 이르렀다. 우리는 짝을 지어 파트너의 팔뚝을 잡고 하나의 스노클로 번갈아 호흡했다. 그동안 교관들은 우리를 스노클에서 떼어놓기 위해 안간힘을 썼다. 원래는 수면 근처에서 이루어지는 일이지만 나는 부력이 작았기 때문에 계속 깊이 가라앉으면서 파트너까지 끌어내렸다. 그는 호흡을 하고 스노클을 내게 전해주려 했다. 나는 수면으로 올라가 숨을 내쉰 뒤 스노클에 있는 물을 없애 호흡을 제대로 하고 파트너에게 전해주려 했지만 교관들이 그것을 방해했다. 튜브를 절반밖에 비울 수 없어 계속 공기보다 물을 많이 마셔야 했다. 애초에 수면 근처에 머무르기 위해 고투하느라 산소가 부족한 상태였다.

군사훈련에서 교관은 약점을 파악해 그 사람들에게 역량을 키우는 도전을 부가하거나 그만두게 하는 역할을 한다. 그들은 내가 힘겨워한다는 것을 알고 있었다. 내가 마법사를 피하기 위해 좁은 튜브를 통해 공기를 마시려고 노력하는 내내 교관 하나가 얼굴을 들이밀고 소리 지르며 나를 때렸다. 물속으로 들어가며 고요한 불가사리처럼 팔다리를 벌리고 나머지 훈련생들을 올려다보던 것이 기억난다. 내가 안달하는 동안 그들은 침착하게 스노클을 주고받았다. 지금은 교관이 자신의 임무를 다할 뿐이라는 것을 알지만, 당시에는 '이 망할 놈이 내게 공정한 기회를 주지 않아!'라고 생각했다.

나는 그 단계도 통과했다. 하지만 4주에 걸친 11단계의 수중 석응 훈련이 더 남아 있었다. 우리는 비행기에서 물로 뛰어내릴 예정이었다. 필수 과정이었다. 나는 더 이상 그 짓을 하고 싶지 않았는데, 다음 날 아침 예상치 못한 탈출구가 나타났다.

침묵의 소리

몇 주 전 우리는 건강검진 중 피를 뽑았다. 의사들은 내게 겸상 적혈구 소질Sickle Cell Trait이 있다는 것을 발견했다. 겸상 적혈구 빈혈이라는 병은 없었지만 그런 기질이 있었던 것이다. 당시에는 운동과 연관되어 심장박동 저지로 인한 돌연사 위험을 높인다고 여겨지는 소인이었다. 공군은 훈련 도중 내가 죽는 것을 원치 않았고 건강진단 결과를 기반으로 나를 훈련에서 제외했다. 나는 정말 열이 받은 것처럼 연기했지만 내심 기분이 좋았다.

이후 의사들은 결정을 바꿨다. 훈련을 계속 받는 것이 안전하다고 정확히 말하지는 않았지만 그런 소인이 아직 징확히 파악되지 않았다면서 내게 결정할 기회를 주었다. 훈련에 복귀하겠다고 보고하자 상사가 놓친 훈련이 많기 때문에 계속하고 싶다면 첫째 주 첫째 날부터 다시 시작해야 한다고 말했다. 4주도 남지 않았던 훈련이 수중 적응 훈련에서 오는 공포, 분노, 불면을 견뎌야 하는 10주로 늘어난 것이다.

지금이라면 그런 종류의 일은 내 레이더에 들어오지도 않는다. 공정한 기회를 주기 위해 모든 사람이 더 오래 더 힘들게 달려야 한다는 말을 듣는다면, 나는 "로저!"라고 답하고 당면한 일을 해낼 것이다. 하지만 그때 나는 덜 단련되어 있었다. 신체적으로는 강했지만 내 마음의 주인이 되는 데는 턱도 없었다.

상사는 대답을 기다리며 나를 응시했다. 나는 그와 눈도 마주치지 못한 채 말했다. "상사님, 의사들은 겸상 적혈구 소질에 대해 잘 알지 못합니다. 그게 신경 쓰입니다."

그는 아무 표정 없이 고개를 끄덕이고 그 프로그램에서 나를 제외하는 서류에 서명했다. 그는 이유에 '겸상 적혈구'라고 썼다. 서류상으로 나는 그만둔 것이 아니었다. 하지만 나는 진실을 알고 있었다. 그때의 내가 지금과 같았다면, 겸상 적혈구 따위에는 신경도 쓰지 않았을 것이다. 내게는 여전히 겸상 적혈구 소질이 있다. 하지만 그때는 그것이 장애물이었고 나는 그 앞에서 꺾이고 말았다.

나는 켄터키주 포트 캠벨로 이동했고 친구와 가족에게는 건강 문제 때문에 프로그램을 그만둘 수밖에 없었다고 말했다. 나는 4년 동안 몇몇 특수작전 부대와 일하는 전술 항공 통제반Tactical Air Control Party, TACP에서 복무했다. 나는 적진의 배후에서 지상 부대와 공중 지원(F-15나 F-16 같은 고속 전투기들)을 이어주는 훈련을 받았다. 똑똑한 사람들과 함께하는 도전적인 일이었지만 안타깝게도 나는 그 일을 자랑스럽게 여기지 않았다. 두려움이 내 미래를 좌우하도록 놓아둔 실패자라는 것을 알았기 때문에 기회를 알아보지 못했다.

나는 체육관과 주방 식탁에 수치심을 묻어두었다. 그 무렵 역도를 시작해 몸을 불렸다. 먹고 운동하고, 운동하고 또 먹었다. 공군에서 보낸 마지막 날 내 몸무게는 225파운드(약 102킬로그램)였다. 제대한 후에도 근육과 지방이 계속 늘어나서 체중은 300파운드에 육박했다. 나는 덩치를 키우고 싶었다. 큰 덩치가 데이비드 고긴스를 숨겨주기 때문이었다. 둘레 21인치(약 53센티미터)의 팔뚝과 축 늘어진 뱃살 속에 175파운드(약 79킬로그램)의 데이비드 고긴스를 밀어 넣을 수 있었다. 턱수염을 덥수룩하게 기른 나를 보고 사람들은 위협을 느꼈지만 내면의 나는 스스로가 나약한 겁쟁이라는 것을 알고 있었다. 그것은 도무지 지울 수 없는 감정이었다.

내가 스스로의 운명을 책임지기 시작한 그날의 아침은 다른 날과 다름없이 시작되었다. 시계가 7시를 가리켰을 때 에코랩 근무시간이 끝났고 나는 스테이크 앤드 셰이크Steak'n Shake 드라이브스루에

1994년 공군 신병 훈련 이후 175파운드일 때.

1999년 290파운드일 때 해변에서.

들러 커다란 초콜릿 밀크셰이크를 받아 들었다. 다음 목적지는 세 븐일레븐이었다. 호스티스Hostess의 미니 초콜릿 도넛을 한 박스 사서 집으로 돌아오는 40분 동안 그것들을 게걸스럽게 먹어치웠다. 집은 인디애나 캐멀의 골프 코스에 있는 아름다운 아파트였는데 나는 팸과 그녀의 딸과 살고 있었다. 피자헛 사건을 기억하는가? 나는 그 여자와 결혼했다. 나를 깜둥이라 부르던 남자의 딸과 결혼한 것이다. 그게 나에게 어떤 의미일까?

우리는 그런 삶을 유지할 능력이 없었다. 팸은 일을 하지 않았다. 신용카드 빚만 늘어가던 그 시절에는 말이 되는 일이 아무것도 없었다. 나는 혈관에 당을 밀어 넣으면서 고속도로를 시속 약 113킬로미터로 달리고 있었다. 지역 라디오의 록 음악 채널에서 〈사운드 오브 사일런스The Sound of Silence〉가 흘러나오고 있었다. 사이먼 앤드 가펑클Simon & Garfunkel의 가사가 진실처럼 메아리쳤다.

네이비 실, 세상에서 가장 강한 이들

어둠은 그야말로 오랜 친구였다. 나는 어둠 속에서 일했고 친구들과 낯선 사람들에게 진짜 내 모습을 숨겼다. 당시 나는 누구도 감히 까불 수 없는 짐승 같은 모습을 하고 있었다. 내가 얼마나 두렵고 멍한 상태였는지 아무도 믿지 않을 외모였던 것이다. 하지만 사실 내 영혼은 너무나 많은 트라우마와 실패에 짓눌려 있었고 정신은 올바르지 않았다. 나는 실패자가 될 온갖 핑계를 갖고 있었고 그 모두를 사용했다. 내 삶은 허물어지고 있었으며, 팸은 그 상황을 외면하는 방식으로 대처하고 있었다. 그녀의 부모님은 여전히 112킬로미터 떨어진 브라질에 살고 계셨다. 우리는 대부분의 시간을 떨어져 지냈다.

나는 오전 8시쯤 집에 도착했다. 문을 열고 집에 들어서자마자 전화벨이 울렸다. 어머니였다.

"아침 먹으러 들르렴."

내 아침은 앉은 자리에서 다 먹어치울 사람을 찾기 힘들 정도로 거한 뷔페였다. 필즈버리 도로 만든 시나몬 롤 8개, 달걀 6개로 만든 스크램블드에그, 프루티 페블Fruty Pebbles 시리얼 두 그릇. 내가 방금 도넛 한 박스와 초콜릿 셰이크를 해치웠다는 것을 잊지 마라. 대답도 할 필요가 없었다. 어머니는 내가 갈 거란 것을 알고 계셨다. 음식은 내가 선택한 약이었고 나는 늘 마지막 부스러기 하나까지 남김없이 삼켰다.

나는 전화를 끊고 TV를 켠 뒤 복도를 지나 욕실로 들어갔다. 증기 사이로 내레이터의 목소리가 들렸다. 토막토막 "네이비 실은⋯ 세계⋯ 가장 강하고⋯"라는 말이 귀에 들어왔다. 나는 허리에 타월을 감고 거실로 달려갔다. 덩치가 너무 커서 수건은 내 뚱뚱한 엉덩이를 간신히 가리고 있었다. 나는 소파에 앉아 30분 동안 움직이지 않았다.

그 프로그램은 224기 훈련생들이 지옥주 동안 기초 수중 폭파/특수전Basic Underwater Demolition/SEAL,BUD/S 훈련을 거치는 모습을 보여주었다. 군에서 육체적으로 가장 힘든 훈련 중에서도 가장 고되다는 일련의 과제가 이어졌다. 나는 진창 속 장애물 코스를 통과하고, 머리 위로 통나무를 들고 모래밭을 달리고, 차가운 파도에 떠는 남자들을 지켜보았다. 두피에 땀이 맺혔다. 그 남자들, 세상에서 가장 강한 남자들이 훈련을 이겨내는 모습에 완전히 매료되고 말았다. BUD/S를 시작한 사람 중 3분의 1만이 지옥주를 통과했다. 그럴 만했다. 공수 구조 훈련을 받을 때도 그런 지독한 경험을 하진 않았다. 그들은 몸이 붓고, 피부가 벗겨지고, 잠도 자지 못하고, 서 있을 힘도 없어 보였다. 그런데 그들이 부러웠다.

계속 지켜볼수록 더 확실해졌다. 그 모든 고통에 답이, 내게 필요한 답이 숨겨져 있다는 것이.

카메라는 몇 번이고 바다에 끝없이 일어나는 포말을 비췄다. 그럴 때마다 나는 무기력함을 느꼈다. 네이비 실^{Navy SEALs}(미국 해군의 엘리트 특수부대-옮긴이)은 내가 가져보지 못한 모든 것을 갖추고 있었다. 그들에게는 자부심, 자존감은 물론이고 시련에 몸을 담그고 고난에 상처를 입으면서도 몇 번이고 다시 돌아감으로써 얻은 탁월함이 있었다. 그들은 당신이 상상할 수 있는 가장 단단하고 날카로운 검이었다. 그들은 화염을 찾아 들어가고 필요한 만큼, 아니 그 이상의 단련을 참아내서 결국 두려움을 모르는 치명적인 무기가 되었다. 그들을 만든 것은 동기부여가 아니었다. 투지였다. 그 프로그램은 수료식으로 끝났다. 22명의 남자가 흰 정복을 입고 어깨를 나란히 한 채 서 있었다. 카메라가 사령관을 비췄다.

"평범함이 표준이 되고 보상을 받곤 하는 시대에, 평범함을 혐오하고, 관습적인 용어로 자신을 정의하기를 거부하고, 전형적으로 인식되는 인간의 역량을 초월하고자 하는 이들에게는 강렬한 매력이 있습니다. 바로 이것이 BUD/S가 찾는 사람입니다. 모든 과제를 최선을 다해 완수할 방법을 찾는 사람, 모든 장애에 적응하고 극복하는 사람 말입니다."

그 순간 사령관이 나에게 말하는 것처럼 느껴졌다. 프로그램이 끝나고 욕실에 들어가 거울을 마주하고 나를 응시했다. 어린 시절 나를 증오하는 사람들이 내가 될 거라고 말하던 그 모습 그대로였다. 배운 것 없고, 쓸모 있는 기술도 없으며, 자제력이 전혀 없는, 장래성이 보이지 않는 사람. 평범함조차 한참 멀리 있었다. 나는 삶 밑바닥의 진창 속에 있었다. 하지만 정말 오랫만에 깨어 있었다.

아침을 먹으면서 어머니와 거의 대화를 나누지 못했다. 끝내지 못한 일에 정신이 팔려 늘 먹던 양의 절반밖에 먹지 못했다. 나는 언제나 엘리트 특수전 부대에 들어가길 바랐다. 켜켜이 쌓인 실패에도 그 갈망은 사라지지 않았다. 그 갈망이 우연히 본 TV 프로그램 덕분에 소생하고 있었다. 바이러스가 세포에서 세포로 옮아가듯 그 바람이 계속 커지고 있었다.

그것은 떨칠 수 없는 집착이 되었다. 나는 3주쯤 매일 아침 운동을 한 후 해군의 신병 모집관에게 전화를 걸어 내 이야기를 했다. 그리고 전국에 있는 모든 사무실에 전화를 했다. 실 훈련에 참여하게 해준다면 어디든 이사할 의향이 있다고 말했지만 모두 거절했다. 복무 이력이 있는 지원자에게는 대부분 관심이 없었다. 한 지역의 모병 사무실에서 호기심을 보이면서 직접 만나보기를 원했지만 그들은 그곳을 찾은 내 면전에서 웃음을 터뜨렸다. 내가 너무 뚱뚱했기 때문이다. 그들 눈에 나는 망상에 사로잡혀 턱도 없는 것을 원하는 사람이었다. 그 자리를 떠나면서 나 역시 그런 느낌을 받았다.

찾을 수 있는 모든 현역 모집 사무실에 전화를 건 끝에 해군 예비군 지역 부대에 전화를 걸어 스티브 샬조Steven Schaljo라는 부사관과 처음으로 통화를 하게 되었다. 샬조는 미라마 해군 항공기지에서 전기 기술자이나 교관으로 여러 F-14 비행 중대와 일하다가 실 훈련이 이루어지는 샌디에이고에서 모집관으로 합류하게 되었다. 내가 전화했을 때는 그가 인디애나폴리스에 부임한 지 열흘째 되는 날이었다. 내가 통화한 사람이 다른 사람이었더라면 당신은 이 책을 읽지 못했을 것이다. 뜻밖의 행운과 집요한 끈기 덕분에 나는 해군 최고의 모집관 중 한 명을 찾아냈다. 그가 가장 좋아하는 과제는 가공되지 않은 다이아몬드, 즉 나같이 복무 경험이 있으면서 특수작전을 희망하며 재입대 기회를 찾는 사람을 발견하는 것이었다.

첫 대화는 길게 이어지지 않았다. 그는 나를 도와줄 수 있다며 직접 만나야 한다고 했다. 익숙한 이야기였다. 나는 키를 찾아 들고 바로 그의 사무실을 찾아갔다. 하지만 크게 기대하지는 않았다. 30분쯤 후 도착했을 때 그는 이미 BUD/S 행정실과 통화를 하고 있었다.

샬조를 제외하고 사무실에 있던 모든 수병(모두 백인이었다)이 나를 보고 깜짝 놀랐다. 거구인 나에 비해 샬조는 170센티미터 정도의 작은 체구였다. 그는 내 체격을 보고도 당황하지 않는 것 같았다. 적어도 처음에는. 영업하는 사람들이 그렇듯 그는 활달하고 따뜻한 사람이었다. 하지만 불독 같은 매서운 면이 있는 사람이란 걸 알 수 있었다. 그는 체중을 재기 위해 나를 복도로 이끌었다. 체중계 위에 서 있으면서 나는 벽에 붙어 있는 체중표를 봤다. 내 키에 해군에서 허용하는 최대 체중은 191파운드(약 86킬로그램)였다. 나는 숨을 참고 가능한 한 배를 바짝 밀어 넣은 후 가슴을 부풀렸다. 그가 나에게 실망하는 굴욕의 순간을 피하기 위한 시도였다. 그런 순간은 오지 않았다.

"진짜 거구군요." 미소 띤 얼굴로 고개를 저으면서 샬조가 말했다. 그는 서류철에 끼워놓은 차트에 297파운드(약 135킬로그램)라고 적었다. "해군에는 예비군에서 모병한 사람을 현역이 되도록 해주는 프로그램이 있습니다. 우리는 그 프로그램을 활용할 거예요. 연말에 폐지될 예정이니 그 전에 편입되어야겠죠. 요점은 당신이 해야 할 일이 있다는 거예요. 이미 알고 있겠지만." 나는 그의 시선을 따라 체중표를 보고 최대 허용치를 다시 확인했다. 그는 고개를 끄덕이고 미소 지으면서 내 어깨를 두드렸다. 그리고 내가 현실을 직시할 시간을 주었다.

3개월 안에 106파운드(약 48킬로그램)를 감량해야 했다.

불가능한 과제처럼 보였다. 내가 직장을 그만두지 않은 한 가지 이유였다. 또 하나의 이유는 ASVAB였다. 그 악몽의 시험이 빌어먹을 프랑켄슈타인의 괴물처럼 되살아났다. 공군에 입대하기 전 한 번 통과한 적이 있었지만 BUD/S 자격을 충족시키려면 점수를 더 올려야 했다. 2주 동안 나는 하루 종일 공부하고 밤이면 해충을 잡았다. 운동은 하지 않았다. 본격적으로 체중을 감량하기 위해서는 기다려야 했다.

토요일 오후 시험을 보고 다음 주 월요일 샬조에게 전화를 걸었다. "해군에 오신 것을 환영합니다." 그가 말했다. 그는 먼저 좋은 소식을 전했다. 몇 과목에서 아주 좋은 성적을 거둬 이제 공식적으로 예비역이 되었다는 것이었다. 하지만 기계의 이해 점수가 44점이었다. BUD/S 훈련 자격을 얻으려면 50점을 받아야 했다. 5주 안에 전체 시험을 다시 봐야 하는 것이다.

지금에 와서 스티븐 샬조는 우리의 우연한 인연을 운명이라고 부르곤 한다. 그는 처음 통화한 순간 나의 추진력을 감지했고 바로 찾아온 나를 보면서 믿음을 가졌다고 했다. 내 체중이 문제가 되지 않은 것은 그 때문이었다. 하지만 ASVAB 시험 이후 내 마음은 의심으로 가득 찼다. 그 때문에 그날 밤 일어난 일 역시 운명의 한 형태이거나 내게 절실하게 필요했던 한 조각 신의 개입이었을 것이다.

이 일이 벌어진 식당 이름을 말하지 않을 것이다. 공개하면 당신은 절대 거기에 가지 않을 것이고 나는 변호사를 고용해야 할 테니까. 이곳이 정말 엉망이라고만 얘기하기로 하자. 우선 밖에 있는 쥐덫에서 죽은 생쥐를 발견했다. 실내에는 끈끈이 덫에 더 많은 설치류(쥐 한 마리와 생쥐 두 마리)가 붙어 있었고 비우지 않은 쓰레기통에는 바퀴벌레가 들어 있었다. 나는 고개를 젓고 싱크 볼 아래 무릎을 꿇은 채, 벽의 얇은 틈을 따라 약을 뿌렸다. 그리고 둥지를 발견했다. 약물이 닿자 그들은 흩어지기 시작했다.

몇 초 되지 않아 무언가가 목 뒤를 스치는 느낌이 들었다. 나는 그것을 털어내고 천장 패널에서 주방 바닥으로 폭풍처럼 쏟아져 내리는 바퀴벌레를 보기 위해 목을 길게 뺐다. 에코랩에서 일하면서 본 것 중 최악의 벌레 무리였다. 그들은 내 몸 위로 쏟아져 내렸다.

나는 주방에 금속 통을 남겨두고 끈끈이 덫을 쥔 채 바깥으로 뛰쳐나왔다. 신선한 공기와 식당에서 해충을 없앨 방법을 생각할 시간이 좀 더 필요했다. 나는 쥐들을 버리기 위해 쓰레기통으로 가는 길에 방법을 궁리했다. 쓰레기통 뚜껑을 여니 미친 듯이 쉬익 소리를 내는 너구리가 있었다. 너구리는 누런 이를 드러내며 덤벼들었다. 나는 쓰레기통을 쾅 닫았다.

이게 무슨 경우지? 정말 이게 무슨 개 같은 경우야? 언제까지 이럴 건데? 내 쓰레기 같은 현재가 비참한 미래가 될 때까지 그냥 있어야 하는 거야? 얼마나 더 기다릴 건데? 어딘가에서 어떤 찬란한 뜻이 나를 기다리고 있지 않을까 생각하면서 시간을 얼마나 더 낭비할 건데? 바로 그때 알았다. **내가 맞서서 힘겨운 길을 걷지 않는 한, 결국 이 정신적 지옥에 영원히 남게 되리라는 것을.**

나는 식당으로 되돌아가지 않았다. 장비도 챙기지 않았다. 나는 트럭을 몰고 초콜릿 셰이크(당시 내 안정제)를 사 들고는 집으로 돌아왔다. 차를 세웠을 때는 아직 어두웠지만 개의치 않았다. 나는 작업복을 벗은 후 운동복을 입고 운동화를 신었다. 1년이 넘도록 달리기를 하지 않았다. 하지만 4마일(약 6킬로미터)을 뛸 작정으로 거리에 나왔다.

400야드(약 366미터)밖에 갈 수 없었다. 심장이 달음질쳤다. 너무 어지러워서 골프 코스 구석에 앉아 숨을 고르고서야 집으로 돌아올 수 있었다. 다 녹은 셰이크만이 나를 기다리고 있었다. 나는 잔을 쥐고 후룩 마신 후 소파에 쓰러졌다. 눈에 눈물이 고였다.

나는 나를 뭐라고 생각한 건가? 나는 보잘것없는 놈으로 태어났고, 아무것도 증명하지 못했고, 여전히 일말의 가치도 없다. 데이비드 고긴스가 네이비 실이라고? 그렇지, 헛된 꿈이야. 나는 5분 동안 한 블록도 뛰지 못해. 평생 묻어둔 내 모든 공포와 불안이 머리 위로 쏟아졌다. 영원히 모든 것을 굴복하고 포기하기 직전이었다. 그때 15년 전에 산 낡은 〈로키Rocky〉 비디오테이프를 발견했다. 그것을 기계에 끼워 넣고 내가 가장 좋아하는 장면, 14라운드까지 빨리 감았다.

〈로키〉는 지금도 내가 가장 좋아하는 영화다. 아무런 희망도 없이 가난하게 사는 무식한 사채 수금원이자 복서의 이야기이기 때문이다. 그의 트레이너조차 그와 훈련하지 않는다. 그런데 느닷없이 그는 챔피언 아폴로 크리드의 타이틀매치 상대로 지명받는다. 아폴로는 만났던 모든 상대를 KO시킨 역사상 최고의 복서였다. 로키가 원하는 것은 크리드를 상대로 14라운드까지 가보는 것이다. 그것만으로도 그는 평생 처음 자랑스러운 사람이 될 수 있었다.

모두의 예상을 깨고 피비린내 나는 치열한 경기가 이어졌다. 중반까지 로키는 계속 난타당한다. 그에게는 싸울 기력이 없다. 14라운드 초반 그는 다운된다. 하지만 링 가운데에서 바로 일어선다. 아폴로가 한 마리 사자처럼 그에게 다가온다. 그는 날카로운 레프트 잽을 날리고, 발이 느려진 로키에게 압도적 공격을 쏟아내고, 살인적인 라이트 훅을 꽂는다. 그는 로키를 코너로 몬다. 로키는 다리가 완전히 풀렸다. 그는 수비하기 위해 팔을 올릴 힘조차 없다. 아폴로는 또 한번 로키의 머리 옆으로 라이트 훅을 날린다. 이어서 레프트 훅. 악랄한 오른손 어퍼컷이 로키를 쓰러뜨린다.

아폴로는 팔을 높이 들고 오른쪽 코너로 물러선다. 링에 얼굴을 처박고 있지만 로키는 포기하지 않는다. 심판이 카운트를 시작하자 로키는 로프를 향해 꿈틀거린다. 그의 트레이너인 미키는 움직이지 말라고 말하지만 로키는 듣지 않는다. 그는 무릎으로 일어나 네발로 몸을 지탱한다. 심판이 6을 셀 때 로키는 로프를 잡고 일어선다. 군중이 함성을 지른다. 아폴로는 몸을 돌렸다가 그가 서 있는 것을 본다. 로키는 아폴로에게 손짓한다. 믿기 힘든 광경에 챔피언의 어깨가 처진다.

싸움은 아직 끝나지 않았다.

나는 TV를 끄고 내 인생에 대해 생각했다. 추진력이나 열정이라고는 없는 삶이었다. 하지만 두려움과 무능하다는 감정에 계속 굴복하면 그런 감정들이 영원히 내 미래를 좌우하게 되리라는 것을 알고 있었다. 내가 할 수 있는 유일한 선택은 나를 쓰러뜨린 감정에서 힘을 찾고, 그것들을 이용해 다시 일어서는 것이었다. 그래서 그렇게 했다.

나는 셰이크를 쓰레기통에 버리고, 운동화 끈을 묶고, 다시 거리로 나갔다. 첫 달리기에서 4분의 1마일(약 402미터) 만에 다리와 폐에 심각한 통증이 느껴졌다. 가슴이 너무 뛰어서 달리기를 중단했다. 이번에도 똑같은 통증이 느껴졌다. 심장이 과열된 자동차처럼 뛰었다. 하지만 그것을 견디고 달리자 통증이 사라졌다. 숨을 돌리기 위해 허리를 굽혔을 때는 1마일(약 1.6킬로미터)을 달린 후였다.

그때 처음으로 느꼈다. 모든 신체적, 정신적 한계가 진짜가 아니라는 것을. 내게 너무 일찍 포기하는 습관이 있다는 것을. 불가능에서 벗어

나기 위해서는 할 수 있는 한 모든 용기와 강인함을 마지막 한 방울까지 쥐어짜내야 한다는 것을.

나는 몇 시간, 며칠, 몇 주간 쉬지 않고 이어질 고통을 앞두고 있었다. 죽음의 문턱까지 나를 몰아넣어야 했다. 죽을 수도 있다는 아주 현실적인 가능성을 받아들여야 했다. 이번에야말로 심장이 아무리 빨리 뛰고 아무리 큰 통증을 느껴도 멈추지 않을 것이기 때문이었다. 문제는 따라야 할 전투 계획도, 청사진도 없다는 것이었다. 처음부터 모든 것을 내가 만들어야 했다.

보통 오전 4시 30분에 일어나 바나나 하나를 먹으면서 ASVAB 책을 봤다. 오전 5시쯤 그 책을 실내 자전거로 들고 가서 2시간 동안 땀을 내면서 공부했다. 내 몸이 엉망이었다는 것을 기억하라. 나는 아직 먼 거리를 달릴 수 없었기 때문에 자전거로 가능한 한 많은 칼로리를 태웠다. 이후 수영장에서 2시간 동안 수영을 했다. 거기에서 체육관으로 가 벤치프레스, 인클라인프레스, 다양한 다리 운동을 포함한 서킷 트레이닝을 했다. 몸을 키우는 건 금물이었다. 내게 필요한 것은 반복이었다. 각 운동을 100~200회씩 5~6세트 반복하고는 실내 자전거를 2시간 더 탔다.

끊임없이 배가 고팠다. 제대로 된 식사는 저녁뿐이었지만 그것도 많은 양은 아니었다. 굽거나 볶은 닭 가슴살과 볶은 채소에 극소량의 밥을 먹었다. 저녁을 먹은 후 다시 2시간 동안 자전거를 타고 잠자리에 들었다. 다음 날 일어나 그 일정을 반복했다. 내가 하려던 일은 평점 D인 학생이 하버드에 지원하는 것과 같았다. 혹은 수중에 있는 돈을 모두 들고 카지노에 가서 룰렛의 한 숫자에 다 걸고는 따는 것이 기정사실인 것처럼 구는 것과 다름없었다. 나는 아무런 보장 없이 내가 가진 모든 것을 걸고 있었다.

나는 하루 두 번 체중을 쟀는데 2주 만에 약 11.3킬로그램이 빠졌다. 고된 일정을 계속하면서 후퇴 없는 진전이 이어졌다. 체중이 줄어들기 시작해 일흘 후에는 250파운드(약 113킬로그램)가 되었다. 팔굽혀펴기나 턱걸이를 하고, 망할 엉덩이를 안장에서 떼고 일어서서 달릴 수 있을 만큼 가벼워진 것이다. 나는 여전히 새벽에 일어나 실내 자전거를 타고, 수영을 하고, 체육관에서 운동을 했다. 거기에 달리기를 추가했다. 나는 운동화를 쓰레기통에 처넣고 네이비 실 후보들이 BUD/S 훈련을 할 때 신는 베이츠 라이트Bates Lites를 주문해서 그것을 신고 달렸다.

이렇게 운동을 하면 밤에는 편히 잤을 거라고 생각할 것이다. 하지만 나의 밤은 불안으로 가득했다. 배 속에서는 천둥소리가 나고 머릿속에서는 소용돌이가 일었다. 나는 복잡한 ASVAB 문제를 푸는 꿈을 꿨다. 다음 날 할 운동이 두려웠다. 연료는 거의 없이 너무나 많은 에너지를 소진했기 때문에 우울증은 당연한 결과였다. 별거 중인 결혼 생활은 이혼으로 방향을 잡고 있었다. 팸은 기적적으로 내가 이 일을 해낸다고 해도 자신과 딸은 나와 함께 샌디에이고로 가지 않겠다는 뜻을 분명히 밝혔다. 그들은 대부분의 시간을 브라질에 머물렀고 나는 캐멀에 혼자 있으면서 혼란에 빠졌다. 끝없는 자기 패배적 생각이 차츰 힘을 내면서 내가 쓸모없고 무력한 인간이라는 느낌이 들었다.

우울증은 당신을 질식시키면서 모든 빛을 가리고 희망을 붙들 수 있는 모든 힘을 빼앗아 간다. 당신이 볼 수 있는 것은 부정성뿐이다. 그것을 헤쳐나가는 유일한 길은 그것을 연료로 삼아 더 강해지는 것이다. 모든 부정적인 생각을 누르고 자기 회의와 불안이야말로 이제 내게 목표가 있다는 것을 확인시켜주는 존재라고 스스로를 설득해야 했다. 내 과제가 수행 불가능한 것으로 밝혀질 수도 있겠지만 적어도 나는 그 임무를 달성하려 노력하고 있었다.

때로 기분이 저조할 때는 샬조에게 전화를 걸었다. 그는 언제나 아침 일찍 사무실에 나왔고 늦게까지 남아 있었다. 그에게 우울증에 대해서는 털어놓지 않았다. 그마저 나를 의심하는 것은 원치 않았기 때문이다. 나는 그 통화로 기운을 북돋았다. 살이 얼마나 빠졌는지, 얼마나 많은 노력을 하고 있는지 이야기했고 그는 ASVAB 공부를 소홀히 하지 말라고 상기시켰다.

로저!

지름길 따윈 없다

나는 영감을 얻기 위해 〈로키〉 사운드트랙을 카세트에 넣고 〈고잉 더 디스턴스Going the Distance〉를 들었다. 호른 소리가 머릿속을 울리는 가운데 자전거를 타거나 달리면서 BUD/S 훈련을 통과하고, 차가운 물에 뛰어들고, 지옥주를 견디는 것을 상상했다. 250파운드(약 113킬로그램)가 되자 네이비 실 후보 자격을 얻겠다는 목표는 더 이상 공상이 아니었다. 하지만 여전히 힘든 날들이 이어졌다. 어느 날 아침, 체중을 쟀는데 전날보다 겨우 1파운드(454그램)가 빠져 있었다. 아직도 **빼야** 할 살이 너무 많았다. 정체기를 거칠 여유가 없었다. 6마일(약 10킬로미터)을 뛰고 2시간 동안 수영을 하는 동안 그 생각밖에 들지 않았다. 3시간의 서킷 트레이닝을 하기 위해 체육관에 도착했을 때는 지쳤고 몸이 욱신거렸다.

턱걸이를 100번 한 후 바로 마지막 세트를 하기 위해 다시 철봉을 잡았다. 목표는 열두 번이었지만 열 번째 턱을 철봉 위로 올렸을 때 손에서 불이 났다. 몇 주 동안 물러서고 싶은 유혹이 있었지만 항상 물리쳐왔다. 하지만 그날은 통증이 너무 컸다. 열한 번째 턱걸이를 한 후 포기하고 철봉에서 내려왔다.

그 포기한 한 번이 1파운드와 함께 계속 머릿속에 남았다. 뇌리에서 지워보려 했지만 그것들은 나를 그냥 두지 않았다. 그것들은 집으로 가는 내내, 주방 테이블에 앉아 구운 닭고기 조각과 간이 되지 않은 구운 감자를 먹는 내내 나를 조롱했다. 어떤 대책을 세우지 않으면 밤새 잠을 잘 수 없으리란 생각이 들었다. 그래서 열쇠를 집어 들었다.

"지름길은 없어. 하나라도 빠뜨리면 넌 절대 성공하지 못할 거야." 나는 체육관으로 돌아가면서 큰 소리로 말했다.

"너에게 지름길 따윈 없어, 고긴스!" 나는 턱걸이를 처음부터 다시 했다. 부족한 하나 때문에 250개를 다시 해야 했다.

비슷한 경우가 생길 때마다, 배가 고프거나 지쳤다는 이유로 달리기나 수영을 목표 만큼 하지 못했을 때마다 다시 돌아가 나를 더 다그쳤다. 그것이 마음속 악마를 다루는 유일한 방법이었다. 어느 쪽이든 고통스럽기는 마찬가지다. 나는 순간의 육체적 고통과 1번 빼놓은 턱걸이, 수영장에서의 마지막 한 바퀴, 마지막 4분의 1마일의 달리기가 일생일대의 기회를 날리는 결과를 가져오지 않을까 걱정하는 정신적 고뇌 사이에서 선택해야 했다. 쉬운 선택이 아닌가! 네이비 실에 관한 한 나는 어느 것도 운에 맡길 생각이 없었다.

ASVAB 전날, 훈련을 4주 앞둔 시점에서는 체중을 더 이상 걱정할 필요가 없었다. 나는 215파운드(약 98킬로그램)까지 감량했고 어느 때보다 빠르고 강했다. 매일 약 9.6킬로미터를 뛰고, 자전거를 약 32킬로미터 타고, 그 두 가지를 합친 것보다 먼 거리를 수영했다. 이 모두가 한겨울에 이루어졌다. 내가 가장 좋아하는 것은 모논Monon 트레일을 9.6킬로미터 달리는 것이었다. 인디애나폴리스의 숲 사이로 자전거를 타거나 걸을 수 있는 아스팔트 길이 나 있었다. 그곳은 사이클 타는 사람, 유모차를 끌고 조깅하는 사커맘, 주말의 전사와 노인들의 공간이었다. 그때쯤 살조는 네이비 실 준비 명령을 전달했다. BUD/S 첫 단계에서 완수해야 하는 운동이 포함되어 있었다. 나는 그 두 배를 할 수 있었기에 무척 기뻤다. 보통 네이비 실 훈련은 190명의 훈련생으로 시작하지만 모든 과정을 통과하는 것은 40명 정도에 불과하다는 것을 알고 있었다. 그 40명 중 하나가 되고 싶진 않았다. 최고가 되고 싶었다.

하지만 우선은 망할 ASVAB 시험을 통과해야 했다. 남는 시간은 하나도 낭비하지 않고 벼락치기 공부에 매달렸다. 운동을 하지 않을 때면 주방 테이블에서 공식을 암기하고 수백 개 단어를 반복해서 익혔다. 네이비 실에 도전할 기회가 사라지기 전에 볼 수 있는 마지막 시험이었다. 시험에 실패한다면 내 꿈은 산산조각 날 것이고 또다시 목적 없이 부유하는 삶을 살게 될 것이다.

시험은 인디애나폴리스 벤저민 해리슨 기지의 작은 교실에서 치렀다. 30명 정도가 있었는데, 모두 어렸다. 대부분이 막 고등학교를 졸업한 사람들이었다. 각자에게 구식 데스크톱 컴퓨터가 배정되었다. 지난달에 시험이 디지털로 바뀌었는데, 나는 컴퓨터를 만져본 적도 없었다. 문제를 푸는 것은커녕 그 빌어먹을 기계를 작동할 수도 없을 것 같았다. 하지만 프로그램은 의외로 쉽게 다룰 수 있었고 곧바로 적응했다.

ASVAB는 열 과목으로 이루어져 있었는데 나는 수월하게 문제를 풀어나갔다. 내 운명을 가를 기계의 이해에 이를 때까지는. 1시간 안에 내가 스스로를 속이고 있었는지, 네이비 실이 되는 데 필요한 진짜 자격을 갖췄는지 제대로 알게 될 것이다. 어려운 문제가 나올 때마다 연습장에 작대기를 그었다. 그 과목의 문제는 30개쯤 되었고 시험을 끝냈을 때쯤에는 작대기를 열 번쯤 그린 것 같았다. 그중 몇 개를 맞히지 않으면 나는 끝이었다.

마지막 과목을 끝낸 후에는 바로 답안을 앞방에 있는 행정관의 컴퓨터로 보내야 했다. 그곳에서 점수를 집계할 예정이었다. 나는 모니터 너머로 거기 앉아서 기다리고 있는 행정관을 보았다. 손짓을 하고 클릭을 한 뒤 방에서 나왔다. 신경을 잔뜩 곤두세운 채 주차장을 몇 분간 서성이다 내 혼다 어코드Accord에 몸을 구겨 넣었다. 하지만 시동은 걸지 않았다. 떠날 수 없었다.

15분 동안 멍하니 앞 좌석에 앉아 있었다. 샬조가 전화로 결과를 알려주기까지는 적어도 이틀이 걸릴 것이다. 하지만 내 미래가 달린 수수께끼의 해답은 이미 나와 있었다. 나는 정확히 그게 어디에 있는지 알고 있었다. 진실을 알아야 했다. 정신을 추스르고, 다시 건물 안으로 들어가 내 운명을 알려줄 사람에게 다가갔다.

"제가 이 망할 시험에서 몇 점을 받았는지 꼭 들어야겠습니다." 그는 놀라서 나를 보았지만 응하지는 않았다.

"미안하지만 여긴 정부 기관입니다. 일을 하는 데는 체계가 있어요. 규칙을 만든 건 제가 아닙니다. 제가 어떻게 할 수 있는 게 아니에요."

"선생님은 이 시험이 제게, 제 인생에 어떤 의미인지 모르실 겁니다. 이건 제 모든 것이에요!" 그는 내 눈을 들여다봤다. 그 시간이 5분처럼 느껴졌다. 그는 컴퓨터로 몸을 돌렸다.

"지금 저는 규정을 어기고 있어요. 고긴스 씨, 알겠습니까?" 나는 고개를 끄덕이고 그가 파일을 스크롤하는 자리 뒤로 움직였다. "여기 있군요. 축하합니다. 65점이에요. 높은 점수를 받으셨습니다." 그는 총점을 말했지만 내가 신경 쓰는 것은 그것이 아니었다. 모든 것은 가장 중요한 과목에서 50점을 받느냐에 달려 있었다.

"기계의 이해에서 몇 점을 받았습니까?" 그가 어깨를 으쓱이더니 화면을 스크롤하고 클릭했다. 내가 그때부터 가장 좋아하게 된 숫자가 스크린에서 빛나고 있었다. 50.

"됐어! 됐어! 됐어!"

아직도 몇몇이 시험을 치고 있었지만, 내 인생에서 가장 행복한 순간 앞에서 도저히 감정을 억누를 수 없었다. 나는 있는 힘껏 "됐어!"라고 소리쳤다. 행정관은 의자에서 굴러떨어질 뻔했고 방에 있는 사람들이 미친 사람 보듯 나를 쳐다봤다. 그들이 내가 얼마나 미쳐 있는지 알까? 두 달 동안 나는 이 한순간을 위해서 내 모든 걸 바쳤다. 나는 그걸 즐길 자격이 충분했다. 나는 차로 달려가 다시 소리를 쳤다.

"빌어먹을, 내가 진짜 해냈어!"

집으로 오는 길에 어머니에게 전화를 드렸다. 어머니는 샬조 외에 내 변신을 목격한 유일한 사람이었다. 나는 눈물을 흘리며 어머니에게 말씀드렸다. "엄마, 제가 해냈어요. 해냈다고요. 전 이제 네이비 실이 될 거예요."

다음 날 출근한 샬조는 그 소식을 듣고 내게 전화했다. 그는 신병 지원 서류들을 보내두었고 막 내가 합격했다는 소식을 들었다. 그는 정말 기뻐했다. 우리가 처음 만났을 때 내 안에서 본 것이 현실이 된 것을 자랑스러워했다.

하지만 행복하기만 한 나날은 아니었다. 아내는 묵시적으로 최후통첩을 했다. 나는 결정해야 했다. 그토록 노력했던 기회를 포기하고 결혼 생활을 유지할지, 이혼하고 네이비 실이 되기 위해 노력할지 선택해야 했던 것이다. 내 선택은 팸과 그녀 아버지에 대한 감정과는 아무런 상관이 없었다. 어쨌든 그녀의 아버지는 내게 사과했다. 결국 그것은 내가 누구인가, 내가 어떤 사람이 되고 싶은가의 문제였다. 내 마음속의 나는 감옥에 갇힌 죄수였고 네이비 실은 거기에서 탈출할 유일한 기회였다.

나는 네이비 실 후보자가 할 만한 방식으로 승리를 축하했다. 끝까지 몰아붙였다. 다음 날 아침부터 3주 동안 수영장에서 훈련을 할 때 7킬로그램의 웨이트 벨트를 묶었다. 한 번에 50미터씩 잠수했고, 손에 벽돌을 하나씩 들고 한숨에 수영장 바닥을 끝에서 끝까지 걸었다. 물은 이제 날 패배시키지 못할 것이다.

이 훈련을 끝내면 1.6킬로미터에서 3.2킬로미터 정도 수영한 후 어머니 집 근처에 있는 호수로 향했다. 12월, 미국 중서부에 있는 인디애나라는 사실을 기억하라. 나무는 모두 헐벗고 있었다. 집 처마에는 수정 같은 고드름이 매달려 있었고 사방은 눈에 덮여 있었다. 하지만 호수는 아직 다 얼지 않았다. 나는 카무플라주 바지에 갈색 반팔 티셔츠를 입고 부츠를 신은 채 호수에 뛰어들어 뒤로 몸을 기울이고 회색 하늘을 바라봤다. 살을 에는 듯한 찬물이 밀려오고, 죽을 것 같은 고통이 엄습했지만, 그것이 미치도록 좋았다. 몇 분 후 나는 일어서서 달리기 시작했다. 부츠 속에서는 물이 철벅거렸고, 속옷에는 모래가 들어 있었다. 몇 초 만에 티셔츠가 얼면서 뼛속까지 얼어붙는 것 같았고, 바지 자락이 얼어 서걱거렸다.

나는 모논 트레일을 달렸다. 빠른 걸음으로 걷거나 조깅하는 사람들, 민간인 사이를 씩씩대며 스쳐 가는 동안 코와 입에서 김이 솟았다. 내가 속도를 내며 전력 질주를 시작하면 필라델피아의 로키를 볼 때처럼 사람들의 고개가 돌아갔다.

나는 할 수 있는 한 빨리, 할 수 있는 한 멀리까지 달렸다. 더 이상 나를 규정하지 않는 과거에서 아직 정해지지 않은 미래를 향해. 내가 미래에 대해 아는 것은 고통이 있을 것이고 목적이 있으리라는 것뿐이었다.

나는 준비가 되어 있었다.

불편함을 루틴으로 만들기
- 안락 지옥에서 딱 한 발씩만 벗어나라

단련된 정신을 향한 여정의 첫 단계는 편안함이라는 지옥, 즉 안락 지옥에서 정기적으로 벗어나는 것이다. 일기를 들춰 당신이 하기 싫어하거나 당신을 불편하게 만드는 모든 일을 적어라. 특히 당신에게 도움이 되는, 당신에게 좋은 일을 적는다.

이제 그중 하나를 실천에 옮긴다. 그리고 또다시 한다.

다음에 해야 할 과제들은 지금까지 읽은 내용을 달성하는 것을 전제로 한다. 그렇지만 불가능한 과제를 당장 달성하라는 이야기는 아니다. 이것은 당신 인생을 순식간에 바꿔놓는 일이 아니다. 바늘을 조금씩 움직여서 그런 변화를 지속할 수 있게 만드는 일이다. 즉 매일 아주 조금씩 하기 싫은 일을 하는 것을 의미한다. 잠자리를 정돈하고, 설거지를 하고, 옷을 다리고, 매일 일찍 일어나 3킬로미터를 달리는 작은 일이라도 말이다. 거기에 익숙해지면 8킬로미터, 16킬로미터를 뛰어라. 이 모든 일을 하고 있다면 하고 있지 않은 일을 찾아라. 우리 삶에는 우리가 신경 쓰지 않았던 일, 개선할 수 있는 부분이 늘 존재한다. 우리는 때로 약점이 아닌 장점에 치중하는 것을 선택한다. 이번에는 약점을 강점으로 만들어보라.

작은 것이라도 당신을 불편하게 만드는 일을 하는 것은 당신을 강해지게 만든다. 불편해질수록 당신은 더 강해진다. 곧 당신은 스트레스 상황에서도 자신과 좀 더 생산적이고 의욕적인 대화를 나누게 될 것이다.

안락 지옥에서 벗어난 자신의 모습을 사진이나 영상에 담아 당신이 무엇을, 왜 하고 있는지에 대한 설명과 함께 소셜 미디어에 포스팅하라. #안락지옥discomfortzone, #힘겨운길pathofmostresistance, #누구도나를파괴할수없다canthurtme, #불가능한과제impossibletask라는 해시태그를 포함시키는 것을 잊지 마라.

4장

삶은 거대한 심리전

: 상대의 영혼을 장악하라

누군가의 영혼을 장악했다는 것은
당신이 전술적으로 우위를 차지했다는 의미다.
삶에 지배당하지 말라. 압도적으로 장악해버려라.

제군, 지옥주에 온 것을 환영한다

첫 번째 충격 수류탄이 근거리에서 폭발했다. 거기에서부터 모든 것이 슬로모션으로 펼쳐졌다. 우리는 휴게실에서 헛소리를 지껄이고, 전쟁 영화를 보고, 다가오는 전투에 대비해 기운을 북돋우며 느긋한 시간을 보내고 있었다. 첫 번째 폭발에 이어 두 번째 폭발이 일어났다. 갑자기 사이코 피트^{Psycho Pete}가 나타나 소리를 질러댔다. 그의 뺨은 붉게 달아올랐고, 오른쪽 관자놀이의 혈관이 고동치고 있었다. 비명을 지르는 그의 눈은 튀어나왔고 온몸은 떨리고 있었다.

"탈출! 나가! 움직여! 빨리! 빨리!"

우리 보트 크루는 계획한 대로 일렬로 문을 향해 뛰었다. 밖에서는 네이비 실이 보이지 않는 적을 향해 어둠 속으로 M60 기관총을 발사하고 있었다. 우리가 평생 기다려온 악몽이었다. 우리를 규정하거나 죽일, 번쩍이는 악몽. 모든 본능이 우리에게 엎드리라고 말했지만 당시에는 움직이는 것만이 우리가 선택할 수 있는 유일한 옵션이었다.

반복되는 굵고 낮은 기관총 소리가 마치 장을 뚫고 들어오는 것 같았다. 근처에서 일어난 또 다른 폭발에서 나온 오렌지색 광륜은 지극히 아름다웠고 그라인더Grinder(BUD/S의 콘트리트 아스팔트 공간으로, 훈련생들이 맨몸 운동을 하는 곳—옮긴이)에 모여 명령이 떨어지기를 기다리는 우리의 심장은 맹렬하게 뛰고 있었다. 이것은 전쟁이었지만 어느 다른 나라 해안에서 벌어지는 전쟁이 아니었다.

우리가 삶에서 치르는 대부분의 전투가 그렇듯 이것은 우리 마음속에서 일어나는 전투였다.

사이코 피트는 여기저기 파인 아스팔트 위를 쿵쿵거리며 걸었다. 미간은 땀에 젖었고 안개 낀 밤 그의 총부리에서는 김이 피어올랐다. "제군, 지옥주에 온 걸 환영한다." 그는 이번에는 캘리포니아 서퍼가 쓸 법한 말투로 차분하게 말했다. 그는 포식자가 사냥감을 보듯 우리를 위아래로 훑어보았다. "제군의 고통은 나에게 큰 기쁨이 될 것이다."

이제 고통이 시작된다. 사이코는 박자에 맞춰 팔굽혀펴기, 윗몸 일으키기, 플러터 킥, 점핑 런지를 외쳤다. 그 사이 그와 동료 교관들은 우리에게 얼음처럼 차가운 물을 끼얹으며 내내 낄낄거렸다. 셀 수 없이 많은 세트가 끝도 없이 이어졌다.

훈련생들은 가까이 모여 바닥에 찍힌 개구리 발바닥 위에 선 채로 우리의 수호성인인 프로그맨의 동상을 바라보고 있었다. 깊은 바다에서 온, 물갈퀴가 달린 발과 손, 날카로운 발톱, 망할 식스팩

이 있는 이상한 생명체였다. 왼쪽에는 유명한 황동 종이 있었다. 바퀴벌레를 잡다가 집으로 돌아와 빨려 들어가듯 네이비 실 프로그램을 보던 아침부터 꿈꾸던 곳이었다. 역사와 고통이 넘치는 아스팔트 바닥. 그라인더.

BUD/S 훈련은 6개월간 이어지며 3개 과정으로 나뉜다. 제1과정은 PT라고 불리는 체력 단련이다. 제2과정은 잠수 과정이고 여기에서 우리는 수중에서 위치 잡는 법, 잠행하는 법, 공기 방울을 내보내지 않고 이산화탄소를 숨 쉴 수 있는 공기로 재활용하는 폐쇄회로 잠수법을 배운다. 제3과정은 육상 전투 과정이다. 대부분의 사람들이 BUD/S를 그릴 때 생각하는 것은 제1과정이다. 120명의 훈련생을 삼지창trident(네이비 실의 심벌에는 해군을 상징하는 닻, 전투력을 상징하는 권총, 네이비 실과 바다의 연결을 상징하는 삼지창이 그려져 있다-옮긴이), 우리가 감히 건드릴 수 없는 사람이라고 말하는 그 휘장을 얻을 가치가 있는 25~40명의 더 단단하고 빛나는 사람들로 압축될 때까지 단련시키는 주간이기 때문이다.

BUD/S 교관들은 훈련생을 그들이 인식하는 한계 밖으로 밀어붙이고, 그들의 남자다움을 시험하고, 강인함, 체력, 민첩성의 객관적 신체 기준을 요구함으로써 훈련생을 추려낸다. 훈련의 첫 3주 동안 우리는 10미터 수직 로프를 오르고 4마일(약 6.4킬로미터)의 모래밭을 32분 이내에 달려야 한다. 하지만 내 생각에 이 모든 것은 아이들 장난에 불과하다. 제1과정의 24시간 지옥의 도가니에도 범접하지 못하는 쉬운 수준이다.

지옥주는 완전히 다르다. 오랜 역사를 지닌 이 훈련은 3주 차에 시작된다. 130시간 연속으로 근육과 관절의 욱신거리는 통증이 점차 커지고, 호흡이 신체 리듬보다 앞서나가며, 악마의 손이 쥐어짜는 듯 폐가 캔버스 백처럼 부풀었다 오므라드는 불안한 과호흡을 밤낮으로 느껴야 한다. 그것은 신체적인 것을 넘어 마음과 인성을 드러내는 시험이다. 그리고 무엇보다 사고방식이 드러나도록 설계되어 있다.

코로나도 아일랜드는 포인트 로마로 둘러싸여 있으면서 샌디에이고 마리나를 태평양으로부터 막아주고 있다. 남부 캘리포니아로 여행 온 관광객들이 바가지를 쓰곤 하는 곳이기도 하다. 바로 이곳의 해군 특수전 사령부Naval Special Warfare Command Center에서 끔찍한 훈련들이 이루어진다. 캘리포니아의 금빛 태양도 그라인더를 아릅답게 만들지는 못한다. 나는 그 점을 신께 감사드렸다. 나는 그곳의 험악함이 좋았다. 그 고통의 바닥은 내가 원하는 모든 것이었다. 고통을 좋아해서가 아니라 거기에 속하기 위해 필요한 것을 내가 가지고 있는지 알아야 할 필요가 있었기 때문이다.

문제는 대부분의 사람들은 그렇지 못하다는 것이다.

지옥주가 시작될 때까지 적어도 40명의 훈련생이 그만두었다. 그만둘 때는 종을 세 번 치고 헬멧을 콘크리트 바닥에 내려놓아야 한다. 그만둔 사람들에게 종소리는 종료의 의미였다. 내겐 모든 종소리가 진전으로 들렸다.

나는 사이코를 그리 좋아하지 않았지만 그가 한 일을 두고 트집을 잡을 수 없었다. 그와 동료 교관들은 훈련생을 도태시키기 위해 거기에 있었다. 게다가 그는 작고 약한 사람을 뒤쫓지 않았다. 그는 나를 주로 공격했고 나보다 덩치 큰 녀석들에게도 그렇게 했다. 체격이 작아도 다들 단단했다. 이 자신감 넘치는 우두머리 중에는 동부와 남부 블루칼라 출신도 있었고, 캘리포니아 해변의 부유한 가정 출신도 있었으며, 나처럼 옥수수 밭 시골에서 온 촌놈도 있었다. 그리고 텍사스 목장 출신이 많았다. BUD/S에는 기수마다 텍사스 출신이 상당수 있었다. 그들이 먹는 바비큐에 뭔가 특별한 것이 들어 있는 것이 틀림없다.

사이코는 편파적이지 않았다. 우리가 어디 출신이고 어떤 사람이든 그는 떨쳐낼 수 없는 그림자처럼 우리에게 들러붙어 있었다. 웃고, 소리 지르고, 면전에서 조용히 조롱하고, 그가 끝장내고자 하는 사람은 누구든 머리를 파고들려 했다.

모든 것이 괴로웠지만 지옥주 초반 훈련은 재미있었다. 몰아치는 폭발, 총격, 외침 속에서 탈출하는 동안에는 다가오는 악몽에 대해 생각조차 할 수 없다. 신성한 용사의 전통에 속하는 통과의례를 거치고 있다는 생각에 아드레날린이 날뛰었다. 훈련생들은 그라인더를 둘러보며 '여, 드디어 지옥주가 시작됐군!' 하며 들뜬 기분을 느낀다. 아, 물론 조만간 현실이 모두를 결딴낸다.

"이게 최선인가?" 사이코 피트가 누구에게랄 것 없이 질문을 던졌다. "이건 우리가 거칠 모든 프로그램 중 가장 비참한 훈련이 될 것이다. 제군은 자신이 못 견디게 부끄러워질 것이다."

그는 이런 부분을 즐겼다. 우리가 흘린 땀과 침, 눈물, 콧물, 피 속에 부츠 자국을 남기며 걸었다. 그는 자신이 강하다고 생각했다. 모든 교관이 그랬다. 네이비 실이기 때문이다. 그 사실만으로도 그들은 특별했다. "지옥주에서는 내 발끝도 못 쫓아올 것이다. 이 정도만 알아둬라."

사이코가 훈련생들 옆을 스치고 지나가는 동안 나는 혼자 미소 지으며 속으로 그의 말을 반박했다. 그는 테일백tailback(미식축구에서 하프백과 비슷한 포지션이지만 쿼터백 뒤에 위치하는 공격수-옮긴이)을 연상시키는 체구에 빠르고 강했다. 하지만 지옥주에 당신이 치녕석인 흉기였다고? 교관님, 그건 무지하게 의심스러운데요?

그는 제1과정을 책임진 장교 눈에 들었다. 거기에는 의심의 여지가 없다. 책임 장교는 말을 많이 하지 않았고 그럴 필요도 없었다. 책임 장교는 6피트 1인치(약 185센티미터)였지만 훨씬 커 보였고 근육질이었다. 225파운드(약 102킬로그램)에 육박하는, 근육이 강철처럼 덮인, 그리고 그 안에 1그램의 동정심도 없는 사람을 생각해보라. 그는 실버백 고릴라Silverback Gorilla, SBG(고릴라는 열두 살이 넘으면 등에 은백색 털이 자란다. 이 은백색 털은 강한 힘을 상징한다. 그 때문에 고릴라 무리의 리더를 실버백이라고 칭한다-옮긴이)처럼 보였다. 그는 고통의 대부처럼 조용히 계산하며 머릿속으로 기억을 했다.

"이 모자란 것들이 이번 주에 질질 짜면서 그만둘 걸 '생각'만 해도 흥분되는데요." 사이코가 말했다. 그가 나를 빤히 보자 실버백 고릴라(이하 SBG)가 고개를 살짝 끄덕였다. "오, 네가 그만두겠구나." 그가 부드럽게 말했다. "내가 꼭 그렇게 만들어줄게."

느긋한 어조의 위협이 더 으스스했지만, 그는 눈빛이 어두워지고, 미간이 좁아지면서 얼굴에 열이 올라서는 발끝에서부터 머리털이 없는 머리 꼭대기까지 치솟는 비명을 내지를 때가 많았다. 지옥주가 시작되고 1시간 후 그는 내가 팔굽혀펴기 한 세트를 끝내는 동안 무릎 꿇고 내 코앞에 얼굴을 들이밀더니 이렇게 소리쳤다.

"다시 해, 새끼야!"

그때는 BUD/S를 시작한 지 3주가 되는 시점이었다. 우리는 옷을 다 입은 채 얕은 물에 누웠다가 머리에서 발끝까지 모래가 뒤덮일 때까지 모래밭을 구른 후 그라인더로 돌아온다. 소금물과 모래가 뚝뚝 떨어지는 몸은 턱걸이를 한층 더 어렵게 만든다. 이 의식은 '물·모래 구르기getting wet and sandy'라 불렸다. 그들은 모래가 우리 귀, 코, 몸의 모든 구멍에 들어가기를 바랐다. 하지만 그다음은 '파도 고문surf torture'이 기다리고 있었다. 이건 더 특별한 종류의 괴물이었다.

몰아치는 파도 속으로

지시에 따라 우리는 비명을 지르면서 파도로 돌진했다. 옷을 다 입고, 팔짱을 낀 채 임팩트 존impact zone(파도가 무너져 내리는 위치-옮긴이)으로 걸어 들어갔다. 달도 없는 밤에 성난 파도는 거의 머리 높이까지 왔다. 차가운 물에 불알이 오그라들었고 파도의 채찍질은 폐에서 호흡을 앗아 갔다.

5월 초였다. 봄철 코로나도 바다 온도는 섭씨 약 15~17.2도였다. 우리는 물속에서 한 몸처럼 일렁거렸다. 지평선에 시선을 고정하고 파도가 부풀어 오르는 기미를 살폈다. 팀원 중 서핑을 해본 녀석들이 위험을 먼저 감지하고 소리를 쳐서 우리는 제때 덕 다이브 duck dive(물속으로 잠수해 파도를 피하는 기술-옮긴이)를 할 수 있었다. 10분 정도 후 사이코가 뭍으로 올라오라고 지시했다. 우리는 저체온증을 겪기 직전에 파도가 치는 구역에서 재빨리 빠져나와 부동자세를 취했고, 그동안 의사가 저체온증 여부를 확인했다. 이런 과정이 끊임없이 반복될 것이다. 하늘은 오렌지색과 붉은색으로 물들어 있었다. 밤이 다가오면서 기온이 급격히 떨어졌다.

1시간 후 우리는 6명으로 이루어진 보트 크루로 돌아가서 체온을 유지하기 위해 꼭 붙어서 서로를 끌어안았다. 하지만 소용없는 일이었다. 뻣뻣한 몸으로 해변을 오르내렸다. 모두 덜덜 떨면서 코를 훌쩍였다. 지옥문이 이제 겨우 열렸다는 현실을 파악하면서 정신이 분열되고 있음을 보여주는 증거였다.

지옥주 이전의 제1과정에서는 가장 힘든 날이라도, 로프를 오르고 팔굽혀펴기와 턱걸이와 플러터 킥으로 기운이 떨어지더라도 탈출구가 있다. 얼마나 고통스럽고 힘이 들든 밤에는 집으로 가 친구들과 저녁을 먹고 영화를 보고 재미도 좀 보고 자기 침대에서 잠을 잘 수 있다. 즉 가장 비참한 날에도 현실 지옥 탈출에 정신을 고정해둘 수 있다는 것이다.

지옥주는 그런 안식을 허용하지 않는다. 특히 첫째 날은 팔짱을 낀 채 서서 태평양을 마주하고 몇 시간 동안 파도 속에서 헤매야 했다. 사이사이에는 부드러운 모래 위를 전력 질주하며 몸을 데우는 특전이 주어졌다. 보통 뻣뻣한 고무보트나 통나무를 머리 위로 들고 달려야 했다. 하지만 혹 그런 것이 생겼더라도 온기는 오래가지 않았다. 10분마다 다시 물속으로 들어가야 했기 때문이다.

그렇게 큰 스트레스를 받고 어마어마한 추위 속에 있으면 120시간이 어떻게 흘러가는지 인식하기 어렵다. 잠을 자지 못하는 5일 밤은 시간을 체계적으로 공략할 방법이 없는 것이다. 그래서 네이비 실이 되려고 했던 사람들이 이 첫 번째 파도 고문을 받는 동안 이런 질문을 던진다.

"나는 왜 여기 있지?"

한밤에 파도 괴물에 먹힐 때마다 이런 의미 없는 단어가 머릿속에 떠올랐다. 우리는 저체온증의 경계를 오가고 있었다. 네이비 실이 되어야 할 '의무'가 있는 사람은 없다. 우리는 '징집'된 것이 아니었다. 네이비 실이 되는 것은 선택이다. 그런 간단한 질문이 치열한 싸움 속에서 드러내는 것은 우리가 훈련에 남는 매 순간 역시 선택이라는 점이다. 그것이 네이비 실이 된다는 개념 자체를 자기 학대처럼 느껴지게 만든다. 네이비 실이 된다는 것은 자발적인 고문이다. 이성적으로는 전혀 이해가 되지 않는다. 그 때문에 그 짧은 질문이 그렇게 많은 사람을 흐트러지게 하는 것이다.

물론 교관들은 이런 것을 속속들이 알고 있다. 그것이 그들이 진작 소리 지르는 것을 멈춘 이유다. 대신 밤이 깊어가면서 사이코 피트는 다정한 형처럼 우리를 위로했다. 그는 뜨거운 수프, 따뜻한 샤워, 담요, 병영으로 돌아가는 차편을 제공했다. 그것은 그만두려는 사람들이 덥석 물도록 그가 마련해놓은 미끼다. 그는 좌우에서 헬멧을 거둬들인다. 이 간단한 질문에 답하지 못해 무너진 사람들의 영혼을 거둬 가는 것이다. 알 것 같다. 지금이 겨우 일요일이고 금요일에나 끝나는데 이미 평생 경험한 것을 훨씬 넘어서는 추위 속에 있으면 버틸 수 없다고, 아무도 할 수 없다고 믿어버리고 싶은 유혹이 든다. 결혼한 남자라면 '여기서 추위와 고통 속에 있지 않고 집에서 아내를 품에 안고 있을 수 있는데'라고 생각한다. 독신인 남자라면 '당장이라도 나가 여자라도 만날 수 있을 텐데'라고 생각한다.

모든 것은 심리전이다

그런 종류의 반짝이는 미끼는 무시하기가 힘들다. 하지만 내 경우에는 BUD/S의 초기 단계를 두 번째로 거치고 있었다. 나는 230기로 지옥주의 사악함을 맛봤다. 성공하지는 못했지만 포기한 것은 아니었다. 양측 폐렴double pneumonia(양측 폐에 모두 이환된 폐렴-옮긴이)에 걸려 끌려 나왔다. 나는 의사의 권고를 세 번이나 무시하고 그 싸움을 계속하려 했지만 그들은 결국 나를 병영으로 데려갔고 231기 첫 주부터 다시 시작하게 했다.

BUD/S를 두 번째로 시작했을 때도 폐렴이 완전히 나은 것이 아니었다. 폐가 점액으로 가득했다. 기침을 할 때마다 가슴이 흔들렸고 갈퀴로 폐포 안쪽을 긁는 것 같은 소리가 났다. 하지만 이번에는 확률이 훨씬 높아졌다는 것이 무척 마음에 들었다. 나는 준비가 되어 있었고 보트 크루가 아주 지독한 놈들로 이루어져 있었기 때문이다.

BUD/S의 보트 크루는 키로 정해졌다. 지옥주가 시작되면 함께 온갖 곳으로 보트를 운반하는데, 거기에 도움이 되도록 하기 위해서다. 키만으로는 강하다고 판단할 수 없다. 그렇지만 우리 팀은 동그란 구멍에 어떻게든 들어가려는 끈질긴 네모 말뚝들이었다.

우선 내가 있었다. 오로지 네이비 실 훈련을 받기 위해 약 45킬로그램을 감량하고 ASVAB 시험을 두 번이나 보았으며, 폐렴으로 훈련에서 제외되었다가 바로 훈련을 다시 시작한 또라이. 그리고 작고한 크리스 카일Chris Kyle도 있었다. 그는 해군 역사상 가장 정확한 저격수다. 그는 엄청난 성과를 거뒀다. 팔루아의 이슬람교도들은 그의 목에 8만 달러의 포상금을 걸었다. 그는 네이비 실 3팀의 일원으로 그가 보호한 해병대 사이에서 살아 있는 전설이 되었다. 그는 1개의 은성 훈장과 4개의 동성 훈장을 받았다. 그는 군을 떠나 『아메리칸 스나이퍼American Sniper』라는 책을 썼고 이 책은 브래들리 쿠퍼Bradley Cooper 주연의 영화로 제작되어 큰 인기를 끌었다. 하지만 당시에 그는 말 한마디도 하지 않는 텍사스 시골뜨기였다.

그리고 빌 브라운Bill Brown이 있었다. 대부분이 그를 '프리크freak(괴물이라는 뜻-옮긴이)'라고 불렀다. 그는 평생 괴물 취급을 받아왔기 때문에 그렇게 불리는 것을 정말 싫어했다. 여러 면에서 그는 데이비드 고긴스의 백인 버전이었다. 그는 뉴저지 남부에서 어렵게 성장했다. 동네 아이들은 그를 괴롭혔다. 구개 파열과 학교에서 열등생이라는 것이 이유였다. 그 때문에 프리크란 별명도 얻은 것이다. 그는 싸움질을 하다가 결국 6개월 동안 소년원에서 복역했다. 열아홉이 되자 그는 주유소 직원으로 입에 풀칠을 하며 차에서 혼자 살았다. 움직이지 않는 차였다. 그에게는 코트도 자동차도 없었다. 그는 어디든 녹슨 10단 기어 자전거를 타고 다녔다. 말 그대로 불알이 얼어붙을 때도 있었다. 어느 날 일을 마친 그는 해군 신병 모집 사무실에 들렀다. 짜임새와 목적이 필요하다는 것을, 따뜻한 옷이 필요하다는 것을 알았기 때문이다. 그들은 그에게 네이비 실에 대해 이야기했고 그는 호기심을 보였다. 하지만 그는 수영을 못했다. 나와 마찬가지로 그는 혼자 수영을 배웠고 세 번 시도한 끝에 마침내 네이비 실 수영 테스트를 통과했다.

그는 BUD/S에 들어와서도 괴물이라는 별명을 달고 다녔다. 그는 체력 훈련을 씹어놓고 제1과정을 무사히 통과했다. 하지만 교실에서는 그만큼 견실하지 않았다. 네이비 실 잠수 훈련은 육체적으로뿐 아니라 지적으로도 대단히 어렵다. 그는 BUD/S 수료를 2주 남길 때까지 잘 버텼지만 마지막 지상전 훈련 중 시간 안에 무기를 재조립하는 병기 운용 과제에서 실패했다. 브라운은 표적을 맞히긴 했지만 시간을 넘겼다. 거의 마지막에 BUD/S에서 떨어진 것이다.

하지만 그는 포기하지 않았다. 프리크 브라운은 다른 곳에 가지 않았다. 나는 231기로 그와 함께 해변을 구르기 전에 그의 이야기를 이미 들었다. 그는 부당한 대우에 잔뜩 화가 나 있었다. 나는 보자마자 그를 좋아하게 되었다. 그는 말할 수 없이 용감했고 전장에 나간다면 함께하고 싶은 유형이었다. 우리가 처음으로 그라인더에서 모래사장으로 보트를 날랐을 때 나는 우리가 가장 무거운 보트 앞쪽에 서게 될 것이라고 확신했다. "프리크 브라운" 내가 소리쳤다. "우리가 2번 보트 크루의 기둥이 될 거야!" 그가 나를 보았고 나는 그를 쏘아봤다.

"날 그렇게 부르지 마, 고긴스." 그가 으르렁거리듯 말했다.

"위치를 바꾸지 마! 너하고 내가 한 주 내내 앞에 서는 거야!"

나는 처음부터 2번 보트 크루를 이끌었고 우리 6명 모두가 지옥주를 통과하는 것을 단 하나의 목표로 삼았다. 내가 믿을 만한 사람이란 것이 입증되었기 때문에 모두 협조적이었다. 그라인더에서만이 아니었다. 지옥주가 시작되기 며칠 전 교관들에게서 지옥주 스케줄을 훔쳐내야겠다는 생각이 들었다. 휴게실보다 교실이 훨씬 많았기에 우리가 교실에서 시간을 보내고 있던 어느 날 밤이었다. 동료들 앞에서 그 이야기를 꺼냈지만 씨알도 먹히지 않았다. 몇 명은 웃었고 다른 녀석들은 나를 무시하고 다시 잡담을 했다.

나도 그 이유를 이해하고 있었다. 말도 안 되는 얘기였다. 교관들 서류를 어떻게 빼낸단 말인가? 해냈다고 해도 상황을 예상하는 게 과연 유리할 것인가? 혹시 잡히면? 위험을 감수할 만한 가치가 있을까?

나는 가치가 있다고 믿었다. 지옥주를 맛봤기 때문이었다. 브라운과 몇몇도 그렇게 생각했다. 우리는 불가능하다고 생각되는 수준의 고통과 피로에 부딪혔을 때 포기하는 것이 얼마나 쉬운지 알고 있었다. 지옥주는 심리전이었다. 교관들의 목표는 우리의 고통을 이용해 체력이 가장 좋은 사람을 찾아내려는 것이 아니었다. 그들은 우리의 정신을 한 꺼풀씩 벗겨내려 했다. 정신이 가장 강인한 사람을 찾으려는 것이다. 그것이 포기하는 사람들이 너무 늦기 전까지 이해하지 못하는 부분이다.

삶의 모든 것이 심리전이다!

크고 작은 삶의 극적인 사건에 휘말리면 우리는 아무리 큰 고통도, 아무리 끔찍한 고문도 언젠가는 끝난다는 것을 망각하게 된다. 주로 고통이 극에 달한 나머지 우리의 감정과 행동에 대한 통제권을 다른 사람에게 빼앗기게 될 때 이런 망각이 일어난다. 지옥주에 포기한 사람들은 트레드밀 위를 달리다가 손이 닿는 곳에 대시보드가 보이지 않자 돌아선 것이다.

나는 지옥주에 나 스스로 걸어 들어왔다는 것을, 내가 그곳에 있기를 원했다는 것을, 그 망할 게임에서 이기는 데 필요한 모든 도구를 갖고 있다는 것을 잘 알고 있었다. 그 때문에 인내할 수 있고 그 경험의 주인이 되고자 하는 열정을 발휘했다. 그것은 금요일 오후에 나팔 소리가 들릴 때까지 열심히 게임에 임하고, 규칙을 이용하고, 가능하다면 언제 어디에서든 유리한 방법을 찾을 수 있게 해주었다. 내게 이것은 전쟁이었고 적은 우리를 무너뜨리고 그만두게 만들겠다고 노골적으로 떠들어대는 교관들이었다. 그들의 스케줄을 우리 머릿속에 넣어둔다면 다음에 올 것을 암기함으로써 체감되는 시간을 줄이고, 거기에서 더 나아가 승리를 맞이할 수 있을 것이다. 저 개 같은 새끼들이 우리를 때려눕힐 때 우리가 매달릴 수 있는 무언가를 얻을 것이다.

"나 진지해." 내가 말했다. "우린 스케줄이 필요해!"

231기의 두 흑인 중 한 명인 케니 빅비Kenny Bigbee가 건너편에서 눈살을 찌푸리는 것이 보였다. 그는 내가 첫 번째 BUD/S 훈련을 받을 때도 거기에 있었다. 그는 지옥주 직전에 부상당했다. 그 역시 두 번째로 BUD/S 훈련에 참여하고 있었다. 그가 말했다. "젠장, 데이비드 고긴스가 통나무로 돌아왔네."

케니는 활짝 웃었고 나는 더 크게 웃었다. 그는 의사들이 첫 번째 지옥주에서 나를 끌어내려 할 때 교관 사무실에서 그 이야기를 듣고 있었다. 통나무 체력 훈련 도중이었다. 우리 보트 크루는 단체로 물과 소금기와 모래 범벅이 된 채 통나무를 들고 해변을 오르내리고 있었다. 나는 피를 토하면서 통나무를 어깨에 지고 달렸다. 코와 입에서 피고름이 흘러내렸다. 교관들은 내가 죽어 나자빠지기라도 할까 봐 주기적으로 나를 붙잡아 근처에 앉혀두었다. 하지만 그들이 등을 돌릴 때마다 나는 훈련생들 틈으로 돌아왔다.

케니는 그날 밤 무전에서 반복되는 소리를 들었다. "고긴스를 빼내야 한다." 한 목소리가 말했다.

"로저. 고긴스는 지금 앉아 있습니다." 치직치직하는 소음 가운데에서 다른 목소리가 말했다. 잠시 후 케니는 다시 무전이 찍찍거리는 소리를 들었다. "젠장, 고긴스가 통나무로 돌아왔다. 반복한다. 고긴스가 통나무로 돌아왔어!"

케니는 무척 재미있었는지 그 이야기를 여러 번 했다. 5피트 10인치(약 178센티미터) 키에 170파운드(약 77킬로그램)인 그는 나에 비해 체격이 작았고 우리 보트 크루가 아니었지만 나는 그가 믿을 만하다는 것을 알고 있었다. 사실 그 일에 그보다 적합한 사람은 없었다. 231기에서 케니는 교관들의 사무실을 정리하고 치우는 일을 맡았다. 그것은 그가 사무실에 접근할 수 있다는 의미였다. 그날 밤 그는 발끝으로 살금살금 적진에 침투해 서류철에서 일정표를 꺼낸 후, 복사를 하고 제자리에 넣어놓았다. 인생 최대의 심리전이 시작되기도 전에 첫 승리를 거둔 것 같았다.

물론 앞으로 다가올 일을 아는 것은 전투의 아주 작은 일부일 뿐이다. 고문은 고문이었고 지옥주를 견디는 유일한 방법은 헤쳐나가는 것이었기 때문이다. 표정과 몇 마디 말을 통해 나는 우리 팀이 항상 최선을 다하고 있음을 확인했다. 보트를 머리 위로 들고 해변에 섰을 때나, 통나무를 들고 해변을 오르내릴 때나 우리는 열심이었다. 파도 고문을 받는 동안 나는 영화 〈플래툰Platoon〉에 나오는 슬프고 가장 상대한 음악을 흥얼거리며 태평양으로 걸어 들어갔다.

나는 언제나 영화에서 영감을 얻는다. 〈로키〉가 네이비 실 훈련을 받겠다는 꿈을 달성하는 데 도움을 주었다면, 〈플래툰〉은 나와 동료들이 지옥주의 어두운 밤에 교관들이 우리의 고통을 비웃고, 우리가 얼마나 비참한 꼴인지 이야기하고, 우리를 키보다 훨씬 높은 파도 속으로 계속 들여보내는 동안, 정신을 가다듬는 데 도움을 주었다. 〈현을 위한 아다지오Adagio in Strings〉는 〈플래툰〉에서 내가 가장 좋아하는 곡이다. 뼛속까지 얼어붙게 하는 차가운 안개에 둘러싸인 가운데 나는 일라이어스가 베트콩에게 총을 맞아 쓰러질 때처럼 팔을 쭉 펴고 노래했다. 우리는 제1과정을 거치는 동안 그 영화를 함께 봤다. 내 우스꽝스러운 짓은 교관들을 열받게 하고 동료들에게는 열의를 불어넣는 효과를 거뒀다. 고통으로 의식이 흐려지는 순간에 웃음을 찾자, 멜로드라마 같던 분위기로 완전히 반전되었다. 그 덕분에 우리는 감정에 대한 통제권을 어느 정도 되찾게 되었다. 다시 말하지만 이건 모두 심리전이다. 나는 지지 않으리라고 확신했다.

이 전투에서 가장 중요한 게임은 교관들이 보트 크루 사이에 설정한 경쟁이었다. BUD/S의 모든 것이 경쟁이었다. 우리는 보트와 통나무를 들고 해변을 오르내렸다. 우리는 노 젓기 경주를 했고 망할 놈의 장애물 코스 사이로도 통나무와 보트를 날랐다. 좁은 들보 위에서, 돌아가는 통나무 위에서, 로프로 만든 다리 위에서 균형을 잡으면서도 통나무와 보트를 들고 다녔다. 그리고 통나무를 높은 벽 위에 올리고, 그 빌어먹을 벽을 오르면서 30피트(약 9미터) 높이의 하역망 발치에 떨어뜨렸다. 이긴 팀에는 대부분 상으로 휴식이 주어졌고 진 팀은 사이코 피트에게 한참 더 괴롭힘을 당해야 했다. 젖은 모래에서 팔굽혀펴기와 윗몸일으키기를 몇 세트 한 뒤에 피로에 지쳐 부들부들 떨리는 몸을 이끌고 모래 둔덕을 전력 질주하는 것이다. 실패 위의 실패처럼 느껴졌다. 사이코는 포기하는 자들을 사냥하면서 그들의 면전에서 웃었다.

"정말 한심한 놈들이야. 나는 네놈들이 포기하길 바란다. 전장에 내보내면 너희가 우리를 모두 죽일 테니까!"

그가 동기들을 질책하는 것을 지켜보면서 이중적인 감정이 들었다. 나는 그가 자기 일을 하는 것은 괜찮았지만 그는 약한 자를 괴롭히는 불량배였고 나는 그런 자를 정말 싫어했다. 그는 BUD/S에 돌아온 내게 유난히 날을 세웠고 나는 일찍부터 그가 내게 어떤 영향도 줄 수 없다는 것을 보여주기로 마음먹었다. 한차례 파도 고문이 끝나면 그 사이 대부분의 훈련생은 앞뒤로 다닥다닥 붙어 몸과 몸 사이로 열기를 전했지만 나는 따로 떨어져 서 있었다. 다른 사람들은 모두 벌벌 떨고 있었다. 나는 경련조차 일으키지 않았다. 그리고 사이코 피트가 그것을 얼마나 거슬려 하는지 지켜봤다.

영혼 장악, 나의 예비 전력을 찾아라

지옥주에서 우리가 누린 유일한 사치는 음식이었다. 우리는 왕처럼 먹었다. 오믈렛, 구운 닭고기에 감자, 스테이크, 뜨거운 수프, 미트 스파게티, 갖가지 과일, 브라우니, 소다, 커피 등등. 단점은 머리 위로 약 90킬로그램짜리 보트를 들어 올리고 1마일을 오가야 한다는 것이었다. 나는 언제나 식당에서 땅콩버터 샌드위치를 챙겨 물과 모래가 뒤엉킨 주머니에 찔러 넣었다. 해변에서 먹기 위해서였다. 어느 날 점심 식사 후 사이코가 우리를 평소보다 더 오래 달리게 하기로 마음먹었다. 4분의 1마일 표지가 있는 곳에서 속도를 높이는 것을 보고 그가 우리를 바로 그라인더로 데려가지 않을 것이라는 확신이 들었다.

한 명이 뒤처지는 것을 보고 그가 소리쳤다. "잘 따라오는 게 좋을 거야." 나는 팀원들을 확인했다.

"우리는 여기 꼭 남을 거야! 개새끼, 엿이나 먹어!"

"물론이지." 프리크 브라운이 말했다. 그는 약속대로 일요일 밤부터 나와 보트 앞(가장 무거운 두 지점)에 있었다. 그는 점점 더 강해지고 있었다.

사이코는 모래밭에서 4마일(약 6.4킬로미터) 이상을 더 달리라고 명령했다. 그는 우리를 항복시키려고 갖은 노력을 다했지만 우리는 계속 그의 뒤를 따랐다. 그러자 그는 리듬을 바꿨다. 1분 동안은 전력 질주를 했다가 갑자기 쭈그려 앉아서 다리를 양옆으로 뻗었다가 사타구니를 잡고 종아리 뒤를 스트레칭하는가 하면 조깅하듯 천천히 달리다가 바람같이 해변 아래로 질주했다. 우리는 그의 속도를 그대로 따랐고, 그 양아치가 우리의 괴로운 모습을 보고 만족하게 놓아두지 않았다. 사이코는 다른 모든 사람은 괴롭혔을지 모르지만 우리 크루는 괴롭히지 못했다.

지옥주는 악마의 오페라다. 크레센도처럼 강도를 조금씩 높여서 수요일이면 고통이 정점에 이르고 금요일 오후 끝이 날 때까지 정점에 계속 머문다. 수요일에 우리는 정신과 육체가 모두 탈탈 털린 상태였다. 거대한 산딸기처럼 몸 전체에서 피와 고름이 스며 나왔다. 정신적으로는 좀비에 가까웠다. 보트를 들어 올렸다 내리라는 교관들의 간단한 지시에도 모두 힘겹게 움직이고 있었다. 우리 크루조차 보트를 간신히 들어 올렸다. 그 사이 사이코와 SBG, 다른 교관들은 언제나처럼 우리의 약점을 찾기 위해 철저히 감시했다.

나는 교관들이 끔찍이 싫었다. 그들은 나의 적이었다. 내 머릿속을 파고들려는 그들에게 진력이 났다. 나는 브라운을 힐끗 보았다. 지옥주에 들어선 이래 처음으로 그가 불안해 보였다. 팀원 모두가 그랬다. 제기랄, 나 역시 끔찍한 기분이었다. 내 무릎은 자몽만 하게 부풀고 걸음을 내디딜 때마다 신경을 불로 지지는 것 같았다.

그 때문에 내게 연료가 되어줄 것을 찾아야 했다. 나는 사이코 피트에게 시선을 고정했다. 그 개자식이 정말 신물 났다. 교관들은 침착하고 평온해 보였다. 우리는 필사적이었다. 그들은 우리에게 필요한 것을 갖고 있었다. 에너지를 말이다.

이제 판을 뒤집고 그들 머릿속을 차지할 때가 되었다.

우리가 계속 구르는 동안 그들은 8시간 교대로 일을 마치고 집으로 갈 것이다. 나는 그들이 그 길에서 제2 보트 크루를 생각하기를 원했다. 나는 그들이 아내와 침대에 누울 때도 그들의 마음을 어지럽힐 것이다. 내가 그들의 머릿속에 너무 많은 부분을 차지해서 발기도 안 되게 만들어주고 싶다. 내게는 그것이 그들 거시기에 칼을 꽂는 것보다 더 강렬했다.

나는 지금 내가 '영혼 장악'이라고 부르는 방법을 활용했다.

나는 브라운을 향해 고개를 돌렸다. "내가 널 왜 프리크라고 부르는지 알아?" 그는 예비 전원으로 삐걱거리며 움직이는 로봇처럼 보트를 내렸다가 머리 위로 올리며 나를 올려다봤다. "넌 내 평생 본 사람 중 가장 독한 개자식이거든." 그가 미소를 지었다. "그리고 이 등신 새끼들한테는 뭐라고 할지 알아?" 나는 팔꿈치로 해변에 모여 커피를 마시며 헛소리나 지껄이는 9명의 교관을 가리켰다. "나가 뒈져버려!" 빌이 고개를 끄덕이며 고문관들을 향해 눈을 가늘게 뜨는 동안 나는 나머지 팀원을 향해 돌아섰다. "이제 이 망할 보트를 높이 던져서 그들에게 우리가 어떤 놈들인지 보여주자!"

"더럽게 멋있네." 빌이 말했다. "해보자!"

몇 초 만에 팀원들은 활기를 되찾았다. 보트를 머리 위로 제대로 들어 올리지도 못하고 던지듯 내려놓았던 우리가 보트를 위로 던져 올리고, 머리 위에서 잡고, 모랫바닥에 닿자마자 바로 높이 던졌다. 결과는 즉각적이고 확실했다. 고통과 피로가 사라졌다. 반복할 때마다 우리는 더 강하고 더 빨라졌다. 그리고 보트를 던져 올릴 때마다 구호를 외쳤다.

"아무도 제2 보트 크루를 막을 수 없다!"

그것이 교관들에게 준 우리의 '엿'이었다. 두 번째 바람second wind (마라톤이나 도로 달리기 같은 장거리 달리기에서 숨이 차고 너무 지쳐서 계속할 수 없는 선수가 갑자기 적은 노력으로 최고의 성과를 낼 수 있는 힘을 찾는 현상-옮긴이)을 타고 솟구치는 우리에게 모두의 관심이 쏠렸다. 세계에서 가장 고된 훈련의 가장 어려운 주, 그중에서도 가장 힘든 날에 제2 보트 크루는 빛과 같은 속도로 움직이며 지옥주를 조롱했다. 교관들의 표정이 이야기해주었다. 아무도 본 적 없는 것을 목격하는 듯 입이 벌어져 있었다. 당황해서 눈을 돌리는 자들도 있었다. SBG만이 만족스러워 보였다.

그날 밤 이후 나는 영혼 장악 전술을 수도 없이 사용했다.

영혼 장악은 예비 전력을 찾아내고 두 번째 바람을 타는 데 필요한 티켓이다. 모든 경쟁에서 승리하는 데 혹은 삶의 장애를 극복하는 데 활용할 수 있는 도구다. 체스 게임에서 이기거나 사내 정치에서 상대를 누르기 위해 사용할 수도 있다. 이 전술은 입사 면접을 환상적으로 치러내거나 학교에서 탁월한 성과를 올리는 데도 도움을 준다. 그리고 모든 유형의 육체적 도전을 극복하는 데도 사용할 수 있다. 다만 육체적 경쟁에 참여하는 것이 아니라면 누군가를 지배하거나 그들의 사기를 짓밟으려 하지는 않기를 바란다. 당신이 이런 전술을 펴고 있다는 것을 다른 사람들은 알 필요가 없다. 이것은 주어진 사명에 따라 최선을 다하기 위한 전술이다. 이것은 혼자 펼치는 심리전이다.

누군가의 영혼을 장악했다는 것은 당신이 전술적으로 우위를 차지했다는 의미다.

삶은 전술적 우위를 점하는 데 대한 일이다.

그 때문에 우리가 지옥주 스케줄을 훔친 것이고, 그날 사이코 뒤를 바짝 쫓았던 것이고, 내가 파도 앞에서 〈플래툰〉 주제곡을 흥얼거리며 스스로 웃음거리로 만든 것이다. 이런 사건 각각이 스스로의 역량을 끌어올리는 반항의 몸짓이었다.

하지만 반항이 언제나 다른 사람의 영혼을 장악하는 최선의 방법은 아니다. 모든 것은 자신이 처한 지형에 따라 달라진다. BUD/S 기간에 교관들은 당신이 어떤 식으로 우위를 찾으려 하는지 신경쓰지 않는다. 당신이 잘해내기만 한다면 그들은 그것을 존중한다. 당신에게 주어진 숙제는 스스로 수행해야 한다. 당신이 작전을 펼치고 있는 지형을 알아야 한다. 언제 어디에서 한계를 돌파할 수 있는지, 언제 규정을 따라야 하는지 알아야 한다.

다음으로 전투 전야에는 신체와 정신의 재고 조사를 해야 한다. 당신의 불안과 약점은 물론 상대의 것도 모두 나열한다. 예를 들어 당신이 괴롭힘을 당하고 있다고 가정하자. 어느 부분에서 자신이 모자란지 혹은 불안을 느끼는지 알면 괴롭히는 불한당이 당신에게 주는 모욕과 가시 돋친 말에서 한발 앞설 수 있다. 그들과 함께 자신을 비웃을 수 있다. 그렇게 한다면 그들은 영향력을 빼앗길 것이다. 그들이 하는 말이나 행동을 기분 나쁘게 받아들이지 않으면 그들에게는 더 이상 패가 남지 않는다. 감정은 그저 감정일 뿐이다. 다른 쪽으로 생각하면, 자아가 견고하고 안정된 사람은 다른 사람을 괴롭히지 않는다. 따라서 당신을 괴롭히는 사람이 있다면 그 사람은 오히려 당신이 이용할 수 있는 사람이거나 위로해줄 수 있는 사람이다. 때로 불한당을 무찌르는 최선의 방법은 그들을 돕는 것이다. 당신이 두세 수 앞서간다면 그들의 사고 과정을 지배할 것이고 그렇게 한다면 당신은 은연중에 그들의 빌어먹을 영혼을 장악하게 된다.

네이비 실의 교관들은 우리의 불한당이었다. 그들은 내가 지옥주에 제2 보트 크루를 지키기 위해 펼치는 게임에 대해 알지 못했다. 나는 지옥주 동안 우리가 이뤄낸 성과를 그들의 뇌리에 각인시키는 상상을 했지만 정말 그랬는지는 알 수 없다. 그것은 내가 정신적인 우위를 유지하고 동료들의 승리를 돕기 위해 사용한 전술일 뿐이다.

마찬가지로 당신이 누군가와 승진을 두고 경쟁하는 상황에서 자신의 부족한 부분을 알고 있다면 면접이나 평가에 앞서 게임을 구상해야 한다. 이런 상황에서는 자신의 약점을 웃음거리로 삼는 식으로는 문제를 해결할 수 없다. 당신은 자신의 약점을 완전히 파악해야 한다. 또 경쟁자의 약점을 알고 있다면 그것을 자신에게 유리하게 이용해야 한다. 그러려면 조사가 필요하다. 다시 강조한다. 지형을, 자신을, 적을 자세히 알수록 좋다.

전투가 한창일 때는 결국 힘을 유지하는 것이 중요해진다. 당신이 육체적으로 힘든 도전을 하고 있다면 상대의 영혼을 장악하기 전에 자신 속의 악마를 물리쳐야 한다. 이는 계속 떠오르게 될 "나는 왜 여기에 있지?"라는 간단한 질문에 대한 답을 미리 파악해두는 것을 의미한다. 그 순간이 올 것을 알고 답을 준비해둔다면 약해진 정신은 무시한 채 계속 나아갈 수 있다.

전투를 계속하기 위해서는 당신이 지금 전투에 임하고 있는 이유를 알아야 한다!

모든 정서적, 육체적 고통은 유한하다는 것을 절대 잊지 마라! 결국 끝난다. 고통에 미소를 지어주고 1~2초 후 그것이 희미해지는 것을 지켜보라. 그렇게 할 수 있다면 그런 순간들을 이어나가면서 상대가 생각한 것보다 오래 버틸 수 있고, 그것을 통해 다시 두 번째 바람을 잡을 수 있을 것이다. 두 번째 바람에 대해서는 과학계도 아직 합의점을 찾지 못한 상태다. 신경계에 엔도르핀이 넘쳐흐른 결과라고 생각하는 학자도 있고, 산소 폭발이 젖산 분해뿐 아니라 근육이 운동을 수행하는 데 필요한 글리코겐과 트리글리세리드를 분해하기 때문이라는 학자도 있다. 어떤 학자는 순전히 심리적인 문제라고 말한다. 내가 아는 것은 지옥주 최악의 밤에 패배했다고 느낀 순간에도 끈질기게 최선을 다함으로써 두 번째 바람을 탔다는 것뿐이다. 이 두 번째 바람에 일단 올라타면 쉽게 상대를 무너뜨리고 그들의 영혼을 낚아챌 수 있다. 어려운 부분은 그 지점까지 도달하는 것이다. 승리의 티켓은 최악이라 느낄 때 최선을 다하는 것으로 귀결되기 때문이다.

내면의 짐승을 발견하다

보트프레스boat press (벤치프레스를 하듯 보트의 중량으로 운동을 했다는 뜻으로 만든 말-옮긴이)를 마친 후, 훈련생 전체가 해변에 쳐놓은 커다란 녹색 군용 텐트 속 야전침대에서 1시간 동안 잠을 잘 수 있었다. 그 망할 침상에는 매트리스가 없었다. 하지만 우리는 몸이 가로로 수평한 상태가 되기만 하면 흐물흐물해졌기 때문에 그조차 솜을 얹은 구름이나 다름없었다.

하지만 사이코는 아직 단념하지 않았다. 그는 나를 잠깐 재운 후 깨워서 일대일 훈련을 시키러 해변으로 데려갔다. 그는 마침내 내 머릿속에 들어올 기회를 잡았다. 혼자 물가를 비틀거리며 걷는데, 방향감각이 없었다. 하지만 추위가 나를 깨웠다. 나는 개인 파도 고문을 음미하기로 마음먹었다. 물이 가슴 높이에 이르자 〈현을 위한 아다지오〉를 다시 한번 흥얼거렸다. 이번에는 더 크게. 부서지는 파도 소리에도 개자식이 내 노랫소리를 들을 수 있도록 크게. 그 노래가 내게 활기를 주었다.

나는 내가 네이비 실에 속할 정도로 강한지 알아보기 위해 그 훈련에 참여했고 존재하는지 알지도 못했던 내면의 짐승을 발견했다. 이후 일이 어긋날 때마다 나는 그 짐승을 이용했다. 그 바다에서 벗어나는 순간, 나는 나 자신을 무너뜨릴 수 없는 존재로 인식했다.

적어도 그때까지는.

지옥주는 모두에게 타격을 입혔다. 48시간을 남기고 나는 무릎에 토라돌Toradol 주사를 맞아 부기를 가라앉히기 위해 병원으로 갔다. 내가 해변으로 돌아왔을 때 보트 크루들은 바다에 나가 노 젓기 훈련을 하고 있었다. 파도가 치고 바람이 소용돌이쳤다. 사이코는 SBG를 보며 물었다. "저놈을 어떻게 하실 건가요?"

그는 처음으로 나를 괴롭히는 데 지쳐 망설였다. 나는 어떤 도전이든 받아들일 준비가 되어 있었지만 정작 사이코는 그럴 생각이 없었다. 그는 나를 풀어줄 준비가 되어 있었다. 그때 내가 그를 이길 수 있다는 것을, 그의 정신을 장악했다는 것을 알았다. 하지만 SBG는 다른 생각을 갖고 있었다. 그는 내게 구명조끼를 건네고 내 모자 뒤에 야광 막대를 달았다.

"따라와." SBG가 해변으로 돌진하면서 말했다. 나는 그를 따라잡았고 우리는 북쪽으로 족히 1마일을 뛰었다. 안개와 파도 사이로 보트와 조명이 간신히 보였다. "좋아, 고긴스. 이제 헤엄쳐 가서 너희 보트를 찾아!"

나는 어이가 없어서 말을 잇지 못했다. 나는 "농담하는 거죠?"라는 표정으로 그를 보았다. 그때 나는 수영을 꽤 잘했고 파도 고문에도 겁먹지 않았다. 해안에서 그리 멀지 않은 곳이었기 때문이다. 하지만 해안에서 1,000야드(약 914.4미터) 떨어진, 폭풍이 치는 차가운 바닷속을 헤엄쳐서 내가 그들을 향해 오고 있는 줄도 모르는 보트를 찾아가라고? 그것은 사망 선고처럼 들렸고 나는 그런 일에는 전혀 준비가 되어 있지 않았다. 하지만 때로 예상치 못한 일이 혼돈처럼 닥쳐온다. 예고 없이 다가오는 위험과 과제를 받아들일 준비가 되어 있어야 한다.

그 순간 나는 내가 어떻게 기억되고 싶은지 집중했다. 거절한다 해도 문제가 되지 않았다. 그가 극히 위험한 일을 요구하고 있는 것은 분명했다. 하지만 나는 네이비 실 훈련에 참여한 내 목표가 그저 훈련을 통과해 삼지창 휘장을 받는 데 그치지 않는다는 것도 알고 있었다. 내게 그것은 최고 중의 최고에 도전하고 무리에서 앞서

갈 기회였다. 거친 파도 때문에 보트가 보이지도 않았지만 두려움에 빠져 있을 시간이 없었다.

"고긴스, 뭘 꾸물거리나? 당장 출발해!"

"로저!" 나는 소리치고는 파도를 향해 전력으로 달렸다. 문제는 구명조끼를 입은 채, 다친 무릎을 달래면서, 부츠를 신고서는 수영을 할 수 없고 파도를 피해 덕 다이브를 하는 것도 불가능하다는 것이었다. 나는 빨랫줄에 널린 빨래처럼 허우적거려야 했고 너무나 많은 변수를 관리하는 데 정신을 쏟느라 물이 그 어느 때보다 차게 느껴졌다. 물을 몇 리터는 마셨다. 바다가 내 입을 비집어 열고 몸 안으로 밀려드는 것 같았다. 물을 마실 때마다 두려움이 커졌다.

나는 육지에서 SBG가 최악의 경우를 대비한 구조를 준비하고 있다는 것을 알지 못했다. 또 그가 다른 사람을 그런 상황에 밀어 넣은 적이 없다는 것을 몰랐다. 나는 그가 내 안에서 특별한 것을 발견하고 강한 리더들이 그렇듯이 내가 어디까지 할 수 있는지 보고 싶어 했다는 것을 깨닫지 못했다. 그는 엄청나게 초조해하며 수면에서 내 야광 막대가 까딱거리는 것을 보고 있었다. 그는 최근에서야 이런 이야기들을 해주었다. 당시 나는 그저 살아남기 위해 노력할 뿐이었다.

겨우 파도를 헤치고 해안에서 0.5마일(약 804미터) 더 헤엄치고서야 6대의 보트가 내 쪽을 향하고 있다는 것을 깨달았다. 보트들은 1미터가 훌쩍 넘는 너울 때문에 비틀거리며 시야 안으로 들어왔다 나가기를 반복했다. 그들은 내가 거기에 있다는 것을 몰랐다! 야광 막대는 희미했고 파도에 가렸을 때는 아무것도 보이지 않았다. 나는 보트 중 하나가 내게 달려들기를 기다렸다. 내가 할 수 있는 일이라고는 목이 쉰 바다사자처럼 어둠 속에서 울부짖는 것뿐이었다.

"제2 보트 크루! 제2 보트 크루!"

팀원들이 내 목소리를 들은 것은 작은 기적이었다. 그들은 보트를 돌렸다. 프리크 브라운이 큰 손으로 나를 잡아서 월척을 낚듯 끌어당겼다. 니는 보트 가운데 눈을 감고 누워 지옥주 중 처음으로 벌벌 떨었다. 너무 추워서 떨림을 숨길 수 없었다.

"망할, 고긴스. 너 미쳤어? 괜찮은 거야?" 브라운이 말했다. 나는 고개를 한번 끄덕이고 정신을 가다듬었다. 나는 팀의 리더였고 나약함을 드러낼 수 없었다. 모든 근육을 긴장시키자 곧 떨림이 잦아들었다.

"이게 적극적인 리더의 자세라는 거다." 내가 상처 입은 새처럼 소금물을 토해내면서 말했다. 웃음을 참을 수 없었다. 동료들도 마찬가지였다. 그들은 수영을 하게 만든 미친 생각을 한 것이 내가 아니라는 사실을 잘 알고 있었다.

지옥주 종반에 우리는 코로나도의 그 유명한 실버 스트랜드 바로 곁에 있는 훈련용 구덩이로 갔다. 구덩이에는 차가운 진흙이 가득했고 그 위에는 얼음 같이 찬 물이 있었다. 그 끝에서 끝을 밧줄로 이루어진 다리(하나는 발을 올리고 하나는 손으로 잡는 2개의 줄)가 연결하고 있었다. 한 명씩 다리를 건너는 동안 교관들은 우리를 떨어뜨리기 위해 밧줄을 흔들어댔다. 이때 균형을 유지하기 위해서는 엄청난 코어 근력이 필요하다. 우리는 모두 녹초가 되었고 정신은 한계에 이르렀다. 게다가 내 무릎은 여전히 말썽이었다. 사실 더 악화되어 12시간마다 진통제 주사를 맞아야 했다. 하지만 이름이 불리자 나는 밧줄에 올랐다. 교관들이 일을 시작하자 나는 복부에 힘을 주고 남은 힘을 다 짜내 버렸다.

9개월 전 내 몸무게는 297파운드(약 135킬로그램)까지 나갔고 4분의 1마일도 달리지 못했다. 당시 다른 삶을 꿈꿀 때는 지옥주를 견디는 것만으로도 인생 최고의 영예라고 생각했다. BUD/S를 마치지 못하더라도 지옥주에서 살아남은 것만으로 큰 의미가 될 거라고 말이다. 하지만 이제 살아남는 것만으로는 만족할 수 없었다. 동기 중 최고의 성적으로 지옥주를 마칠 생각이었다. 생애 처음으로 내가 정말 독한 놈이라는 사실을 깨달았다.

한때 나는 실패에 집중한 나머지 시도하는 것조차 두려워했다. 그러나 이제는 모든 도전을 받아들일 것이다. 나는 평생 물에, 특히 차가운 물에 겁을 먹었지만, 마지막 시간에 그곳에 선 나는 바다가, 바람이, 진흙이 더 차갑기를 바랐다. 나는 육체적으로 완전히 달라졌고 그것이 BUD/S에서 성공을 거두는 데 큰 역할을 했다. 하지만 지옥주에 내가 본 것은 내 정신이었다. 나는 그 힘을 막 이용한 참이었다.

교관들이 황소처럼 밧줄에서 나를 떨어뜨리려고 안간힘을 쓸 때 나는 그런 생각을 하고 있었다. 있는 힘을 다해 버텼고 231기 다른 어떤 훈련생보다 멀리 갔다. 그러나 결국 밧줄에서 떨어진 나는 빙글빙글 돌며 얼음장 같은 진창에 처박혔다. 프리크 브라운의 도움으로 구덩이에서 빠져나오는 동안 나는 눈과 입에서 진흙을 닦아내며 미친 듯이 웃었다. 얼마 지나지 않아 SBG가 구덩이 가장자리로 다가왔다.

"지옥주에서 살아남았다!" 그가 얕은 곳에서 덜덜 떨며 남아 있는 30명의 훈련생에게 소리쳤다. 모두가 붓고, 피를 흘리고, 꽁꽁 얼어 있었다. "제군 모두 놀라운 일을 해냈다!"

어떤 녀석은 기쁨에 겨워 소리를 질러댔고, 어떤 녀석은 눈물을 흘리며 무릎을 꿇고 감사 기도를 했다. 나 역시 하늘을 보면서 프리크 브라운을 끌어안고 팀원들과 하이파이브를 했다. 다른 모든 보트가 팀원을 잃었지만 제2 보트 크루는 아니었다. 우리는 한 명의 낙오자 없이 모든 시합에서 승리했다!

그라인더로 가는 버스 안에서도 축하가 계속되었다. 그라인더에 도착하자 훈련생 한 사람 한 사람에게 커다란 피자와 약 1.8리터짜리 게토레이, 그리고 누구나 탐내는 갈색 티셔츠가 마련되어 있었다. 피자는 하늘에서 내려온 만나manna(이스라엘 민족이 40년 동안 광야를 방랑하고 있을 때 여호와가 내려주었다고 하는 양식-옮긴이) 같은 존재였다. 셔츠는 훨씬 더 큰 의미를 지니고 있었다. BUD/S에 도착하면 매일 흰 티셔츠를 입는다. 지옥주에서 살아남으면 그것을 갈색 셔츠와 바꾼다. 그것은 우리가 한 단계 발전했다는 사실을 알려주는 상징이었다. 대부분 실패로 얼룩진 인생을 보낸 나는 완전히 새로운 곳에 와 있는 듯한 느낌이었다.

나는 다른 사람과 마찬가지로 그 순간을 즐기기 위해 노력했다. 하지만 이틀 동안 무릎 상태가 좋지 않아서 자리를 떠나 의사를 만나러 가기로 했다. 그라인더에서 나오는 길에 100개에 가까운 헬멧이 줄지어 있는 것이 보였다. 종을 치고 그곳을 떠난 사람들의 것이었다. 헬멧은 동상을 지나 숙소 덱까지 이어져 있었다. 이름 몇 개를 읽어보니 내가 좋아하는 녀석들이었다. 나는 그들이 어떤 기분일지 알고 있었다. 공수 구조대 훈련생들이 나 빼고 과정을 수료하는 것을 경험했기 때문이었다. 그 기억은 몇 년 동안이나 나를 지배했다. 하지만 130시간의 지옥을 견뎌낸 후 그 기억은 더 이상 나를 규정하지 않았다.

그날 저녁 모두가 진료를 받아야 했다. 다들 몸이 너무 부어서 의료진은 화끈거리는 부위와 진짜 부상 부위를 구분하는 데 애를 먹었다. 내가 아는 것은 오른쪽 무릎이 3중 골절 상태였고 돌아다니려면 목발이 필요하다는 것이다. 프리크 브라운은 멍이 잔뜩 든 몸에 진이 쭉 빠진 채 건강검진을 마쳤다. 케니는 큰 부상은 없었지만 다리를 절룩거렸으며, 온몸이 아픈 상태였다. 다행히 다음 단계는 걷기 주간이었다. 다시 제대로 된 훈련을 시작하기에 앞서 먹고 마시고 치유할 수 있는 7일의 시간이 있었다. 길지는 않았지만 231기에 남아 있는 대부분의 미친 녀석들이 회복할 수 있을 만한 시간이었다.

나는 어땠을까? 부어오른 내 무릎은 그들이 목발을 낚아채 갈 때까지도 나아지지 않았다. 하지만 징징거릴 시간이 없었다. 제1과정은 아직 끝나지 않았다. 걷기 주간 후 매듭 체결knot tying 주간이 왔다. 상황은 내가 예상했던 것보다 훨씬 나빴다. 훈련이 수영장 바닥에서 이루어지는 와중에 교관 놈들은 한쪽 다리만 쓸 수 있는 나를 빠뜨리려고 갖은 수단을 쓸 것이기 때문이었다.

상황을 다 지켜보면서 끝까지 기다리던 악마가 이제야 제 세상을 만났달까? 강도 높은 BUD/S가 다시 시작되기 전날 밤, 나는 밤

새 뒤척이면서 스트레스로 지친 내 머릿속에서 악마의 목소리가 울리는 것을 들었다.

'고긴스, 네가 고통을 그렇게 좋아한다지? 스스로를 아주 독한 놈이라고 생각한다며? 자, 그럼 지옥에서의 장기 체류를 즐겨봐!'

CHALLENGE #4

탁월함으로 역전시키기
- 무엇을 기대하든 최대치를 뛰어넘어라

지금 당신이 처한 경쟁 상황을 하나 선택하라. 상대는 누구인가? 교사, 코치, 상사, 제멋대로 구는 클라이언트? 그들이 당신을 어떻게 대하든 그들에게 존중받고 상황을 역전할 방법이 한 가지 있다. 탁월함.

그것은 시험에서 뛰어난 성적을 올리는 것일 수도 있고, 이상적인 제안서를 쓰는 것일 수도 있고, 영업 목표를 달성하는 것일 수도 있다. 그것이 무엇이든 나는 당신이 그 프로젝트나 수업에 과거 그 어느 때보다 열심히 매달리기를 바란다. 모든 것을 그들이 요구한 대로 정확히 수행해야 한다. 그들이 어떤 결과를 원하든 당신은 그것을 넘어서는 목표를 겨냥해야 한다.

코치가 게임에서 뛸 기회를 주지 않는다면 연습 시간에 가장 두드러지는 선수가 되어야 한다. 팀에서 가장 뛰어난 사람이 누구인지 확인하고 그를 능가해야 한다. 이는 경기장 밖에서 시간을 투자해야 한다는 것을 의미한다. 영상을 보면서 상대의 성향을 파악하고, 그의 플레이를 암기하고, 체육관에서 몸을 단련해야 한다.

상대가 교사라면 수준을 높이기 위한 노력을 시작해야 한다. 과제에 더 많은 시간을 투자해야 한다. 그가 내주지도 않은 논문을 써야 한다. 수업에 일찍 가야 한다. 질문을 해야 한다. 주의를 집중해야 한다. 그에게 당신이 어떤 사람인지, 어떤 사람이 되고자 하는지 보여주어야 한다.

상대가 상사라면 하루 종일 일에 매달려야 한다. 그보다 먼저 출근하고 그가 퇴근한 후에 퇴근해야 한다. 그가 꼭 그 모습을 보게 해야 한다. 결과를 보여줄 때는 그가 기대할 수 있는 최대치를 넘어서야 한다.

누구를 상대하고 있든지, 당신의 목표는 그들 스스로도 하지 못했던 일을 당신이 성취하는 모습을 지켜보게 만드는 것이다. 당신이 정말 대단하다고 생각하게 해야 한다. 그들의 부정성을 이용해서 당신이 가진 모든 것으로 그들의 과제를 완전히 지배해야 한다. 그들의 빌어먹을 영혼을 장악하라! 그런 다음 소셜 미디어에 그에 대한 글, 그림을 게시하고 #누구도나를파괴할수없다canthurtme, #영혼장악takingsouls이라는 해시태그를 추가하라.

5장

단련된 정신

: 멘탈을 굳은살로 뒤덮어라

무장된 마음, 총알을 튕겨낼 정도로
굳은살이 강하게 단련된 멘탈을 만들기 위해서는
모든 두려움과 불안의 근원으로 가야 한다.

꼬인 매듭은 그리 쉽게 풀리지 않는다

"무릎 상태가 아주 나빠요."

걷기 주간을 이틀 남기고, 경과를 파악하기 위해 의사를 찾았다. 의사는 내 군복 바지를 걷어 올렸다. 그가 내 오른쪽 슬개골을 부드럽게 쥐자 통증이 머리를 쥐어짜는 듯했다. 하지만 그런 티를 낼 수는 없어서 연기를 했다. 나는 몹시 지치긴 했지만 그 외에는 건강한 BUD/S 훈련생, 싸울 준비가 된 훈련생이어야 했다. 그 역할을 소화하기 위해서는 얼굴을 심하게 찡그릴 수 없었다. 나는 이미 무릎이 절단 났다는 것을 알고 있었고 다리 하나로 5개월의 훈련을 더 버텨낼 가능성이 낮다는 것도 알고 있었다. 하지만 처음부터 다시 훈련받는다는 것은 지옥주를 또 한번 겪는다는 것을 의미했고 그것은 부담이 너무 컸다.

의사 역시 연기를 하고 있었다. 네이비 실 후보들은 해군 특수전 사령부의 의료진과 개인 정보 보호 합의가 된 상태였다. 그는 조심한다는 명목으로 한 사람의 꿈에 달린 낙하산 줄을 잡아당겨 제동을 걸지는 않았다. 그가 손을 들어 올리자 통증이 희미해졌다. 나는 기침을 했고 염증이 또 한번 폐 속에서 그르렁거리는 소리를 냈다.

지옥주가 시작된 이후 나는 기침을 할 때마다 갈색 점액 덩어리를 뱉어냈다. 첫 이틀 동안은 침대에 누워서 밤낮으로 게토레이 병에 가래를 뱉었다. 동전이 모이듯 병에 가래가 차곡차곡 쌓였다. 나는 간신히 숨을 쉬었고 잘 움직일 수 없었다. 지옥주에는 지독한 놈이었을지 몰라도 그 시간은 지나갔고 나는 그 악마(그리고 그 교관들)가 내게 찍은 낙인을 지워내야 했다.

내게 필요한 건 시간이었다. 나는 통증을 이겨내는 법을 알았고 내 몸은 대부분 성과에 반응했다. 무릎이 아프다는 이유만으로 그만두지는 않을 것이다. 결국 회복될 것이다. 의사는 폐와 부비강의 울혈을 줄여주는 약을 처방하고 무릎을 위해서는 모트린Motrin(소염제의 일종—옮긴이)을 주었다. 이틀 만에 숨 쉬기가 한결 편해졌지만 오른쪽 다리는 여전히 구부러지지 않았다.

BUD/S에서 나를 무너뜨릴 수 있다고 생각한 순간을 여러 번 겪었지만 매듭 체결 훈련은 전혀 내 레이더에 들어오지 않았었다. 이것은 망할 놈의 보이스카우트가 아니었다. 수영장의 15피트(약 5미터) 지점에서 이루어지는 수중 매듭 체결 훈련이었다. 수영장은 이제 이전처럼 죽음의 공포를 느끼는 곳이 아니긴 했지만, 나는 수영장에서 이루어지는 '모든' 훈련이 실패의 원인이 될 수 있다는 것을 알고 있었다. 물속에 서서 선헤엄을 쳐야 하는 연습이라면 특히 더 그랬다.

지옥주 이전에도 수영장에서 테스트를 거쳤다. 우리는 교관들을 구조한 후 오리발 없이 한숨에 잠영으로 50미터를 가야 했다. 그 수영은 최대한의 보폭으로 물속에 뛰어든 뒤 추진력을 없애기 위해 공중제비를 한 바퀴 도는 것으로 시작된다. 이후 벽을 차지 않고 레인을 따라 25미터 길이의 수영장 끝까지 헤엄친다. 반대쪽에서는 벽을 차는 것이 허용된다. 이후 레인을 돌아온다. 50미터 지점에 도착하자마자 일어나서 숨을 헐떡였다. 숨을 고를 때까지 가슴이 방망이질을 쳤다. 나는 물속에서 숨을 멈추었을 때는 흥분을 가라앉히고 차분해야 한다는 것을 가르치는 복잡한 수중 단계 중 첫 번째를 통과했다.

매듭 체결은 그 다음 단계였다. 그것은 다양한 매듭을 만들거나 호흡을 최대한 참는 능력을 키우는 훈련이 아니었다. 물론 두 기술도 수륙양용 작전에서 유용하겠지만 이 훈련은 무엇보다 극한의 환경에서 다양한 스트레스 요인을 한꺼번에 다루는 능력을 기르기 위한 것이다. 나는 몸이 좋지 않은 상태에도 자신감을 가지고 이 훈련을 시작했다. 하지만 선헤엄을 시작하면서 상황이 바뀌었다.

훈련이 시작되자 수강생 8명이 수영장 물에 한 줄로 떠서 팔과 다리를 거품기처럼 맹렬히 움직였다. 내게는 두 다리가 멀쩡해도 힘든 일이었다. 오른쪽 무릎을 움직일 수 없었기 때문에 왼쪽 발로만 물을 디뎌야 했다. 그 때문에 훈련 난도는 더 높아졌고 심장박동수가 급상승해 에너지가 급격히 떨어졌다.

각 훈련생에게는 이 단계에 배정된 교관이 있었고 사이코 피트는 특별히 나를 지명했다. 내가 고투를 벌이고 있는 것이 확연했고 사이코와 그의 멍든 자존심은 보상을 갈망했다. 오른쪽 다리를 돌릴 때마다 고통이 불꽃처럼 폭발했다. 사이코가 눈을 동그랗게 뜨고 쳐다보는데도 고통을 감출 수 없었다. 내가 얼굴을 찡그리면 그는 크리스마스 날 아침을 맞은 어린아이처럼 밝게 웃었다.

"평매듭! 다음은 이중 고리!" 그가 소리쳤다. 나는 숨을 고르기 어려울 정도로 열심히 하고 있었지만, 사이코는 전혀 개의치 않았다. "당장!" 나는 공기를 삼키고 허리를 굽힌 뒤 발을 찼다.

훈련에서는 총 5개의 매듭을 만들어야 하고 각 훈련생은 8인치(약 20센티미터) 길이의 밧줄을 잡고 수영장 바닥에서 한 번에 하나씩 매듭을 묶으라는 지시를 받는다. 매듭을 만들 때마다 호흡을 한 번씩 할 수 있지만, 가능하다면 한숨에 매듭을 여러 개 묶을 수도 있다. 이 단계에는 마스크나 고글을 사용하는 것이 허용되지 않으며 교관은 각 매듭을 확인하고 엄지를 들어 훈련생이 수면으로 올라가는 것을 허락한다. 엄지를 내리면 훈련생은 매듭을 다시 정확히 묶어야 한다.

수면으로 올라와도 과제 사이 휴식이나 이완 같은 것은 없었다. 선헤엄을 끊임없이 반복해야 했고 이는 다리를 하나만 움직이는 사람에게 심장박동 수가 치솟고 혈류 속 산소가 끊임없이 연소된다는 것을 의미했다. 즉 잠수가 죽을 만큼 불편해지고 의식을 잃을 수도 있다.

내가 매듭을 만드는 동안 사이코는 마스크를 통해 나를 노려봤다. 30초쯤 후 그는 매듭 2개를 승인했고 우리는 수면으로 올라왔다. 나는 지친 강아지처럼 헐떡였다. 무릎 통증이 너무 심해서 이마에 땀방울이 솟았다. 난방이 되지 않은 수영장에서 땀을 흘린다는 것은 상황이 아주 엿 같다는 의미였다. 나는 숨이 가빴고, 기력이 떨어졌고, 그만두고 싶었다. 하지만 이 단계를 그만둔다는 것은 BUD/S를 모두 그만둔다는 것을 의미했고, 그건 일어나선 안 될 일이었다.

"저런 고긴스, 많이 아픈가? 왜, 기분 나빠?" 사이코가 물었다. "내가 장담하는데 넌 매듭 3개를 절대 한숨에 못 만들어."

그는 마치 나를 부추기는 것처럼 실실 웃었다. 나는 규칙을 알고 있었다. 그의 도전을 받아들일 필요가 없었지만 내가 받아들이지 않으면 그는 행복해할 것이다. 그 꼴을 볼 수 없었기에 고개를 끄덕이고 계속 선헤엄을 치면서 맥박이 안정되고 깊이 호흡할 수 있을 때까지 잠수를 미뤘다. 사이코는 그걸 두고 보지 않았다. 입을 벌릴 때마다 얼굴에 물을 뿌리면서 나를 자극했다. 훈련생들이 공황 상태에 빠지기 시작할 때 사용하는 전략이었다. 그 때문에 숨을 쉴 수 없었다.

"지금 내려가! 아니면 실패다!"

시간이 다 되어가고 있었다. 나는 잠수하기 전에 숨을 들이쉬려 했지만 사이코가 끼얹은 물만 한입 가득 맛보고 공기가 부족한 상태에서 수영장 바닥으로 내려갔다. 폐가 거의 비어 있기 때문에 잠수하면서 통증을 느꼈지만 몇 초 만에 첫 매듭을 매는 데 성공했다. 그는 매듭을 살피며 늑장을 부렸다. 심장은 초경계 모르스 신호를 보내듯 쿵쾅거렸다. 심장이 내 갈비뼈를 뚫고 나와 자유를 찾아 날

아가려는 것처럼 가슴속에서 펄떡이는 것이 느껴졌다. 사이코는 노 끈을 뚫어져라 살펴보고, 뒤집어 보고, 눈과 손가락으로 자세히 조사하더니 천천히 엄지손가락을 들었다. 나는 고개를 젓고 밧줄을 풀어 다음 매듭을 만들었다. 그가 다시금 면밀하게 매듭을 살피는 동안 가슴이 타 들어가는 것 같았다. 무릎에서 느껴지는 고통의 수준은 10이었다. 시야에 별이 모여들었다. 다양한 스트레스 요인 때문에 내 몸은 젠가로 쌓아 올린 탑처럼 불안정했다. 곧 정신을 잃을 것만 같았다. 그렇게 되면 나는 사이코에게 의지해야 한다. 그가 정말 나를 수면까지 끌고 올라가 의식을 되찾게 해줄까? 그는 나를 끔찍하게 싫어한다. 그가 실패하면? 내 몸의 에너지가 너무 소진된 나머지 인공호흡으로도 깨어나지 않는다면?

내 머릿속에는 이런 질문이 사라지지 않고 맴돌았다. 나는 왜 여기에 있는 걸까? 그만두고 편안해질 수 있는데 왜 고통을 자처하고 있는 거지? 이 빌어먹을 매듭 훈련 때문에 정신을 잃거나 죽을 수도 있는 위험을 감수하는 이유가 뭔데? 굴복하고 수면으로 올라가면 네이비 실 커리어는 거기에서 끝장난다는 걸 아는데도 그 순간에는 왜 거기에 신경 써야 하는지조차 생각나지 않았다.

나는 사이코를 보았다. 그는 엄지손가락 2개를 치켜들고 엄청나게 재미있는 코미디 프로그램이라도 보는 것처럼 실실 웃고 있었다. 내 고통 속에서 그가 느끼는 찰나의 즐거움이 내가 10대 때 겪은 괴롭힘과 조롱을 떠올리게 했다. 하지만 이번에 나는 스스로가 피해자 행세를 하도록, 부정적인 감정이 에너지를 빼내고 나를 수면으로, 실패로 향하도록 놔두지 않았다. 상황을 완전히 뒤집을 새로운 빛이 머릿속에서 눈부시게 반짝이는 것 같았다.

내가 내 인생 전체를, 내가 겪은 모든 일을 잘못된 관점에서 보고 있었다는 것을 깨닫자 시간이 멈추었다. 내가 경험한 모든 학대와 헤쳐나가야 했던 모든 부정성이 가혹한 도전이었던 것은 맞다. 하지만 그 순간부터 스스로를 좋지 않은 환경에 둘러싸인 피해자로 보기를 그만두고 내 삶을 궁극의 훈련장으로 보게 되었다. 나의 약점들은 계속해서 내 정신을 단련시키면서 수영장에서 사이코 피트와 함께하는 순간을 위해 나를 준비시켜온 것이다.

굳은살로 덮어버린 두려움과 피해 의식

수천 번의 턱걸이를 하면 손바닥에는 두꺼운 굳은살이 생긴다. 사고방식에도 같은 원리가 적용된다. 당신의 마음은 학대나 괴롭힘, 실패와 실망 같은 고난을 경험할 때까지 부드러운 상태로 노출되어 있다. 인생 경험, 특히 부정적 경험은 그런 마음에 굳은살을 만들어 단련시키는 데 도움을 준다. 하지만 이 굳은살이 어디에 박일지 좌우하는 것은 당신이다. 성인이 될 때까지 자신을 삶의 피해자로 여긴다면 굳은살은 당신을 보호하는 분노가 될 것이다. 그것은 당신을 지나치게 조심스럽고 신뢰하기 힘든 사람, 세상에 대해 지나치게 화가 나 있는 사람으로 만들 것이다. 이 때문에 당신은 변화를 두려워하는 사람, 다가가기 어려운 사람이 되겠지만 마음은 단단해지지 않을 것이다. 10대 시절의 내가 그랬다.

두 번째 지옥주를 지나온 나는 새로운 사람이 되었다. 그때 나는 너무나 많은 끔찍한 상황을 싸워서 이겨냈고, 더 많은 고난도 마음을 열고 받아들일 준비가 되어 있었다. 열린 마음을 유지하는 능력은 내 인생을 위해 기꺼이 싸우겠다는 의지를 드러냈고, 이를 통해 고통의 폭풍을 견디고 그것을 이용해 피해 의식 위에 굳은살을 만들 수 있었다. 거지 같은 피해 의식은 사라졌고 여러 층의 땀과 단단한 살에 묻혔다. 나는 두려움 위에도 굳은살을 만들기 시작했다. 그런 깨달음이 내게 사이코 피트를 다시 한번 누르는 데 필요한 정신적 우위를 점하게 해주었다.

그가 더 이상 나를 파괴할 수 없다는 것을 보여주기 위해 나도 그에게 미소를 지어 보였다. 그러자 정신을 잃을 것 같던 감각이 사라지고 갑자기 활력이 솟았다. 통증이 희미해져 물속에 하루 종일이라도 있을 수 있을 것 같았다. 사이코는 내 눈에서 그것을 감지했다. 나는 시간을 들여 마지막 매듭을 묶으면서 계속 그를 응시했다. 횡격막이 쪼그라들면서 그는 내게 서두르라고 손짓했다. 나는 마침내 매듭을 마무리했고, 숨이 급해진 그는 재빨리 승인한 뒤 발을 차 수면으로 향했다. 나는 여유롭게 움직여 수면 위에 올라가 헐떡이는 그를 발견했다. 반면 나는 이상하게도 편안해졌다. 나는 공군 공수 구조대 훈련 동안 수영장에서 어려운 상황을 겪었고 거기에 굴복했다. 그런데 이번에는 물속에서 펼친 중요한 전투에서 승리했다. 커다란 승리였다. 하지만 전쟁은 아직 끝나지 않았다.

매듭 체결 단계를 통과한 후 덱으로 올라가 옷을 갈아입고 교실로 돌아갈 2분의 시간이 주어졌다. 제1과정에서는 2분이면 충분한 시간이었다. 하지만 많은 훈련생(나만이 아닌)이 여전히 지옥주 후유

증에서 회복하는 중이었기 때문에 처음처럼 빛과 같은 속도로 움직이지 못했다. 게다가 지옥주를 마치고 나자 231기 훈련생들의 태도는 약간 달라졌다.

지옥주는 인간에게 훨씬 더 큰 능력이 있다는 것을 보여주기 위해 고안된 것이다. 지옥주는 인간의 잠재력이 지닌 진정한 가능성에 마음을 열게 한다. 그럼으로써 정신 상태에 변화가 일어난다. 당신은 더 이상 차가운 물이나 하루 종일 이어지는 팔굽혀펴기를 두려워하지 않게 된다. 그들이 어떤 짓을 하든 당신이 무너지지 않는다는 것을 알기 때문에 독단적으로 정한 마감 시한에 맞추기 위해 서두르지 않는다. 시간에 맞추지 못하면 교관들이 심하게 굴릴 것이다. 이는 팔굽혀펴기를 하고 물과 모래 범벅이 되는 등 통증과 불편 지수를 높이는 모든 것을 의미한다. 하지만 미처 회복되지 않은 우리 덩치들의 태도는 '마음대로 하라고 그래!'였다. 우리는 교관을 더 이상 두려워하지 않았고 서두를 생각이 없었다. 교관들은 이런 태도를 전혀 마음에 들어 하지 않았다.

BUD/S에서 수없이 많은 얼차려를 받았지만 그날 우리가 받을 것은 역사상 최악으로 기록될 것이다. 덱에서 몸을 뗄 수 없게 될 때까지 팔굽혀펴기를 하고 나자 교관들은 몸을 뒤집어 플러터 킥을 하게 했다. 발차기 한 번 한 번이 내게는 고문이었다. 나는 통증 때문에 계속 다리를 바닥에 내려놓았다. 나는 약점을 보여주고 있었고 약점을 보이면 그게 시작된다.

사이코와 SBG가 내려와 교대로 나를 주시했다. 나는 '그들'이 지칠 때까지 팔굽혀펴기부터 플러터 킥, 베어 크롤을 했다. 베어 크롤을 하기 위해 무릎을 구부릴 때마다 누군가 움켜쥐는 듯한 느낌이 들어 무척 고통스러웠다. 나는 평소보다 천천히 움직였고 문제가 있다는 것을 알아차렸다. 그 간단한 질문이 다시 떠올랐다. 왜? 내가 증명하려고 하는 것은 무엇인가? 제정신이라면 그만두는 것이 맞을 듯했다. 평범함이라는 위안이 달콤한 안식처럼 들렸다. 그때 사이코가 내 귀에 대고 소리쳤다.

"빨리 움직여, 개자식아!"

다시 한번 놀라운 느낌이 밀려왔다. 이번에는 그를 물리치는 데 초점을 두지 않았다. 나는 인생 최악의 통증을 느끼고 있었다. 하지만 수영장에서 몇 분 전에 거둔 승리가 빠르게 되돌아왔다. 마침내 내가 네이비 실에 소속될 만한 수영 실력을 갖추었다는 것을 스스로 입증했다. 부력이 작고 평생 수영 수업도 받지 못한 녀석을 의기양양하게 만들 만한 일이었다. 그리고 내가 거기에 도달한 것은 노력 덕분이었다. 수영장은 나에게 크립토나이트^{Kryptonite}(영화 〈슈퍼맨〉에서 슈퍼맨의 고향인 크립토 행성의 물질. 이 물질로 슈퍼맨의 힘을 무력화한다-옮긴이)였다. 네이비 실 훈련생으로 수영 실력이 훨씬 좋아지긴 했지만 수중 훈련에 여전히 스트레스가 컸기 때문에 나는 훈련 후에도 일주일에 최소한 세 번은 수영장에 가곤 했다. 나는 입장 시간이 끝난 후 수영장에 들어가기 위해 15피트(약 5미터) 높이의 울타리를 기어올랐다. 공부 외에 수중 훈련만큼 BUD/S에 대한 두려움을 주는 것은 없었다. 나는 시간을 투자해서 두려움 위에 굳은살을 만들 수 있었고 압박 속에서 새로운 수준에 도달할 수 있었다.

사이코와 SBG가 얼차려를 줄 때 나는 단련된 정신이 어떤 과제에 미치는 엄청난 영향력에 대해 생각했다. 그 생각은 내 몸을 장악하는 감정이 되어 베어 크롤 자세로 수영장 주위를 가능한 한 빠르게 움직이도록 만들었다. 나조차 내가 하고 있는 일을 믿을 수 없었다. 강렬한 통증이 사라졌고 계속되던 질문도 사라졌다. 나는 부상과 통증 내성의 한계를 부수고 단련된 정신이 선사하는 두 번째 바람을 타고 더 큰 힘을 발휘했다.

베어 크롤 이후 다시 플러터 킥이 이어졌지만 나는 여전히 통증을 느끼지 못했다! 30분 후 수영장을 떠날 때 SBG가 물었다. "고긴스, 뭐가 널 슈퍼맨으로 만드는 거지?" 나는 그냥 웃으면서 수영장을 나섰다. 아무 말도 하고 싶지 않았다. 내가 무엇을 알고 있는지 아직 잘 몰랐기 때문이다.

뇌를 장악해버려라

상대의 에너지를 이용해 우위를 점하는 것과 마찬가지로, 전투가 한창일 때 단련된 정신에 의지하는 것 역시 당신의 생각을 변화시킬 수 있다. 당신이 어떤 것을 거쳐 왔는지, 그것이 당신의 정신력을 어떻게 강화했는지 기억함으로써 부정적 사고의 고리에서 벗어나 포기하고 싶은 잠깐의 나약한 충동을 잠재우고 장애를 힘차게 헤쳐나갈 수 있다. 내가 그날 수영장에서 했던 것처럼 단련된 정신을 이용해 고통과 끝까지 싸우면 한계를 뛰어넘는 데 도움이 된다. 고통을 자연스러운 과정으로 받아들이고 굴복이나 포기를 거부하면 교감신경계를 끌어들여 호르몬의 흐름을 바꿀 수 있기 때문이다.

교감신경계는 투쟁-도주라는 반사작용을 제어한다. 교감신경계는 배후에서 계속 작동한다. 내가 아무것도 없는 낙오자로 살 때처럼 길을 잃고, 지치고, 힘들 때는 정신의 이 부분이 버스를 운전한다. 우리는 누구나 이런 느낌을 맛본 적이 있다. 이른 아침에는 정말 뛰러 가고 싶지 않다. 그렇지만 20분만 뛰고 나면 활력을 느낀다. 그것이 교감신경계의 작용이다. 내가 발견한 것은 정신을 관리하는 방법만 알면 교감신경계를 언제든 이용할 수 있다는 사실이다.

부정적인 자기 대화에 빠져들면 교감 반응이라는 선물은 손이 닿지 않는 곳에 그대로 머물러 있을 것이다. 그렇지만 당신이 어떤 것들을 거쳐 삶의 그 지점까지 왔는지 기억함으로써 극한의 노력에 따르는 고통의 순간을 관리할 수 있다면 도주보다 투쟁을 선택하고 인내하는 데 더 나은 위치에 서게 될 것이다. 그로써 당신은 교감 반응에 따르는 아드레날린을 이용해 더 열심히 임할 수 있을 것이다.

일터와 학교에서 맞닥뜨리는 장애물 역시 단련된 정신으로 극복할 수 있다. 그런 경우라면 주어진 위기를 끝까지 뚫고 나간다고 해서 교감 반응이 나타날 리 없을 것이다. 하지만 단련된 정신은 자신의 능력에 대해 가지는 모든 의심을 끝까지 밀어붙이도록 계속 자극할 수는 있을 것이다. 당면한 과제가 어떤 것이든, 언제나 자기 회의의 가능성은 존재한다. 꿈을 좇거나 목표를 정할 때마다 당신은 성공 가능성을 낮추는 온갖 이유를 만들어낼 것이다. 인간 정신의 망할 진화적 배선 회로 탓이다. 하지만 그런 의심을 조종석에 앉힐 필요는 없다. 운전자에게 참견하는 뒷자리 승객쯤으로는 참아줄 수 있다. 하지만 자기 회의를 조종석에 앉히면 패배는 당연한 수순이다.

당신이 여러 고난을 헤쳐왔고 항상 살아남아 다시 싸웠다는 것을 기억하면 머릿속 대화에는 변화가 생긴다. 자기 회의를 통제하고 관리할 수 있고 눈앞에 놓인 과제를 달성하는 데 필요한 모든 단계를 수행하는 데 집중할 수 있게 된다.

간단하게 느껴지지 않는가? 하지만 그렇지 않다. 생각과 자기 회의가 끓어오르는 방식을 통제하기 위해 노력해보려는 사람조차 찾기 힘들다. **대다수가 정신의 노예로 산다.** 대부분의 사람들은 사고 과정을 완전히 습득하는 첫 단계에도 도달하지 못한다. 끝나지 않는 일이고 매번 올바르게 이해하는 것이 불가능하기 때문이다. 평균적으로 인간은 1시간에 2,000~3,000가지 생각을 한다. 1분에 30~50가지 생각을 한다는 뜻이다! 그중 일부는 골키퍼를 피해 골대로 들어간다. 어쩔 수 없는 일이다. 타성에 따라 인생을 산다면 특히 더 그렇다.

신체 단련은 사고 과정을 관리하는 법을 배우기에 딱 좋은 시련의 장이다. 운동을 할 때는 초점이 하나에 맞춰질 가능성이 높고 스트레스와 고통에 대한 반응이 즉각적이고 측정 가능하기 때문이다. 당신은 결심했던 것처럼 열심히 해서 자신의 최고 기록을 갱신하는가, 아니면 주저앉는가? 그 결심은 신체적 능력에서 나오지 않는다. 그것은 대부분 자신의 정신을 얼마나 잘 다루는가에 대한 시험이다. 매 순간 자신을 채찍질하고 그 에너지를 속도를 유지하는 데 이용한다면 기록을 앞당길 가능성이 크다. 물론 그렇게 하는 것이 다른 때보다 쉬운 날도 있다. 시계와 점수는 중요치 않다.

가장 포기하고 싶은 순간에 가장 강하게 밀어붙이는 것이 중요한 이유는 그것이 정신의 굳은살을 만드는 데, 마음을 단련하는 데 도움이 되기 때문이다.

가장 의욕이 없을 때 가장 노력해야 하는 이유도 여기에 있다. 그래서 나는 BUD/S의 체력 단련을 좋아하고 지금도 하고 있다. 육체적 노전은 정신을 강화한다. 그 때문에 나는 내 앞에 어떤 인생이 펼쳐지든 거기에 응할 준비가 되어 있다. 당신에게도 마찬가지일 것이다.

그러나 아무리 마음을 잘 단련했다고 해도 부러진 뼈를 고칠 수는 없다. BUD/S 단지로 돌아오는 1마일 구보에서 승리의 감정이 증발했다. 나 스스로 입힌 피해를 느낄 수 있었다. 20주의 훈련이, 수십 개의 단계가 남았지만 나는 걸음조차 제대로 걸을 수 없었다. 무릎 통증을 부정하고 싶었으나 너무 심하다는 것을 깨닫고 바로 절룩이며 병원으로 향했다.

내 무릎을 본 의사는 단 한마디도 하지 않고 그저 고개를 저으며 엑스레이를 찍으러 보냈다. 사진으로 슬개골 골절이 드러났다. BUD/S에서는 훈련생이 회복 기간이 긴 부상을 입을 경우 그를 집으로 보낸다. 나에게도 그런 일이 일어났다.

기가 죽은 채 목발을 짚고 병영으로 돌아왔다. 퇴소 절차를 밟는 동안 나는 지옥주에서 포기한 훈련생 몇 명을 봤다. 종 밑에 줄지어 놓인 그들의 헬멧을 보았을 때는 안쓰러운 감정을 느꼈다. 포기의 공허한 감정을 나 역시 알기 때문이었다. 하지만 그들을 직접 대면하자 실패가 삶의 일부이고 이제는 우리 모두가 밀고 나가야 할 때라는 생각이 들었다.

나는 포기하지 않았다. 다시 훈련에 들어가야 한다는 것을 알고 있었다. 하지만 그것이 세 번째 지옥주를 의미하는지 아닌지는 알 수 없었다. 두 번을 겪은 후 성공하리라는 보장도 없는 고통의 폭풍을 또 한번 이겨나갈 투지를 가질 수 있을지도 알 수 없었다. 이런 부상을 겪은 후에도 해낼 수 있을까? BUD/S 단지를 떠나는 내게는 그 어느 때보다 강한 자기 인식과 정신을 지배하는 힘이 있었다. 하지만 미래는 또 그만큼이나 불확실했다.

포기는 또 다른 지옥이 될 것이다

나는 비행기를 탈 때마다 밀실 공포증을 느꼈다. 그 때문에 샌디에이고에서 기차를 타고 시카고로 갔다. 3일 내내 생각할 시간이 주어졌고 머릿속은 완전히 엉망이 되었다. 첫날은 내가 여전히 네이비 실이 되기를 원하는지 알 수 없었다. 나는 많은 것을 극복했다. 지옥주를 이겨냈고, 단련된 정신의 힘을 깨달았으며, 물에 대한 두려움을 정복했다. 어쩌면 나 자신에 대해 충분히 배운 게 아닐까? 더 증명해야 할 것이 남았나? 둘째 날은 내가 선택할 만한 다른 직업을 생각했다. 여기에서 벗어나 소방관이 되는 건 어떨까? 소방관은 정말 멋진 직업이고 다른 종류의 영웅이 될 기회일 것이다. 셋째 날 기차가 시카고로 접어들 때 공중전화 부스 크기의 화장실로 들어가 책임 거울을 시작했다. '그게 정말 네가 원하는 거야? 정말 네이비 실을 그만두고 소방관이 될 준비가 됐어?' 나는 5분 동안 내 모습을 응시하다가 고개를 저었다. 거짓말은 할 수 없었다. 나 자신에게 진실을 말해야 했다. 큰 소리로.

"두려워. 그 모든 거지 같은 짓거리를 또다시 해야 한다는 게 무서워. 첫째 주 첫날로 돌아가는 게 너무 두렵다고."

그때 나는 팸과 이혼한 뒤였지만 그녀는 나를 인디애나폴리스의 어머니 댁까지 태워주기 위해 역에 나와 있었다. 팸은 여전히 브라질에 살고 있었다. 내가 샌디에이고에 있는 동안에도 우리는 연락을 했다. 사람들 틈에서 서로를 찾은 후 우리는 예전의 습관대로 움직였고 그날 밤 잠자리를 함께했다.

나는 5월부터 11월까지 여름 내내 중서부에 머물면서 몸을 추스르고 무릎 재활 치료를 했다. 나는 여전히 훈련병 명단에 있었고 네이비 실 훈련으로 돌아갈지 결정하지 않았다. 나는 해병대에 대해 조사했고 몇몇 소방대의 지원 절차도 알아보았다. 그러다 마침내 BUD/S에 전화를 걸 마음의 준비를 하고 수화기를 들었다. 그들은 내 답변을 들어야 했다.

나는 전화기를 들고 그곳에 앉아 끔찍한 네이비 실 훈련에 대해 생각했다. 오로지 밥을 먹기 위해 6마일(약 10킬로미터)을 뛰어야 한다. 훈련 중에 뛰는 것은 빼고 말이다. 수영과 노 젓기, 더럽게 무거운 보트와 통나무를 머리 위로 들고 하루 종일 둔덕을 오르내리는 모습을 그려보았다. 윗몸일으키기, 팔굽혀펴기, 플러터 킥, 장애물 코스를 떠올렸다. 모래밭을 구를 때의 느낌, 쓸리고 까이는 느낌을 기억했다. 내 기억은 정신과 신체가 합쳐진 경험이었다. 나는 뼈까지 시린 추위를 느꼈다. 정상인 사람이라면 포기할 것이다. 집어

치워. 운명이 아닌 거야. 그리고 자신을 한번 더 고문하기를 거부할 것이다.

하지만 나는 정상적으로 생겨먹지 않았다.

전화 다이얼을 돌릴 때, 부정성이 성난 그림자처럼 들고일어났다. 고통받기 위해 이 세상에 왔다는 생각을 하지 않을 수 없었다. 악마인지 운명인지 신인지 사탄인지는 왜 나를 내버려두지 않는 거야? 나는 나 자신을 증명하는 데 지쳤다. 정신을 단련하는 데 지쳤다. 정신적으로 완전히 너덜너덜해져 있었다. 동시에 이렇게 지친 것은 강해지는 데 따른 대가이기도 했다. 그만둔다면 그런 감정과 생각이 사라지지 않으리라는 것을 알고 있었다. 포기하는 대가는 평생의 지옥이 될 것이다. 끝까지 싸우지 않았다는 것을 알기 때문에 함정에 갇히게 될 것이다. KO패는 부끄러운 것이 아니다. 수치심은 망할 수건을 던졌을 때 시작되는 것이다. 내가 고통받기 위해 태어난 것이라면 받아들여야지 어쩌겠어.

훈련 담당자는 복귀를 축하한다면서 첫째 주, 첫째 날로 돌아가야 한다고 확인해주었다. 갈색 셔츠를 흰색으로 바꾸어야 했다. 그에게는 전할 말이 하나 더 남아 있었다. "알다시피 이게 BUD/S 훈련을 받을 수 있는 마지막 기회입니다. 부상당하면 그걸로 끝이에요. 다시 돌아올 수 없습니다."

나는 "로저!"라고 말했다.

235기는 4주 내에 소집될 예정이었다. 무릎이 아직 완전히 회복되지 않았다. 하지만 최종 테스트가 곧 시작되기 때문에 준비해야 했다.

전화를 끊고 몇 초도 되지 않아 팸이 전화를 해서 만나야 한다고 말했다. 타이밍이 좋았다. 나는 다시 인디애나폴리스를 떠날 참이었다. 바라건대 영원히. 그녀에게 솔직하게 털어놔야 했다. 좋아하는 감정이 있기는 하지만 내게 그것은 언제나 일시적인 것이었다. 한번 결혼했지만 우리는 여전히 가치관이 완전히 달랐다. 그것은 변하지 않았고 내 불안감도 여전했다. 불안감은 나를 익숙한 것으로 이끌었다. 같은 일을 반복하면서 다른 결과를 기대하는 것은 미친 짓이다. 우리는 서로에게 전혀 도움이 되지 않았고 이제 그 이야기를 할 때가 왔다.

한편 팸에게는 뭔가 짚이는 일이 있었다.

"내가 늦었지." 그녀가 갈색 종이봉투를 쥐고 문을 열고 들어오며 말했다. "'좀 많이' 늦었어." 욕실로 사라지는 그녀는 신이 나면서도 초조한 듯 보였다. 나는 침대에 누워 천장을 보면서 종이가 구겨지는 소리와 포장 뜯는 소리를 들었다. 몇 분 뒤 그녀가 욕실 문을 열고 나왔다. 손에 임신 테스트기를 쥐고 활짝 웃으면서. "그럴 줄 알았어." 그녀가 아랫입술을 물며 말했다. "봐, 데이비드. 우리 임신했어."

나는 천천히 일어났고 그녀가 있는 힘껏 나를 끌어안았다. 들뜬 그녀 모습에 마음이 아팠다. 이렇게 되어서는 안 된다. 나는 몸도 성치 않고, 카드 빚이 3만 달러나 있는 데다, 군대 훈련생에 불과하다. 집도 차도 없다. 그런 데다 불안정했고 그 때문에 자신이 전혀 없었다. 이것이 그녀의 어깨 너머로 책임 거울을 응시하면서 내게 한 말이었다. 거울은 절대 거짓말을 하지 않는다.

나는 시선을 돌렸다.

두려움의 근원과 마주하다

팸은 부모님에게 임신 소식을 전하기 위해 집으로 갔다. 나는 문 앞까지 그녀를 바래다주고 소파에 주저앉았다. 코로나도에서 나는 빌어먹을 과거를 받아들이는 법을 배우고 거기에서 힘을 발견했다. 그런데 또다시 과거로 빨려 들어가고 있었다. 이제는 나나 네이비 실이 되려는 내 꿈에 대한 이야기만이 아니었다. 생각해야 할 가족 이 생겼다. 판이 훨씬 커진 것이다. 이전처럼 실패하면 그것은 그 저 나 혼자 감정적, 재정적 면에서 원점으로 돌아간다는 의미가 아 니었다. 이젠 새로운 가족을 이끌고 거기로 가야 한다. 집에 돌아온 어머니에게 모든 것을 털어놓았다. 이야기를 나누면서 댐이 터졌 다. 두려움, 슬픔, 몸부림이 내 안에서 터져 나왔다. 나는 손으로 머 리를 감싸 쥐고 흐느껴 울었다.

"내 삶은 태어나서부터 지금까지 악몽이었어요. 계속 더 나빠지 기만 하는 악몽. 아무리 노력해도 삶은 더 힘들어지기만 해요."

"아니라고는 말 못하겠구나, 데이비드." 어머니는 누구보다 잘 알고 계셨다. 어머니는 나를 달래려 하지 않았다. "하지만 너는 이 상황을 헤쳐나갈 방법을 찾겠지. 나는 그것도 알고 있어."

"그래야죠." 내가 눈물을 닦으며 말했다. "달리 방법이 없으니까 요."

어머니는 나를 두고 자리에서 일어섰다. 나는 밤새 소파에 앉아 있었다. 모든 것을 빼앗긴 듯한 느낌이었다. 하지만 나는 여전히 숨을 쉬고 있었고 그것은 계속해나갈 방법을 찾아야 한다는 의미였다. 지쳐 나가떨어진 네이비 실 포기자보다 나은 존재가 되기 위해 태어났다는 것을 믿기 위해서는 자기 회의를 걷어내고 강점을 찾아야 했다. 지옥주 이후 그 무엇으로도 무너뜨릴 수 없는 사람이 되었다고 느꼈지만, 한 주 만에 원점으로 돌아갔다. 결국 나는 발전하지 못했던 것이다. 여전히 아무것도 아닌 존재였다. 이 엉망인 인생을 바로잡으려면 더 나은 존재가 되어야만 한다!

소파에 앉은 채 방법을 찾았다.

그때까지 나는 자신을 책임지는 법을 배웠고 전투가 한창일 때 내가 한 사람의 영혼을 장악할 수 있다는 것을 알게 되었다. 나는 많은 장애물을 극복했고 그런 경험이 내 정신에 아주 두꺼운 굳은살을 만들며 단련시켜서 어떤 도전이든 받아들일 수 있다는 것을 깨달았다. 나는 내가 과거의 악마를 처리했다고 생각했다. 하지만 아니었다. 나는 그들을 무시하고 있었을 뿐이다. 아버지에게 학대당한 기억, 나를 깜둥이라고 부르던 모든 사람에 대한 기억은 몇 번의 승리로 증발된 것이 아니었다. 그 순간들은 내 무의식 깊이 닻을 내리고 있었고 그 결과 내 토대에는 금이 갔다. 인격은 토대나 마찬가지라 할 수 있다. 토대가 엉망이라면 성공과 실패가 쌓인다 해도 그 구조는 견고할 수 없다. **무장된 마음, 총알을 튕겨낼 정도로 굳은 살을 쌓아서 멘탈을 강하게 단련시키기 위해서는 모든 두려움과 불안의 근원으로 가야 한다.**

대부분은 실패와 사악한 비밀을 마루 밑에 감춰둔다. 문제에 부딮히면 마루 널은 벗겨지고 어둠이 다시 드러나 영혼에 밀려들면서 인격을 형성하는 결정에 영향을 준다. 내 두려움은 단순히 물에 대한 것이 아니었고 235기에 대한 내 두려움은 제1과정의 고통에 대한 것이 아니었다. 내 두려움과 불안은 평생 피해온 감염된 상처에서 배어 나왔고 그런 상처에 대한 부정은 나 자신을 부정하는 데까지 이르렀다. 나는 나 자신에게 최악의 적이었다. 나를 잡으러 온 것은 세상도, 신도, 악마도 아니었다. 바로 나였다!

나는 과거를 거부했고 따라서 나 자신을 거부하고 있었다. 내 토대, 내 인격은 자기 거부로 정의되었다. 모든 두려움은 내가 겪은 일 때문에 데이비드 고긴스로 존재하는 것에 대해 깊이 자리 잡은 거북함에서 비롯되었다. 다른 사람들이 나를 어떻게 생각하는지 신경 쓰지 않는 정도에까지 이른 후에도 '나'는 여전히 '나'를 받아들이는 데 어려움을 겪었다.

신체와 정신이 건전한 사람이라면 인생에서 다르게 전개될 수 있었던 스무 가지 일 정도를 생각할 수 있을 것이다. 공정한 대우를 받지 못했을 수도 있고 저항이 적은 길을 선택한 경우도 있을 것이다. 그것을 인식하고, 그런 상처에 굳은살을 만들고 인격을 강화하고 싶다면 과거로 돌아가서 그런 사건들과 모든 부정적 영향을 마주해야 한다. 그리고 그것들을 자기 인격의 약점으로 받아들임으로써 자신과 화해해야 한다. **그것이 당신의 몫이다. 약점을 확인하고 받아들여야만 과거로부터 도망치는 것을 마침내 그만둘 수 있다. 이후 그런 사건들은 더 나은 내가 되고 더 강하게 성장하기 위한 연료로 보다 효율적으로 사용될 수 있다.**

밤하늘의 달이 빛나는 동안 나는 어머니 집 소파에서 내 악마들과 대면했다. 나 자신과 대면한 것이다. 더 이상은 아버지에게서 도망칠 수 없다. 그가 나의 일부이고 그의 비열하고 기만적인 인격이 인정하고 싶은 수준 이상으로 내게 영향을 주었다는 사실을 받아들여야 했다. 그전까지는 사람들에게 아버지가 죽었다고 말하곤 했다. 네이비 실에서조차 그런 거짓말을 했다. 나는 그 이유를 알고 있었다. 부당한 일을 당하면 그 사실을 인정하고 싶어 하지 않는다. 남자다워 보이지 않기 때문이다. 가장 쉬운 방법은 그 일을 잊고 뒤돌아보지 않는 것이다. 그런 일이 일어난 적도 없었던 척하는 것이다.

더 이상은 안 된다.

그 문제에 직면하는 것은 내 인생을 다시 시작하는 데 대단히 중요한 일이 되었다. 가는 빗으로 경험을 찬찬히 빗어 내려 자신의 문제가 비롯된 곳을 발견할 때 고통과 학대를 견디는 힘을 찾을 수 있기 때문이다. 트루니스 고긴스가 나의 일부라는 것을 받아들임으로써, 나는 내가 비롯된 곳을 연료로 자유롭게 사용할 수 있게 되었다. 어린 시절 나를 죽음으로 몰아갈 수도 있었던 학대 사건 하나하나가 나를 지옥처럼 강하게, 사무라이의 칼처럼 날카롭게 만들었음을 깨달았다.

나는 심한 학대를 당했지만, 그날 밤부터는 그것을 50파운드(약 23킬로그램)의 짐을 등에 지고 100마일(약 161킬로미터) 경주를 한 것으로 생각했다. 다른 사람들이 모두 130파운드(약 59킬로그램)의 맨몸으로 가뿐하게 달리고 있는데 내가 그 경주에서 경쟁이 될까? 그 짐을 내려놓으면 얼마나 빨리 달릴 수 있을까? 그때는 울트라 마라톤에 대해서는 생각도 하지 않던 때였다. 내게 인생이 경주 그 자체였다. 인생은 나를 불 속에 넣었다 꺼내 반복해서 망치질했고, BUD/S라는 도가니에 뛰어들어 1년 만에 세 번째 지옥주를 겪은 것은 내게 고통의 박사 학위를 수여했다. 나는 역사상 가장 날카로운 검이 될 것이다.

나는 235기로 훈련에 참여했고 제1과정 대부분에는 남과 어울리지 않았다. 첫날 훈련생은 156명이었다. 적극적으로 앞장서는 것은 여전했지만 이번에는 지옥주에 양 떼를 돌보는 일은 하지 않았다. 무릎이 아직도 쑤셨고 모든 에너지를 BUD/S를 통과하는 데 쏟아부어야 했다. 6개월이라는 기간에 내 모든 것이 걸려 있었다.

네이비 실, 죽음과 삶이 교차하는 곳

235기 훈련생으로 만난 션 돕스Shawn Dobbs는 플로리다 잭슨빌 출신으로 가난한 환경에서 성장했다. 그는 나처럼 악마들과 싸웠다. 훈련을 시작할 때 그는 자존심이 강하고 건방졌다. 곧바로 그가 운동을 아주 잘한다는 사실을 알 수 있었다. 그는 모든 달리기에서 선두 혹은 선두에 가까웠고 장애물 코스는 겨우 몇 번 만에 통과했다. 기록은 8분 30초였다. 게다가 그는 자신이 뛰어나다는 것을 알고 있었다. 도교에서 말하듯 아는 사람은 말하지 않고 말하는 사람은 하나도 모르는 사람이었다(知者不言 言者不知. 아는 사람은 말하지 않고 말하는 사람은 참으로 알지 못한다-옮긴이).

지옥주 전날 밤 그는 235기 훈련생들에 대해 떠들었다. 그라인더에는 55개의 헬멧이 있었다. 그는 자신이 소수의 수료생 중 한 명이 될 것이라고 확신했다. 그는 지옥주를 통과할 녀석과 포기할 녀석을 '알 수' 있다면서 그들에 대한 헛소리를 잔뜩 늘어놓았다.

같이 있는 다른 사람들과 비교해 자신을 평가하는 흔한 실수를 저지르고 있다는 것을 그는 전혀 몰랐다. 훈련에서 그들을 이기고 체력 훈련에서 그들을 능가하면서 그는 큰 자부심을 느꼈다. 그것은 자신감과 성과를 향상시켰다. BUD/S에서는 그런 일이 흔하고 자연스럽다. 네이비 실에 온 우두머리 수컷들이 가지는 자연스러운 경쟁의식의 일부다. 그는 지옥주에서 살아남기 위해서는 서로를 믿을 수 있는 보트 크루가 필요하다는 것을 깨닫지 못했었다. 그것은 동료를 이기는 것이 아니라 그들에게 의지해야 한다는 의미였다. 그는 무슨 일이 다가오고 있는지, 수면 박탈과 추위가 얼마나 사람을 피폐하게 만드는지 알지 못했다. 곧 알게 될 것이다. 그는 지옥주 초반에 좋은 성과를 냈다. 하지만 훈련이나 시간을 다투는 달리기에서 동료를 패배시키는 종류의 투지가 해변에서도 튀어나왔다. 키 5피트 4인치(약 163센티미터)에 188파운드(약 85킬로그램)인 돕스는 소화전 같은 체구였다. 키가 작은 그는 키 작은 훈련생으로 이루어진 보트 크루에 배정되었다. 교관들은 그들을 스머프라고 불렀다. 실제로 사이코 피트는 그들을 엿 먹이기 위해서 보트 앞에 파파 스머프를 그리라고 지시했다. 교관들은 그런 짓을 했다. 그들은 훈련생들을 무너뜨리는 여러 방법을 찾았고 그것은 돕스에게 먹혔다. 그는 작고 약하다고 여겨지는 훈련생들과 그룹이 되는 것을 싫어했고 동료들에게 그 분풀이를 했다. 다음 날 그는 우리 눈앞에서 팀원들을 학대했다. 보트나 통나무의 앞쪽을 맡은 그는 맹렬한 속도로 달렸다. 동료들과 대화를 나누고 힘을 남겨두거나 하지 않고 처음부터 전력을 다했다. 최근 그에게 연락했을 때 그는 BUD/S 때의 일을 어제처럼 기억하고 있다고 말했다.

"우리 팀원들에게 이기적인 짓을 했지. 의도적으로 그들을 괴롭혔어. 그들을 그만두게 만들 때마다 점수를 쌓는 느낌으로."

그는 월요일 아침까지 그 작업을 썩 잘해냈다. 그의 팀 중 2명이 포기했는데 그것은 체구가 작은 훈련생 4명이 보트와 통나무를 메고 다녀야 한다는 의미였다. 그는 그 해변에서 자신의 악마와 싸우고 있었다고 인정했다. 그의 토대에는 금이 가 있었다.

"나는 이기적으로 나만 생각하는 자존감 낮고 불안한 사람이었어. 내 자존심, 거만함, 불안이 내 삶을 더 힘들게 만들었지."

해석: 그의 정신은 그가 이전에 경험하지 못한, 앞으로도 경험하지 못할 방식으로 허물어졌다.

월요일 오후 우리는 바다에서 수영을 했다. 물에서 나온 그는 다쳐 있었다. 그가 간신히 걷고 있으며 그의 정신이 결정적 고비를 맞았다는 것이 분명히 보였다. 우리는 시선을 맞추었고 나는 그가 스스로에게 그 간단한 질문을 하고 있는 것을, 답을 찾지 못했다는 것을 알 수 있었다. 그는 공수 구조대 훈련 때의 나와 매우 비슷했다. 출구를 찾고 있었던 것이다. 그때부터 돕스는 해변에서 가장 낮은 성과를 거두었다. 그것이 그를 한층 더 괴롭혔다.

"내가 벌레보다 못하다고 생각했던 사람들이 나를 앞서갔어." 그의 팀은 곧 2명이 됐고 그는 다른 보트 크루로 이동해 키 큰 훈련생들과 함께하게 되었다. 그들이 보트를 높이 들었고 그의 손은 보트에 닿지 않았다. 자신의 체구와 과거에 대한 모든 불안이 그를 내리눌렀다.

"내가 거기에 어울리지 않는다는 생각이 들었지." 그가 말했다. "나는 열등하게 태어났다는 생각 말이야. 초능력을 가졌다가 잃어버린 것 같았어. 내 마음이 여태 있어보지 못한 곳에 있었지. 아무런 지침도 없었던 거야."

당시 그가 어디에 있었는지 생각해보라. 그는 BUD/S 첫 몇 주간 탁월한 모습을 보였다. 아무것도 아니었던 그가 경이로운 성과를 내고 있었던 것이다. 그 과정에서 의지할 만한 수많은 경험을 갖고 있었고 정신을 충분히 단련할 수 있었다. 하지만 그의 토대에 금이 갔기 때문에 끔찍한 현실을 맞이하자 자신의 정신에 대한 통제력을 잃고 자기 회의의 노예가 되었다.

월요일 밤 돕스는 발에 문제가 있다고 보고했다. 그는 압박골절을 당한 게 분명하다고 생각했다. 하지만 부츠를 벗자 모습을 드러낸 발은 그가 상상한 것처럼 검푸른 멍이 들거나 부어 있지 않았다. 나는 바로 옆에서 검진을 받았기 때문에 그 상황을 정확히 알고 있다. 나는 그의 멍한 시선을 보았고 피할 수 없는 일이 가까워졌다는 것을 알았다. 그것은 영혼에 굴복한 사람의 얼굴에 나타나는 표정이었다. 공수 구조대를 그만두었을 때 나도 그런 눈빛을 하고 있었다. 그가 포기하기 전에 내가 먼저 알아챈 것이 나와 션 돕스를 굳게 이어주는 계기가 되었다.

의사는 그에게 모트린을 주고 고통 속으로 돌려보냈다. 어느 지점에서 그가 무너질까 생각하며 군화의 끈을 묶는 션을 지켜보던 것이 아직도 기억난다. 그때 SBG가 트럭을 대고 이렇게 소리쳤다. "평생에 경험했던 어떤 밤보다 추운 밤이 될 것이다!"

나는 팀원들과 그 유명한 스틸 피어로 가는 보트 안에 있었다. 나는 뒤를 돌아 따뜻한 SBG의 트럭 뒤에 있는 션을 힐끗 보았다. 그는 무릎을 꿇었다. 몇 분 만에 그는 종을 세 번 쳤고 헬멧을 내려놓았다.

돕스를 위해 변명하자면, 그는 지옥주 중에서도 최악을 겪었다. 밤낮으로 비가 왔는데, 그것은 몸을 말리고 체온을 높일 새가 없다는 의미였다. 게다가 지휘부의 누군가가 훈련생들이 왕처럼 음식을 먹고 마시게 해서는 안 된다는 훌륭한 의견을 내놓았다. 우리는 매끼니 차가운 전투식량을 받았다. 그들은 그것이 우리를 더 큰 시험에 몰아넣을 것이라고 생각했다. 실제 전장의 상황과 더 비슷하게 만들라! 그것은 위안거리가 전혀 없다는 것을 의미했다. 연소시킬 충분한 열량이 없이는 고통과 피로를 이겨낼 에너지를 찾기 힘들다. 체온을 지키는 것은 말할 것도 없다.

그렇다, 정말 끔찍했다. 하지만 나는 그것을 사랑했다. 나는 사람의 영혼이 파괴되고, 거기에서 다시 일어나 그의 길에 놓인 모든 장애를 이겨내는 거친 아름다움을 양분으로 번창했다. 세 번째 도전에서 나는 인간의 몸이 어디까지 감당할 수 있는지 알게 되었다. 내가 어떤 것을 견딜 수 있는지 알게 되었고 그것을 계기로 더 강해지고 있었다. 첫날부터 다리가 정상이 아니었고 무릎은 비명을 질러댔다. 고통은 얼마든지 참을 수 있었다. 하지만 부상은 그렇지가 않았다. 부상에 대한 생각은 아예 차단해야 했다. 나는 나와 고통뿐인 어두운 곳으로 갔다. 그리고 팀원이나 교관들에게 초점을 맞추지 않고 나만의 동굴에 들어가 있었다. 나는 그 망할 고통을 헤쳐나가는 데 목숨을 기꺼이 내놓을 생각이었다.

나만 그런 것은 아니었다. 수요일 밤 지옥주를 36시간 앞두고 235기에 비극이 찾아왔다. 우리는 수영장에서 애벌레 수영이라고 불리는 훈련을 하고 있었다. 다리를 상체 뒤에서 사슬로 묶고 헤엄치는 것이다. 수영을 하기 위해서는 손을 이용해야 했다.

우리는 수영장에 모였다. 26명이 남았는데 존 스코프John Skop는 그중 하나였다. 스코프는 6피트 2인치(약 188센티미터)에 225파운드(약 102킬로그램)의 당당한 체구였지만 몸이 아파서 지옥주 내내 의무실을 들락거렸다. 우리 25명은 온몸이 붓고 까지고 피가 나는 상태에서 수영장 바닥에 차려 자세로 서 있었지만 그는 추위로 덜덜 떨면서 수영장 옆 계단에 앉아 있었다. 몹시 추워 보이는데도 피부로는 열기가 흘러나오는 것 같았다. 최대로 가동한 방열기 같았다. 10피트(약 3미터) 떨어진 곳에서도 그의 열기를 느낄 수 있을 정도였다.

첫 지옥주에 양측 폐렴에 걸렸기 때문에 그것이 어떤 모습이고 어떤 느낌인지 알고 있었다. 그의 폐포에는 액체가 가득 차 있었다. 그는 액체를 없앨 수 없어서 호흡을 간신히 이어가고 있었고 그 때문에 문제가 더 악화되었다. 통제 가능한 수준을 넘어선 폐렴은 폐부종으로 이어질 수 있다. 폐부종은 치명적이다. 그는 폐부종에 이른 상태였다.

아니나 다를까, 애벌레 수영 중 그의 다리에 힘이 빠졌다. 납으로 속을 채운 인형처럼 그의 몸이 수영장 바닥으로 쏜살같이 움직였다. 교관 2명이 그를 따라 물에 뛰어들었고 그때부터 수영장은 아수라장으로 변했다. 교관들은 우리에게 물 밖으로 나가 수영장을 바라보며 울타리를 따라 등을 지고 서 있으라고 지시했다. 그 사이 위생병들은 스코프를 살리기 위해 애썼다. 우리는 그가 살아날 확률이 점점 낮아지고 있다는 것을 알았다. 몇 분 뒤에도 그는 숨을 쉬지 않았고 교관들은 우리에게 로커 룸으로 이동하라는 명령을 내렸다. 스코프는 병원으로 이송되었고 우리는 BUD/S 교실로 돌아갔다. 우리는 몰랐지만 지옥주는 끝났다. 몇 분 후 SBG가 걸어 들어와 차가운 목소리로 소식을 전했다.

"스코프가 사망했다." 그러고는 방 안을 찬찬히 둘러봤다. 그의 말은 거의 일주일간 잠도 어떤 위안도 없이 지내오면서 한계에 도달한 사람들의 복부에 날리는 펀치 같았다. SBG에게 배려 따윈 없었다. "이것이 제군이 사는 세상이다. 그는 임무를 수행하다 죽은 첫 번째 병사도 아니고 마지막 병사로 아닐 것이다" 그는 스코프의 룸메이트를 보며 말했다. "무어, 그의 물건에 절대 손대지 마라." 그는 빌어먹을 여느 날과 다름없는 것처럼 교실을 나섰다.

나는 슬픔과 안도 사이에서 갈팡질팡했다. 스코프가 죽었다는 사실에 슬프고 속이 울렁거렸지만, 우리는 지옥주에서 살아남았다는 사실에 안도했다. SBG가 그 일을 다루는 방식은 솔직하고 군더더기가 없었다. 모든 네이비 실이 그와 같다면 네이비 실은 확실히 내가 있어야 할 곳이라고 생각했던 것이 기억난다. 희로애락이 뒤섞인 곳.

대다수의 민간인은 우리가 받은 훈련을 수행하기 위해 어느 정도의 단련이 필요한지 이해하지 못한다. 인정사정없는 세상에서 살아남기 위해서는 냉혹한 진실을 받아들여야만 한다. 그게 좋다는 이야기가 아니다. 나는 그것을 자랑스럽게 생각하지 않는다. 하지만 특수작전은 단련된 세상이고 거기에는 단련된 정신이 요구된다.

부러진 다리, 묶인 손으로 나아가다

지옥주는 예정보다 36시간 일찍 끝났다. 그라인더에서의 피자도 갈색 셔츠 의식도 없었지만 가능성이 있었던 156명 중 25명이 성공을 거뒀다. 나는 그 소수 중 하나였고 21주의 훈련을 앞두고 또 한번 잔뜩 부어서 목발을 짚는 신세가 되었다. 무릎뼈는 손상되지 않았지만 양쪽 정강이에 가는 금이 갔다. 상태는 점점 악화되었다. 지옥주를 일찍 끝낼 수밖에 없어서 단단히 심통이 난 교관들은 걷기 주간을 48시간 후 끝내버렸다. 어떻게 생각해도 내가 네이비 실 훈련을 수료할 가능성은 희박했다. 난 망했다. 발목을 움직이자 정강이가 자극되면서 타는 듯한 통증이 느껴졌다. 큰 문제였다. BUD/S 동안에는 일주일에 보통 약 96.6킬로미터를 달려야 했기 때문이다. 양쪽 정강이에 금이 간 상태로 그렇게 달린다고 상상해 보라.

235기의 훈련생 대부분은 코로나도 해군 특수전 사령부의 기지에서 살았다. 하지만 나는 20마일(약 32킬로미터) 떨어진 출라 비스타의 곰팡이가 낀 월 700달러짜리 원룸에서 임신한 아내, 의붓딸과 살았다. 임신한 팸과 다시 결혼한 나는 융자를 받아 혼다 패스포트 Passport를 샀다(약 6만 달러의 빚이 생겼다). 우리 셋은 차를 타고 인디애나에서 샌디에이고로 와서 새로 가정을 꾸렸다. 나는 1년 만에 두 번째로 지옥주를 통과한 참이었고 네이비 실 훈련이 끝날 무렵 아내가 출산할 예정이었다. 하지만 내 머리나 영혼에는 행복감이 전혀 없었다. 어떻게 훈련을 마치지? 우리는 내가 간신히 감당할 수 있는 거지 소굴 같은 곳에서 살고 있었고 몸은 또다시 망가졌다. 이것을 통과하지 못하면 월세도 낼 수 없을 것이고, 처음부터 다시 시작해야 하고, 새로운 일을 찾아야 할 것이다. 그런 일이 일어나게 할 수는 없었다. 그런 일이 일어나게 하지 않을 것이다.

제1과정이 다시 격렬해지기 전날 밤, 나는 머리를 깎고 거울 속 내 모습을 응시했다. 2년 가까이 나는 극한의 고통을 견디고 더 많은 고통을 위해 되돌아왔다. 나는 분발하는 데는 성공했으나 실패에 산 채로 매장당하고 말았다. 그날 밤 내가 계속 앞으로 나아갈 수 있게 해준 유일한 것은 내가 거쳐온 모든 일이 정신을 단련하는 데 도움을 주었다는 인식이었다. 문제는 그렇게 생긴 굳은살이 얼마나 두꺼운가였다. 인간이 견딜 수 있는 고통은 어느 만큼일까? 내 정신은 부러진 다리로 달릴 수 있을 만큼 단련되어 있을까?

다음 날 새벽 3시 30분에 일어나 차를 몰고 기지로 갔다. 다리를 절룩이며 장비를 보관하는 BUD/S 케이지로 가서 배낭을 발치에 떨어뜨리고 벤치에 주저앉았다. 안팎이 지옥같이 어두웠고 나는 혼자였다. 가방을 뒤적이는 내 귀에 멀리서 파도 소리가 들려왔다. 잠수 장비 밑에 박스 테이프가 있었다. 테이프를 손에 쥐면서도 절로 고개가 저어지고 웃음이 나왔다. 내 계획이 얼마나 정신 나간 것인지 알기 때문이었다.

나는 오른발을 조심스럽게 목이 긴 두꺼운 검은색 반양말에 끼워 넣었다. 정강이는 말랑했고 발목 관절을 조금만 까딱거려도 고통이 커졌다. 거기에 테이프로 뒤꿈치 둘레를, 다음으로 발목을, 그리고 다시 뒤꿈치를 감았다. 발과 종아리도 감아서 무릎 밑에서 발까지 단단히 감쌌다. 이것은 첫 번째 보호막이었다. 다시 검은 양말을 신고 같은 방식으로 다시 발과 발목을 테이프로 감았다. 작업을 마치자 양말 층 2개와 테이프 층 2개가 생겨났다. 군화를 신고 끈을 묶으니 발목과 정강이가 보호되고 고정되었다. 만족한 나는 왼발도 똑같이 했다. 1시간 후 두 다리에 반깁스를 한 것처럼 되었다. 걸을 때 여전히 아프기는 했지만 발목을 움직일 때 느껴지는 통증이 훨씬 참을 만했다. 달리기를 시작하면 확실히 알게 될 것이다.

그날 훈련에서 첫 달리기는 내게 시험대였다. 나는 엉덩이 굴근을 이용해서 달리기 위해 최선을 다했다. 보통 우리는 발과 다리가 리듬을 타게 한다. 나는 그 반대로 해야 했다. 각 동작을 분리해 엉덩이에서 만들어낸 움직임과 힘을 다리로 전하기 위해 온 신경을 집중해야 했다. 처음 30분 동안은 평생 최악의 고통을 느꼈다. 테이프가 피부에 상처를 냈고 쿵쿵대는 진동이 금이 간 종아리에 극도로 고통스러운 충격파를 전달했다.

그것은 5개월에 걸쳐 느낄 지속적인 고통 중 첫 달리기일 뿐이었다. 이걸 매일 견딜 수 있을까? 나는 포기에 대해 생각했다. 어차피 실패가 내 미래라면, 삶을 완전히 재고해야 하는 것이라면, 이런 훈련이 무슨 소용이란 말인가? 불가피한 것을 왜 굳이 미뤄야 하지? 머리가 어떻게 된 건가? 모든 생각이 하나의 간단한 질문으로 귀결되었다. 왜?

나는 스스로에게 "실패를 보장하는 유일한 방법은 지금 그만두는 거야, 개자식아!"라고 말했다. 정신과 영혼을 무너뜨리는 괴로움에 조용한 비명을 내지르고 있었다. "고통을 받아들여. 그렇지 않으면 너 하나의 실패로 끝나지 않아. 네 가족이 실패하는 거야!"

나는 이 모든 것을 이뤄냈을 때 느낄 감정을 상상했다. 내가 이 임무를 완수하는 데 필요한 고통을 견딘다면 그 뒤에 느낄 감정을 말이다. 그것이 0.5마일을 더 달릴 수 있게 해주었다. 그 뒤에 더 많은 고통이 닥쳐와 태풍처럼 내 안에서 소용돌이쳤다.

"건강한 사람도 BUD/S를 통과하기 어려워. 넌 그걸 부러진 다리로 하고 있지! 다른 누가 이런 생각을 하겠어?" 내가 물었다. "다리가, 그것도 두 다리가 부러진 상태로 1분이라도 달릴 수 있는 사람이 누가 있겠어? 고긴스 너뿐이야! 너는 로봇이야! 지금부터 끝까지는 한 걸음 한 걸음이 점점 어려워질 거야!"

이 마지막 메시지가 비밀번호처럼 암호를 풀었다. 단련된 정신은 앞으로 나아가는 티켓이었다. 40분이 되자 놀랍게도 통증이 썰물처럼 빠져나갔다. 테이프가 헐거워지면서 살에 쓸리지 않았고 근육과 뼈가 충분히 풀려서 진동을 잘 받아들였다. 하루 종일 통증이 느껴졌다 사라지길 반복했지만 훨씬 더 다룰 만했다. 통증이 고개를 들면 나는 스스로에게 통증은 내가 얼마나 강한지 보여주는, 얼마나 더 강해지고 있는지 보여주는 증거라고 말했다.

매일 똑같은 의식이 펼쳐졌다. 나는 일찍 훈련장으로 가서 발에 박스 테이프를 감고 30분 동안 극도의 고통을 견디면서 나 자신을 설득하고 살아남았다. 이는 성공할 때까지 성공한 사람처럼 행동하라는 이야기가 아니다. 매일 훈련장으로 가 스스로 그런 일을 했다는 사실이 정말로 놀라웠다. 교관들도 그에 대한 보상을 주었다. 그들은 손발을 묶고 나를 수영장에 던져서 네 바퀴를 헤엄칠 수 있는지 보겠다고 제안했다. 사실 제안이 아니라 종용이었다. 이것은 익사 방지 부유drown proofing라 부르곤 하는 훈련의 일환이었다. 나는 그것을 통제된 익사controlled drowning라고 부른다!

손과 발을 뒤로 묶은 채 우리가 할 수 있는 것이라고는 돌핀 킥 dolphin kick(접영에서 이루어지는 발놀림-옮긴이)뿐이었다. 마이클 펠프스Mi-chael Phelps(올림픽에서 4관왕을 네 번 달성하고, 한 대회에서 8개의 금메달을 석권한 기록을 두 번이나 연속으로 달성한 미국의 수영 선수-옮긴이)와 같은 유전자를 타고났나 싶은 노련한 훈련생들과 달리, 내 돌핀 킥은 흔들 목마처럼 엉성하기 그지없었고 그에 걸맞은 추진력을 발휘할 뿐이었다. 수면 가까이에 머물기 위해 애쓰느라 계속 숨이 부족했고, 닭 모가지처럼 물 밖으로 고개를 빼서 숨을 쉬어보려 하면 가라앉았다. 발차기를 세게 해도 추진력을 얻기에는 역부족이었다. 나는 여기에 대비해서 연습을 했다. 몇 주 동안 수영장에 다녔고 유니폼 밑에 잠수복 반바지를 몰래 입으면 부력을 늘릴 수 있을까 싶어 실험도 해봤다. 사타구니를 조이는 UDT 반바지 아래 기저귀를 찬 모양새였지만 도움은 되지 않았다. 어쨌든 그런 연습 덕분에 물에 빠지는 느낌이 편안해졌고 시험을 견디고 통과할 수 있었다.

잠수 과정이라고도 불리는 제2과정에는 또 다른 잔혹한 수중 훈련이 있었다. 여기에도 선혜엄이 포함되어 있다. 말만 들으면 매우 기초적인 일 같지만, 이 훈련에서 우리는 꽉 찬 80리터짜리 탱크 2개를 묶고 7킬로그램이 넘는 웨이트 벨트를 차야 한다. 오리발이 있기는 하지만 그걸로 발차기를 하면 발목과 정강이의 고통과 스트레스가 커졌다. 물에서는 테이프를 감을 수 없어서 고통을 그대로 감내해야 했다.

그 상태로 누운 채 50미터를 가라앉지 않고 헤엄쳐야 한다. 다음으로 몸을 뒤집어서 50미터를 다시 수면에서 헤엄쳐야 한다. 어떤 부양 장치도 사용할 수 없었다. 머리를 수면 위로 들고 있는 자세는 목, 어깨, 엉덩이, 허리에 극심한 통증을 유발했다.

그날 수영장에서 들리던 소음은 절대 잊을 수 없을 것이다. 물에 떠서 호흡하려는 필사적인 시도는 공포, 좌절, 분투가 혼합된 소리를 만들었다. 우리는 꼴꼴, 그르렁, 헉 하는 소리를 냈다. 나는 목 뒤에서 나오는 절규와 새된 비명을 들었다. 여러 훈련생이 바닥으로 가라앉아 웨이트 벨트와 탱크를 벗어 바닥에 팽개치고 수면으로 쏜살같이 올라왔다.

제3과정, 샌클레멘테섬의 지상전 훈련 모듈에 이르렀을 즈음에는 다리가 나아서 훈련을 마칠 수 있겠다는 생각을 했다. 하지만 마지막 단계라는 것이 그 단계가 쉽다는 의미는 아니었다. 더 스트랜드의 BUD/S 단지에는 구경꾼이 많다. 온갖 계급의 장교들이 발을 멈추고 훈련을 지켜본다. 그것은 교관의 어깨 너머로 보는 눈이 많다는 것을 의미한다. 섬에는 오로지 훈련생과 그걸 지켜보는 사람

들뿐이다. 그들은 얼마든지 심술을 부릴 수 있고 일말의 자비도 베풀지 않는다. 바로 그것이 내가 그 섬을 사랑하는 이유다!

어느 날 오후 우리는 두세 명씩 팀을 이뤄 지형에 어우러지는 은신처를 만들었다. 거의 끝에 도달했기 때문에 모두가 강인한 몸을 갖고 있었고 두려움이 없었다. 훈련생들은 세부적인 데 주의를 기울이지 않았고 교관들은 잔뜩 열을 받아서 우리를 계속 불러들였다. 전형적인 얼차려를 주기 위해서였다.

팔굽혀펴기, 윗몸일으키기, 플러터 킥, 에잇 카운트 보디빌더(고급형 버피) 등. 하지만 우선 그들은 무릎을 땅에 대고 손으로 땅을 파게 했다. 시간을 정하지 않고 우리 몸을 목까지 파묻어놓을 수 있을 정도로 깊이. 내가 웃으면서 땅을 파자 교관 하나가 나를 고문할 창의적인 방법을 생각해냈다.

"고긴스, 일어나. 넌 이걸 너무 좋아해." 나는 웃으면서 계속 땅을 팠다. 하지만 그는 진지했다. "일어나라고 했다, 고긴스. 넌 너무 재미를 보고 있어."

나는 일어서서 옆으로 물러나 나 없이 30분 동안 고통받는 동료들을 지켜봤다. 동기들이 팔굽혀펴기를 하고, 윗몸일으키기를 하고, 물과 모래를 구를 때도 그들은 나를 계속 제외했다. 거기에서 BUD/S 교관 전체의 의지를 꺾었다는 자부심을 느꼈지만 얼차려가 그립기도 했다. 그것을 내 정신을 단련할 기회로 여겼기 때문이다. 이제 그들은 내게서 손을 뗐다.

그라인더가 많은 네이비 실 훈련의 중심 무대인 것을 생각하면 BUD/S 수료식을 그곳에서 여는 것은 당연했다. 가족이 찾아왔다.

BUD/S 수료식에서 어머니와 나.

아버지와 형제는 어깨를 으쓱했고 어머니, 아내, 여자 친구는 넋을 빼놓을 정도로 예쁘게 꾸미고 차려입었다. 바닷바람에 펄럭이는 거대한 미국 국기 아래 235기 수료생들이 흰옷을 입고 모여들었을 때, 그 아스팔트 위에는 고통과 비탄 대신 미소만이 있었다. 우리 오른쪽에는 군에서 가장 힘들다는 훈련을 포기하면서 130명의 동료가 울린 악명 높은 종이 있었다. 한 사람 한 사람이 호명되고 소개되었다. 내 이름이 불리자 어머니 눈에 기쁨의 눈물이 고였다. 그러나 이상하게도 나는 슬픔 외에는 아무 느낌이 들지 않았다.

그라인더에서 또 이후 McP(네이비 실이 지정한 코로나도 시내의 술집)에서 동료들은 가족과 사진을 찍으며 자랑스럽게 미소 지었다. 술집에서는 음악 소리가 요란하게 울리는 가운데 모두가 술에 취해

방금 뭔가를 얻어낸 것처럼 목소리를 높였다. 솔직히 나는 그게 거슬렸다. BUD/S를 떠나보내는 것이 아쉬웠기 때문이다.

처음 네이비 실에 매료되었을 때 나는 나를 완전히 파괴하거나 나를 아무도 깨부술 수 없게 만들어줄 경기장을 찾고 있었다. BUD/S는 내게 그런 경기장을 마련해주었다. BUD/S는 인간의 정신이 무엇을 할 수 있는지, 그것을 어떻게 이용해서 이전에 느껴보지 못한 고통을 감당할 수 있는지 보여주었다. 그렇게 나는 가능하다고 생각조차 해보지 않은 것들을 달성하는 법을 배웠다. 부러진 다리로 달리는 법 같은 것을 말이다. 수료 후에는 불가능한 과제를 계속 찾는 일이 전적으로 내 몫이 된다. 네이비 실 BUD/S를 수료한 서른여섯 번째 아프리카계 미국인이 된 것도 큰 성취지만, 불가능에 도전하려는 나의 탐색은 이제 겨우 시작되었기 때문이다.

CHALLENGE #5

목표 달성 시각화하기

- 당신은 무엇으로 정신을 무장시키는가

이제 시각화의 시간이 왔다. 다시 말하지만 평범한 사람은 1시간에 2,000~3,000가지 생각을 한다. 당신이 바꿀 수 없는 것에 집중하는 대신 할 수 있는 것을 눈앞에 그려보라. 당신을 가로막는 장애물을 선택하거나 새로운 목표를 세우고, 그 장애를 극복하거나 목표를 달성하는 것을 시각화하라. 나는 도전적인 활동에 참여하기 전에 우선 내 성공이 어떤 모습이고 어떤 느낌일지 그려본다. 그리고 매일 그에 대해서 생각한다. 그 느낌은 내가 훈련을 할 때나, 경쟁을 할 때나, 내가 선택한 과제를 맡을 때 앞으로 나아가게 하는 추진력이 된다.

하지만 시각화는 단순히 트로피(실제든 은유적이든)를 꿈꾸는 것이 아니다. 그 과정에서 발생할 만한 문제를 시각화하고 그런 문제에 직면했을 때 어떻게 공격해야 할지 결정해야 한다. 그런 방법으로 여정에 대한 가능한 최선의 준비를 갖추게 된다. 예를 들어 도보 경주를 한다면 전 코스를 우선 돌아보면서 성공은 물론이고 가능한 문제까지 시각화한다. 이는 사고 과정을 통제하는 데 도움을 준다. 모든 것에 대비할 수는 없다. 하지만 미리 전략적인 시각화를 해둔다면 최선의 준비를 할 수 있다.

그것은 "나는 왜 이것을 하고 있는가?"라는 간단한 질문에 대한 대답을 준비하는 것을 의미한다. 목표를 달성하기 위해 당신을 움직이게 한 것은 무엇인가? 당신이 연료로 사용하는 어둠은 어디에서 비롯된 것인가? 무엇이 당신의 정신을 단련했나? 고통과 회의의 벽에 부딪혔을 때 바로 대답이 튀어나올 수 있을 정도로 답을 준비해두어야 한다. 끝까지 해내려면 어둠의 방향을 돌리고 그 때문에 더 강해지고, 그렇게 단련된 정신에 의지해야 한다.

기억하라. 시각화는 노력의 대체물이 아니다. 거짓말은 시각화할 수 없다. 그 간단한 질문들에 대답할 수 있었던 것, 정신력 게임에서 이기기 위해 내가 취한 모든 전략이 효과를 볼 수 있었던 것은 노력을 기울였기 때문이다. 그것은 정신력의 문제를 훨씬 넘어서는 것이다. 일상에 고통의 스케줄을 포함시키는 것은 가차 없는 자제력이 필요한 일이다. 하지만 일단 해내면 고통의 다른 쪽 끝에 완전히 다른 인생이 기다리고 있다는 것을 알게 될 것이다.

이 도전은 반드시 신체적인 것일 필요가 없다. 승리는 항상 당신이 1등으로 골인하는 것을 의미하는 것은 아니다. 승리란 당신이 평생의 두려움을 극복하거나 과거에 당신을 굴복시켰던 장애를 극복하는 것을 의미할 수도 있다. 그것이 무엇이든 당신이 어떻게 무장된 마음을 만들었는지, 이를 통해 당신이 어디에 이르게 되었는지 해시태그 #누구도나를파괴할수없다canthurtme, #단련된정신armored-mind과 함께 세상과 공유하라.

6장

쿠키 단지

: 과거의 승리를 기억하고 하나씩 음미하라

작은 승리가 당신이 음미할 수 있는 쿠키가 된다.
반드시 그것들을 음미해야 한다.
과거의 성공을 새로운 더 큰 성공의 연료로 삼아라.

회복을 기다릴 시간이 없다

그 레이스의 모든 것이 기대한 것보다 좋았다. 하늘에는 태양의 열기를 사그라들게 하기에 충분한 구름이 있었고 내 신체 리듬은 인근 샌디에이고 마리나에 정박된 배들의 선체에 철벅이며 부딪치는 잔잔한 파도처럼 안정적이었다. 다리가 좀 무겁게 느껴지기는 했지만 테이퍼링tapering(테이퍼taper는 '폭이 점점 가늘어지다'는 의미로, 마라톤이나 수영 선수 등 지구력이 필요한 운동선수들이 중요한 시합을 앞두고 훈련량을 점차 줄여나가는 과정을 일컫는다-옮긴이) 계획을 고려하면 예상했던 대로였다. 커브를 돌아 아홉 번째 바퀴(9마일, 약 14.5킬로미터)를 정확히 1시간에 돌고 24시간 레이스로 전환할 때는 다리의 긴장이 풀리는 것 같았다.

나는 샌디에이고 원 데이One Day의 레이스 책임자 존 메츠John Metz가 시작점이자 결승점에서 눈을 동그랗게 뜨고 나를 쳐다보는 것을 발견했다. 그는 선수들에게 시간과 전체 순위를 알리기 위해 화이트보드를 들고 있었다. 나는 5위였다. 나는 조금 혼란스러웠다. 그렇지만 그를 안심시키기 위해 이 모든 걸 예상했다는 듯이 고개를 끄덕였다.

그는 그것을 꿰뚫어봤다.

메츠는 베테랑이었다. 항상 공손하고, 조용조용 이야기를 했다. 그는 무슨 일에도 당황하지 않을 사람처럼 보였다. 게다가 그는 50마일(약 80.5킬로미터) 레이스를 세 번이나 달린 노련한 울트라 마라토너였다. 그는 100마일(약 161킬로미터) 레이스도 일곱 번이나 완주했고 50세 때 24시간 레이스에서 144마일(약 232킬로미터)이라는 개인 최고 기록을 달성했다. 그의 걱정스러운 모습이 내게 의미 있는 이유였다.

나는 시계를 확인하고 가슴에 차고 있는 심장박동 수 측정기와 동기화했다. 맥박은 내 행운의 수인 145의 경계를 가로지르고 있었다. 며칠 전 나는 해군 특수전 사령부에서 BUD/S 훈련 당시 교관이었던 SBG를 만났다. 대부분의 네이비 실 대원들은 배치 사이의 기간에 교관 일을 교대로 한다. SBG와 나는 함께 일했다. 내가 샌디에이고 원 데이에 대해 이야기하자 그는 심장박동 측정기를 달고 속도를 조절해야 한다고 주장했다. SBG는 성과와 회복에 엄청나게 집착하는 괴짜였다. 나는 그가 공식 몇 개를 계산하는 것을 지켜봤다. 그는 나를 돌아보며 이렇게 말했다. "맥박을 140~145에서 안정적으로 유지하면 가장 좋을 거야." 다음 날 그는 레이스에 대한 선물로 심장박동 수 측정기를 건넸다.

네이비 실 부대원을 잘근잘근 씹어 뱉을 수 있는 코스를 찾을 작정이라면, 샌디에이고의 호스피탈리티 포인트는 그 기준을 통과하지 못할 것이다. 그곳의 지형은 완벽하게 평탄하다. 미션 베이로 흘러드는 샌디에이고의 멋진 선착장 경치를 보기 위해 관광객이 1년 내내 찾아온다. 길은 대부분 매끈한 아스팔트이고 완전한 평지다. 예외라고는 여느 교외 진입로 높이인 2.1미터 정도의 짧은 경사뿐이다. 잘 가꾼 잔디밭, 야자수, 햇살을 가려주는 나무들이 있다. 호스피탈리티 포인트가 어찌나 쾌적한지 오후가 되면 몸이 불편하거나 회복 중인 사람들이 보행 보조기를 들고 재활을 위한 산책을 하러 그곳으로 향한다. 하지만 존 메츠가 '쉬운 1마일 코스'라고 표시한 그곳은 그다음 날 내게 완벽한 파멸의 현장이 되었다.

붕괴가 가까워졌다는 것을 알았어야 했다. 2005년 11월 12일 달리기를 시작했을 때, 나는 6개월 동안 1마일 이상 뛴 적이 없었다. 하지만 체육관에서 계속 운동을 했기 때문에 아주 탄탄하고 건강해 보였다. 그 레이스 이전 나는 네이비 실 5팀의 두 번째 배치로 이라크에 주둔하는 동안 다시 역도에 열심히 매달렸기 때문에 유산소운동이라고는 일주일에 한 번 일립티컬elliptical(양 발판에 발을 올리고 손잡이를 잡은 채 팔다리를 휘젓는 운동을 하는 기구―옮긴이)을 20분 하는 것이 고작이었다. 다시 말해 내 심혈관 건강 상태가 거지 같은데도 나는 24시간 동안 100마일을 뛰는 것이 아주 좋은 아이디어라고 생각했던 것이다.

멋진 아이디어라는 것은 분명하다. 하지만 나는 거기에 그치지 않고 내가 충분히 실행할 수 있는 아이디어라고 생각했다. 24시간에 100마일이라면 15분에 1마일을 뛰어야 하기 때문이었다. 그런 정도라면 빠른 걸음으로 완주할 수 있을 것이라고 생각했다. 문제는 내가 걷지 않았다는 점이다. 레이스 출발 신호가 울리자 나는 맹렬하게 뛰어나가 선두 그룹에 합류했다. 당신의 목표가 완벽한 파멸이라면 아주 적절한 행동이다.

게다가 나는 제대로 휴식을 취하지도 않았다. 레이스 전날 밤 나는 일을 끝내고 기지에서 나서는 길에 네이비 실 5팀 체육관을 지나면서 늘 그렇듯 안을 들여다보았다. 그저 누가 운동을 하고 있는지 보기 위해서였다. SBG가 안에서 몸을 풀다가 나를 불렀다.

"고긴스!" 그가 말했다. "쇠질 좀 해보자!" 나는 웃었다. 그는 나를 빤히 보면서 다가왔다. "고긴스, 바이킹이 마을을 습격할 준비를 하고 있을 때 숲속에서 그 망할 사슴 가죽으로 만든 빌어먹을 텐트에서 야영하면서 뭐라고 했을 것 같나? '약초로 만든 차를 마시고 일찍 자자'라고? 아니면 '망할, 버섯으로 만든 보드카나 진탕 마시고 취해버리자'라고?"

SBG는 자기가 원할 때면 정말 재미있는 사람이 되곤 했다. 그는 내가 주어진 선택지들을 생각하며 망설이는 것을 간파했다. 어쨌든 그는 내 마음속에서 영원히 내 BUD/S 교관이고 여전히 매일 열심히 네이비 실의 정신을 실천하는 몇 안 되는 교관 중 하나였다. 나는 언제나 그에게 강한 인상을 남기고 싶은 욕심이 있었다. 100마일 레이스 전날 밤의 쇠질은 그 피학적인 교관에게 확실한 인상을 남길 것이다. 게다가 나로서는 그의 논리에 이해가 되는 부분이 있었다. 나는 전쟁에 나설 마음의 준비가 필요했다. 무거운 역기를 드는 것은 "모든 고통과 고난이여 내게 오라. 나는 준비가 되었다!"라고 말하는 내 나름의 방식이 될 것이다. 하지만 솔직히 어느 누가 망할 100마일을 뛰기 전에 그런 짓을 한단 말인가?

나는 스스로도 어이가 없어서 고개를 저으면서 가방을 바닥에 던지고 역기를 들기 시작했다. 스피커에서 헤비메탈 음악이 요란하게 울리는 가운데 두 얼간이가 서로를 부추기며 용을 썼다. 여러 세트의 스쾃과 315파운드(약 143킬로그램) 데드리프트를 비롯해 대부분의 운동은 다리에 집중되었다. 그 사이에는 225파운드(약 102킬로그램) 벤치프레스를 했다. 진짜배기 파워 리프팅이었다. 이후 우리는 벤치에 나란히 앉아 대퇴사두근과 햄스트링이 부들부들 떨리는 것을 지켜봤다.

지금은 울트라 마라톤이 어느 정도 주류로 편입된 모양이지만, 2005년에는 사람들이 대부분의 울트라 마라톤(특히 샌디에이고 원 데이)에 대해 알지 못했다. 나 역시도 전혀 몰랐다. 대개는 울트라 마라톤을 인적 없는 오지를 달리는 것으로 생각하고 순회 노선을 달리는 레이스를 떠올리지 못한다. 하지만 샌디에이고 원 데이에는 그 분야에서 만만치 않은 선수들이 꽤 있었다.

전국 규모의 24시간 챔피언십 대회였기 때문에 트로피, 시상대, 대단치는 않지만 승자 독식의 2,000달러 상금을 노리고 각지에서 선수들이 몰려들었다. 기업의 후원을 받는 넉넉한 행사는 아니었지만 미국 초장거리 대표 팀과 일본 팀이 겨루는 경쟁의 장이었다. 두 팀은 여성 4명과 남성 4명으로 구성되었고 각 선수가 24시간 동안 달리기를 했다. 이 분야 최고의 선수는 일본인인 이나가키Inagaki였다. 초반부터 그녀와 나는 보조를 맞추었다.

SBG는 그날 아침 아내와 두 살배기 아들까지 데리고 응원을 나왔다. 팸과 두 번째로 이혼하고 2년이 좀 지나 몇 개월 전 결혼한 아내 케이트와 SBG 가족은 사이드라인에 모여 있었다. 나를 본 그들은 요절복통했다. SBG와 전날 밤 한 운동 때문에 몸이 뻐근한 와중에 100마일을 달리려고 하는 내가 우스워서가 아니라 내가 그 자리에 너무나 어울리지 않았기 때문이었다. 얼마 전 SBG와 이 이야기를 했을 때도 그는 그 장면을 생각하며 웃음을 터뜨렸다.

"울트라 마라토너들은 좀 특이해. 그날 아침, 다른 선수들은 모두가 아침 식사로 그래놀라나 먹는 삐쩍 마른 괴짜 대학교수 같은 모습인 와중에 레이더스의 라인 배커$^{line backer}$(풋볼에서 상대 팀 선수들에게 태클을 걸며 방어하는 수비수-옮긴이)같이 생긴 덩치 큰 흑인 녀석이 웃통을 벗고 트랙 주변을 방방 뛰고 있더란 말이지. 유치원에서 배운 노래가 생각나더라고. '이들 중 하나는 다른 것과 같지 않아…' 그 깡마른 괴짜들과 망할 NFL 라인 배커가 그 빌어먹을 트랙 주위를 뛰어다니는데 내 머릿속에는 계속 그 노래가 맴돌았지. 그들은 전부 망할 달리기 선수란 말이야. 그들을 깎아내리려는 게 아냐. 그들은 대회를 위해 영양이니 뭐니 엄청나게 분석적으로 접근한다고. 그런데 네 녀석은 운동화를 꿰어 신고는 그냥 '가보자!' 한 거지."

그의 말이 맞았다. 나는 레이스 계획에 조금도 신경 쓰지 않았다. 나는 물을 많이 마시지 않았다. 전해질이나 칼륨 농도는 고려조차 하지 않았고 신선한 과일을 먹지도 않았다. SBG가 사다준 호스티스의 초콜릿 도넛 한 봉지를 몇 초 만에 다 먹어치웠다. 아무런

샌디에이고 원 데이에 참가한 이나가키와 나.

준비도 하지 않았던 것이다. 하지만 15마일(약 24킬로미터)까지는 이나가키와 보조를 맞추었다. 한편 메츠는 점점 더 초조해졌다. 그는 내게 달려와 따라붙었다.

"속도를 낮춰야 해, 데이비드. 페이스를 좀 더 조절해."

나는 어깨를 으쓱했다. "제가 알아서 할게요."

컨디션이 정말 괜찮아서 그러기도 했지만 내 허세는 방어기제이기도 했다. 그 시점에서 레이스를 계획하기 시작해야 한다면, 내가 이해하기에 너무 큰 문제가 되리라는 사실을 알고 있었던 것이다. 빌어먹을 하늘 끝까지 달려야 하는 느낌을 받을 것이 분명했다. 불가능하다는 느낌 말이다. 그런 순간에 전략을 세운다는 것은 적을 만드는 일과 같았다.

해석: 울트라 마라톤에서 나는 풋내기였다. 메츠는 내게 강요를 하지는 않았지만 매의 눈으로 나를 지켜보고 있었다.

나는 4시간 만에 약 25마일(약 40킬로미터)을 달렸고 여전히 5위로 새로운 일본인 친구와 달리고 있었다. SBG는 오래전에 사라졌고 케이트가 유일한 응원단이었다. 그녀는 1마일마다 접이식 의자를 펼쳐놓고 단백질 보충제 마이오플렉스를 건네면서 응원의 미소를 보냈다.

나는 괌에 주둔할 때 마라톤을 딱 한 번 뛴 적이 있었다. 비공식적이었고 즉석에서 만든 코스를 동료 네이비 실 대원과 함께 뛰었다. 하지만 그때는 심혈관 상태가 아주 좋았다. 지금 나는 평생 두 번째로 마라톤을 뛰고 있었다. 아무런 훈련도 없이. 그 지점에 도착했을 때 나는 상상을 뛰어넘는 영역을 달리게 되리라는 것을 깨달았다. 20시간을 더 달려야 했고 거의 세 번의 마라톤이 남아 있는 셈이었다. 이해를 넘어서는 척도였다. 그 사이에는 집중할 만한 이정표가 없었다. 막막한 상황이었다. 그때부터 순조롭게 끝나지 않을 수도 있겠다는 생각을 했다.

메츠는 1마일마다 옆에서 뛰면서 내 상태를 확인했다. 나는 나다운 모습을 잃지 않고 그에게 모든 것을 통제하고 모든 것을 알고 있다고 말했다. 그건 정말이었다.

고통이 현실이 되어갔다. 허벅지 근육이 욱신거렸고 발이 까져서 피가 났다. 전두엽에서는 간단한 질문이 다시 한번 부글거리고 있었다. '왜? 왜 훈련도 없이 망할 100마일을 달리는 거야? 왜 자신에게 이런 짓을 하는 거지?' 타당한 질문이었다. 레이스 3일 전까지는 샌디에이고 원 데이에 대해 들어본 적도 없는 경우라면 특히 더. 하지만 이번에 내 대답은 달랐다. 나는 나 자신의 악마를 처리하기 위해 혹은 무엇인가를 증명하기 위해 호스피탈리티 포인트에 있는 것이 아니었다.

나는 데이비드 고긴스, 나 자신보다 더 큰 목적을 갖고 있었다. 이 싸움은 전사한 동료들과 그들이 남긴 가족을 위한 것이었다.

27마일(약 44킬로미터)까지는 스스로에게 그렇게 말했다.

네이비 실 사상 최악의 작전 실패

6월에 애리조나 유마에 있는 미 육군 자유낙하 학교의 마지막 날 레드 윙스 작전Operation Red Wings에 대한 소식을 접했다. 아프가니스탄의 외진 산지에서 펼쳐진 불운한 작전이었다. 레드 윙스 작전은 4명의 대원이 사와탈로 사르라는 지역에서 늘어나고 있는 친탈레반 세력에 대한 정보를 수집하는 정찰 임무였다. 성공할 경우, 그들이 입수한 정보는 이후 대규모 공격의 전략을 결정하는 데 도움을 줄 예정이었다. 나는 네 사람 모두를 알았다.

대니 디에츠Danny Dietz는 BUD/S 231기로 훈련을 함께 받았다. 그도 나와 마찬가지로 훈련 중 부상당했다. 그 임무의 책임 장교였던 마이클 머피Michael Murphy는 나와 같은 BUD/S 235기였다. 매슈 액설슨Matthew Axelson은 내가 수료한 후 후야 클래스Hooyah Class(후야 클래스의 전통에 대해서는 더 자세히 이야기할 것이다)에서 만났고 마커스 러트럴Marcus Luttrell은 BUD/S에 처음 왔을 때 만난 사람 중 하나였다.

훈련이 시작되기 전 새로 도착한 BUD/S 훈련생들은 파티를 연다. 아직 BUD/S에 있는 이전 기수 사람들을 이 파티에 초대한다. 브라운 셔츠들에게서 가능한 한 많은 정보를 빼내기 위해서다. 중요한 훈련을 헤쳐나가는 데 도움이 될 팁이 어디에서 나올지 모르기 때문이다. 마커스는 6피트 4인치(약 193센티미터) 키에 몸무게는 225파운드(약 102킬로그램)였다. 나처럼 눈에 띄는 사람이었다. 나 역시 당시 210파운드(약 95킬로그램)에 달하는 거구였다. 그가 나를 찾아왔다. 어떤 면에서 우리는 이상한 한 쌍이었다. 그는 텍사스 목장 출신의 고지식한 놈이었고 나는 인디애나 옥수수 밭에서 온 자수성가형 마조히스트였다. 하지만 그는 내가 달리기를 잘한다고 들었고 달리기는 그의 가장 큰 약점이었다.

"고긴스, 내게 알려줄 만한 비결이 있어? 나는 달리기를 더럽게 못해."

나는 마커스가 강한 녀석이라는 것을 알고 있었다. 하지만 겸손한 태도가 그를 진실해 보이도록 했다. 며칠 후 그는 훈련을 수료했고 나는 그의 후야 클래스에 있었다. 그것은 마커스를 비롯해 훈련을 수료한 사람들이 우리에게 이런저런 일을 시킬 수 있다는 뜻이었다. 그들은 네이비 실 전통을 따라 우리를 물과 모래에 뒹굴게 만들었다. 그것은 네이비 실의 통과의례였고 그와 그것을 공유한 것은 영광스러운 일이었다. 그 이후 나는 오랫동안 그를 보지 못했다.

235기 수료를 앞두고 나는 그를 다시 만났다고 생각했다. 하지만 그것은 그의 쌍둥이 형인 모건 러트럴Morgan Luttrell이었다. 그는 매슈 액설슨과 함께 후야 클래스 237기에 있었다. 당연한 인과응보식 명령을 내릴 수도 있었다. 하지만 우리는 237기를 물과 모래에 뒹굴라고 시키는 대신 스스로 흰 제복을 입고 파도에 몸을 맡겼다!

레드 윙스는 결코 나와 상관없는 일이 아니었다.

네이비 실은 현장에 배치되어 작전을 수행하거나, 다른 네이비 실을 가르치거나, 다른 학교에서 가서 기술을 배우거나 다듬는다. 우리는 온갖 것을 할 수 있는 훈련을 받기 때문에 보통 병사들보다 많은 군사학교를 거친다. 하지만 BUD/S를 마친 나는 아직 자유낙하를 배우지 않은 상태였다. 우리는 낙하산을 자동으로 열리게 하는 자동 열림 줄을 이용한 낙하를 했다. 당시에는 미 육군 자유낙하 학교에 가는 것이 선택 사항이었다. 나는 두 번째 소대 이후, 네이비 실 내의 엘리트 부대, 미합중국 해군 특수전 개발단Naval Special Warfare Development Group, DEVGRU에 들어가기 위한 훈련 단계 중 하나인 그린 팀 Green Team에 선발되었다. 그들은 자유낙하 자격을 요구했다. 그것은 가능한 한 가장 공격적인 방식으로 고소공포증에 직면해야 한다는 뜻이기도 했다.

훈련은 노스캐롤라이나 포트 브래그의 교실과 풍동wind tunnel(비행기 등에 공기의 흐름이 미치는 영향을 시험하기 위한 터널형 인공 장치–옮긴이)에서 시작되었다. 2005년 그곳에서 모건과 다시 만나게 되었다. 우리는 4.6미터 높이의 풍동에서 압축공기로 몸을 띄운 상태로 좌우로 움직이는 법, 앞뒤로 이동하는 법을 배웠다. 손바닥을 아주 조금만 움직여도 몸이 움직이고 통제할 수 없이 돌아가는데, 미칠 노릇이었다. 모든 사람이 이런 미묘한 요소를 완벽하게 익힐 수 있는 것은 아니었다. 하지만 그것을 익힌 사람들은 첫 주의 훈련 이후 포트 브래그로 떠나 유마의 선인장 밭에 있는 활주로로 가 실제 낙하를 시작할 수 있었다.

모건과 나는 4주 동안 섭씨 약 52.8도에 이르는 여름 사막의 열기 속에서 훈련을 받고 함께 어울렸다. 우리는 약 3,810~5,791미터 높이에 떠 있는 C-130 수송기에서 수십 번 뛰어내렸다. 높은 고도에서 종단속도^{terminal velocity}(유체 속을 자유낙하하는 물체가 중력가속도에 의해 더 이상 빨라지지 않고 등속도 운동을 할 때의 속도-옮긴이)로 지상을 향해 곤두박질칠 때는 아드레날린이나 불안의 급등 같은 것이 없다. 매번 낙하할 때마다 나는 잘못된 고고도 낙하에서 살아남아서 고등학생이었던 내게 이 길을 걷도록 영감을 준 공수 구조대원, 스콧 기어렌을 생각하지 않을 수 없었다. 그 사막에서 나는 그가 늘 곁에 있는 것 같았고, 내게 경고를 전하는 것만 같은 느낌을 받았다. 그는 모든 낙하에 끔찍하게 잘못될 수 있는 여지가 있다는 것을 보여주는 산증인이었다.

고고도의 비행기에서 처음 낙하할 때 내가 느낀 유일한 감정은 극도의 공포였다. 고도계에서 눈을 뗄 수 없었다. 두려움이 정신을 괴롭혀 낙하를 받아들일 수 없었다. 내 낙하산이 펴질까 아닐까 하는 것 외에는 아무 생각도 들지 않았다. 자유낙하가 주는 믿기 힘든 전율, 지평선을 배경으로 펼쳐진 아름다운 산, 활짝 열린 하늘은 느껴지지도 않았다. 하지만 그런 위험에 길들자, 두려움에 대한 내성이 커졌다. 똑같은 자유낙하였지만 나는 불편함에 익숙해졌고 오래지 않아 낙하 중 다양한 과제를 처리하고 그 순간에 감사할 수 있게 되었다. 7년 전 나는 패스트푸드점 주방과 쓰레기통을 뒤지며 벌레를 잡고 있었다. 그렇지만 이제 하늘을 날고 있다!

유마에서의 마지막 과제는 완전무장 야간 낙하였다. 자유낙하를 위한 산소마스크와 통신 장비가 있는 약 22킬로그램짜리 배낭이 우리를 짓누르고 있었다. 형광봉도 매달고 있었다. C-130의 후방 램프를 열면 칠흑 같은 어둠이 기다리고 있었기 때문에 없어서는 안 될 물품이었다.

아무것도 보이지 않았지만 그래도 우리 8명은 1명씩 달빛도 없는 하늘로 뛰어들었다. 우리는 화살 형태를 만들기로 되어 있었다. 실제 풍동을 거쳐 자리 잡았을 때, 눈에 보이는 것은 잉크통 같은 하늘에 혜성처럼 기다란 자국을 내는 흔들리는 불빛뿐이었다. 바람이 나를 밀치고 가면서 고글에 김이 서렸다. 우리는 온전히 1분간 낙하했다. 약 1,219미터 상공에서 낙하산을 펴자 거대한 소음이 돌개바람처럼 일어났다가 으스스한 침묵으로 이어졌다. 너무 조용해서 심장 뛰는 소리가 들렸다. 더없이 행복했다. 모두가 안전하게 착륙하면서 자유낙하 자격을 얻게 되었다! 그 순간 아프가니스탄의 산간에서 마커스와 그의 팀이 네이비 실 역사상 최악의 사건이 될 상황에서 목숨을 건 총력전을 벌이고 있다는 것을 우리는 모르고 있었다.

유마 생활에서 좋은 점 중 하나는 휴대 전화 서비스가 엉망이라는 것이다. 나는 문자를 주고받거나 전화 통화를 하는 것을 별로 좋아하지 않았기 때문에 4주 동안 평화롭게 지낼 수 있었다. 군사학교는 어디든 졸업할 때 마지막으로 하는 일이 있다. 훈련생이 사용한 모든 구역을 우리가 존재하지 않았던 것처럼 청소하는 것이다.

내가 맡은 청소 구역은 화장실이었다. 화장실은 유마에서 휴대 전화가 터지는 몇 안 되는 장소였다. 그런데 화장실에 들어서자마자 전화기가 터질 듯이 알림음이 울렸다. 레드 윙스 작전이 잘못되었다는 문자메시지가 폭주하고 있었다. 하늘이 무너져 내리는 듯한 기분이었다. 모건은 아직 아무 소식도 듣지 못했다. 나는 밖으로 나가 그를 찾은 뒤 소식을 전했다. 마커스와 그의 팀은 모두 MIA^{Missing in Action}(작전 중 실종)였고 KIA^{Killed in Action}(작전 중 사망)으로 추정되었다. 모건은 고개를 끄덕이고 잠시 생각하더니 말했다. "내 동생은 죽지 않았어."

모건은 마커스보다 7분 먼저 태어났다. 그들은 어린 시절 내내 붙어 있었고 처음으로 하루 이상 떨어져본 것은 마커스가 해군에 입대한 때였다. 모건은 입대하기 전 대학에 가기로 했다. 그는 마커스가 지옥주를 거치는 동안 내내 깨어 있으려 노력했다. 모건은 동생과 감정을 공유하고 싶었고 공유해야 했다. 하지만 지옥주 시뮬레이션이란 것은 존재할 수 없다. 지옥주를 알기 위해서는 직접 거쳐봐야 한다. 거기에서 살아남은 사람들은 완전히 달라진다. 사실 마커스가 지옥주에서 살아남고 모건도 네이비 실이 되기 전까지가 그 형제 사이에 감정적 거리가 있었던 유일한 기간이었다. 그것은 그 130시간의 힘과 그동안 그들이 치러야 하는 감정적 대가에 대해 말해준다. 모건이 실제로 지옥주를 겪자 모든 것이 제자리를 찾았다. 두 사람은 등에 삼지창 절반을 새긴 문신을 했다. 두 사람이 나란히 서 있어야 완성되는 그림이다.

모건은 무슨 일이 일어나고 있는지 알아내기 위해 바로 샌디에이고로 출발했다. 작전에 대해 직접 들은 것은 아무것도 없었다. 하지만 문명의 이기가 있는 곳에 도착하고 휴대 전화가 연결되자 그의 전화에도 문자메시지가 밀려들었다. 그는 렌터카를 시속 193킬로미터로 몰아 코로나도 기지로 향했다.

모건은 동생의 부대에 있는 모든 사람을 알고 있었다. 액설슨은 BUD/S 동기였다. 정보가 전해지면서 대부분은 그의 동생이 살아 돌아올 수 없으리라 생각했다. 나도 그가 죽었다고 여겼다. 하지만 사람들이 쌍둥이에 대해서 하는 말이 있지 않은가.

"난 동생이 거기 살아 있다는 걸 알았어." 2018년 4월 연락이 닿았을 때 모건이 말했다. "나는 내내 그렇게 말했어."

나는 최근에 모건에게 전화를 걸어 옛날이야기를 나누고 그의 인생에서 가장 힘들었던 그 일주일에 대해 물었다. 그는 샌디에이고에서 비행기를 타고 텍사스 헌츠빌에 있는 가족의 목장으로 갔다. 그들은 하루 두 번씩 최신 정보를 듣고 있었다. 수십 명의 동료 네이비 실 대원들이 힘을 주기 위해 들렀고, 그와 그의 가족은 5일 동안 울면서 잠자리에 들었다고 한다. 마커스가 적진에서 홀로 살아남았을 수 있다는 생각이 그들에게는 고문이었다. 국방부의 관리들이 도착했을 때 모건은 분명하게 자신의 의견을 밝혔다. "부상을 당했든 어떻든 마커스는 분명히 살아 있습니다. 당신들이 가지 않는다면 내가 가서 찾아오겠습니다!"

레드 윙스 작전은 끔찍하게 어긋났다. 산지에서 활동하는 친탈레반 이슬람교도들이 예상보다 훨씬 많았기 때문이다. 마커스와 그의 팀은 마을 주민들에게 발각된 후 30~200명(친탈레반 병력의 규모

는 보도마다 달랐다)의 무장 민병대와 맞서야 했다. 대원들은 RPG^{Rock-}
^{et-Propped Grenade}(로켓 추진식 수류탄–옮긴이)와 기관총 사격을 받으면서 열
심히 싸웠다. 네이비 실은 대단한 능력을 갖추고 있다. 각자가 보통
정규군 5명에 해당하는 피해를 입힐 수 있다. 네 사람은 자신들의
존재감을 여실히 드러냈다.

진투는 해발 약 2,743미터가 넘는 능선을 따라 벌어졌다. 그곳
에서는 통신이 어려웠다. 그들이 마침내 돌파에 성공하고 특수전
본부의 지휘관이 상황을 파악하자 네이비 실, 해병대, 제160 특수
작전 항공 연대의 항공사로 구성된 기동타격대가 소집되었다. 하지
만 수송 능력 부족으로 이들의 투입이 몇 시간이나 지연되었다. 네
이비 실 팀에는 자체적인 수송 능력이 없다는 문제가 있다. 아프가
니스탄에서 우리는 육군의 수송력을 이용했고 그것이 구조를 지연
시켰다.

결국 치누크^{Chinook} 수송 헬기 2대와 공격용 헬기 4대가 병력을 싣
고 사와탈로 사르로 이륙했다. 선두에 선 치누크는 능선에 접근하
다가 소형 화기의 공격을 받았다. 맹렬한 공격에도 이 첫 번째 치누
크는 8명의 네이비 실을 산봉우리에 내려놓으려 했지만 큰 표적으
로 시간을 너무 지체하면서 RPG에 맞고 산에 충돌해 폭발했다. 탑
승자 전원이 사망했다. 남은 헬기들은 작전 지역을 벗어났다. 그들
이 돌아갔을 때는 레드 윙스 작전에 참여한 마커스의 동료 3명을
포함해 남겨진 모든 사람이 사망한 채 발견되었다. 마커스를 제외
한 모두.

마커스는 여러 번 적의 사격을 받았고 5일 동안 행방불명되었다.

그는 아프가니스탄 마을 주민에게 구조되었다. 그들은 그를 치료하고 숨겨주었다. 그리고 2005년 7월 3일 마침내 미군에게 발견되었다. 그는 네이비 실 11명을 포함한 19명의 특전 부대원의 목숨을 앗아 간 작전의 유일한 생존자가 되었다.

아마 이 이야기를 들어보았을 것이다. 마커스가 쓴 『론 서바이버Lone Survivor』라는 책이 베스트셀러가 됐고 마크 월버그Mark Wahlberg 주연으로 영화화되어 큰 인기를 누렸다. 하지만 그것은 한참 지난 후의 이야기다. 네이비 실 사상 최악의 전투 손실의 여파 속에서 나는 사망한 전우의 가족에게 기여할 방법을 찾고 있었다. 그런 비극이 있다고 해서 청구서가 발급되지 않는 것은 아니다. 생활을 이어가야 할 아내와 아이들이 있다. 아이들은 대학 교육도 받아야 할 것이다. 나는 가능한 한 모든 방법으로 도움을 주고 싶었다.

남겨진 이들을 위한 싸움

이 모든 일이 일어나기 몇 주 전, 나는 저녁에 구글을 통해 세계에서 가장 힘든 도보 레이스를 검색하다가 배드워터 135Badwater 135라는 레이스를 찾았다. 이전에는 울트라 마라톤에 대해 들어본 적도 없었다. 배드워터는 울트라 마라톤 중의 울트라 마라톤이다. 그 레이스는 데스 밸리의 해수위 아래에서 출발해서 약 2,552미터인 휘트니 포털산의 트레일 기점 끝에서 마무리된다. 아! 이 레이스는 7월 말에 열린다. 데스 밸리가 세계에서 해발고도가 가장 낮은 곳일 뿐 아니라 가장 더운 곳일 때 말이다.

모니터에 나타나는 레이스의 사진들을 보자 공포와 전율이 밀려왔다. 가지각색의 가혹한 지형과 고문당하는 주자들의 표정은 내가 지옥주에 본 종류의 것을 떠올리게 했다. 그때까지 나는 마라톤이 지구력 레이스endurance race의 정점이라고 생각했다. 그때 마라톤을 뛰어넘는 여러 단계가 있다는 것을 알게 되었다. 나는 그 정보를 갈무리해두면서 언젠가 그것을 다시 찾게 되리라고 생각했다.

레드 윙스 사건이 터진 후 나는 배드워터 135에 참가해 특수전 용사 재단Special Operations Warrior Foundation을 위한 기금을 모으기로 결심했다. 이것은 1980년 전장에서 한 약속으로 설립된 비영리 재단이다. 당시 이란에서 인질 구출 작전을 하던 중 헬리콥터 충돌로 8명의 특수전 용사가 사망하고 그들의 자녀 17명이 남겨졌다. 생존한 동료들은 아이들이 대학에 진학하는 데 필요한 자금을 확보하기로 약속했다. 그들의 일은 그 후로도 계속되었다. 레드 윙스 작전과 같은 사망 사고가 발생하면 그로부터 30일 이내에 재단 직원이 생존한 가족 구성원에게 연락을 취한다.

그들은 유치원부터 초·중·고등학교 과정 중 개인 교습비까지 책임진다. 또 대학 방문을 계획하고 또래 지원 그룹을 위한 행사를 개최한다. 원서 접수, 도서 구매, 노트북과 프린터 구매를 돕고, 학생들이 입학 허가를 받은 어떤 학교든 학비는 물론 숙식비를 지원하기도 한다. 학생들을 직업학교에도 보낸다. 이 모든 것은 아이들의 선택에 달려 있다. 이 글을 쓰고 있는 지금 재단 프로그램에 속한 아이들은 1,280명이다.

그들은 뛰어난 조직이다. 나는 2005년 11월 중순의 어느 날 아

침 7시, 배드워터 135의 책임자인 크리스 코스트먼Chris Kostman에게
전화를 걸었다. 내 소개를 하려 했지만 그가 말을 자르고 "지금 몇
시인 줄 아십니까?"라고 쏘아붙였다.

당시 아침 7시는 내가 2시간 동안 체육관에서 운동을 하고 전형
적인 평일 일과를 시작할 준비를 마친 시간이었다. 하지만 그는 잠
이 덜 깬 상태였다. "알겠습니다. 9시에 다시 전화 드리죠."

두 번째 전화에서도 크게 나아진 것은 없었다. 하지만 적어도 그
는 내가 누구인지 알고 있었다. SBG와 나는 이미 배드워터에 대해
이야기를 나눴고 그는 코스트먼에게 이메일로 추천서를 보냈다.
SBG는 철인 3종 경기에 참가했고, 에코-챌린지Eco-Challenge에서 팀 주
장을 맡았으며, 여러 올림픽 예선 통과자들이 BUD/S를 시도하는
것을 지켜본 이력이 있었다. 코스트먼에게 보낸 이메일에서 그는
나를 두고 그가 본 누구보다 강한 정신력을 갖춘 최고의 지구력 레
이스 선수라고 적었다. 무에서 출발한 나를 그의 명단 꼭대기에 올
려주었다는 것은 내게 세상 전부나 마찬가지였고 지금도 여전히 그
렇다.

하지만 크리스 코스트먼에게는 전혀 먹히지 않았다. 그는 철옹
성이었다. 현실 경험에서만 우러나올 수 있는 종류의 철옹성. 그는
스무 살 때 레이스 어크로스 아메리카Race Across America라는 대륙 횡단
자전거 레이스에 참가했고 배드워터 레이스 책임자가 되기 전에 알
래스카에서 한겨울에 벌어지는 100마일 레이스에 세 번 참가했으
며 78마일(약 126킬로미터) 달리기로 마무리되는 세 번의 철인 경기
에 참가했다. 그 과정에서 그는 날고 긴다는 수십 명의 선수가 울트

라 마라톤에서 무너지는 것을 목격했다.

주말을 운동에 바치는 아마추어 선수들이 마라톤 참가 신청을 하고 몇 개월의 훈련을 거쳐 완주한다. 하지만 마라톤을 뛰는 것과 울트라 마라톤 선수가 되는 것 사이에는 엄청난 격차가 있고, 배드워터는 울트라 마라톤 우주의 절대 정점에 있다. 2005년 미국에서는 약 22개의 100마일 레이스가 개최되었는데, 배드워터 135처럼 고도의 상승과 힘겨운 더위가 동반되는 경주는 없었다. 코스트먼은 오로지 그 레이스를 개최하기 위해서 국립산림청, 국립공원관리청, 캘리포니아 고속도로 순찰대를 비롯한 다섯 곳의 정부 기관에서 승인과 협조를 얻어야 했다. 그는 상상할 수 있는 가장 어려운 이 레이스에 어설픈 풋내기를 달리게 해주었다가는 그놈이 죽고 레이스가 하루아침에 증발할 수도 있다는 것을 알고 있었다. 그가 나에게 배드워터 출전을 허락하게 하는 방법은 내가 얻어내는 것뿐이었다. 나 스스로 얻어낸다면 그에게 데스 밸리와 휘트니산 사이 어디에선가 김이 나는 시체가 되는 꼴은 보지 않아도 된다는 일말의 안도를 줄 수 있을 것이다.

SBG는 이메일을 통해서 내가 네이비 실 임무로 바쁘기 때문에 배드워터 참가에 필요한 전제 조건(1회 이상의 100마일 레이스 완주나 24시간 레이스 완주와 동시에 최소한 100마일 이상을 주파)을 완화해주는 것이 정당하다는 것을 입증하려 했다. 그는 내가 참가 허락을 받을 경우 10위 안에 들 것이라고 장담했다. 코스트먼은 어떤 것도 인정하지 않았다. 수년 동안 마라톤 우승자와 스모 챔피언(농담이 아니다)을 비롯해 기량이 뛰어난 많은 선수가 그에게 기준을 완화해달라는 부탁을 했지만 그는 꿈쩍도 하지 않았다.

"저는 누구에게나 똑같은 기준을 적용합니다." 내가 다시 전화
했을 때 그는 이렇게 말했다. "우리 레이스에 참여하는 데는 확실
한 기준이 있습니다. 그게 우리 방식이죠. 이번 주말에 샌디에이고
에서 24시간 레이스가 있기는 하네요." 그가 말을 이었다. 그의 목
소리에는 냉소가 흠뻑 묻어 있었다. "100마일을 먼저 뛰고 다시 연
락 주세요."

크리스 코스트먼 때문에 이 상황까지 오게 된 것이다. 나는 그의
의심대로 준비가 되어 있지 않았다. 배드워터에 참가하고 싶다는
말은 거짓말이 아니었고 그에 대비한 훈련을 할 계획이었다. 하지
만 그것을 실행할 기회를 잡으려면 곧장 100마일을 달려야만 했다.
네이비 실이 큰소리를 친 후에 그 말을 지키지 않는다면 되겠는가?
나는 너무 일찍, 수요일 아침에 종을 울려버리는 가짜가 되는 것이
다. 그렇게 나는 3일 만에 샌디에이고 원 데이에 참가하게 되었다.

160킬로미터 완주라는 투쟁

50마일(약 80.5킬로미터) 지점을 지나자 빌어먹을 토끼처럼 앞서
나가는 이나가키를 더 이상 따라갈 수 없었다. 둔주 상태fugue state(완
전히 자각하면서 행동을 수행하는 것처럼 보이지만 회복 시 기억할 수 없는 혼란스
러운 의식 상태-옮긴이)에서 발을 옮기고 있었다. 고통의 파도가 밀려
들었다. 허벅지에 납이 달린 것 같았다. 허벅지가 무거워지면서 걸
음이 꼬였다. 나는 엉덩이를 회전시켜 다리를 계속 움직이게 하고

중력과 싸워 발을 지면에서 단 1밀리미터만 들어 올렸다. 아, 그래, 내 발. 시시각각 뼈들이 불안정해졌고 발가락은 10시간째 운동화 끝에 부딪히고 있었다. 그래도 달렸다. 빠르지도 않고 멋지지도 않았지만 계속 움직였다.

다음 차례로 쓰러질 도미노는 정강이었다. 발목 관절이 아주 조금만 회선해도 충격요법을 받는 것처럼 느껴졌다. 독이 정강이뼈의 골수를 타고 흐르는 것 같았다. 박스 테이프를 감고 235기 훈련을 받던 기억을 떠올렸다. 하지만 이번에는 테이프가 없었다. 더구나 몇 초라도 멈춘다면 다시 출발하는 것은 거의 불가능할 것 같았다.

몇 마일 후 폐가 꽉 막혔고 갈색 점액 덩어리를 뱉어낼 때마다 가슴에서 덜그덕 소리가 났다. 추워졌고 숨이 가빠졌다. 할로겐 가로등 주위로 안개가 모여 램프 주위에는 전기 무지개가 생겼다. 딴 세상 일처럼 느껴졌다. 다른 세상에 있는 것은 나뿐이었는지도 모르겠다. 고통이 모국어인, 기억과 동기화된 언어인 한 사람.

폐를 긁는 듯한 기침을 할 때마다 첫 번째 BUD/S 훈련이 떠올랐다. 나는 그 망할 통나무를 들고 앞을 응시했다. 폐에서는 출혈이 있었다. 그 상황이 재현되고 있었다. 내가 잠이 들었나? 꿈을 꾸고 있는 건가? 나는 잠을 깨기 위해 눈을 크게 뜨고, 귀를 잡아당기고, 뺨을 때렸다. 입술과 턱에 피가 있는 것을 느꼈고 코에서 반투명한 침, 땀, 점액이 흘러내렸다. SBG와 교관들이 내 주위를 빙 둘러서 유일한 존재를 가리키며 조롱했다. 그 가운데에서 유일한 흑인. 그들이 맞나? 나는 또 다른 모습을 보았다. 나를 지나치는 모든 사람이 집중하고 있었다. 각자가 자신만의 통증 구역에 있었다. 그들은 나를 쳐다보지도 않았다.

나는 조금씩 현실과의 접점을 잃어가고 있었다. 내 정신은 엄청난 육체적 고통에 영혼 깊은 곳에서 건져 올린 어두운 감정의 쓰레기까지 쌓아 올린 상태였기 때문이다.

해석: 물리학과 생리학의 법칙이 자신에게는 적용되지 않는다고 생각하는 멍청이, 지옥주를 견뎌냈다는 이유로 별 탈 없이 한계를 뛰어넘을 수 있다고 생각하는 나 같은 건방진 개자식을 위해 예비된 끔찍한 수준의 고통을 받고 있었다.

그래, 나는 이런 일을 해본 적이 없다. 나는 훈련 한번 하지 않고 100마일을 뛰어본 적이 없다. 인류 역사에 이런 멍청한 시도를 하는 놈이 있기는 했을까? 이게 가능하긴 한 걸까? 내 뇌 속 스크린에 디지털 자막처럼 간단한 질문이 계속 지나갔다. 빌어먹을 생각의 거품이 피부와 영혼에서 떠올랐다.

'왜? 왜? 왜 스스로에게 이런 짓을 계속하는 거야?'

69마일(약 111킬로미터) 지점에서 경사로(약 20미터 길이의, 집 앞 진입로와 비슷한 얕은 경사)를 만났다. 숙련된 트레일 러너trail runner(산, 들, 초원 따위의 포장되지 않은 길을 달리는 사람-옮긴이)라면 코웃음을 칠 코스였다. 무릎이 풀려서 기어를 중립에 둔 배달 트럭처럼 뒤로 밀렸다. 그리고 비틀거리며 손가락 끝으로 바닥을 짚었고 나동그라질 뻔했다. 그 거리를 가는 데 10초 걸렸다. 1초 1초가 고무줄처럼 늘어지면서 발가락에서 시작된 고통의 충격파가 안구 뒤까지 전해졌다. 나는 연거푸 기침을 했다. 장이 꼬였다. 붕괴가 임박했다. 붕괴는 내가 당해 마땅한 결과였다.

70마일(약 113킬로미터) 지점에 이르자 한 걸음도 떼어놓을 수 없었다. 케이트는 시작/결승점 근처 잔디에 의자를 펼쳐놓았다. 비틀거리며 그녀에게 다가가는데 그녀가 3명으로 보였다. 6개의 손이 나를 잡아 접이식 의자로 이끌었다. 나는 어지러웠고 탈수 상태였다. 칼륨과 나트륨이 절실했다.

케이트는 간호사였다. 나는 응급구조사 훈련을 받았고 나름의 확인 목록을 갖고 있었다. 혈압이 위험할 정도로 낮은 상태일 것으로 짐작되었다. 케이트가 신발을 벗겼다. 흰 목양말은 부서진 발톱과 터진 물집 때문에 피떡이 되어 있었다. 나는 케이트에게 존 메츠에게 가서 모트린과 도움이 될 만한 것이라면 무엇이든 가져다 달라고 부탁했다. 그녀가 자리를 비운 사이에도 내 몸 상태는 계속 악화되었다. 배에서는 꾸르륵 소리가 났다. 시선을 내리자 피 섞인 오줌이 다리 사이로 흘러내리는 것이 보였다. 똥도 쌌다. 내 엉덩이와 의자 사이의 공간에서 묽은 설사가 올라왔다. 나는 그 사실을 숨겨야 했다. 케이트가 내 상태를 알게 되면 레이스를 그만두라고 설득할 것이 뻔했기 때문이다.

나는 아무런 훈련 없이 12시간 동안 70마일을 달렸고 이는 그 대가였다.

나는 손으로 머리를 감싸고 20분 동안 앉아 있었다. 주자들은 느리게 걷거나, 조용히 움직이거나, 비틀거리며 나를 지나쳤다. 그동안 나는 성급하게 상상하고 잘못 구상한 꿈에 붙은 시한장치의 시간이 줄어드는 느낌을 받았다. 케이트가 돌아와서 무릎을 굽히고 내가 운동화 끈을 다시 매는 것을 도왔다. 그녀는 내 상태가 얼마나 나쁜지 알지 못했고 아직 포기를 종용하지 않았다. 다행이었다.

세상이 축을 중심으로 흔들렸다. 다시 그녀가 2명으로 다음에는 3명으로 보였지만 그녀가 잡아준 덕분에 내 세상은 정상을 되찾았고 나는 한 걸음을 내디뎠다. 사악한 고통을 유도하는 신호. 그때는 몰랐지만 내 발은 압박골절로 금이 간 상태였다. 울트라 마라톤에서 부린 자만심의 대가는 엄청났다. 청구서는 만기에 도달했다. 나는 또 한 걸음을 내디뎠다. 그리고 또 한 걸음. 움찔했다. 눈물이 났다. 또 한 걸음. 그녀가 나를 놓았다. 나는 계속 걸었다.

천천히.

정말 너무너무 천천히.

70마일 지점에서 멈췄을 때는 24시간에 100마일을 달리는 데 필요한 속도보다 훨씬 앞서 있었다. 하지만 이제 20분에 1마일의 속도로 걷고 있었다. 내가 움직일 수 있는 최대한의 속도였다. 이나가키가 바람처럼 내 옆을 지나치며 나를 힐끗 보았다. 그녀의 눈에서도 고통이 엿보였다. 하지만 그녀는 여전히 선수의 모습을 하고 있었다. 나는 망할 좀비였다. 내가 적립해둔 귀중한 시간을 내주며 실수를 위해 남겨둔 여유분이 재가 되어 사라지는 것을 지켜보았다. '왜?' 같은 지루한 질문이 다시 떠올랐다. 왜? 4시간 후 거의 새벽 2시가 되어서 나는 81마일(약 130킬로미터) 지점에 도달했고 케이트가 몇 가지 소식을 전했다.

"이 속도로는 시간 안에 들어갈 수 없을 것 같아요." 그녀가 내 옆에서 마이오플렉스를 더 마시라고 권하면서 말했다. 그녀는 타격을 줄이려 하지 않았다. 그녀는 그 문제에 대해 현실적이었다. 나는 그녀를 응시했다. 턱으로 마이오플렉스와 점액이 흘러내렸다. 내 눈에서는 생기가 모두 빠져나갔다. 4시간 동안의 고통스러운 걸음은 최대한의 집중과 노력을 요구했다. 하지만 그것으로는 충분치 않았다. 더 힘을 내지 않으면 동료의 가족을 돕겠다는 내 꿈은 깨지고 만다. 나는 숨이 막혀서 기침을 했다.

"로저!" 내가 조용히 대답했다. 그녀가 옳다는 걸 알고 있었다. 내 속도는 계속 느려졌고 상태는 더 나빠지기만 했다.

그때 마침내 깨달았다. 이 싸움이 레드 윙스 작전에 대한 것도 전사자의 가족에 대한 것도 아니라는 것을. 어느 정도는 거기에도 의미가 있었다. 하지만 그것들은 내가 오전 10시 전에 19마일(약 31킬로미터)을 더 달리는 데 도움을 주지 않을 것이다. 이 경기, 배드워터, 파괴 직전까지 나를 몰아붙이고자 하는 나의 모든 열망은 나에 대한 것이었다. 내가 얼마나 기꺼이 고통을 받아들이는지, 얼마나 더 많은 고통을 견딜 수 있는지, 얼마나 더 내놓아야 하는지에 대한 것이었다. 해낼 수 있으려면 이것은 나 자신의 문제가 되어야 했다.

내 다리를 내려다보니 허벅지 안쪽에 오줌과 피가 말라붙은 자국이 눈에 띄었다. 이런 빌어먹을 상황에서도 싸움에 나설 사람은 누군가? '바로 너, 고긴스. 너밖에 없어. 너는 훈련도 안 했고 망할 수분 공급이나 수행 능력에 대해서는 하나도 아는 것이 없어. 네가 아는 것은 너는 포기를 거부한다는 것뿐이야.'

'왜?'

재미있는 일이다. 인간은 안락 지옥에 틀어박혔을 때 가장 도전적인 목표와 꿈을 만들어낸다. 가장 큰 노력이 필요하지만 한편으로 성공의 가능성이 전혀 없는 꿈을. 코스트먼이 도전을 제시했을 때 나는 직장에 있었다. 막 따뜻한 물로 샤워를 했다. 물과 음식도 충분히 먹었다. 나는 편안했다. 되돌아보면 내가 뭔가 어려운 일을 해야겠다는 영감을 받은 때는 항상 안이한 환경에 있었을 때였다. 손에는 레모네이드나 초콜릿 셰이크를 들고 망할 소파 위에 느긋하게 앉아 있기 때문에 할 수 있는 도전처럼 보이는 것이다. 편안한 상태에서는 전투 와중에 튀어나올 수밖에 없는 그 간단한 질문에 대답할 수 없다. 그들이 다가오고 있다는 것조차 깨닫지 못하기 때문이다.

하지만 당신이 더 이상 냉방이 잘되는 방이나 포근한 이불 속에 있지 않을 때는 그 질문의 답이 대단히 중요해진다. 몸이 부서지고 깨질 때, 괴로운 고통에 직면하고 미지의 것을 응시할 때, 당신의 정신은 빙빙 돌 것이다. 그때 바로 그 질문들은 독성을 띤다. 준비되어 있지 않으면, 정신이 극도로 고통스러운 환경에서 규율 없이 방치되면(그렇게 느끼지 않겠지만, 실은 당신이 하는 선택이다), 당신이 찾게 될 유일한 답은 가능한 한 빨리 그 고통을 멈추는 것이 될 것이다.

지옥주는 내 모든 것을 변화시켰다. 지옥주 덕분에 나는 일주일도 남기지 않은 시점에 24시간 레이스에 참가 신청을 하게 됐다. 지옥주 동안 6일 만에 온갖 감정을, 감정의 절정과 바닥을 경험하기 때문이다. 130시간 안에 수십 년 치 지혜를 얻는다. 마커스가 BUD/S를 거친 후 쌍둥이인 모건과 거리가 생긴 이유도 여기에 있다. 그는 바닥까지 내몰리고 그 안에서 더 많은 것을 찾는 과정을 통해서만 얻을 수 있는 자기 이해를 얻었다. 모건은 직접 그것을 견딜 때까지 그 언어를 구사할 수 없었다.

두 번의 지옥주에서 살아남아 자발적으로 세 번째 지옥에까지 뛰어든 내게 그 언어는 모국어였다. 지옥주는 고향이었다. 그것은 세상에서 경험한 그 어떤 곳보다 공정한 곳이었다. 거기에는 시간을 재는 훈련이 없었다. 점수도 없었고 트로피도 없었다. 그것은 나 자신을 상대로 한 총력전이었다. 호스피탈리티 포인트에서 바닥 중의 바닥으로 떨어졌을 때 다시 나 자신을 발견한 곳이 바로 거기였다.

'왜? 왜 여전히 너 자신에게 이런 짓을 하고 있는 거야, 고긴스!'

"너는 정말 미친놈이니까!" 내가 소리쳤다.

머릿속 목소리가 귀를 찢을 듯해서 나 역시 크게 짖어대야 했다. 중요한 것을 발견했다. 아직 싸움을 하고 있다는 것 자체가 기적임을 깨달으면서 곧바로 에너지가 솟아오르는 것을 느꼈다. 아니, 기적이 아니다. 신이 내려와서 내게 축복 따위를 한 것이 아니다. '내가 한 거야!' 나는 5시간 전 진작 그만뒀어야 할 때도 계속 나아갔다. '여전히 기회가 있는 이유는 나 자신이다.' 그리고 다른 것도 기억해냈다. 수행 불가능해 보이는 과제에 뛰어든 것이 처음은 아니었다. 나는 속도를 높였다. 더 이상은 몽유병 환자처럼 걷지 않았다. 활력이 있었다! 나는 계속 과거를 파고들었다. 내 상상의 쿠키 단지를.

기억이 났다. 어린 시절 삶은 정말 엿 같았지만 어머니는 언제나 쿠키 단지를 채워주셨다. 어머니는 웨하스며 오레오, 페퍼리지 팜의 밀라노, 칩스아호이를 사 오곤 하셨다. 새로운 과자 봉지를 들고 나타나셔서는 쿠키 단지에 쏟아 넣으셨다. 허락이 떨어지면 우리는 한 번에 한두 개의 과자를 꺼내 먹을 수 있었다. 작은 보물찾기 같았다. 나는 무엇을 찾게 될까 궁금해하면서 주먹을 단지 안에 넣을 때 느낀 즐거움을 기억한다. 입에 쿠키를 밀어 넣기 전에 나는 항상 감탄하며 바라보았다. 브라질에서 가난하게 살 때는 특히 더. 나는 쿠키를 입에 넣으며 나름의 짧은 감사 기도를 올렸다. 그때의 기분, 쿠키 같은 작은 선물에 감사하던 순간의 느낌이 다시 떠올랐다. 나는 그것을 본능적으로 느꼈다.

나는 그 개념을 이용해 새로운 종류의 쿠키 단지를 채웠다. 그 안에는 과거에 거둔 승리가 들어 있었다.

고등학교 3학년 때 어떻게든 학교를 졸업하기 위해 남들보다 세 배는 열심히 공부해야 했던 일. 고등학교 3학년 때 ASVAB 시험을 통과했던 일. 다시 ASVAB 시험을 보고 BUD/S에 들어갔던 일. 나는 석 달 만에 약 45킬로그램을 감량하고, 물에 대한 두려움을 날려버리고, BUD/S를 동기 중 최고로 수료하고, 육군 레인저 스쿨Army Ranger School(곧 자세히 이야기할 것이다)을 우등으로 마친 일을 기억하고 있었다. 이 모든 일은 초콜릿이 잔뜩 박힌 쿠키였다.

이는 단순한 회상이 아니었다. 나는 그동안의 승리에서 느낀 감정을 활용하고 있었고 그렇게 함으로써 교감신경계에 다시 접근했다. 아드레날린이 몸을 장악하면서 통증이 줄어들었다. 나는 팔을 흔들고 보폭을 넓혔다. 금이 간 발은 여전히 피투성이에 물집이 잔뜩 잡혀 있고 거의 모든 발가락의 발톱이 빠졌지만 계속 걸었다. 곧 시간과 싸우던 나처럼 고통스러운 표정을 한 주자들을 지나치는 입장이 되었다.

큰불을 일으킬 불쏘시개

그때부터 쿠키 단지는 내가 누구인지, 내가 할 수 있는 것은 무엇인지 상기해야 할 때마다 이용하는 개념이 되었다. 우리는 내면에 모두 쿠키 단지를 가지고 있다. 불가피한 인생의 시험을 거쳐왔기 때문이다. 지금은 인생에 치여 우울하다고 하더라도, 분명 장애를 극복하고 성공을 맛본 순간을 한두 가지는 생각해낼 수 있을 것이다. 큰 승리일 필요는 없다. 작은 것이어도 괜찮다.

모두 당장의 큰 승리를 원한다. 하지만 읽는 법을 혼자 익힐 때 나는 단 한 단락의 단어를 모두 이해하기만 해도 행복했다. 초등학교 3학년 수준에서 고등학교 3학년의 수준까지는 갈 길이 멀다는 것을 알았지만, 그런 작은 승리만으로도 공부를 하고 내 안에서 더 많은 것을 찾아내는 일에 흥미를 계속 갖기에 충분했다. 첫 주에 약 2.3킬로그램을 빼지 않고서는 45킬로그램을 뺄 수 없다. 처음 감량한 2.3킬로그램은 작은 성과에 불과하고 그리 대단치 않게 들리겠지만, 당시 그것은 내가 살을 뺄 수 있다는, 내 목표가 몹시 개연성이 낮은 듯 여겨지기는 하지만 영 불가능한 것만은 아니라는 증거였다.

로켓의 엔진도 작은 불씨가 없으면 발화되지 않는다.

우리 모두에게는 작은 불씨가 필요하다.

큰 불꽃의 연료가 되는 인생의 작은 성과 말이다.

당신의 작은 성과를 불쏘시개로 생각하라.

모닥불을 피우려면 처음부터 큰 통나무에 불을 붙여서는 안 된다. 우선 건초나 풀을 모아야 한다. 거기에 불을 붙이고 잔가지에, 다음에는 굵은 가지를 추가한 후 불꽃 속에 통나무를 밀어 넣어야 한다. 작은 불씨에서 작은 불꽃이 생기고 그것이 결국 숲 전체를 태울 열기를 만들어낸다.

아직 의지할 만한 큰 성과를 내지 못했다면 이런 식으로 해보라. **작은 승리가 당신이 음미할 수 있는 쿠키가 된다. 반드시 그것들을 음미해야 한다.** 나는 책임 거울을 볼 때면 자신을 가혹하게 대하지만 작은 승리를 쟁취했을 때는 스스로를 아낌없이 칭찬한다. 우리 모두에게 그런 칭찬이 필요하기 때문이다. 시간을 내 성공을 자축하는 사람은 많지 않다. 물론 그 순간에는 기쁨을 느끼지만 그것을 돌아보고 승리를 계속 음미하지는 않는다. 자기애에 빠지는 것처럼 보일 수도 있다. 하지만 잘나가던 때를 떠벌리라는 것이 아니다. 과거에 얼마나 대단했는지 이야기해 친구들을 지루하게 만들라는 이야기가 아니다. 그런 쓰레기 같은 소리를 듣고 싶어 하는 사람은 없다. 과거의 성공을 새로운 더 큰 성공의 연료로 삼으라는 말이다. 전투가 한창일 때, 꿈을 현실로 만들어야 할 때, 피로와 우울감과 고통과 비참함을 헤쳐나가기 위해서는 영감을 끌어들여야 하기 때문이다. 작은 불씨를 모아야 큰 불을 만들 수 있다.

상황이 악화될 때 쿠키 단지에 손을 넣으려면 집중과 결단이 필요하다. 처음에 두뇌는 그곳에 가려 하지 않기 때문이다. 뇌는 당신에게 고통받고 있다는 것을, 목표를 이루는 것이 불가능하다는 사실을 상기시키려 한다. 그것은 당신을 멈추게 하고 통증을 멈추게 하려 한다. 샌디에이고에서 보낸 그날 밤은 내 삶에서 육체적으로 가장 힘든 때였다. 그렇게 쇠약해진 느낌은 받아본 적이 없었다. 장악할 영혼도 없었다. 나는 트로피를 두고 경쟁하는 것이 아니었다. 나를 계속 움직이게 하기 위해 의지할 수 있는 것은 나뿐이었다.

쿠키 단지는 내 에너지 저장소가 되었다. 고통이 심해질 때마다 나는 단지를 뒤져서 쿠키 하나를 입에 넣었다. 고통이 사라진 것은 아니었지만 다른 데 정신이 팔린 나는 간헐적으로만 고통을 느꼈다. 두뇌가 다른 일에 사로잡혀 있어서 그 간단한 질문에 귀를 닫고 시간이 빨리 흐르는 것처럼 느꼈기 때문이다. 한 바퀴를 돌 때마다 그것이 또 다른 쿠키, 또 다른 작은 불을 축하하는 승리가 되었다. 거의 쉼 없이 19시간을 뛴 끝에 완주했다! 100마일을 뛰었다! 정말? 기억이 잘 나지 않아서 확실히 하기 위해 한 바퀴를 더 뛰었다.

101마일(약 162.5킬로미터)을 뛴 후 내 레이스는 마침내 끝났다. 나는 휘청거리며 의자로 향했고 케이트가 안개 속에서 떨고 있는 내 몸에 위장용 판초 안감을 둘러주었다. 몸에서 김이 피어오르고 시야가 흐려졌다. 다리에 뭔가 따뜻한 것이 느껴져서 내려다보았더니 혈뇨가 흘러내리고 있었던 것이 기억난다. 나는 다음에 어떤 일이 일어날지 알고 있었다. 하지만 이동식 화장실은 약 12미터나 떨어져 있었다. 일어나려고 했지만 너무 어지러워서 다시 의자에 쓰러졌다. 나는 곧 똥을 쌀 거라는 불가피한 진실을 받아들여야만 했다. 하지만 움직일 수 없었다. 이번에는 훨씬 심했다. 등과 허리가 온통 뜨끈한 배설물로 젖었다.

케이트는 응급 상황이 어떤 상태인지 알고 있었다. 그녀는 우리 토요타 캠리로 뛰어가 차를 내 옆쪽 풀이 덮인 둔덕에 가져다 댔다.

내 다리는 돌에 파묻힌 화석처럼 딱딱했다. 나는 그녀에게 기대 뒷좌석으로 미끄러져 들어갔다. 운전대를 잡은 그녀는 제정신이 아니었다. 그녀는 바로 응급실로 데려가려 했지만 나는 집에 가고 싶었다.

우리는 출라 비스타에 있는 아파트 단지 2층에 살았다. 나는 계단으로 이끄는 그녀의 목에 팔을 두르고 그녀 등에 기댔다. 안으로 몇 걸음 들어선 나는 그대로 정신을 잃었다.

몇 분 후 나는 주방 바닥을 기었다. 등에는 똥이 얼룩져 있고 허벅지에는 피와 오줌이 말라붙어 있었다. 발은 열두 곳에 물집이 잡혀 피가 흘렀다. 7개의 발톱이 간신히 죽은 피부 끝에 매달려 늘어져 있었다. 케이트가 샤워기를 틀고 내가 욕실로 기어가 욕조 안으로 들어가는 것을 도왔다. 욕조에 옷을 벗은 채 누워 있던 것이 기억난다. 몸이 떨렸고 죽을 것 같았다. 다시 소변이 나왔지만 이번에는 혈뇨가 아니라 걸쭉한 갈색 담즙같이 보였다.

겁에 질린 케이트는 복도로 나가 어머니에게 전화를 걸었다. 어머니는 친구와 레이스가 벌어지는 곳까지 왔는데 친구분이 마침 의사였다. 그는 증상을 듣더니 신부전일 수 있으니 당장 응급실로 가야 한다고 말했다.

"당장 응급실로 가야 해요, 데이비드!"

케이트는 반복해서 말하고, 소리치고, 울면서 의식을 잃어가는 나를 깨우려고 했다. 하지만 나는 병원에 가면 진통제를 처방해주리란 것을 알고 있었다. 나는 이 고통을 피하고 싶지 않았다. 나는 평생 가장 놀라운 위업을 달성했다. 지옥주보다 힘들고, 네이비 실이 되는 것보다 더 의미 있고, 이라크 배치보다 도전적인 일이었다.

이번에는 아무도 이전에 하지 못한 일을 해냈기 때문이었다.

그때 나는 내가 스스로를 과소평가해왔다는 것을 깨달았다. 또 완전히 새로운 수준에 도달할 수 있다는 것을 깨달았다. 신체는 사람들이 대부분 가능하다고 생각하는 것보다 훨씬 더 많은 것을 참아내고 이룰 수 있다는 사실을, 이 모든 것이 정신에서 시작되고 끝난다는 사실을 깨달았다. 이것은 이론이 아니었다. 내가 망할 놈의 책에서 읽은 것이 아니었다. 나는 그것을 호스피탈리티 포인트에서 직접 경험했다.

이 마지막 부분, 이 고통과 괴로움. 이것이 나의 시상식이다. 나는 내 힘으로 이것을 쟁취했다. 이것은 내가 스스로의 정신을 자유자재로 다루었다는(적어도 한동안은), 뭔가 특별한 일을 달성했다는 확인증이었다. 나는 욕조 안에 몸을 말고 누워 태아 자세로 몸을 떨면서, 고통을 즐기면서 다른 것도 생각했다. 훈련 없이 101마일을 뛸 수 있다면 준비를 했을 때 무엇을 할 수 있을지 상상해보라.

CHALLENGE #6
과거의 작은 성과 음미하기
- 쿠키 단지에 작은 성공을 채워 넣어라

쿠키 단지의 재고를 조사하라. 다시 일기장을 펼쳐 모든 것에 대해 적어라. 이것이 트로피를 전시해놓은 방 안을 한가하게 거니는 일이 아니라는 사실을 기억해야 한다. 단순히 성취한 업적을 나열하는 것이 아니다. 담배를 끊거나, 우울증 혹은 말을 더듬는 증세를 이겨낸 것처럼 당신이 장애물을 극복한 이야기도 포함해야 한다. 앞서 실패했지만 두 번, 세 번 도전해서 결국 성공한 작은 과제도 포함시킨다. 그런 투쟁, 적을 극복하고 이긴 것이 어떤 느낌이었는지 생각해보라. 그리고 행동에 착수하라.

매번 운동을 시작하기 전에 야심 찬 목표를 세우고 과거의 승리들이 당신으로 하여금 개인 최고 기록을 달성하게 하라. 달리기를 하거나 자전거를 탄다면 인터벌 운동 시간을 포함시키거나 자신의 1마일 최고 기록에 도전해보라. 1분 내내 최고 심장박동 수를 유지하고, 다음에는 2분을 시도해보라. 집에 있다면 팔굽혀펴기나 윗몸일으키기에 집중하라. 2분 동안 가능한 한 많이 해보라. 고통이 다가와 목표를 달성하기 전에 당신을 멈추게 하려 한다면, 쿠키 단지에 손을 넣어 쿠키를 하나 꺼내 그것이 연료가 되게 하라!

지적인 성장에 집중한다면 그 어느 때보다 열심히, 더 오래 공부하도록 스스로를 단련하거나, 한 달 동안 기록적인 권수의 책을 읽는 데 도전하라. 당신의 쿠키 단지는 거기에서도 유용하다. 이 도전을 올바르게 수행하면서 자신에게 진정으로 도전하고 있다면, 어떤 활동을 하든 고통, 지루함, 자기 회의가 시작되는 지점에 이를 것이고 그것을 헤쳐나가기 위해서는 한계까지 밀어붙여야 하기 때문이다. 쿠키 단지는 자신의 사고 과정의 통제권을 잡는 지름길이다. 쿠키 단지를 그런 식으로 이용하라! 여기에서의 요점은 스스로를 영웅화 하는 것이 아니다. 나 자신을 위해 만세를 하는 시간이 아니다. 그것은 당신이 얼마나 미쳤었는지 기억해서 그 에너지를 전투에서 또다시 승리하는 데 이용하기 위한 것이다.

소셜 미디어에 해시태그 #누구도나를파괴할수없다canthurtme, #쿠키단지cookiejar와 함께 당신의 기억과 그것을 연료로 삼은 새로운 성공에 대해 게시하라.

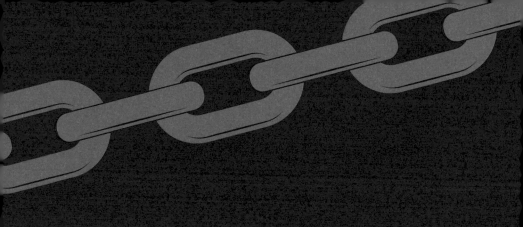

7장

40퍼센트의 법칙

: 내 안의 한계 조절기를 파괴하라

최대 한계까지 왔다고 느낄 때도
우리에겐 아직 60퍼센트의 능력이 있다!

성취의 단꿈도 잠시

27시간 동안 강렬하고도 흐뭇한 고통을 맛보고 그때까지 이룬 것 중 가장 대단한 성취의 여운을 누린 후, 월요일 아침 내 책상으로 복귀했다. SBG가 부대장이었기 때문에 여러 구실을 대 며칠을 쉴 수도 있었다. 그렇지만 나는 붓고, 따갑고, 불편한 몸을 이끌고 침대에서 빠져나와 다리를 절며 출근했고, 그날 아침 늦게 크리스 코스트먼에게 전화를 했다.

나는 그 시간을 목이 빠지게 기다렸다. 나는 그의 도전 과제를 받아들여 24시간 안에 101마일을 뛰었다는 이야기를 듣고 그가 놀라워하는 상상을 했다. 그러나 그의 전화는 음성 사서함으로 넘어갔다. 정중한 메시지를 남겼지만 그는 답이 없었고 나는 이틀 후 이메일을 보냈다.

선생님, 안녕하십니까? 저는 배드워터 출전에 필요한 100마일을 18시간 56분에 달렸습니다. … (특수전 용사) 재단을 위한 모금을 하기 위해 배드워터 135에 참가하려면 어떻게 해야 하는지 알고 싶습니다. 감사합니다.

다음 날 답장이 왔다. 그의 답에 나는 당황했다.

100마일을 달리신 것을 축하드립니다. 그런데 거기에서 중단하셨나요? 24시간 대회의 요점은 24시간 동안 달리는 것입니다. 어쨌든 신청이 가능한지 발표를 주목해주세요. … 레이스는 7월 24~26일에 개최됩니다.
그럼 이만,
크리스 코스트먼

화가 나지 않을 수 없었다. 수요일에 그는 다가오는 토요일 24시간 동안 100마일을 뛰라고 제안했다. 나는 그가 요구한 시간보다 짧은 시간에 100마일을 뛰었다. 그런데도 전혀 감동하지 않았다고? 코스트먼은 울트라 레이스 전문가이기 때문에 내가 성취를 막는 각종 장애를 헤치고 수많은 고통의 역치를 깨부쉈다는 것을 누구보다 잘 알고 있을 터였다. 그러나 어떤 것도 그에게는 큰 의미가 없는 게 분명했다.

나는 일주일 동안 마음을 가라앉힌 후 답장을 썼다. 한편으로 나는 이력을 보강할 다른 레이스를 찾았다. 그렇게 임박한 행사는 거의 없었다. 카탈리나에서 열리는 50마일(약 80.5킬로미터) 레이스를 찾았지만, 코스트먼과 같은 사람에게 인상을 남길 수 있는 것은 세 자릿수뿐이었다. 더구나 샌디에이고 원 데이에 참가한 후 만 일주일이 되었지만 내 몸은 어처구니없을 정도로 엉망이었다. 반박하는 메일을 적고 있는데 커서와 함께 좌절감이 번쩍였다.

답장 감사합니다. 당신도 나만큼이나 이야기하는 것을 좋아한다는 것을 알았습니다. 제가 여전히 귀찮게 구는 이유는 이 레이스와 그 의미가 중요하기 때문입니다. … 참가 자격을 얻는 데 필요한 다른 레이스가 있다면 알려주시기 바랍니다. … 24시간 내내 달려야 한다는 것을 알려주셔서 감사합니다. 다음에는 반드시 그렇게 하도록 하죠.

답을 받는 데까지 또 일주일이 걸렸다. 그는 많은 희망을 주지 않았다. 대신 빈정거림이 잔뜩 묻어 있었다.

안녕하세요.
지금부터 신청 기간인 1월 3~24일까지 울트라 마라톤을 몇 번 더 할 수 있다면 좋겠네요. 그럴 수 없다면 1월 3~24일 중 신청서를 제출하고 행운을 빌어보는 수밖에 없겠죠.
열의를 보여주셔서 감사합니다.
크리스

이쯤 되자 나는 배드워터에 참가할 기회보다 크리스 코스트먼을 더 좋아하게 되었다. 그가 언급하지 않아서 내가 모르고 있던 것이 있었다. 코스트먼은 매년 1,000여 장의 참가 신청서를 검토하는 배드워터 심사 위원회의 위원 중 한 명이었다. 각 심사 위원은 모든 참가 신청서에 점수를 매기고, 그 합산 점수에 근거해 상위 90명의 신청자가 자격을 얻는다. 들어보니 내 미미한 이력으로는 상위 90위에 들 수 있을 것 같지 않았다. 반면 코스트먼은 뒷주머니에 10장의 와일드카드wild card(일반적인 자격을 갖추지 못한 사람에게 주어지는 경기 기회-옮긴이)를 넣어두고 있었다. 진작에 기회를 줄 수 있었는데도, 무슨 이유에선지 그는 나를 계속 밀어붙였다. 공정하게 기회를 얻기 위해서는 최소 기준을 넘긴다는 것을 다시 한번 입증해야 했다. 네이비 실이 되기 위해서 나는 세 번의 지옥주를 견뎌야 했다. 이제 배드워터에 참가해서 힘든 사람들을 위해 돈을 모금하려면 내 신청서를 비판의 여지가 없게끔 만들 방법을 찾아야 했다.

그가 답장에 첨부한 링크를 기반으로 나는 배드워터 신청이 마감되기 전에 예정된 울트라 레이스를 하나 더 발견했다. 허트 100Hurt 100이라고 불리는 레이스였다. 이름 그대로였다. 세계에서 가장 힘든 100마일 트레일 레이스로 손꼽히는 이 레이스는 오아후섬의 3중 캐노피 열대우림에서 치른다. 결승선을 넘기 위해서는 수직 약 7,467미터를 오르내려야 한다. 히말라야 등반과 다름없다. 나는 레이스 소개를 응시했다. 급상승과 급강하 천지여서 부정맥 심전도같이 보였다. 준비 없이는 할 수 없는 레이스였다. 하지만 12월 초까지도 온몸이 아팠고 아파트 계단을 오르는 것도 고문일 정도였다.

다음 주 나는 라스베이거스 마라톤을 위해 15번 고속도로를 탔다. 충동적인 행동이 아니었다. '샌디에이고 원 데이'란 말을 듣기 몇 개월 전에, 케이트와 나, 어머니는 캘린더의 12월 5일에 동그라미를 그려두었다. 2005년은 라스베이거스 스트립에서 라스베이거스 마라톤이 시작되는 첫해였고 우리는 그 행사에 참가하려 했다. 훈련을 전혀 하지 않았고, 샌디에이고 원 데이까지 참가한 뒤였다. 우리가 라스베이거스에 도착했을 때만 해도 나는 내 컨디션을 냉정하게 파악했다. 떠나기 전날 아침 달리기를 해보려 했지만 발은 여전히 압박골절 상태였고, 안쪽 힘줄이 불안정했고, 특수 붕대를 감았는데도 4분의 1마일(약 400미터) 이상을 뛸 수 없었다. 그 때문에 당일에 만달레이 베이 카지노 앤드 리조트에 도착했을 때만 해도 달릴 계획이 없었다.

아름다운 아침이었다. 음악 소리가 들리고, 거리에는 웃음 짓는 수천 명이 있었고, 깨끗한 사막의 공기는 시원했고, 태양은 빛나고 있었다. 케이트는 뛸 준비가 되어 있었다. 그녀의 목표는 5시간이었다. 이번만은 응원단이 되는 데 만족하기로 했다. 어머니는 항상 코스를 걸을 계획을 세웠기 때문에 나는 할 수 있는 만큼 어머니와 걷다가 택시를 불러 결승선까지 간 후 결승점에서 어머니와 아내를 맞이할 생각이었다.

시계가 오전 7시를 알리자 우리 셋은 군중과 함께 출발선에 섰다. 누군가 마이크를 잡고 공식 카운트다운을 시작했다. 그가 1까지 헤아리고 경적 소리가 나자 파블로프의 개처럼 내 안의 무엇인가가 찰칵하는 소리를 냈다. 아직도 그게 무엇인지 모르겠다. 아마 내 경쟁심을 과소평가했던 것 같다. 네이비 실이 세상에서 가장 독한 놈들이어야 한다는 것을 알았기 때문일 수도 있다. 우리는 부러진 다리와 금이 간 발로도 달려야 한다. 아니면 내가 오래전부터 믿었던 전설이거나. 그게 무엇이든, 그것이 날 자극했고 내가 기억하는 마지막 모습은 경적 소리가 울리자 거리로 달려가는 내 모습에 놀라고 걱정하는 케이트와 어머니의 표정이었다.

처음에는 통증이 심각했다. 하지만 이후에는 아드레날린이 몸을 장악했다. 나는 7분 10초에 1마일 지점을 통과했고 아스팔트가 내 뒤에서 녹기라도 하는 것처럼 계속 달렸다. 레이스가 시작되고 6.2 마일(약 10킬로미터) 지점에서 내 기록은 약 43분이었다. 괜찮은 기록이었다. 하지만 나는 시간에 집중하지 않았다. 그 전날 내 상태가 어땠는지 생각하면 이만큼이나 달렸다는 사실이 믿어지지 않았다.

나와 같은 상태의 사람들은 대부분 두 발에 반깁스를 하고 있다. 그런데 나는 여기에서 마라톤을 뛰고 있다!

나는 반환 지점인 13마일(약 21킬로미터) 지점에 이르러 공식 시계를 봤다. '1:35:55'라고 적혀 있었다. 계산해보고 보스턴 마라톤 자격을 얻을 기회가 있다는 것을 깨달았다. 내 연령대에 참가 기준에 맞추려면 3시간 10분 59초 안에 결승선을 지나야 한다. 나 자신도 믿을 수 없어 웃음이 나왔다. 게토레이가 담긴 종이컵이 내 손안에서 구겨졌다. 2시간도 되지 않는 사이에 상황이 뒤바뀌었다. 이런 기회를 다시 잡지 못할 수도 있다. 그때까지 개인적으로도 전장에서도 너무나 많은 죽음을 봤다. 그 때문에 내일이 보장되지 않는다는 것을 알고 있었다. 내 눈앞에 기회가 있었다. 기회만 준다면 나는 그것을 잡고야 말 것이다!

쉽지는 않았다. 처음 13마일에는 아드레날린의 급증에 편승했지만 나머지 반을 뛸 때는 1인치(약 2.5센티미터), 1인치가 다 느껴졌고, 18마일(약 29킬로미터) 지점에서는 결국 벽에 부딪혔다. 마라톤을 뛸 때 흔히 벌어지는 일이다. 보통 18마일은 주자의 글리코겐 수치가 떨어지는 지점이기 때문이다. 체력이 급격히 떨어지고 폐가 크게 들썩거렸다. 다리는 사하라의 모래 속을 달리는 것처럼 느껴졌다. 멈춰서 숨을 돌려야 했지만 그러지 않았다. 조금 달리고 나자 활력을 되찾았고 22마일(약 35킬로미터) 지점에서 다음 시계를 만났다. 30초 뒤떨어져 있지만 보스턴 마라톤 참가를 노릴 수 있는 기록이었다. 참가 자격을 얻으려면 마지막 4마일(약 6킬로미터)에서 최선을 다해야 했다.

땅을 힘차게 차고 허벅지를 높이 들고 보폭을 늘렸다. 무언가에 씐 것처럼 마지막 모퉁이를 돌아 만델레이 베이의 결승선으로 돌진했다. 수천 명이 보도에 모여들어 응원했다. 결승점으로 질주하는 내 눈에 그 아름다운 모습이 뿌옇게 들어찼다.

결국 보스턴 마라톤 출전 자격을 얻었다. 라스베이거스 거리 어딘가에서 아내와 어머니도 결승선에 들어오기 위한 자신만의 고투를 벌이며 뛰고 있을 것이다. 나는 풀밭에 앉아 그들을 기다리며 떨쳐낼 수 없는 또 다른 간단한 질문에 대해 생각했다. 그것은 새로운 질문이었다. 두려움을 기반으로 하지도 않았고, 고통을 유발하는 것도, 자기 제한적인 것도 아니었다.

'내가 할 수 있는 것은 무엇인가?'

네이비 실 훈련은 몇 번이나 벼랑 끝으로 밀어냈지만 그것이 나를 두들겨 부술 때마다 나는 다시 일어서서 또 다른 공격을 받아들였다. 그 경험은 나를 강하게 만들었다. 나는 그와 같은 것을 더 많이 원하게 되었다. 일상적인 네이비 실 생활은 내가 바라는 것을 주지 못했다. 그러다 샌디에이고 원 데이를 만났고 이번에는 이 레이스를 만났다. 나는 1마일도 걷기 힘든 상황에서 아주 좋은 기록(주말의 용사들을 기준으로)으로 마라톤을 완주했다. 둘 다 육체적인 면에서 가능할 것 같지 않은 성과였다. 믿기 힘든 일이지만 그런 일이 일어났다.

'내가 할 수 있는 것은 무엇인가?'

나는 그 질문에 답할 수 없었다. 하지만 그날 결승선을 둘러보며 내가 이뤄낸 것들을 생각해보니 우리 모두가 깨닫지 못하는 사이 테이블 위에 많은 돈을 올려두고도 손을 놓고 있다는 것을 알게 되었다. **우리는 습관적으로 최선에 못 미치는 수준에 안주한다. 직장에서도, 학교에서도, 인간관계에서도, 운동장이나 경주에서도.** 우리는 스스로도 안주하고, 아이들에게도 최선에 못 미치는 수준에 안주하라고 가르친다. 이런 잔물결들이 합쳐지고 늘어나서 우리 사회 전체로 퍼져나간다. 라스베이거스에서 경험한 운 나쁜 주말이나 통장에 돈이 남아 있지 않은 것 같은 이야기를 하는 것이 아니다. 이 망가진 세상에서 많은 탁월함을 놓치면서 지불한 비용이 내게 헤아릴 수 없이 크게 다가왔다. 지금도 그렇다. 그때 이후로 그 생각을 멈출 수 없었다.

망친 세상에서 탁월해지는 법

몸은 라스베이거스에서 돌아오고 며칠 만에 회복되었다. 샌디에이고 원 데이 이후 집에 돌아와 느꼈던 것과 유사한 통증을 견뎠다는 의미다. 통증은 다음 주 토요일까지 계속됐지만 훈련을 시작해야 했다. 그렇지 않으면 허트 100에서 지쳐 쓰러질 것이고 그렇다면 배드워터는 없을 것이다. 울트라 마라톤을 준비하는 방법을 자세히 조사했고 몇 주에 걸친 수백 마일의 달리기가 필수라는 것을 알게 되었다. 레이스 날은 1월 14일. 근력과 지구력을 키우는 데 허락된 시간은 한 달뿐이었다.

발과 정강이뼈를 안정화할 새로운 방법을 생각해냈다. 고성능 깔창을 구입해 발바닥 아치에 딱 맞게 붙이고, 발목, 발뒤꿈치, 종아리 아랫부분은 압박 테이프로 감았다. 신발 안에도 작은 깔창을 밀어 넣어 뛰는 자세를 교정하고 압력을 완화했다.

일을 하면서 몇 주간 수백 마일을 달리는 것은 쉽지 않았다. 하지만 변명의 여지가 없었다. 출라 비스타에서 코로나도까지 약 26킬로미터의 출근길을 달리기 코스로 삼았다. 내가 살던 때만 해도 출라 비스타는 이중적인 성격을 띠었다. 내가 살던 곳은 새로 조성된 쾌적한 중산층 거주 구역이었는데, 불쾌한 현실을 여실히 드러내는 위험한 거리로 채워진 콘크리트 정글에 둘러싸여 있었다. 새벽에 바로 그 지역을, 고속도로 진입로 아래로, 홈 디포Home Depot(건축자재, 철물, 원예 도구를 유통하는 소매 체인-옮긴이) 선적장 옆으로 달려야 했다. 관광 책자에 있는 화창한 샌디에이고의 모습과는 딴판이었다.

자동차 배기가스와 썩어가는 쓰레기 냄새를 맡고, 잽싸게 달리는 쥐들을 발견하고, 잠 못 이루는 노숙자 캠프를 비켜 가며 임페리얼 비치에 이르면 약 11킬로미터의 실버 스트랜드 자전거 도로를 달렸다. 자전거도로는 코로나도의 랜드마크인 호텔 델 코로나도^{Hotel} Del Coronao (세기가 바뀔 즈음의 이름)를 지나 내가 비행기에서 뛰어내려 총을 쏘며 하루를 보내는 해군 특수전 사령부와 함께 넓은 모래사장을 내려다보고 있는 고급 콘도 타워 단지 쪽으로 언덕을 이루고 있었다. 나는 네이비 실의 전설로 살면서 그 전설을 지키려 노력하고 있었다!

나는 이 구간을 일주일에 세 번 이상 달렸다. 때로는 뛰어서 집으로 돌아왔다. 금요일이면 류 런^{ruck run}(짐을 메고 달리는 훈련으로 내구성 강한 백팩, 류색^{rucksack}에서 유래한 이름―옮긴이)을 추가했다. 대퇴사두근의 힘을 키우기 위해 표준 장비를 넣는 류색의 무전기 주머니 안에 약 11킬로그램짜리 추 2개를 넣고 가방을 멘 채 20마일(약 32킬로미터)을 달렸다. 나는 새벽 5시에 일어나서 3시간 동안 제방 쪽에서 유산소운동을 한 뒤 대부분의 팀원이 모닝커피를 다 마시기도 전에 일을 시작하는 것을 좋아한다. 그런 루틴을 통해 정신적 우위, 더 나은 자기 인식, 큰 자신감을 얻을 수 있었고 더 나은 네이비 실 교관이 될 수 있었다. 동이 틀 때 몸을 일으켜서 밖으로 나가는 것은 당신에게도 도움을 줄 수 있을 것이다. 삶의 모든 면에서 더 나아지게 만들 것이다.

훈련다운 훈련을 시작한 첫 주, 나는 약 124킬로미터를 달렸다. 다음 주에는 크리스마스 날 약 19킬로미터를 달린 것을 포함해 약

	AM	NOON	PM
WEEK 3 TOTAL=111.5	WEEK 3		
MON 26 DEC	15miles		
TOTAL: 15m			
TUE 27 DEC	20.0miles	FiRST DAY NEWSHOES	
TOTAL: 20m			
WED 28 DEC		14.0miles	
TOTAL: 14m			
THU 29 DEC		11.0miles	
TOTAL: 11m			
FRI 30 DEC		16.5miles	
TOTAL: 16.5m			
SAT 31 DEC	11.4miles	4.6miles	
TOTAL: 11.4 16am			
SUN 1 JAN	17.0miles		2.0mi
TOTAL: 19.0m			
WEEK 3 TOTAL = 111.5 miles			

허트 100 3주 차 훈련 일지.

175킬로미터를 달렸다. 그다음 주에는 다리 테이핑을 하지 않았지
만 여전히 약 91킬로미터를 달렸다. 모두가 포장도로에서 달린 것
이다. 하지만 내가 참가하는 것은 트레일 러닝^{trail running}(산, 들, 초원 따
위의 포장되지 않은 길을 달리는 것─옮긴이)이었고 나는 트레일을 달려본
적이 없었다. 덤불을 헤치며 달려보기는 했어도 시간을 재는 가운
데 단선을 장거리로 달린 경험이 없었다. 허트 100은 20마일짜리
순환 코스다. 듣기로는 레이스를 시작한 사람들 중 소수만이 다섯
바퀴를 다 돈다고 한다. 이것은 배드워터 이력을 보충할 마지막 기
회였다. 결과에 너무나 많은 것이 걸려 있었고 이 레이스에 대해,
울트라 마라톤에 대해 모르는 것이 너무나 많았다.

　며칠 일찍 호놀룰루로 가서 그곳을 지나는 현역과 퇴역 군인들

이 가족과 함께 묵는 군인 전용 호텔, 할레코아Halekoa에 묵었다. 지도를 살피며 지형에 관한 기본적인 사항을 익혀두었지만 가까이에서 본 적은 없었기 때문에 레이스 전날 차를 몰고 하와이 네이처 센터Hawaii Nature Center로 가서 벨벳과 같은 옥색 산지를 응시했다. 빽빽한 초목들 사이로 사라지는 가파른 붉은 흙길만 눈에 보였다. 나는 그 트레일을 0.5마일(약 804미터)쯤 걸었지만 하이킹을 할 수 있는 것은 거기까지였다. 길이 좁아지고 있었고 첫 1마일은 완전한 오르막이었다. 그 이후는 하루 더 미스터리로 남겨두어야 했다.

20마일 코스에는 3개의 응급 치료소가 있었다. 대부분의 선수는 자급자족을 했고 나름의 식이법을 지키고 있었다. 나는 여전히 초보였고 무엇을 연료로 삼아야 하는지 전혀 몰랐다. 레이스 당일 새벽 5시 30분에 호텔에서 막 떠날 무렵 한 여성을 만났다. 그녀는 내가 처음 출전한다는 것을 알고 경기를 위해 뭘 준비했는지 물어보았다. 나는 챙겨둔 착향 에너지 젤energy gel(보통 장시간의 운동 시 사용하는 젤 형태의 탄수화물 식품—옮긴이)과 캐멀백CamelBak(배낭 형태의 수통—옮긴이)을 보여주었다.

"소금 알약은 안 가져오셨어요?" 충격을 받은 그녀가 물었다. 나는 어깨를 으쓱했다. 소금 알약이 뭔지도 몰랐다. 그녀는 내 손에 소금 알약을 잔뜩 쥐여주었다. "1시간에 두 알씩 드세요. 경련을 막아줄 거예요."

"로저!" 그녀는 미소를 지으면서 내 심란한 미래가 보인다는 듯 고개를 저었다.

순조롭게 출발했고 느낌도 좋았지만 레이스가 시작되고 오래지 않아 괴물 코스를 만났다. 경사도나 고도의 변화를 이야기하는 것이 아니다. 그건 예상하고 있었다. 나를 놀라게 한 것은 바위와 나무뿌리였다. 6마일(약 10킬로미터) 지점에서 캐멀백이 고장 났다. 나는 캐멀백을 흔들고 두드려보았다. 식수원이 없었기 때문에 수분을 보충하려면 응급 치료소에 의존해야 했지만 치료소는 몇 마일 떨어져 있었다. 지원 팀(한 사람으로 구성된)조차 아직 도착하지 않았다. 케이트는 해변에서 느긋한 시간을 보내고 있을 것이다. 그녀는 레이스 후반에나 찾아오기로 되어 있었다. 모두 내 잘못이었다. 나는 휴가를 약속하며 하와이에 함께 가자고 그녀를 꼬드겼고, 그날 아침에 그녀에게 하와이를 즐기라고, 고통은 내게 맡기라고 고집을 부렸다. 캐멀백이 있든 없든, 치료소 사이를 이동하면서 무슨 일이 일어나는지 보자고 마음먹었다.

레이스가 시작되기 전 나는 사람들이 칼 멜처^{Karl Meltzer}에 대해 이야기하는 것을 들었다. 나는 그가 스트레칭하는 것을 보았다. 그의 별명은 스피드고트^{Speedgoat}였다. 그는 이 레이스를 24시간 내에 끝낸 최초의 인물이 되려 노력하고 있었다. 나머지 사람들에게는 36시간의 시간제한이 있었다. 첫 20마일을 달리는 데 4시간 30분이 걸렸다. 그 뒤에는 컨디션이 양호했다. 오랜 시간 준비하며 예상한 바였다. 하지만 한 바퀴씩 돌 때마다 약 5,000피트(1,500미터) 높이를 오르내려야 하는 데다 발목을 삐지 않도록 걸음을 내디딜 때마다 주의를 기울이느라 정신적인 피로가 심했다. 한 번만 비틀거려도 불안정한 발목이 접질리면서 레이스가 끝날 수 있었다. 매 순간이 부담이었고 그 때문에 예상보다 칼로리 소모가 많았다. 연료가 거의 없었고 수원이 없는 상황에서는 수분을 효과적으로 공급할 수 없었기 때문에 큰 문제였다.

　두 번째 바퀴를 시작하기 전 나는 물을 진탕 마신 뒤 출렁거리는 배를 안고 뛰기 시작했다. 1마일 길이의 800피트(약 244미터) 높이 오르막(곧은 오르막)을 천천히 뛰었다. 비가 내리기 시작해 붉은 흙길이 몇 분 만에 진창으로 변했다. 신발 바닥에 진흙이 달라붙어 스키처럼 미끄러웠다. 나는 정강이 깊이의 물웅덩이를 철벅거리며 걷고, 내리막, 오르막에서 미끄러졌다. 그래도 물이 있었다. 목이 마를 때마다 고개를 젖히고 입을 크게 벌려 비를 마셨다. 3중 캐노피 정글을 통과한 비에서는 썩은 나뭇잎과 똥 맛이 났다. 야생동물의 악취가 콧구멍을 파고들었다. 내가 생각할 수 있는 것은 빌어먹을 네 바퀴가 더 남았다는 것뿐이었다.

　30마일(약 48킬로미터) 지점에서 내 몸은 긍정적인 소식을 전했다. 에두른 칭찬의 육체적인 징후였을까? 발목 힘줄의 통증이 사라졌다. 발이 부어 힘줄을 안정화했기 때문이었다. 이게 장기적으로 좋은 일일까? 아마 아닐 것이다. 하지만 울트라 마라톤에서는 얻을 수 있는 것은 취해야 한다. 1마일씩 나아가면서 일어나는 상황에 무조건 적응해야 한다. 한편 대퇴사두근과 종아리에서는 큰 망치로 내려친 것 같은 통증이 느껴졌다. 나는 달리기를 많이 했지만 대부분은(류 런을 포함해) 미끄러운 정글의 트레일이 아닌 팬케이크같이 평평한 샌디에이고의 지형에서 이루어졌다.

　두 번째 바퀴를 마칠 때쯤부터 케이트가 나를 기다리고 있었다. 오전을 와이키키 해변에서 느긋하게 보낸 그녀는 드라마 〈워킹 데드^{Walking Dead}〉의 좀비처럼 안개 속에서 나타난 나를 공포에 질린 채 지켜보았다. 나는 앉아서 가능한 한 많은 물을 마셨다. 그때쯤 내가 첫 번째 트레일 레이스를 하고 있다는 소문이 퍼졌다.

공개적으로 큰 망신을 당해본 적이 있는가? 주위 사람들이 당신이 굴욕당할 만한 이유를 언급할 권리가 있는 것처럼 구는 더러운 날, 주일, 달, 해를 보낸 적이 있는가? 사람들이 당신이 완전히 다른 결과를 낼 수 있었다고 내내 상기시켜주지 않던가? 그런 부정성에 둘러싸인 채 끈적한 열대우림 속을 60마일(약 97킬로미터)더 달려야 한다면 어떨지 상상해보라. 아주 재미있게 느껴지지 않는가? 나는 그 레이스에서 칼 멜처와 함께 화젯거리가 되었다. 그가 24시간 내에 이 레이스를 주파하리라고 믿는 사람은 아무도 없었다. 내가 지원도 없고 준비도 없이 지구상에서 가장 위험한 트레일 레이스 중 하나에 참가했다는 것도 그만큼 당황스러운 일이었다. 세 번째 바퀴를 시작할 때는 100명에 육박하던 선수 중 40명만 남았다. 나는 루이스 에스코바^{Luis Escobar}라는 남자와 달리기 시작했다.

"그래서 이게 첫 번째 트레일 레이스란 말이죠?" 그가 물었다. 열 번쯤은 들은 질문이었다. 나는 고개를 끄덕였다. "정말 잘못 골랐…."

"알아요." 내가 말했다.

"이건 기술적으로…."

"맞아요. 저는 똥 멍청이예요. 그 말을 오늘 여러 번 들었어요."

"괜찮아요. 우리 다 멍청이인걸요." 그는 물병을 하나 건넸다. 그는 물병 3개를 들고 있었다. "이거 받아요. 캐멀백 이야기를 들었어요."

이것은 내 두 번째 레이스였다. 나는 울트라 마라톤의 리듬을 이해하게 되었다. 울트라 레이스는 경쟁과 동지애가 함께하는 곳이었다. 그런 점이 BUD/S를 생각나게 했다. 루이스와 나는 시간과, 또 서로와 경쟁하고 있었지만 한편으로 서로가 성공하기를 원했다. 우리는 그 안에서 혼자이되 함께였다. 그가 옳았다. 우리는 모두 빌어먹을 멍청이였다.

어둠이 뒤덮이고 우리는 칠흑 같은 정글의 밤에 남겨졌다. 나란히 뛸 때는 헤드램프의 불빛이 합쳐져 더 넓은 면적을 밝혔지만 헤어지고 나자 보이는 것은 앞에 있는 트레일에서 도드라지는 노란 공 모양의 불빛뿐이었다. 보이지 않는 수많은 지뢰(종아리 높이의 통나무, 미끄러운 나무뿌리, 이끼가 덮인 바위)가 그곳에 있었다. 내 주의를 끈 것은 곤충만이 아니었다. 하와이섬 전역의 산지에서는 활로 멧돼지를 잡는 것이 인기 있는 취미 생활이었다. 노련한 사냥꾼들은 돼지 냄새에 익숙해지도록 불독을 사슬로 묶어 정글에 남겨놓는 경우가 있었다. 배고픈 사냥개들이 킁킁거리고 으르렁거리는 소리가 들렸다. 돼지가 악을 쓰며 우는 소리도 들렸다. 나는 그들의 두려움과 분노의 냄새, 오줌과 똥 냄새, 시큼한 입 냄새를 맡았다.

동물들이 근처에서 짖거나 악을 쓰면 가슴이 뛰었다. 미끄러운 지형을 뛰고 있기 때문에 부상을 입을 가능성이 매우 컸다. 한 발만 잘못 내디뎌도 레이스를 포기하고 배드워터 참가 기회를 잃을 수 있었다. 나는 코스트먼이 그 소식을 듣고 그럴 줄 알았다며 고개를 끄덕이는 모습을 그려보았다. 지금은 그를 잘 안다. 그는 나를 일부러 괴롭히는 것이 아니었다. 하지만 그때 나는 그렇게 생각했다. 오후의 가파르고 어두운 산속에서 피로가 스트레스를 과장하고 있었다. 최대 한계에 가까워졌다고 느꼈지만 아직 40마일(약 64킬로미터)을 더 가야 했다!

코스 뒤쪽, 어둡고 축축한 숲으로 이어지는 긴 내리막을 지난 후 앞쪽 트레일 한쪽에서 또 다른 헤드램프가 원을 그리고 있는 것을 보았다. 주자는 소용돌이 모양으로 움직이고 있었다. 그를 따라잡은 후 그가 샌디에이고에서 만난 헝가리 출신의 선수, 아코스 콘야 Akos Konya라는 것을 알았다. 그는 그 분야 최고의 선수 중 한 명으로 호스피탈리티 포인트에서 24시간 동안 134마일(약 216킬로미터)을 주파했다. 나는 그를 좋아했고 미친 듯이 존경했다. 나는 길을 멈추고 그가 같은 곳을 몇 번씩 오가며 원을 그리고 있는 것을 지켜봤다. 뭔가를 찾고 있는 걸까? 환각을 보는 걸까?

"아코스, 괜찮으세요? 도와드릴까요?"

"데이비드! 저는… 아, 괜찮아요." 그의 눈은 비행접시처럼 동그래져 있었다. 그는 정신이 혼미한 상태였지만 나 역시 간신히 버티고 있었고 다음 치료소에 있는 직원들에게 그가 혼란스러운 상태로 헤매고 있다는 이야기를 하는 것 외에는 해줄 수 있는 게 없었다. 이미 말했듯 울트라 레이스에는 동지애도 있고 경쟁도 있다. 그가 큰 고통을 겪고 있는 것이 아니었고 도움을 거절했기 때문에 나는 야만인 모드로 돌아가야 했다. 두 바퀴를 온전히 남긴 상태에서는 계속 움직이는 것 외에 선택할 수 있는 것이 없었다.

나는 비틀거리며 출발선으로 돌아와 몽롱한 상태로 의자에 주저앉았다. 밤은 우주처럼 어두웠고, 기온은 계속 떨어지고 있었으며, 비가 여전히 찔끔찔끔 내리고 있었다. 나는 능력의 한계에 도달해 한 발짝 더 내디딜 수 있을지도 확신이 없었다. 주유등이 켜지고 엔진은 떨렸지만 이 레이스를 마치고 배드워터에 가려면 더 많은 것을 찾아야 했다.

걸을 때미다 느끼는 모든 것이 고통일 때는 자신을 어떻게 밀어붙여야 할까? 괴로움이 몸의 모든 세포에 스미는 피드백 루프일 때, 그것이 그만하라고 애원할 때는 어떻게 해야 할까? 까다로운 문제다. 고통의 역치는 사람마다 다르기 때문이다. 굴복하고 싶은 충동이 들 것이다. 할 수 있는 것을 다한 것처럼 느끼는 것. 일을 완수하지 못해도 정당하다고 느끼는 것.

지금쯤이면 당신도 내가 어떤 일에 쉽게 빠져드는 사람이란 것을 눈치챘을 것이다. 내 열정의 수준이 남다르다고 지적하는 사람들도 있다. 하지만 나는 요즘 미국 사회를 지배하는 전반적인 사고방식을 받아들일 생각이 없다. 대세를 따르라거나 적은 노력으로 많은 것을 얻는 방법을 배우라고 부추기는 사고방식 말이다. 지름길을 찾아야 한다는 헛소리는 집어치워라. **내 집착과 강박을 받아들이고 나 자신에게 더 많은 것을 요구하는 이유는 고통과 괴로움 너머까지 밀어붙여 내가 인식하는 한계를 넘어서야만 육체적으로나 정신적으로 더 많은 것을 성취할 수 있다는 것을 배웠기 때문이다. 지구력 경기에서뿐 아니라 인생 전체에서도 말이다.**

당신도 마찬가지라고 믿는다.

40퍼센트, 한계 조절기를 떼어버려라

인간의 몸은 스톡 카^{stock car}(일반 승용차를 개조한 경주용 차—옮긴이)와 같다. 겉모습은 다르지만 보닛 아래에는 모두 거대한 잠재력의 저장소를 갖추고 있다. 조절기는 연료와 공기의 흐름을 제한해서 기계가 과열되지 않도록 한다. 그것이 성능의 한계를 만드는 것이다. 이는 하드웨어의 문제다. 조절기는 쉽게 제거할 수 있다. 조절기를 떼어버리면 차가 시속 130마일(약 209킬로미터)로 달리는 것을 보게 될 것이다.

인간이라는 동물에게도 이런 미묘한 과정이 일어난다.

인간의 조절기는 정신 깊은 곳에 묻혀 있으며, 정체성과 얽혀 있다. 조절기는 우리가 무엇을 좋아하고 싫어하는지 알고 있다. 조절기는 일평생의 이야기를 모두 알고 우리가 스스로를 보는 방식, 남에게 보이는 방식을 결정한다. 그것은 통증과 피로의 형태로, 때로는 두려움과 불안의 형태로 개인화된 피드백을 전달하는 소프트웨어다. 조절기는 모든 것을 이용해 위험을 감수하기 전에 멈추라고 설득한다. 하지만 이걸 알아두어야 한다. 조절기에는 아무런 통제권도 없다. 엔진의 조절기와 달리 인간의 조절기는 우리가 그 헛소리에 넘어가서 그만두기로 하지 않는 한 우리를 멈출 수 없다.

안타깝게도 우리는 대부분 최대한의 능력에서 40퍼센트쯤만 발휘한 뒤 포기한다.

최대 한계까지 왔다고 느낄 때도 60퍼센트의 능력을 더 갖고 있다!

조절기가 작동하고 있는 것이다!

그 사실을 알았다면, 고통에 대한 저항력을 늘리고, 자신의 정체성이라고 믿었던 것, 자기를 제한하는 모든 스토리를 내던지면 된다. 그렇게 하면 당신은 포기하지 않고 자신의 능력을 60퍼센트, 80퍼센트, 그 이상으로 발휘할 수 있다. 나는 이를 40퍼센트 규칙이라고 부른다. 이 규칙이 그토록 큰 힘을 내는 이유는 이를 따랐을 때 당신이 새로운 수준의 성과와 탁월함에 마음을 열게 될 것이고 당신이 얻는 보상은 단순한 물질적 성공보다 훨씬 커질 것이기 때문이다.

40퍼센트의 규칙은 우리가 하는 모든 일에 적용된다. 삶에는 정확히 우리가 바라는 대로 되는 일이 거의 없기 때문이다. 언제나 문제가 있다. 직장이건, 학교건, 가장 친밀하고 중요한 관계에서건, 시험에 드는 느낌을 받을 때면 어느 시점엔가는 누구나 약속을 저버리고, 목표와 꿈을 포기하고, 자신의 행복을 가볍게 여기고 무시하고 싶은 유혹을 느낀다. 우리 정신, 마음, 영혼 속 깊이 묻혀 있는 보물 중 절반도 건드리지 않고 더 이상 내놓을 것이 없는 것처럼 공허함을 느끼기 때문이다.

에너지의 막다른 골목에 가까워져가고 있다는 느낌을 나도 안다. 나는 그곳에 셀 수 없이 여러 번 가봤다. 행복을 무시하고 싶은 유혹을 안다. 하지만 나는 그런 충동이 편안함을 추구하는 마음의 욕구에서 비롯된 것이며, 그것은 당신에게 진실을 이야기하지 않는다는 것도 안다. 그것은 피난처를 찾으려 노력하고, 성장을 돕지 않는 당신의 정체성이다. 그것은 현재 상태에 안주하려 하고 완벽함을 추구하지 않는다. 당신의 조절기를 제거하는 데 필요한 소프트웨어 업데이트는 초음속으로 이루어지지 않는다. 20년 치 경험을 얻으려면 20년이 필요하다. 40퍼센트를 넘어서는 유일한 길은 매일매일 정신을 단련하는 것이다. 이는 고통을 좇아야 한다는 것을, 생계가 걸린 일처럼 고통을 좇아야 한다는 것을 의미한다!

당신이 복서라고 생각해보라. 링에 선 첫날 턱에 한 방을 맞았다. 정신을 못 차릴 정도로 아플 것이다. 하지만 10년 경력의 복서라면 펀치 한 방에 무너지지 않을 것이다. 열두 방을 맞고도 다음 날 다시 링에 올라 싸울 수 있을 것이다. 펀치가 힘을 잃어서가 아니다. 당신의 적들은 더 강해질 것이다. 변화는 당신의 뇌 안에서 일어났다. 당신은 정신을 단련했다. 시간이 지나면 정신적, 육체적 고통에 대한 내성이 커질 것이다. 당신의 소프트웨어가 한 번의 펀치보다 훨씬 더 많은 것을 견딜 수 있음을 배웠기 때문이다. 당신을 깨부수려 하는 어떤 과제든 끝까지 매달린다면 당신은 보상을 얻을 것이다.

복서가 아니라면? 당신은 달리고 싶은데 새끼발가락이 부러졌다고 생각해보자. 단언컨대 계속 달린다면 곧 부러진 다리로도 달릴 수 있게 될 것이다. 불가능한 일처럼 느껴지는가? 나는 그게 사실이라는 것을 분명히 알고 있다. 내가 부러진 다리로 달려보았기 때문이다. 그리고 그 지식이 울트라 마라톤에서 모든 종류의 고통을 견디는 데 도움을 주었기 때문이다. 그것은 탱크가 비었을 때마다 내가 목을 축일 수 있는 자신감의 샘이 드러나도록 해주었다.

하지만 자신이 비축해둔 60퍼센트를 곧바로 이용하거나 한꺼번에 이용할 수 있는 사람은 없다. 첫 단계는 조절기가 통증과 피로를 선사해 불만을 표시한다는 점을 기억하는 것이다. 그렇게 하면 마음속에서 그 대화를 통제할 수 있고 당신이 생각만큼 진이 빠지지 않았다는 것을, 당신의 모든 것을 발휘하지 않았다는 것을, 그 근처에도 못 갔다는 것을 상기시킬 수 있다. 그것을 받아들이면 당신은 계속 싸움에 임할 수 있다. 물론 그것은 보기보다 어렵다.

희망은 5퍼센트씩 모으는 것

허트 100의 네 번째 바퀴를 시작하는 것은 쉽지 않았다. 얼마나 아플지 알았기 때문이다. 그 망할 40퍼센트에서 완전히 끝난 것처럼, 탈수 증세가 시작된 것처럼, 피곤에 지친 것처럼, 짓밟힌 것처럼 느껴질 때, 남은 60퍼센트를 찾는 일은 불가능한 듯 여겨진다. 나는 고통이 계속되는 것을 원치 않았다. 누가 그런 것을 원할까! 바로 그 때문에 "피로는 우리 모두를 겁쟁이로 만든다"는 말이 완벽한 진실인 것이다.

알아두어라. 나는 그날 40퍼센트의 규칙을 전혀 알지 못했다. 내가 처음으로 그것에 대해 생각한 것은 허트 100에 참가한 때였다. 하지만 나는 이전에 수없이 한계에 부딪혀보았고, 가장 힘든 순간에도 목표를 다시 생각할 수 있을 만큼 마음을 여는 법을 배웠다.

나는 싸움을 계속하는 것이야말로 가장 힘들고도 보람 있는 첫 단계라는 것을 알고 있었다.

물론 요가 수업을 끝내고 해변을 걷고 있다면 쉽게 열린 마음을 가질 수 있다. 하지만 고통을 받으면서 열린 마음을 유지한다는 것은 힘든 일이다. 직장이나 학교에서 벅찬 과제에 직면했을 때도 마찬가지다. 당신은 쏟아지는 질문의 시험에 시달릴 테고 첫 50개는 산산조각 냈지만 질문은 멈추지 않고 있을 것이다. 그 시점에도 시험을 진지하게 받아들이도록 자신을 몰아가는 데 필요한 자제력을 유지하기란 정말 어려운 일이다. 하지만 반드시 그것을 찾아야 한다. 모든 실패에는 얻는 것이 있게 마련이기 때문이다. 설사 다른 시험을 위한 연습이라 할지라도. 다음 시험이 반드시 다가오기 때문이다. 반드시 말이다.

어떤 확신도 없이 네 번째 바퀴를 시작했다. 어떻게 될지 두고 보자는 자세였다. 첫 언덕을 반쯤 오르자 너무 어지러워서 나무 밑에 잠시 앉아 있어야 했다.

내가 있는 곳에서는 언덕 꼭대기가 보였는데 거기까지만 걸어보자고 나 자신을 격려했다. 그러고 나서 그만두고 싶다면 기꺼이 경기를 마치기로 했다. 나는 몇 번이고 허트 100을 완주하지 못했다고 해서 수치심을 갖지 않겠다고 스스로에게 말했다. 조절기가 그런 식으로 일하기 때문이다. 조절기는 우리가 목표에 이르지 못하고 중단했을 때도 자아를 달랜다. 하지만 언덕 위 더 높은 지대에 오르자 시야가 달라졌다. 나는 멀리 있는 또 다른 장소를 보고 그 진흙, 바위, 나무뿌리를 조금 더 헤쳐가기로 결심했다. 완전히 끝내기 전에 말이다.

그곳에 이르러서 긴 내리막을 응시했다. 발을 내디딜 곳을 찾는 것이 힘들긴 했지만 오르막보다는 훨씬 쉬워 보였다. 깨닫지 못한 사이 나는 전략을 세울 수 있게 되었다. 처음 오르막을 오를 때는 너무 어지럽고 약해져서 순간에 휩쓸렸고, 그 때문에 뇌가 꽉 막혔다. 그저 그만두고만 싶었다. 하지만 조금 더 움직이자 뇌가 리셋되었다. 나는 차분해졌고 레이스를 작은 조각으로 나눌 수 있다는 것을 깨달았다. 그런 식으로 게임을 계속해나가자 희망이 생겼다. 희망에는 중독성이 있다.

나는 레이스를 여러 개로 나누고, 5퍼센트의 칩을 모으고, 에너지를 조금 더 풀어내고, 그 에너지를 태웠다. 그러는 사이 밤이 깊어졌다. 너무 피곤해서 걸으면서 잠이 들 지경이었다. 꼬불꼬불하고 울퉁불퉁한 트레일에서는 위험한 일이다. 주자들은 잠에 취해쉽게 망상 속으로 빠져든다. 나는 트레일 상태가 형편없어서 잠에취할 수가 없었다. 수십 번 엉덩방아를 찧었다. 도로용 운동화로는트레일에 적응하지 못해 얼음 위를 걷는 것 같았다. 넘어질 수밖에없었다. 신경에 거슬렸지만 적어도 나를 잠에서 깨워주었다.

빌어먹을 삶은 공평하지 않지만

잠깐 달리고 길게 걸으면서 77마일(약 124킬로미터) 지점까지 나아갈 수 있었다. 가장 어려운 내리막이 있는 곳에서 스피드고트 칼 멜처를 보았다. 그는 내 뒤 언덕 위에 있었다. 머리에 하나, 손목에 하나, 2개의 램프를 찼고 2개의 커다란 물통이 달린 히프 팩을 하고있었다. 분홍색 새벽빛에 경사를 달려 내려오는 그의 실루엣이 나타났다. 그는 내가 비틀거리면서 똑바로 서 있기 위해 나뭇가지를더듬거리며 찾던 그 부근을 지나고 있었다. 그는 나를 한 바퀴 앞서결승선을 3마일(약 5킬로미터) 앞두고 22시간 16분의 코스 기록을 내

266

고 있었다. 하지만 내게 가장 큰 인상을 준 것은 1마일을 6분 30초의 놀라운 속도로 달리는 그의 우아한 모습이었다. 그는 완전히 다른 리듬을 타고 진흙 위를 떠가고 있었다. 그의 발은 거의 땅에 닿지 않았다. 더럽게 아름다운 광경이었다. 스피드고트는 라스베이거스 마라톤 이후 내 마음을 점령한 질문에 대한 살아 숨 쉬는 해답이었다.

'내가 할 수 있는 것은 무엇인가?'

그 멋진 남자가 그 험난한 지형을 미끄러지듯 움직이는 것을 지켜보면서 나는 세상에는 완전히 다른 수준의 선수들이 있다는 것을, 그리고 그들과 같은 기량의 일부가 내 안에도 있다는 것을 깨달았다. 사실 그것은 우리 모두의 안에 있다. 유전적 요소가 성적에 영향을 전혀 미치지 않는다는 말을 하는 것이 아니다. 누구나 1마일을 4분에 뛰고, 르브론 제임스처럼 덩크를 하고, 스테판 커리처럼 슛을 쏘고, 22시간 만에 허트 100을 달릴 수 있다고 얘기하는 것도 아니다. **바닥과 천장은 저마다 다르다. 하지만 각자에게는 자신이 아는 것보다 훨씬 더 많은 것이 있다. 울트라 마라톤과 같은 지구력 스포츠에서는 모두가 이전에 불가능하다고 생각했던 위업을 달성할 수 있다. 그렇게 하기 위해서는 정신을 개조하고, 정체성을 기꺼이 내던지고, 더 큰 것이 되기 위해, 항상 더 많은 것을 찾기 위해 노력에 노력을 더해야 한다.**

조절기를 제거해야만 한다.

그날 허트 100 코스에서 슈퍼 히어로처럼 달리는 멜처를 본 후, 나는 갖가지 고통 속에서 그가 네 번째 바퀴를 마치고 팀원들에게 둘러싸여 축하받는 모습을 잠깐 지켜봤다. 그는 누구도 하지 못한 일을 방금 해냈다. 그리고 여기 나는 온전히 한 바퀴를 더 달려야 한다. 계속하고 싶지 않았지만 나는 그것이 내 고통이 하는 말이라는 것을 깨달았다. 내가 지닌 진짜 잠재력은 아직 확인되지 않았다. 되돌아보면 그때 잠재력을 60퍼센트쯤 발휘했던 것 같다. 그것은 내 탱크가 만에 조금 못 미치게 남아 있다는 의미였다.

다섯 번째 바퀴에서 모든 것을 끝까지 쏟아냈다고 할 수 있다면 좋겠지만 나는 울트라 마라톤이라는 세계에 발을 들인 지 얼마 되지 않은 여행자에 불과했다. 나는 정신을 완벽하게 다스리는 경지에 이르지 못했고 실험실에서 여전히 발견 모드에 있었다. 다섯 번째, 마지막 바퀴를 걷는 데 8시간이 걸렸다. 비가 그쳤고 따뜻한 하와이의 태양이 뿜어내는 열대의 빛이 경이롭게 느껴졌다. 나는 33시간 23분 만에 허트 100을 완주했다. 36시간의 제한 시간에 조금 못 미치는 정도였지만 9위를 차지했다. 레이스를 완주한 것은 23명뿐이었고 나는 그중 하나였다.

그 후 초주검이 된 나를 두 사람이 차로 옮겼다. 케이트는 나를 빌어먹을 휠체어에 태워 방까지 끌고 가야 했다. 방에 도착한 우리에게는 해야 할 일이 남아 있었다. 나는 가능한 한 빨리 배드워터 신청서를 완성하고 싶었다. 그 때문에 눈도 제대로 붙이지 못하고 신청서를 마무리했다.

며칠 만에 코스트먼이 이메일을 보냈다. 배드워터 참가가 승인되었다는 것을 알리는 메일이었다. 기분이 너무나 좋았다. 그것은 다음 6개월 동안 온전히 두 가지 일을 해야 한다는 뜻이기도 했다.

나는 배드워터를 완벽하게 준비해야 하는 네이비 실이었다. 이번에는 전략적이고 구체적으로 접근해야 했다. 최고의 성과를 내기 위해서는 40퍼센트의 규칙을 활용해야 했다. 탱크를 완전히 비우고, 모든 잠재력을 이용하기 위해서는 우선 내게 기회를 줘야 한다는 것을 알았기 때문이었다.

허트 100에 대한 조사나 준비는 충분치 않았다. 나는 거친 지형을 예상하지 못했고, 레이스 초반에 도움을 줄 팀도 없었고, 예비 수원도 없었다. 길고 으스스한 밤에 도움을 줄 2개의 헤드램프도 가져가지 않았다. 내 모든 것을 쏟아부었다고 확신하긴 했지만 진짜 100퍼센트에 접근할 기회조차 없었던 것이다.

배드워터는 다를 것이다. 나는 밤낮으로 조사했다. 코스를 익혔고, 온도와 고도 차이를 기록하고, 표로 만들었다. 공기 온도에만 관심을 둔 것이 아니었다. 더 깊이 파고들어 데스 밸리의 가장 더운 날 포장도로가 얼마나 뜨거운지도 알아냈다. 인터넷에서 레이스 영상을 찾아 몇 시간 동안 자세히 봤다. 나는 완주한 주자들의 블로그를 읽고, 그들이 마주한 위험과 훈련 기법에 주목했다. 나는 데스 밸리로 직접 가서 코스 전체를 탐색했다.

가까이에서 지형을 살피자 얼마나 잔인한 코스인지 드러났다. 첫 42마일(약 68킬로미터)은 완벽한 평지였다. 높은 곳에 걸린 신의 용광로를 뚫고 달리는 코스였다. 속도를 낼 가장 좋은 기회가 되겠지만 거기에서 살아남으려면 차량 두 대가 필요했다. 3분의 1마일(약 536미터)마다 번갈아가면서 몸을 식힐 수 있는 쿨링 스테이션을 만들어야 했다. 생각만으로도 설렜지만 아직은 현실이 아니었다.

나는 창문을 내리고 음악을 들으며 봄날의 생기가 도는 사막을 바라보았다. 더럽게 편안했다! 아직은 모든 것이 환상일 뿐이었다.

쿨링 스테이션을 설치하기에 가장 적합한 장소들을 표시했다. 갓길이 넓은 곳과 멈춰서는 안 되는 곳을 표시했다. 주유소와 물을 채우고 얼음을 살 다른 곳들도 메모했다. 많지는 않았지만 모든 곳을 지도에 그려 넣었다. 긴 사막 코스를 뛰고 나면 고도가 높아지는 대신 열기는 어느 정도 피할 수 있을 것이다. 레이스의 다음 단계는 해발 약 1,463미터의 타운 패스로 향하는 18마일(약 29킬로미터)의 오르막이다. 그때쯤 해가 질 것이다. 그 구간을 차로 지난 후에 차를 대고 눈을 감은 채 그 모든 것을 시각화했다.

조사는 준비의 일부분일 뿐이다. 시각화는 또 다른 준비 단계다. 타운 패스 오르막 뒤에는 뼈가 부서지는 내리막을 마주하게 될 것이다. 고개 꼭대기에서 펼쳐지는 내리막을 볼 수 있었다. 허트 100에서 배운 것 중 하나는 내리막을 달리는 것이 무척 힘들다는 사실이다. 더구나 이번에는 아스팔트 위를 달려야 했다. 눈을 감고, 마음을 열고, 내 사두근과 종아리, 정강이의 통증을 느껴보려 노력했다. 나는 사두근이 내리막의 타격을 견디는 역할을 해준다는 것을 알았다. 그 때문에 근육을 키워야 한다고 메모했다. 허벅지를 강철로 도금해야 할 것이다.

메모지에 '시간 단축'이라고 적는 것은 쉽지만 실제로 그것을 실행하는 것은 완전히 다른 문제다. 하지만 어쨌든 메모는 갖고 있었다. 나는 이렇게 주석을 단 지도들을 모아 배드워터 파일을 만들었다. 그리고 ASVAB 시험을 준비하는 것처럼 그것을 열심히 공부했다. 주방 식탁에 앉아 그 파일을 읽고 또 읽었고, 가능한 한 상세하게 시각화했다. 하지만 하와이에서부터 망가진 몸이 아직 회복되지 않았다. 그것은 배드워터 준비를 위한 신체 훈련은 하지 못했다는 의미다.

체력 훈련이 절실하게 필요했지만 힘줄이 너무 심하게 아파서 몇 달 동안 뛸 수 없었다. 달력이 휙휙 넘어가고 있었다. 더 열심히 훈련해서 강한 주자가 되어야 하는 상황에서 기대한 것처럼 훈련할 수 없다는 사실에 자신감이 떨어졌다. 게다가 직장에 내 상태가 알려졌다. 동료 네이비 실 대원들에게 응원도 받았지만 부정적인 이야기도 들어야 했다. 동료들이 내가 아직도 뛰지 못한다는 것을 알았을 때는 특히 더 그랬다. 하지만 그것은 생소한 일이 아니었다. 응원하고 의지가 되어주는 친구, 동료, 가족만 있는 삶을 꿈꿔보지 않은 사람이 누가 있겠는가? 대부분은 주변 사람들이 위험, 부정적인 면, 한계를 상기시키고, 아무도 그 일을 하지 못했다고 일깨워줄 때에야 비로소 꿈을 좇기 위해 무슨 일이든 하겠다는 강한 동기를 얻는다. 좋은 의도에서 해주는 조언도 있다. 그들은 정말로 우리를 위해서 그런 일을 하고 있다고 믿는다. 그냥 놔두면 이들은 꿈을 좇지 말라고 설득할 것이고 조절기는 그들이 이런 일을 하는 데 도움을 줄 것이다.

그것이 내가 쿠키 단지라는 방법을 발명한 이유 중 하나다. 우리는 최선을 다할 때 자신이 어떤 사람인지 끊임없이 상기시키는 시스템을 만들어야 한다. 삶은 당신이 넘어졌다고 와서 일으켜주지 않기 때문이다. 길에는 갈림길이 있을 것이고 등 뒤에는 칼이 있을 것이고 올라야 하는 산이 있을 것이다. 우리는 우리가 스스로에 대해서 만들어놓은 이미지에 따라 살 뿐이다.

준비하라!

삶이 힘들 수 있다는 것을 알고 있어도 막상 삶이 공정하지 않을 때는 스스로가 가엽게 느껴질 것이다. 이 시점부터 다음과 같은 고긴스의 자연법칙을 받아들여라.

· 당신은 조롱거리가 될 것이다.

· 불안감을 느낄 것이다.

· 항상 최고일 수는 없다.

· 주어진 상황에서 당신은 유일한 흑인, 백인, 아시아인, 라틴아메리카인, 여성, 남성, 동성애자, (당신의 정체성을 여기에 채워 넣어라)일 수 있다.

· 혼자라고 느껴질 때가 있을 것이다.

이겨내라!

우리의 정신은 상상외로 강하다. 정신은 무엇보다 강력한 무기다. 하지만 우리는 그 무기를 팽개쳐둔다. 오늘날의 우리는 그 어느 때보다 많은 자원에 접근할 수 있지만 이전 사람들에게 훨씬 못미치는 능력을 갖고 있다. 나약해지기만 하는 사회의 추세를 거스르는 몇 안 되는 사람 중 하나가 되고자 한다면 기꺼이 자신과의 전쟁에 나서서 완전히 새로운 정체성을 만들어야 한다. 이를 위해서는 열린 마음이 필요하다. 열린 마음을 갖는다는 것에 뉴에이지[new]

age(현대 서구적 가치를 거부하고 영적 사상, 점성술 등에 기반을 둔 생활 방식-옮긴이)나 말랑한 어떤 것이라는 꼬리표가 붙곤 하는 것은 정말 웃기는 일이다. 그런 건 개나 줘라. 열린 마음으로 길을 찾는 것은 철 지난 행동이라고? 얼간이들이나 하는 일이라고? 그게 바로 내가 한 일이다.

나는 달리기를 하는 대신 친구 스톡스Stokes(그도 네이비 실 235기다)의 자전거를 빌려서 매일 출퇴근 때 탔다. 새롭게 꾸민 네이비 실 5팀 체육관에는 일립티컬이 있었다. 나는 하루에 한두 번 그 기구를 이용했다. 옷을 다섯 겹 입고! 데스 밸리의 더위가 너무나 겁이 나서 더위를 시뮬레이션했다. 3~4장의 운동복 바지를 입고, 두꺼운 후드 셔츠를 몇 겹 껴입고, 플리스 모자를 쓴 뒤 고어텍스 소재의 옷으로 꽁꽁 감쌌다. 일립티컬을 2분만 타면 심장박동이 170까지 올라갔다. 나는 한 번에 2시간씩 일립티컬을 탔다. 일립티컬 전 혹은 후에는 로잉 머신을 3만 미터 탔다. 운동 기구를 10분, 20분 하는 일은 없었다. 사고방식 자체가 울트라였다. 그래야 했다. 그렇게 운동을 한 후에는 강물에 빠졌다 나온 것같이 흥건했다.

그해 봄 나는 캘리포니아 닐랜드 기지에서 네이비 실 지상전 교관이라는 임무를 맡았다. 남부 캘리포니아 사막 한쪽 끝에 있는 그곳의 이동 주택 차량용 주차장에는 직장이 없는 필로폰 중독자가 넘쳐났다. 멕시코 국경에서 60마일(약 97킬로미터) 떨어진 내해, 솔턴호의 정착촌으로 흘러 들어온 마약에 취한 노숙자들이 유일한 이웃이었다. 10마일 륙 런을 하는 동안 거리에 있는 약쟁이들을 지나치면 그들은 자신의 초자연적 경험 중 하나에서 현실 세계로 나타난 외계인을 만난 것처럼 내게서 시선을 떼지 못했다. 최고기온이 섭씨 약 37.8도에 이르렀을 때였는데도 나는 옷 세 겹과 고어텍스 재킷을 입고 있었다. 나는 저기 어딘가 다른 차원의 출구쯤에서 온 사악한 전령처럼 보였다! 그때는 부상이 감당할 수 있는 정도였기 때문에 한 번에 10마일씩 달렸다. 그러고는 몇 시간씩 닐랜드의 나지막한 산들을 올랐다. 약 23킬로그램 나가는 륙색을 메고.

내가 훈련시키는 훈련생들도 나를 외계 생명체로 여겼다. 몇몇은 약쟁이보다 나를 더 무서워했다. 그들은 진짜 전쟁이 일어나는 사막 어딘가의 전투에서 내 머리가 어떻게 된 것이라고 생각했다. 그들은 전장이 내 마음속에 있다는 것을 몰랐다.

훈련을 위해 데스 밸리를 다시 찾았고 사우나복을 입고 10마일을 달렸다. 데스 밸리는 정말 미치도록 더웠다. 하지만 나는 세상에서 가장 힘든 레이스를 앞두고 있었다. 100마일을 두 번 달려봤다. 나는 그게 어떤 느낌인지 알고 있었다. 100마일에 35마일(약 56킬로미터)을 더 뛰어야 한다는 것은 나를 겁에 질리게 했다. 그럴듯한 말을 했고, 갖가지 자신감 있는 모습을 보여주었고, 수천 달러를 모금했지만, 한편으로는 내가 과연 레이스를 완주하는 데 필요한 것을 갖고 있는지 의심했다. 그 때문에 내게 기회를 주기 위해서는 아주 악랄한 체력 훈련을 설계해야 했다.

혼자뿐일 때 자신을 밀어붙이는 데는 굳은 의지가 필요하다. 그날이 어떻게 펼쳐질지 알았기 때문에 아침에 일어나기 싫었다. 무척 외로웠다. 하지만 나는 배드워터 코스에서 고통이 참을 수 없게 되는, 이겨낼 수 없다고 느껴지는 지점에 도달하게 되리란 것을 알고 있었다. 50~60마일(약 80~97킬로미터) 지점, 혹은 그 이후가 될 것이다. 그만두고 싶을 때가 있을 것이다. 게임을 계속하고 손대지 않은 60퍼센트에 접근하기 위해서는 순간적으로 결정을 내릴 수 있어야 한다.

열기에 적응하는 훈련을 하는 외로운 시간 동안 나는 그만두려는 마음을 해부했다. 내 진정한 잠재력에 가까운 성과를 올리고 특수전 용사 재단이 자부심을 갖게 하려면 간단한 질문이 떠올랐을 때 거기에 대답하는 것 이상의 일을 해야 한다는 것을 깨달았다. 그만두려는 마음이 영향력을 발휘하기 전부터 완전히 억눌러야만 했다. 나 자신에게 "왜?"라는 질문을 던지기 전에 쿠키 단지를 소환해 내 몸이 뭐라고 하든 고통에 면역이 있다고 스스로를 설득하게 해야 했다.

울트라 마라톤이든 지옥주든 별안간 그만두기로 결정하는 사람은 없다. 사람들은 종을 울리기 몇 시간 전부터 그만두기로 결정한다. 그 때문에 치명적인 깔때기에 휘말리기 훨씬 전부터 출구를 찾는 충동을 차단하기 위해서는 몸과 마음이 무너지기 시작하는 지점을 인식할 수 있도록 주의를 기울여야 했다. 샌디에이고 원 데이에서처럼 고통을 무시하고 진실을 가로막는 것이 이번에는 통하지 않을 것이다. 100퍼센트를 찾아 나서는 길이라면 자신의 취약한 부분을 목록으로 만들어야 한다. 그것들을 무시해서는 안 되고 준비를 갖추어야 한다. 지구력 경주나 스트레스가 심한 환경에서는 약점이 업보처럼 기어 나와서 덩치를 키운 후 당신을 압도하기 때문이다. 당신이 먼저 손을 쓰지 않는다면 말이다.

이것은 인식과 시각화 연습이다. 무엇을 하려 하는지 인식하고, 거기에서 당신이 좋아하지 않는 부분을 강조하고, 시간을 들여 모든 장애를 하나씩 시각화해야 한다. 나는 더위를 겁냈기 때문에 배드워터를 준비할 때 훈련을 빙자한 자기 고문 의식(혹은 그 반대)을 만들었다. 나는 스스로에게 고통에 면역이 있다고 말했지만 그것이 통증을 느끼지 않는다는 의미는 아니었다. 나도 다른 사람과 똑같이 아프다. 하지만 그 고통이 나를 탈선시키지 않게끔 나아갈 길을 찾고 그 길을 헤쳐나가기로 약속했다. 2006년 7월 22일 오전 6시 배드워터 출발선에 섰을 때 나는 조절기를 80퍼센트로 움직였다. 6개월 만에 한계를 두 배로 늘린 것이다. 그것이 나에게 뭘 가져다줄지는 아무도 모른다.

인생이라는 레이스에 결승선은 없다

배드워터에서는 주자들이 시차를 두고 출발한다. 첫 출전자는 오전 6시에, 경험 있는 출전자는 오전 8시에 출발하고, 강력한 경쟁자들은 10시까지 출발하지 않는다. 그 때문에 나중에 출발하는 사람들은 가장 더운 시간에 데스 밸리에 들어가게 된다. 크리스 코스트먼은 정말 개자식이다. 하지만 그는 어떤 지독한 놈에게 큰 전술적 우위를 선사하게 되었다는 것을 모르고 있었다. 내가 아니라 아코스 콘야를 말하는 것이다.

아코스와 나는 전날 밤 모든 선수가 머무는 퍼니스 크리크 인Furnace Creek Inn에서 만났다. 그도 첫 출전이었다. 그는 이전에 만났을 때보다 훨씬 나은 모습이었다. 허트 100에서의 일에도(그런데도 그는 35시간 17분에 코스를 완주했다), 나는 아코스가 강인한 사람이라는 것을 알고 있었다. 우리 둘은 첫 번째 출발 그룹이었기 때문에 나는 사막을 통과하는 동안 그와 보조를 맞추었다.

오판이었다!

우리는 첫 17마일(27킬로미터)을 나란히 달렸다. 우리는 이상한 한 쌍이었다. 아코스는 5피트 7인치(약 170센티미터) 키에 체중은 122파운드(약 55킬로그램)인 헝가리인이었다. 나는 그 바닥에서 가장 덩치가 큰 6피트 1인치(약 185센티미터) 키에 체중은 195파운드(약 89킬로그램)였고 유일한 흑인이었다. 아코스는 후원을 받아 알록달록한 운동복을 입고 있었다. 나는 찢어진 회색 민소매 티셔츠에 검은색 반바지, 유선형 오클리^{Oakley} 선글라스를 썼다. 발과 발목은 압박 테이프로 감아 오래 신었지만 아직 멀쩡한 러닝화에 구겨 넣었다. 네이비 실 장비나 특수전 용사 재단 옷을 입지 않았는데 신분을 감추는 것을 좋아했기 때문이다. 나는 새로운 고통의 세계로 스며드는 그림자였다.

아코스가 속도를 꽤 높여 잡았지만 더위는 크게 힘들지 않았다. 시간이 일러서이기도 했고 내가 더위 훈련을 잘했기 때문이기도 했다. 우리는 오전 6시 그룹의 선두 주자였다. 오전 8시 40분, 퍼니스 크리크 인을 지날 때 전년도 우승자이자 배드워터 기록 보유자인 울트라 마라톤의 전설 스콧 주렉^{Scott Jurek}을 비롯한 10시 그룹 주자 몇몇이 밖에 나와 있었다. 우리가 시간을 벌고 있음을 알았을 것이다. 하지만 그가 가장 힘든 경쟁자를 힐끗 보았다는 것을 알았는지는 확실치 않다.

오래지 않아 아코스와 내 사이가 벌어졌다. 26마일(약 42킬로미터) 지점에서 나는 또 한번 너무 빨리 뛰고 있다는 것을 깨달았다. 현기증이 나고 어지러웠다. 장에 문제가 있었다.

해석: 길가에서 똥을 누어야 했다. 이 모든 것이 내가 심각한 탈수 상태라는 사실에서 비롯되었다. 머릿속에서는 심각한 예후가 꼬리를 물고 빙빙 돌았다. 그만두기 위한 변명이 쌓여갔다. 나는 탈수 문제에 주의를 기울이고 원하는 것보다 많은 물을 들이붓는 것으로 대응했다.

나는 오후 1시 31분에 42마일(약 68킬로미터) 지점의 스토비파이프 웰스 체크포인트를 지났다. 레이스 코스를 7시간 30분 달린 나는 그때쯤엔 거의 걷고 있었다. 내 발로 데스 밸리를 통과했다는 게 자랑스러웠다. 나는 휴식을 취하고, 제대로 된 화장실에 다녀왔고, 옷을 갈아입었다. 발이 예상보다 많이 부어서 오른쪽 엄지발톱이 신발 옆면에 몇 시간째 쏠리고 있었기 때문에 걸음을 멈춘 것이 달콤한 위안처럼 느껴졌다. 왼쪽 발 옆으로 물집이 터져 피가 나는 것이 느껴졌지만 신발을 벗지 않는 게 나았다. 대부분의 선수들은 배드워터를 달리기 위해서는 정 사이즈보다 큰 신발을 신고, 부었을 때 쏠리는 것을 최소화하기 위해 엄지발가락 옆판을 잘라 공간을 만든다. 나는 그렇게 하지 않았고 90마일(약 145킬로미터)이 더 남아 있었다.

4,850피트(약 1,478미터) 타운 패스로 가는 오르막을 올랐다. 예상대로 고개 위에 도착하자 해가 떨어져서 서늘했다. 나는 옷을 한

첫 배드워터 대회에서.

겹 더 입었다. 군에서는 늘 능력은 기대 수준을 따르는 것이 아니라 훈련의 수준을 따른다는 말을 한다. 물집이 비명을 지르는 가운데 구불구불한 고속도로를 지나면서 닐랜드 주변 사막에서의 긴 류 런 동안 발견했던 리듬을 따랐다. 뛰지는 않았지만 속도를 유지하면서 상당한 거리를 걸었다.

대본대로 9마일의 내리막을 달리자 대퇴사두근이 대가를 치렀다. 왼발도 마찬가지였다. 물집이 시시각각 커지고 있었다. 뜨거운 열기구가 될 판이었다. 옛날 만화에서처럼 물집이 신발을 뚫고 나와서 계속 커진다면, 그래서 나를 구름 속으로 데려간 뒤에 휘트니 산 꼭대기에 떨어뜨려준다면.

그런 행운은 없었다. 나는 계속 걸었다. 아내(케이트는 지원 팀장이 있다)와 어머니를 포함한 지원 팀 외 다른 사람을 보지 못했다. 별이 빛나는 검은 돔 같은 하늘 아래에서 영원히 이어지는 류 런을 하고 있는 것 같았다. 너무 오래 걸어서 주자들이 언제라도 나타나서 나를 지나쳐 갈 것이라고 생각했지만 아무도 나타나지 않았다. 살아 있다는 유일한 증거는 뜨거운 숨소리, 물집의 쓰라림, 캘리포니아의 밤길을 밝히는 자동차의 전조등과 빨간 후미등뿐이었다. 해가 뜨려 할 때까지. 110마일(약 177킬로미터) 지점에서야 한 무리의 주자가 도착했다.

그때 나는 땀과 먼지, 소금으로 절여진 탈진과 탈수 상태였다. 말파리들이 한 마리씩 공격하기 시작했다. 두 마리가 네 마리가 되었고 다시 열 마리, 열다섯 마리가 되었다. 파리들은 내 피부에 날개를 부딪치고, 허벅지를 물고, 귀로 기어 들어갔다. 엄청난 공격력이었다. 그것은 내 마지막 시험이 되었다. 지원 팀이 번갈아가며 수건으로 파리들을 떼어냈다. 나는 개인 기록을 깬 상태였다. 내 발로 110마일을 주파했고 '단' 25마일(약 40킬로미터)만 남겨뒀다. 이 망할 놈의 파리들도 나를 막을 방법은 없다. 나는 계속 앞으로 나아갔고 지원 팀은 파리를 쫓았다. 다음 8마일(약 13킬로미터) 동안!

17마일 지점에서 앞질러 가는 아코스를 본 이후, 케이트가 내 옆에 차를 세운 122마일(약 196킬로미터) 지점까지 다른 주자를 보지 못했다.

"스콧 주렉이 2마일 뒤에 있어요." 그녀가 말했다.

레이스가 시작되고 26시간이 지났고 아코스는 이미 경기를 끝냈지만 주렉이 이제야 나를 따라잡았다는 사실은 내 기록이 꽤 괜찮다는 의미였다. 많이 달리지는 못했지만 그 모든 닐랜드 룩 런이 하이킹 보폭을 빠르고 강하게 만들어주었다. 나는 1마일을 15분에 뛰는 파워 하이킹을 할 수 있었고 시간을 절약하기 위해 움직이면서 영양분을 섭취했다. 경기가 모두 끝난 뒤, 경쟁자들의 구간별 시간과 주파 기록을 검토하면서 가장 두려워했던 더위가 오히려 내게 도움을 주었다는 것을 깨달았다. 대단한 평형추였다. 더위는 빠른 주자들의 속도를 느리게 만들었다.

주렉이 따라붙고 있는 가운데, 휘트니 포털 로드에 들어서 마지막 13마일(약 21킬로미터) 오르막 구간이 시작되자 문득 거기에 모든 것을 바쳐야겠다는 생각이 들었다. 언덕에서는 걷고 평지에서는 뛰겠다는 전략이 번뜩 떠올랐다. 주렉은 나를 뒤쫓고 있는 것이 아니었다. 그는 한 바퀴를 앞서갔다. 아코스는 24시간 50분을 기록했고 주렉은 컨디션이 좋은 것 같지 않았다. 시간은 배드워터 2연패를 위한 그의 노력을 압박하고 있었다. 하지만 그에게는 아코스의 기록을 미리 알 수 있다는 전술적 이점이 있었다. 그는 자신의 구간 기록도 알고 있었다. 아코스는 그런 혜택을 누리지 못했고 고속도로 어딘가에서 레이스를 멈추고 30분 동안 낮잠을 자기도 했다.

주렉은 혼자가 아니었다. 그에게는 페이스메이커가 있었다. 이력이 만만치 않은 더스티 올슨Dusty Olson이 그의 뒤를 바짝 쫓았다. 나는 그들이 뒤에서 다가오는 소리를 들었다. 마침내 128마일(약 206킬로미터) 지점, 레이스 전체에서 가장 가파른 길의 경사도가 가장 높은 부분에서 그들이 내 바로 뒤에 있게 되었다. 나는 달리기를 멈추고 비켜서서 그들을 응원했다.

주렉은 당시 역사상 가장 빠른 울트라 주자였지만 경기 막판 그의 속도는 그렇게 대단치 않았다. 대신 꾸준한 속도로 달렸다. 그는 신중한 걸음으로 장대한 산을 베어 넘겼다.

그는 검은색 반바지에 소매가 없는 푸른색 셔츠를 입고 흰 야구 모자를 썼다. 그의 뒤에 있는 올슨은 어깨까지 오는 긴 머리를 반다나로 묶고 있었다. 그 외에는 유니폼이 똑같았다. 주렉은 노새였고 올슨은 그를 몰았다.

"힘내, 저커! 힘내 저커! 이건 네 경기야!" 나를 지나칠 때 올슨은 이렇게 말했다. "너보다 나은 사람은 없어! 아무도!" 올슨은 앞서가면서도 주렉에게 더 발휘할 힘이 있다는 것을 상기시켰다. 주렉은 그 지독한 아스팔트 위에서 있는 힘을 다했다. 그 모습을 지켜보는 것은 놀라운 경험이었다.

주렉은 아코스보다 17분 빠른 25시간 41분에 코스를 완주하면서 2006년 배드워터 대회의 우승자가 되었다. 아코스는 낮잠 잔 것을 후회했을 것이다. 어쨌든 그건 내 관심사가 아니었다. 내게는 끝내야 할 나만의 레이스가 있었다.

휘트니 포털 로드는 10마일에 걸쳐 암석이 노출된 몹시 건조한 급경사로 마무리되고 이어서 삼나무와 소나무가 늘어선 그늘이 나온다. 주렉과 그의 팀원 덕분에 활기를 얻은 나는 엉덩이를 이용해서 다리를 앞으로 밀었다. 한 걸음 한 걸음이 고통이었지만 30시간 18분 54초 동안 달리고, 걷고, 땀을 흘리고, 고통을 참은 끝에 소수의 관중이 보내는 환호 속에서 결승 테이프를 끊었다. 그날 경쟁한 주자들은 90명이었고 나는 5위를 기록했다.

2007년 두 번째 배드워터 이후 아코스와 나. 나는 3위, 아코스는 또다시 2위를 차지했다.

나는 풀로 덮인 언덕으로 터벅터벅 걸어가 솔잎 위에 누웠다. 케이트가 신발 끈을 풀어주었다. 왼발 중 대부분에 물집이 자리 잡고 있었다. 너무 커서 색상과 질감이 체리 맛 풍선껌 같은 여섯 번째 발가락처럼 보였다. 케이트가 발에서 압박 테이프를 떼어내는 동안 나는 물집을 보며 혀를 내둘렀다. 그러고는 코스트먼에게 메달을 받기 위해 비틀거리며 무대로 갔다. 나는 그 순간을 열 번도 더 상상했고 정말 행복할 것이라고 생각했다. 하지만 그렇지 않았다.

그가 내게 메달을 건네고, 나와 악수하고, 관중 앞에서 나를 인터뷰했다. 하지만 내 정신의 반은 다른 곳에 있었다. 그가 이야기하는 동안 나는 마지막 오르막과 해발 8,000피트(약 2,440미터)의 고개를 회상했다. 비현실적인 전망을 볼 수 있는 곳이었다. 나는 데스

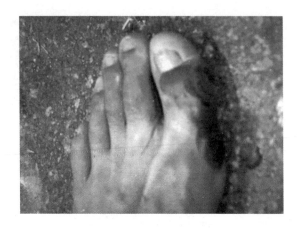

배드워터 이후 물집이 잡힌 발가락.

SBG가 코스트먼에게 보낸 이메일. 그가 옳았다. 나는 10위권에 들었다!

밸리로 가는 길을 볼 수 있었다. 또 다른 끔찍한 여정이 끝날 무렵 나는 내가 어디에서 왔는지 알게 되었다. 그것은 내 뒤틀린 인생의 완벽한 은유였다. 나는 다시 한번 부서졌고, 스무 가지 다른 방식으로 파괴되었다. 하지만 나는 또 다른 훈련, 또 다른 도가니를 통과했고, 내 보상은 메달이나 코스트먼의 마이크와 함께한 몇 분보다 훨씬 큰 것이었다.

그것은 완전히 새로운 관문이었다.

나는 눈을 감고 주렉과 올슨, 아코스와 칼 멜처를 보았다. 모두가 내게는 없는 것을 가지고 있었다. 그들은 연료의 마지막 한 방울까지 비우는 방법을 알았고 자신을 세계에서 가장 힘든 레이스에서 우승하는 위치에 올려놓았다. 나도 그 감정을 좇아야 할 시간이 왔다. 나는 미친 사람처럼 준비했다. 나는 나 자신을 알았고 지형을 알았다. 그만두려는 마음을 앞질렀고, 간단한 질문에 대답했으며, 레이스를 계속했다. 하지만 할 일이 더 있었다. 내가 올라야 할 더 높은 곳이 남아 있었다. 시원한 미풍이 나무에서 바스락거리는 소리를 내며 피부의 땀을 식히고 아픈 뼈마디를 달랬다. 바람이 내 귀에 대고 비밀을 속삭였다. 그것은 뇌 속에서 멈추지 않는 북소리같이 울려 퍼졌다.

'결승선은 없어, 고긴스. 결승선은 없어.'

⚡

─────────── CHALLENGE #7 ───────────

40퍼센트짜리 인생에서 벗어나기
- 한계 조절기를 점진적으로 떼어내는 법

여기에서 주된 목표는 당신의 뇌에서 천천히 조절기를 제거하는 것이다.

우선 이 과정이 어떻게 진행되는지 잠깐 되짚어보자. 1999년 나는 297파운드(약 135킬로그램)였고 처음으로 달린 거리는 4분의 1마일이었다. 2007년에 나는 36시간 동안 쉬지 않고 205마일(약 330킬로미터)을 달렸다. 하루아침에 그렇게 한 것이 아니다. 당신도 그렇게 하리라고 기대하지 않는다. 당신이 할 일은 과거의 자신이 중단하곤 하던 지점을 넘어서는 것이다.

트레드밀 위에서 달리거나 팔굽혀펴기를 하고 있다면, 너무 지치고 고통스러워서 마음속에서 제발 그만하자고 하는 지점까지 가야 한다. 그리고 거기에서 5~10퍼센트를 더 밀고 나간다. 지금까지 가장 많이 한 팔굽혀펴기 개수가 100개라면 105개에서 110개를 하는 것이다.

이런 점진적인 증가는 부상을 막고 당신의 몸과 마음이 새로운 운동량에 서서히 적응하게 해줄 것이다. 이로써 기준치가 다시 설정된다. 이 부분이 중요하다. 당신은 다음 주, 그다음 주에도 운동량을 5~10퍼센트씩 늘릴 것이기 때문이다.

286

신체적인 도전에는 엄청난 고통과 통증이 동반되기 때문에 내면의 대화를 다스리는 데 가장 좋은 훈련이 된다. 육체적으로 자신을 계속 밀어붙이면서 새롭게 발견한 정신력과 자신감은 삶의 다른 측면으로도 이어질 것이다. 육체적인 도전에서 부진하다면, 학교나 직장에서도 부진할 가능성이 높다는 사실을 깨닫게 될 것이다.

요점은 삶이 하나의 거대한 심리전이라는 것이다. 당신이 상대하는 유일한 사람은 당신 자신이다. 이 과정을 고수한다면 곧 당신이 불가능하다고 생각했던 것이 일상적인 일이 될 것이다. 당신의 이야기를 듣고 싶다. 소셜 미디어에 #누구도나를파괴할수없다canthurtme, #40퍼센트의법칙The40PercentRule, #불편함을갈망하라dontgetcomfortable라는 해시태그로 당신의 이야기를 올려라.

8장

생산성 극대화

: 실력을 폭발시키는 최적의 루틴을 찾아라

우리는 의미 없는 짓거리에
너무나 많은 시간을 허비한다.
당신을 조금이라도 발전시키는 일이 아니라면 당장 중단하라.

울트라 레이스, 가차 없는 도전

내 생애 첫 번째 장거리 철인 3종 경기 전날 밤, 나는 어머니와 코나에 있는 700만 달러짜리 해변 별장의 덱에 서서 물 위에서 달빛이 움직이는 것을 지켜보았다. 하와이섬 서안의 아름다운 도시 코나는 많은 사람에게 철인 3종 경기, 정확히는 아이언맨 월드 챔피언십Ironman World Championship으로 널리 알려져 있다. 전 세계에서 올림픽 거리나 그보다 짧은 거리의 철인 3종 경기가 많이 열리긴 하지만, 이 스포츠가 국제적인 관심을 받게 한 것은 코나의 철인 경기였다. 코나의 철인 3종 경기는 2.4마일(약 4킬로미터)의 수영으로 시작해 112마일(약 180킬로미터)의 자전거로 이어졌다가 마라톤으로 마무리된다. 거기에 방향이 계속 변하는 심한 바람과 용암층으로 인한, 지독히 더운 종주 지형이 더해지면 참가자들은 물집 때문에 극심한 괴로움을 겪는다. 하지만 나는 그 때문에 그 자리에 있는 것이 아니었다. 나는 그만큼 찬양받지는 못하는, 더 강한 자기 학대 형태의 경쟁을 위해 코나에 갔다. 나는 울트라맨이라는 타이틀을 두고 경쟁하기 위해 그곳에 있었다.

나는 다음 3일 동안 6.2마일(약 10킬로미터)을 헤엄치고, 261마일(약 420킬로미터)을 자전거로 달리고, 마라톤 거리의 두 배를 달려 커다란 하와이섬 전체를 돌 것이다. 나는 또 한번 특수전 용사 재단을 위한 모금에 나섰다. 배드워터 이후 글도 쓰고 인터뷰도 하다 보니 만난 적도 없는 백만장자의 초대로 2006년 11월 울트라맨 월드 챔피언십Ultraman World Championship을 준비하는 기간 동안 모래 위에 세운 그의 궁전에 머물게 되었다.

고마운 일이었지만 나는 최고 버전의 나 자신이 되는 데 지나치게 집중한 나머지 그 호화로움에 깊은 인상을 받지는 못했다. 내 마음속에서 나는 여전히 아무것도 이루지 못한 상태였다. 그의 집에 머무는 것이 오히려 나를 예민하게 만들었다. 깡패라고 말하기에도 미안했던 과거의 나라면 코나의 호화로운 별장에서 느긋한 시간을 보내라는 그의 초대를 받지 못했을 것이다. 그가 내게 손을 내민 것은 내가 그와 같은 부유한 사람들이 알고 싶어 하는 사람이 되었기 때문이다. 어머니에게 더 나은 삶을 보여줄 수 있었던 것은 감사하게 생각한다. 그런 제안을 받을 때마다 나는 어머니를 모시고 갔다. 어머니는 내가 아는 어떤 사람보다 더 많은 고통을 감내한 분이었고 우리가 그 시궁창에서 기어 나왔다는 것을 상기시켜드리고 싶었다. 비록 내 시선은 여전히 하수관에 고정되어 있더라도 말이다. 우리는 더 이상 브라질에 있는 월세 7달러짜리 집에 살지 않는다. 하지만 나는 여전히 매달 월세를 내고 있고 남은 평생 그럴 것이다.

레이스는 코나 시내의 부두 옆 해안에서 시작되었다. 아이언맨 월드 챔피언십과 출발점은 같았지만 울트라맨 레이스에는 관중이 많지 않았다. 철인 경기 참가자가 1,200명을 넘는 데 반해 울트라맨 분야에는 선수가 총 30명뿐이었다. 그룹 규모가 작기 때문에 경쟁자들을 한눈에 담고 평가해볼 수 있었다. 그렇게 해변에서 가장 강한 사람을 알아보았다. 이름을 들은 적은 없었지만 나는 그를 영원히 기억할 것이다. 그가 휠체어를 타고 있었기 때문이다. 그는 눈높이를 넘어서는 존재감을 뿜어내고 있었다. 마음에 대해 이야기하는 것이다.

그는 거대했다!

BUD/S를 시작으로 나는 늘 그런 사람들을 찾아왔다. 흔치 않은 방식으로 생각하는 사람들을. 특수전 부대에서 놀란 것 중 하나는 주류가 많았다는 것이다. 그들은 일상에서 자신을 채찍질하려 하지 않았다. 나는 의무가 아니어도 365일, 24시간 다르게 생각하고 단련하는 사람들 곁에 있고 싶었다. 휠체어를 탄 남자는 집에 있어도 될 온갖 변명 거리를 다 갖고 있었다. 하지만 그는 세계에서 가장 힘든 레이스를 할 준비를 하고 있었다. 99.9퍼센트의 사람들은 고려조차 하지 않을 일을 2개의 팔만으로! 내게 그는 울트라 레이스의 의미 자체였다. 배드워터 이후 내가 이 세계에 푹 빠진 것도 그 때문이었다. 계속 더 많은 것을 요구하며 가차 없는 도전을 끝없이 유도하는 울트라 레이스는 재능이 필요 없고 마음과 노력만 있으면 되는 스포츠다.

그것이 내가 이 레이스를 위해 철저히 준비했다는 의미는 아니다. 자전거도 없었다. 3주 전 친구에게 자전거를 하나 빌렸다. 나보다 체격이 큰 친구를 위해 주문 제작한, 최고급 그리핀Griffin 자전거였다. 그의 클립형 자전거 신발도 빌렸다. 광대가 신는 신발보다 살짝 작은 정도였다. 빈 공간은 두꺼운 양말과 압박 테이프로 채웠다. 히지만 코나로 떠나기 전까지 자전거 정비에 대해 배울 시간은 없었다. 지금은 타이어를 바꾸고, 체인과 바큇살을 손보는 등의 일을 할 수 있지만 그때는 배우기 전이었다. 나는 자전거를 빌려서 울트라맨 레이스 전 3주 동안 1,000마일을 달렸다. 새벽 4시에 일어나 출근 전에 자전거를 100마일(약 161킬로미터)씩 탔다. 주말이면 125마일(약 201킬로미터)을 타고 자전거에서 내려 마라톤을 했다. 하지만 수영 훈련은 여섯 번이 전부였고 그나마 오픈 워터open water(바다, 강, 호수에서 하는 장거리 수영-옮긴이)는 두 번뿐이었다. 울트라 마라톤에서는 자신의 약점이 모두 드러난다.

2시간 30분 만에 10킬로미터를 헤엄쳐야 하는데, 3시간이 넘게 걸렸고 상처까지 입었다. 부력을 얻기 위해 소매가 없는 잠수복을 입었는데, 팔 밑이 너무 꼭 끼어서 30분 만에 겨드랑이가 쓸렸다. 1시간이 지나자 팔을 저을 때마다 바닷물에 젖은 잠수복 가장자리가 사포처럼 피부를 찢었다. 자유형에서 횡영으로, 다음에는 배영으로 자세를 바꿨지만 전혀 편안해지지 않았다. 팔을 돌릴 때마다 양팔의 피부가 까지고 피가 났다.

게다가 파도가 엄청나서 계속 바닷물을 마셨다. 물고기가 신선한 공기를 들이마시면 숨이 막히는 것처럼 배 속이 요동쳤고, 적어도 여섯 번은 토했다. 통증과 서투른 영법, 강한 해류 때문에 나는 구불구불하게 헤엄쳤고 그렇게 7.5마일(약 12킬로미터)을 갔다. 원래는 6.2마일(약 10킬로미터)이었어야 하는 거리를 말이다. 해안으로 비틀거리며 올라서는 내 다리는 흐물흐물했다. 시야는 지진이 났을 때 흔들리는 시소처럼 흔들렸다. 나는 누워 있다가 화장실로 기어가 다시 토했다. 다른 영자들은 전환점에서 모여서, 눈 깜빡할 사이 안장에 올라, 용암지대로 페달을 밟아나갔다. 자전거를 90마일(약 145킬로미터) 더 타야 그날의 일정이 끝난다. 사람들이 자전거를 타고 나가는 동안 나는 무릎을 꿇고 있었다. 마침 그 간단한 질문들이 수면 위로 떠올랐다.

'도대체 나는 왜 여기에 있는 거지?'

'나는 철인 3종 경기 선수가 아니야!'

'피부는 다 까졌고, 토할 것 같은 데다, 첫 번째 구간은 오르막 길이야!'

'자신에게 왜 계속 이렇게 하는 거야, 고긴스?'

징징거리는 철없는 애 같았다. 나는 정신을 차리고 혼란한 마음을 다잡는 데 집중해야 했다. 처음에는 음식을 조금씩 먹었다. 다음으로 팔 밑 상처를 치료했다. 철인 경기 선수들은 대부분 옷을 갈아입지 않지만 나는 옷을 갈아입었다. 나는 편안한 자전거용 반바지와 라이크라Lycra(미국의 뒤퐁사에서 만든 고탄성 우레탄 섬유인 스판덱스의 상표명-옮긴이) 셔츠를 입었다. 15분 후 나는 안장에 똑바로 앉아 용암지대를 오르고 있었다. 여전히 속이 메스꺼웠다. 나는 페달을 밟으면서 토하고, 수분을 보충하고, 다시 토했다. 그 과정에서 나 자신에게 한 가지 과제를 주었다. 계속 싸워라! 발판을 마련할 때까지 계속 싸워라.

10마일이 지나면서 길은 거대한 화산 등성이로 올라가고 경사가 가팔라졌다. 나는 멀미를 쫓고 추진력을 찾았다. 레이더 위 적기들처럼 자전거를 탄 선수들이 나타났다. 나는 그들을 한 명씩 앞질렀다. 승리는 만병통치약이나. 다른 선수들을 지나칠 때마다 아픔이 점점 줄어들었다. 안장에 앉을 때는 14위였지만 그 90마일 구간 끝에서는 내 앞에 단 한 명밖에 없었다. 레이스 우승 후보 개리 왕Gary Wang이었다.

결승선을 향해 페달을 밟으면서 《트라이애슬리트Triathlete》 기자와 사진작가가 그를 인터뷰하는 것을 보았다. 내가 그들을 앞지를 것이라고 생각한 사람은 아무도 없었다. 그제서야 모두가 나를 주목하기 시작했다. 배드워터 이후 4개월 동안 나는 종종 울트라 레이스에서 우승하는 꿈을 꿨다. 그리고 페달을 밟지 않고 개리와 기자들을 지나치면서 그 순간이 왔다는 것을 알았다. 내 기대는 은하계에 있었다.

백스톱, 지금 당신은 어디에 있는가

다음 날 아침, 우리는 자전거를 타고 산지를 통과해 다시 서해안으로 돌아오는 두 번째 단계를 위해 줄지어 섰다. 개리 왕은 랜드샤크Land Shark라고 알려진 제프 란다우Jeff Landauer라는 친구와 레이스를 함께 했다. 개리는 이전에 그 대회에 참가한 적이 있었고 지형을 알고 있었다. 나는 경험이 없었다. 100마일 지점에서 나는 선두에 약 6분 뒤져 있었다.

평소대로 어머니와 케이트가 주축이 되는 지원 팀이 있었다. 두 사람은 길가에서 물병을 교체해주고, 에너지 젤과 단백질 음료를 건넸다. 샌디에이고에서 마이오플렉스와 리츠 크래커 때문에 설사를 한 후 영양에 대해 훨씬 더 과학적으로 접근했다. 그날의 가장 힘든 오르막이 모습을 드러내고 있었기에 맹렬히 질주할 준비를 해야 했다. 자전거 위에 있을 때라면 산은 고통을 낳는 존재다. 하지만 고통은 내 전문 분야였다. 길의 경사가 최고조에 이르자 고개를 숙이고 가능한 한 힘껏 페달을 밟았다. 내 폐는 안에서 밖으로 뒤집혔다가 제자리를 찾을 때까지 부풀어 올랐다. 가슴이 쿵쿵대며 베이스를 깔았다. 고개 정상에 올랐을 때 어머니가 내 옆에 차를 대고 고함을 쳤다.

"데이비드, 선두와 2분 차이다!"

로저!

나는 기체역학적 자세로 몸을 웅크리고 내리막을 달렸다. 내가 빌린 그리핀에는 에어로 바aero bar(확장된 핸들로 라이더가 팔꿈치를 기대어 향상된 공기역학의 이점을 누릴 수 있다―옮긴이)가 있었다. 나는 거기에 기대 길 위의 흰 점선과 완벽한 자세에만 집중했다. 길이 평평해지자 전력을 다해 속도를 시속 27마일(약 44킬로미터)로 유지했다. 나는 랜드 샤크와 그의 친구를 산업용 낚싯바늘로 낚아 있는 힘껏 감았다.

앞바퀴가 터질 때까지.

어떤 반응을 하기도 전에 몸이 안장에서 벗어나 핸들 너머로 공

중제비를 했다. 그 모습이 슬로모션으로 보였다. 오른쪽 옆으로 착
지하면서 어깨를 심하게 부딪힐 때부터 시간은 다시 원래대로 돌아
왔다. 움직임이 멈출 때까지 얼굴 옆면이 아스팔트에 쓸렸다. 충격
속에서 몸을 돌려 바로 누웠다. 어머니가 급브레이크를 잡고 달려
왔다. 다섯 군데에서 피가 났지만 부러진 데는 없는 것 같았다. 갈
라진 헬멧과 산산조각 난 선글라스, 자전거를 제외하고. 나사못을
밟았고 그것이 타이어, 튜브, 외륜을 뚫었다. 굴렀을 때 입은 상처,
어깨 상처, 팔꿈치와 뺨에서 흐르는 피에는 신경 쓰지 않았다. 내가
생각한 것은 오로지 자전거였다. 여기에서도 역시 준비가 부족했
다. 예비 부품도 없었고 튜브나 타이어를 어떻게 바꾸는지도 전혀
몰랐다. 어머니의 렌터카에 있던 예비 자전거에 올랐지만 그 자전
거는 그리핀에 비하면 너무 무겁고 느렸다. 페달에 클립조차 없었
다. 그 때문에 대회 공식 정비사를 불러서 그리핀을 봐달라고 부탁
했다. 기다리는 동안 시간은 흘러 20분이 되었고 정비사가 도착했
지만 앞바퀴를 고칠 부품이 없어서 투박한 예비 자전거를 타고 경
기를 계속했다.

불운이나 잃어버린 기회에 대해 생각하지 않으려고 노력했다.
끝까지 힘을 내서 그날 경기를 마칠 때까지 공격 유효 거리에 들어
가야 했다. 결승선까지 16마일(약 26킬로미터)을 앞두고 정비사가 찾
아왔다. 그가 내 그리핀을 고쳤다! 나는 자전거를 두 번째로 바꾸고
선두 그룹과의 격차를 8분 줄인 뒤, 선두와 22분 차이가 나는 3위
로 그날을 마무리했다.

셋째 날 보스턴 마라톤 예선에 준하는 속력으로 달렸다. 내가 크

게 앞서가면 경쟁자들이 내 구간 기록을 듣고 영혼을 빼앗길 것이라고 생각했기 때문이다. 무너지는 지점이 있으리라는 것을 알고 있었다. 울트라 마라톤이란 그런 것이다. 다만 그 일이 아주 늦게 일어나기만을 바랐다. 개리와 랜드 샤크가 타이틀을 차지하겠다는 희망을 버리고 2위를 두고 경쟁하는 데 만족하게 만들 만큼 아주 늦게 말이다.

하지만 일은 그렇게 돌아가지 않았다.

35마일 지점에서 나는 몹시 괴로워했고 달리는 거리보다는 걷는 거리가 더 많았다. 40마일에서는 적의 지원 팀 책임자들이 차량 두 대를 세워두고 내 자세를 훔쳐보기도 했다. 나는 약점을 모두 노출하고 있었다. 그것이 개리와 랜드 샤크에게는 탄약이 될 것이다. 마일 수가 너무 느리게 올라갔다. 벌어놓은 시간을 다 잡아먹었다. 다행히 45마일(약 72킬로미터)에서 개리도 무너졌다. 하지만 랜드 샤크는 매우 단단했다. 그는 내 뒤를 바짝 쫓았다. 내게는 그와 싸울 무기가 남아 있지 않았다.

결국 랜드 샤크는 내게 중요한 가르침을 주었다. 그는 첫날부터 독자적인 경기를 했다. 그는 3일째 일찌감치 앞서 나간 나를 보고 전혀 당황하지 않았다. 그는 그 잘못된 전략을 반갑게 맞이했고, 자신의 리듬에 집중했고, 내가 나가떨어지기를 기다렸고, 내 영혼을 거두었다. 나는 그해 울트라맨 월드 챔피언십의 결승선을 처음으로 끊은 선수였지만 기록에서는 승자가 아니었다. 달리기에서 1위로 들어왔지만 전체 레이스에서는 10분 차이로 1위를 내주었다. 울트라맨에 등극한 것은 랜드 샤크였다.

나는 내가 우승의 기회를 어떻게 날렸는지 생각하면서 승리를 축하하는 그를 지켜보았다. 나는 유리한 위치를 잃었다. 나는 레이스를 전략적으로 평가하지 못했고 백스톱backstop을 마련하지 않았다.

백스톱은 내가 삶의 모든 측면에서 채용하는 다재다능한 도구다. 이라크에서 네이비 실 팀과 작전을 할 때 나는 진로 찾는 일을 책임졌다. 백스톱은 항법 용어다. 그것은 내가 지도에 표시하는 지점을 말한다. 방향 전환을 놓쳤거나 경로를 이탈했다는 경보다.

당신이 숲을 지나고 있고 능선까지 갔다가 방향을 바꿔야 한다고 가정하자. 군에서는 미리 지도를 연구하고 지도 위에 방향 전환 지점을 표시한다. 그리고 그 지점에서 200미터 지난 지점, 두 번째 지점에서 150미터 지난 세 번째 지점까지 표시한다. 뒤의 두 지점이 당신의 백스톱이다.

시골이라면 보통 길, 개울, 높은 절벽 같은 지형지물을, 도시에서라면 위치 파악에 도움이 되는 대형 건물을 사용한다. 그 지점을 만나면 경로에서 벗어났음을 알게 되는 것이다. 임무를 수행하기 위해서는 방향을 전환하고, 재평가하고, 대체 경로를 택해야 한다는 것을 알려주는 것이 백스톱의 역할이다. 이라크에서는 1차 경로와 1차 경로가 위태로워졌을 때 후퇴할 수 있는 백스톱에 따른 2개의 다른 경로, 이렇게 세 가지 탈출 전략 없이는 기지에서 벗어나는 법이 없었다.

울트라맨 월드 챔피언십 셋째 날, 나는 순전히 의지만으로 이기려고 달려들었다. 나는 지성을 가진 사람이 아니라 모터였다. 나는 내 컨디션을 평가하지 않았고, 상대 선수들의 마음을 존중하지 않

앞으며, 시간을 잘 관리하지도 않았다. 내게는 승리를 위한 대체 경로는커녕 1차 전략조차 없었다. 그 때문에 나는 백스톱을 어디에 두어야 하는지도 몰랐다. 되돌아보면 내 기록에 좀 더 주의를 기울였어야 했다. 구간 기록에 백스톱을 설정했어야 했다. 마라톤 초반에 너무 빨리 뛰고 있다는 것을 알았다면, 놀라서 가스를 줄였어야 했다. 초반에 좀 더 느리게 뛰었더라면 결승선을 앞두고 철인 코스의 용암지대에 들어섰을 때 속도를 낼 에너지가 남았을 것이다. 누군가의 영혼을 거두기에 좋은 때는 레이스 초반이 아닌 종반이다. 나는 열심히 경기에 임했지만, 더 영리하게 경기를 운영했다면, 자전거 고장에 더 적절하게 대처할 수 있었다면, 스스로에게 더 나은 승리의 기회를 선사했을 것이다.

새로운 임무에 도전하다

울트라맨 대회에서 2위에 오른 것은 완전한 실패는 아니었다. 나는 어려움에 처한 가정을 위해 상당한 돈을 모았다.《트라이애슬리트》와《컴페티터Competitor》에 네이비 실에 대한 긍정적인 기사가 실렸다. 어느 날 아침 해군 특수전 사령부의 사령관인 해군 소장 에드 윈터스Ed Winters가 나를 불렀다. 그는 나를 찾아서는 안 될 사람이다. 해군 소장과 나 같은 사병 사이에는 대화를 방지하는 명령 체계가 엄연히 존재한다. 아무런 경고도 없이 그것들이 다 사라졌고 나는 그게 다 내 잘못인 것만 같은 느낌을 받았다.

매체에 긍정적인 보도가 실린 덕분에 나는 2007년 신병 모집 부서에 합류하라는 명령을 받았다. 소장의 호출을 받기 전에도 네이비 실을 대표해 여러 차례 공개 강연을 한 적이 있었다. 하지만 나는 여느 신병 모집관과는 달랐다. 나는 해군에서 만들어준 대본을 그대로 따르지 않았다. 항상 즉흥적으로 내 인생 이야기를 포함시켰다. 사령관의 사무실 밖에서 기다리면서 나는 눈을 감고 기억 파일을 훑어봤다. 언제 어떻게 내가 선을 넘어 네이비 실을 곤란하게 했는지 찾으면서. 윈터스가 사무실 문을 열었을 때 나는 잔뜩 긴장해서 경직된 대기 상태로 앉아 제복 사이로 땀을 흘리고 있었다.

"고긴스, 만나서 반갑네. 들어오게." 나는 눈을 뜨고 그를 따라 안으로 들어가 시선을 고정하고 바른 자세로 섰다. "앉지." 그가 미소를 지으며 책상을 마주 보고 있는 의자를 가리켰다. 나는 자리에 앉았지만 꼿꼿한 자세로 시선을 피했다. 윈터스 사령관이 나를 살폈다.

그는 50대 후반으로 이완된 듯 보이지만 완벽한 자세를 유지하고 있었다. 장성이 되는 것은 수만 개의 단계를 오르는 일이다. 그는 1980년부터 네이비 실이었고, 해군 특수전 개발단Naval Special Warfare Development Group,DEVGRU의 작전 장교였으며, 아프가니스탄과 이라크에서 사령관으로 있었다. 그는 어디에서나 남들보다 눈에 띄었고, 해군에서 그 누구보다 강하고, 현명하고, 기민하고, 카리스마 있는 사람이었다. 또 그는 기준에 부합하는 사람인 반면 나는 미국 해군의 그 누구보다 틀에서 벗어난 사람이었다.

"긴장할 것 없어. 무슨 문제가 있어서 부른 게 아니네. 자네는 신병 모집을 아주 잘하고 있어." 그는 티 하나 없이 깔끔한 책상 위 파일을 가리켰다. 내 자료가 들어 있는 파일이었다. "자네는 우리를 아주 잘 대변하고 있어. 하지만 우리가 더 노력해서 다가가야 할 사람들이 있고, 나는 자네가 도움이 될 거라고 생각하네."

마침내 해군의 투 스타가 내 도움을 필요로 한다는 사실을 실감했다. 그는 아프리카계 미국인을 네이비 실 팀에 영입하는 부분에서 심각한 문제에 직면했다고 말했다. 그것은 나도 알고 있는 사실이었다. 아프리카계 미국인은 인구의 13퍼센트지만, 특수부대 내비율은 불과 1퍼센트였다. 나는 BUD/S를 수료한 서른여섯 번째 아프리카계 미국인이었다. 그 이유 중 하나는 네이비 실에 아프리카계 미국인을 끌어들이기 위해 무엇이 필요한지 파악하지 못했기 때문이다. 적절한 신병 모집관도 없었다. 군은 스스로를 순수한 실력주의 집단이라고 생각하기를 좋아하며(실은 그렇지 않다), 그렇기 때문에 이 문제가 수십 년 동안 외면당해온 것이다. 나는 최근 윈터스 장군에게 전화를 했다. 그는 그 문제에 대해 이렇게 말했다. 조지 워커 부시 행정부 때 국방부가 이 문제에 대한 포석을 깔았고 손을 보도록 장군에게 보냈다고 말이다.

"우리는 네이비 실에 더 재능 있는 사람들을 영입해 팀을 더 개선할 기회를 놓치고 있었지. 그때 우리에겐 사람들을 보내야 할 곳이 있었네. 모습이 같다면 화해의 가능성이 더 커질 장소 말이지."

윈터스 소장은 이라크에서 엘리트 대테러 부대를 만들어 이름을 날렸다. 동맹국 군부대를 훈련시켜 그들이 테러나 마약 밀매 같은 사회악을 통제하고 국경 내에서 안정을 유지할 수 있게 하는 것은 특수부대의 중요한 임무 중 하나다. 2007년, 알 카에다는 나이지리아의 보코하람Boko Haram, 소말리아의 알 샤바브Al Shabaab를 비롯한 기존 극단주의 조직과 동맹을 맺고 아프리카를 잠식해가고 있었고 이에 소말리아, 차드, 나이지리아, 말리, 카메룬, 부르키나파소, 니제르에 대테러 부대를 구축하자는 논의가 있었다. 우리의 니제르 작전은 2018년 미군 특수전 대원 4명이 매복에 습격당해 사망하면서 국제적으로 알려졌고 이어 임무에 대한 대중의 철저한 조사가 이루어졌다. 하지만 2007년 당시에는 우리가 서아프리카에 개입하리라는 것이나 그 일에 필요한 인력이 부족하다는 것을 아는 사람이 거의 없었다. 그의 사무실에서 내가 들은 것은 특수부대에 아프리카계 미국인들이 필요한 때가 왔고 우리 군 지도부는 아프리카계 미국인들을 집단에 어떻게 끌어들여야 할지 실마리조차 잡지 못하고 있다는 이야기였다.

내게는 모두 새로운 정보였다. 나는 아프리카의 위협에 대해 전혀 모르고 있었다. 내가 아는 유일한 적대 지역은 아프가니스탄과 이라크였다. 이후 군의 문제는 공식적으로 내 문제가 되었다. 소장은 내가 대령과 소장 직속으로 유색인종 입대자 숫자를 늘린다는 목표하에 한 번에 10~12개 도시를 순회할 것이라고 했다.

우리는 이 새로운 임무의 첫 목적지를 함께 정했다. 워싱턴 D.C.의 하워드대학이었다. 하워드대학은 긴 역사를 지닌 유명한 흑인 대학이다. 우리는 풋볼 팀을 상대로 강연을 하기 위해 그곳을 찾았다. 흑인 대학의 역사에 대해서는 아는 것이 거의 없는 나도 그런 대학에 다니는 학생들이 보통 군대를 최적의 커리어로 생각하는 유형이 아니라는 것쯤은 알고 있었다. 미국의 역사와 지금까지 만연한 인종차별 탓에 정치적 사고의 흐름은 이런 기관의 중심에서 벗어나 있었다. 네이비 실을 모집하려면 하워드대학의 풋볼 연습장보다 관심을 가지고 우리 이야기를 들어줄 사람이 많은 장소를 선택해야 했다. 하지만 이 새로운 과제는 대중의 열광을 받는 곳이 아닌 적대 지역에서 수행할 필요가 있었다. 우리는 들르는 곳마다 인재 한두 명을 찾는 것을 목표로 했다.

소장과 나는 제복을 입고 무대로 걸어갔다. 청중의 눈에서 의심과 무관심이 엿보였다. 윈터스 소장은 나를 소개할 계획이었지만 차가운 반응은 우리가 다른 길을 가야 한다는 것을 말해주었다.

"처음에는 좀 주춤거렸지." 윈터스 소장이 당시를 회상했다. "하지만 자네 차례가 되자 나를 보더니 이렇게 말했어. '이건 제가 맡겠습니다, 장군님.'"

나는 바로 내 인생 얘기를 시작했다. 그리고 진심을 갖고 있는 사람들을 찾는다고 말했다. 내일도 그다음 날도 힘들 것을 알지만 모든 도전을 기꺼이 맞이하는 사람. 기량을 키우고, 지혜를 쌓고, 삶의 모든 면에서 역량을 키우고자 하는 사람. 우리는 명예와 대의에 목마른 사람, 자신의 가장 깊은 곳에 있는 두려움을 직면할 만큼 열린 마음을 가진 사람을 원했다.

"자네가 이야기를 끝냈을 때는 쥐 죽은 듯 조용했지."

그때부터 나는 모집 기준치에 도달하기만 한다면 예산과 스케줄을 자유롭게 운영할 수 있게 되었다. 나는 나름대로 자료를 만들어야 했다. 대부분이 자신은 절대 네이비 실이 될 수 없다고 생각한다는 것을 알았기 때문에 메시지의 범위를 넓혔다. 나는 내 이야기를 들은 사람이라면 반드시 우리와 같은 방향으로 걷지 않더라도 누구나 자신이 꿈꿔온 것 이상의 사람이 될 수 있다는 사실을 알려주고 싶었다. 나는 내 삶을 낱낱이 드러냈다. 내 이야기는 모든 변명 거리를 무효로 만들 것이기 때문이다. 내 주된 동력은 군을 통해서든 아니든 마음을 열고, 고통에 저항하는 길을 버리고, 찾을 수 있는 가장 어렵고 도전적인 과제를 추구하는 한, 누구나 인생을 바꿀 수 있다는 희망을 주는 데서 비롯되었다. 나는 나처럼 거친 사람들 사이에서 옥석을 찾아냈다.

2007년부터 2009년까지 나는 1년에 250일 동안 집을 떠나 있으면서 고등학교와 대학교에서 청중 50만 명을 대상으로 강연을 했다. 험악한 도심에 있는 고등학교, 역사가 긴 흑인 대학 수십 곳, 갖가지 문화, 형태, 차이를 반영하는 학교를 찾아 강연했다. 20명의 반 아이들 앞에서 더듬지 않고는 내 이름조차 말하지 못했던 4학년 때를 생각하면 엄청난 변화였다.

10대는 헛소리를 기막히게 알아차린다. 하지만 아이들은 내 메시지를 받아들였다. 가는 곳마다 울트라 레이스를 했고 신병 모집 전략에 달리기 훈련과 레이스를 포함시켰기 때문이다. 나는 보통 주중 강연지에 도착해 강연한 뒤 토요일과 일요일에 울트라 레이스를 했다. 2007년에는 거의 주말마다 울트라 레이스를 했다. 50마일, 100킬로미터, 100마일, 더 긴 것도 있었다.

정규직 2개에 동시에 종사하는 셈이었다. 스케줄에 빈틈이 없었다. 시간을 스스로 관리할 수 있다는 유연성 덕분에 울트라 레이스에 참여하고 그를 위한 훈련을 할 수 있기는 했지만, 아침 7시 30분부터 오후 5시 30분까지 매일, 주 50시간 근무해야 한다는 사실에는 변함이 없었다. 훈련 시간은 일을 대체하는 것이 아니라 거기에 추가되었다.

매달 45개 이상의 학교에 강연을 나갔고 그 후에는 얼마나 많은 행사(강당 연설과 운동 등)를 준비했는지, 얼마나 많은 아이들에게 이 야기를 했는지, 실제로 관심을 보인 아이들은 어느 정도였는지 상세히 기록한 작전 수행 보고서After Action Report, AAR를 제출해야 했다. 이 작전 수행 보고서는 곧바로 대령과 소장에게 전달되었다.

나는 최고의 버팀목이 바로 나라는 것을 빨리 배웠다. 때로 나는 삼지창이 그려진 네이비 실 티셔츠를 입고 강연 장소까지 약 80킬로미터를 달려 땀에 흠뻑 젖은 채 무대에 오르곤 했다. 강연 초반 5분 동안 팔굽혀펴기를 하거나 철봉을 무대 위로 끌고 가 이야기를 하면서 턱걸이를 하기도 했다. 그렇다. 소셜 미디어에서 당신이 보는 내 모습은 새로운 것이 아니다. 나는 이런 삶을 11년 동안 살아왔다!

멈추는 곳마다 관심을 보이는 아이들을 초대해서 학교 수업 전후 나와 훈련을 하거나 울트라 레이스에 지원 팀으로 참여하게 했다. 소문이 퍼지고 매체(지역 TV, 간행물, 라디오)가 등장했다. 다음 강연지로 가는 도시 간 이동을 달리기로 할 때는 특히 그랬다. 나는 생각을 분명하게 전달해야 했고, 단정해야 했고, 참여한 대회에서 더 열심히 노력해야 했다.

전설의 레드빌 100Leadville 100 트레일 레이스 주간에 콜로라도에 도착했던 것이 기억난다. 학기가 막 시작된 때였다. 덴버에서의 첫

날 밤 나는 명단에 있는 5개 학교를 하이킹과 달리기를 하고자 하는 트레일에 맞추어 배치했다. 들르는 학교마다 훈련을 함께 하자고 아이들을 초대했다. 단, 일과가 새벽 3시에 시작된다고 경고했다. 나는 차를 몰고 트레일 기점으로 갔고, 대견하게도 그 자리에 나온 모든 학생과 만남을 가졌다. 새벽 4시에 우리는 약 4,267미터가 넘는 콜로라도 58개 정상 중 하나를 오르는 파워 하이킹을 시작했다. 이후 우리는 사두근을 강화하기 위해 전력으로 산을 달려 내려갔다. 오전 9시, 나는 다른 학교로 갔고, 또 다른 학교로 갔다. 수업이 끝나면 나는 방문한 학교의 풋볼 팀, 육상 팀, 수영 팀과 운동을 함께 한 뒤, 다시 산으로 가서 해가 질 때까지 훈련했다. 건강한 학생을 모집하는 동시에 세계에서 가장 높은 고도에서 이루어지는 울트라 마라톤 대회에 적응하기 위해서였다.

레이스는 토요일 오전 4시에 시작되었다. 개척 정신에 뿌리를 둔 스키 타운, 레드빌 도심에서 출발해 고도 약 2,804미터에서 약 3,840미터에 이르는 아름다우면서도 험준한 로키산맥 트레일 네트워크를 횡단하는 레이스였다. 일요일 오전 2시 레이스를 마쳤을 때 며칠 전 내가 들른 학교에 다니는 덴버 출신의 10대가 결승선에서 나를 기다리고 있었다. 좋은 성적을 거두지는 못했지만(평소처럼 5위 안에 드는 대신 14위로 경기를 마쳤다) 나는 항상 전력으로 마무리하기 위해 신경 썼다. 그는 결승선을 향해 전력 질주하는 내게 활짝 웃는 얼굴로 다가와서 말했다. "당신이 결승선에 들어오는 걸 보기 위해 2시간 동안 운전해서 왔어요!"

교훈: 당신이 누구에게 영향을 줄지는 아무도 모른다. 보잘것없

는 내 성적은 그 젊은이에게 전혀 중요하지 않았다. 그가 자기 내면에서 감지한 능력과 가능성이라는 새로운 세계에 눈을 뜨도록 해주었기 때문이다. 그는 학교 강당에서 레드빌까지 나를 따라왔다. 그가 전형적인 것을 넘어 더 크게 될 수 있다는 완벽한 증거(나의 레이스 완주)를 찾고 있었기 때문이다. 내가 땀을 닦고 몸을 식히는 동안 그는 언젠가 자신도 고향의 산을 밤낮으로 달리고 싶다며 조언을 구했다.

일리노이 피오리아 외곽에서 열리는 매카너턴 파크 트레일 레이스에서는 속도 조절과 지원을 위해 10여 명의 아이들이 와주었다. 노스다코타 마이넛에서 20여 명이 나와 훈련을 함께 했다. 우리는 1월 해도 뜨기 전 섭씨 영하 28.9도의 날씨에 얼어붙은 툰드라를 달렸다! 한번은 애틀랜타주, 흑인이 주로 사는 동네의 학교에서 강연을 했다. 그곳을 떠나려는 참에 한 어머니가 두 아들을 데리고 왔다. 두 아이는 오래전부터 네이비 실이 되기를 꿈꾸었지만 그것을 비밀로 하고 있었다. 군에 입대하는 것이 동네에서 별로 근사한 일로 여겨지지 않았기 때문이다. 여름방학이 되자 나는 그들을 데리고 샌디에이고로 가서 함께 지내며 훈련을 했다. 나는 그들을 새벽 4시에 깨우고 주니어 버전의 제1과정을 하는 것처럼 해변에서 강도 높은 훈련을 시켰다. 즐겁지는 않았겠지만 그들은 용사의 정신을 구현하는 삶을 사는 데 필요한 게 무엇인지 배웠다. 내가 어디를 가든, 군에 입대하는 데 관심을 가지고 있든 아니든, 학생들은 나와 같은 하드웨어를 갖출 수 있겠느냐고 물었다. "하루에 100마일을 달릴 수 있을까요?", "잠재력을 다 발휘하려면 무엇이 필요할까요?" 나는 이렇게 말했다.

우리 문화는 즉효약, 라이프 핵life hack(생산성이나 효율성을 높이는 기술-옮긴이), 효율에 푹 빠져 있다. 모두가 최소한의 노력으로 최대한의 이익을 얻는 간단한 행동 알고리즘을 찾아 나선다. 행운이 따른다면 이런 태도로도 성공의 과시적인 요소 일부를 얻을 수 있다는 것을 부정하진 않겠다. 하지만 그것은 단련된 정신이나 극기로 이어지지 않을 것이다. **자신의 마음을 뜻대로 움직이는 기술을 익히고 싶다면, 조절기를 제거하고 싶다면 힘든 일에 중독되어야 한다.** 근면함이 없다면 열정과 집착은 물론 재능만으로는 한계가 있기 때문이다.

챔피언의 속도를 유지하는 법

내 모든 성취에서 가장 중요한 요소를 하나 꼽는다면 그것은 근면함이다. 다른 것은 다 부차적이다. 체육관에서든 직장에서든 노력에 대해서라면 40퍼센트의 규칙이 적용된다. 내게는 주 40시간의 일이 40퍼센트의 노력이다. 만족스러울 수도 있지만 그것은 평범함의 다른 말이다. 주 40시간 근무에 안주하지 마라. 일주일은 168시간이다! 그것은 직장에서 추가로 시간을 쓰고도 운동에 인색할 필요가 없다는 의미다. 그것은 영양 섭취를 간소화하고 아내와 아이들과 시간을 보내는 것을 의미하기도 한다. 또 매일 24시간 임무가 주어진 것처럼 인생 스케줄을 만들 수 있다는 의미이기도 하다.

사람들이 제대로 운동을 하지 못하는 이유로 시간이 없다는 변명을 가장 많이 한다. 모두가 해야 할 일이 있다. 수면 부족을 원하는 사람은 없다. 가족과도 시간을 보내야 하고 여행도 가야 한다. 이해한다. 그렇다면 아침을 쟁취해야 한다.

네이비 실에 몸담고 있을 때 나는 동트기 전의 어두운 시간을 최대한 이용했다. 아내가 자는 사이 일어나 약 9.7~16킬로미터를 뛰었다. 장비는 전날 밤 준비하고, 점심을 싸두고, 업무를 볼 때 입을 옷은 7시 30분, 하루를 시작하기 전 샤워를 할 때 갈아입을 수 있도록 직장의 로커 안에 넣어놓았다. 보통은 새벽 4시에 달리기를 하러 나갔다가 5시 13분에 돌아온다. 그것으로 충분치 않기 때문에, 그리고 우리에게는 차가 한 대뿐이기 때문에 나는 자전거를 타고 약 40킬로미터를 달려 출근했다. 오전 7시 30분부터 정오까지 일하고 점심시간 전이나 후에 책상에서 점심을 먹는다. 점심시간에는 체육관에 가거나 해변에서 약 6.4~9.7킬로미터를 달린다. 오후 근무를 하고 다시 자전거를 타고 돌아온다. 그리고 항상 집에서 저녁을 먹고 10시 전에 잠자리에 든다. 그렇게 해야 다음 날도 그런 일과를 반복할 수 있다. 토요일이면 7시까지 늦잠을 자고, 3시간 동안 운동한 뒤, 남은 시간은 케이트와 보낸다. 레이스가 없으면 일요일은 적극적인 회복의 날로 활용한다. 혈류의 흐름을 촉진하기 위해 맥박을 분당 110회 미만으로 유지하면서 천천히 자전거를 탄다.

내가 특이한 사례라거나 강박관념에 사로잡힌 미치광이라고 생각할지도 모르겠다. 당신과 말씨름할 생각은 없다. 내 친구 마이크의 경우를 생각해보자. 그는 뉴욕시에서 일하는 성공한 재정 자문가다. 그는 업무 강도가 상당히 높은 일을 한다. 주중에는 하루에 8시간 훨씬 넘게 일한다. 그에게는 아내와 두 아이가 있다. 그리고 그는 울트라 마라토너다. 그의 스케줄은 이렇다. 주중이면 새벽 4시에 일어나 매일 아침 60~90분을 달리고, 자전거를 타고 출퇴근하며, 집에 도착한 뒤에는 30분 동안 트레드밀에서 달리기를 한다. 주말이면 야외로 나가 좀 더 먼 거리를 달리지만 가족에 대한 의무를 수행하는 데 영향을 주지 않기 위해 노력한다.

그에게는 논과 권력이 있으며, 적은 노력만으로도 손쉽게 현재 상태를 유지하면서 노동의 달콤한 열매를 즐길 수 있다. 그는 쓸데없는 일을 최소화함으로써 이 모든 것을 할 시간을 낸다. 그의 우선순위는 명확하고 그는 자신의 우선순위를 지키는 데 전념한다. 나는 일반적인 우선 사항을 이야기하는 것이 아니다. 그는 매 시간을 특정한 과제에 할애하고 그 시간이 되면 그 과제에 100퍼센트 집중한다. 나도 그렇게 한다. 그것이 시간 낭비를 최소화하는 유일한 방법이기 때문이다.

삶을 총체적으로 평가하라. 우리는 의미 없는 짓거리에 너무나 많은 시간을 허비한다. 대부분 소셜 미디어에, TV에 시간을 소비한다. 연말에 세금을 계산하듯 그 시간을 계산한다면 며칠, 혹은 몇 주가 될 것이다. 그러므로 실제로 계산해봐야 한다. 사실을 알면 당신은 당장 페이스북 계정을 비활성화하고 케이블을 끊을 테니 말이다. 시시한 대화를 나누거나 어떤 식으로든 당신을 조금이라도 발전시키는 일이 아니라면 당장 중단하라!

수년 동안 나는 수도승처럼 살아왔다. 내가 어울리는 사람의 범위는 대단히 좁다. 일주일에 한두 번 소셜 미디어에 게시물을 올릴 뿐 다른 사람의 피드를 확인하지 않는다. 어떤 사람도 팔로하지 않기 때문이다. 그런 식으로 지독하게 살아야 한다는 말은 아니다. 당신과 나는 같은 목표를 추구하는 것이 아니기 때문이다. 하지만 나는 당신 역시 목표를, 발전의 여지를 지니고 있다는 것을 안다. 그렇지 않다면 당신은 내 책을 읽고 있지 않을 것이다. 장담하건대 스케줄을 자세히 감사監査해보면 더 많은 일을 할 시간을 찾고 쓸데없는 짓을 줄일 수 있을 것이다.

쓰레기를 없앨 방법을 찾는 것은 당신의 몫이다. 식사가 끝난 후에도 의미 없는 대화를 하며 식탁에서 보내는 시간은 얼마나 되는가? 특별한 이유 없이 얼마나 많은 전화나 문자메시지를 보내는가? 삶 전체를 보고, 의무와 과제를 나열해보라. 그 위에 시간 스탬프를 찍어라. 쇼핑, 식사, 청소에 얼마나 많은 시간이 필요한가? 잠은 얼마나 자야 하는가? 출퇴근은 어떤 식으로 하는가? 자신의 동력을 이용해 출퇴근할 방법은 없는가? 모든 것을 시간 단위로 설정하라. 일과가 정해졌다면 주어진 날에 얼마나 많은 시간을 유연하게 사용할 수 있는지, 그것을 얼마나 극대화할 수 있는지 알게 될 것이다.

건강을 지키는 것 외에 사업을 시작하는 것을 꿈꾸거나, 좋아하는 언어나 악기를 배우고 싶다는 생각을 해왔을 수도 있다. 거기에도 같은 규칙이 적용된다. 스케줄을 분석해보라. 무의미한 습관을 버리고, 쓰레기를 태우고, 무엇이 남는지 살펴보라. 하루에 1시간인가? 3시간? 이제 그 시간을 최대한 활용하라. 그것은 하루를 시간으로 나눠 우선적인 과제를 분배하는 것을 의미한다. 15분 간격으로 더 세분할 수도 있다. 일정에 백스톱을 포함시키는 것을 잊어서는 안 된다. 내가 울트라맨에서 레이스 계획에 백스톱을 포함시키지 않았던 것을 기억하는가? 하루 일정에도 백스톱이 필요하다. 어떤 과제가 시간을 넘긴다면 바로 알아차리고 빨리 다음 우선순위 과제로 전환해야 한다. 스마트폰에 낚이지 말고 그것을 생산성을 향상하는 도구로 사용하라. 캘린더의 알림을 켜라. 알림을 설정하라.

인생을 감사監査하고, 쓰레기를 피하고, 백스톱을 사용한다면 필요한 모든 일을, 하고자 하는 모든 일을 할 시간을 확보할 수 있을 것이다. 하지만 휴식이 필요하다는 것을 기억하라. 휴식도 일정에 포함시켜라. 몸의 말에 귀를 기울이고, 필요할 때는 10~20분간의 낮잠으로 활력을 찾아라. 일주일에 하루는 온전히 쉬는 날로 만들어라. 쉬는 날에는 몸과 마음이 한껏 이완되도록 하라. 전화기를 꺼둬라. 컴퓨터 전원을 꺼라. 쉬는 날이란 친구나 가족과 어울리고 잘 먹고 마시면서 긴장을 풀어 기력을 충전하고 다시 시작할 수 있어야 한다는 것을 의미한다. 쉬는 날은 기기에 마음을 빼앗기거나 책상에 코를 박고 있는 날이 아니다.

이런 24시간 임무의 핵심은 챔피언의 속도를 유지하는 것이다. 한 시즌이나 한 해 동안이 아닌 평생 말이다. 거기에는 질 좋은 휴식과 회복의 시간이 필요하다. 결승선이 없기 때문이다. 항상 더 배워야 할 것이 있다. 딱따구리의 부리처럼 단단해지고 싶다면, 긴 거리를 달리고도 마지막까지 역주할 만큼 강해지려면 늘 보완해야 할 약점이 있게 마련이다.

2008년 나는 아이언맨 월드 챔피언십을 위해 코나를 다시 방문했다. 네이비 실의 임무 때문에 눈에 띄는 상황이었고 네이비 실에서 내가 본 어떤 사람보다 강한 키스 데이비즈Keith Davids 중령과 레이스에 출전할 계획이었다. NBC 스포츠는 우리의 일거수일투족을 카메라에 담았고 우리의 레이스를 아나운서들이 주요 도전자의 기록을 전하는 사이 끼워 넣는 눈요깃거리로 만들었다.

경기 시작은 할리우드의 경쟁 PT에서 바로 빠져나온 것 같았다. 대부분의 선수가 나름의 경기 전 의식에 깊이 빠져 레이스 인생에서 가장 긴 날을 위한 마음의 준비를 하고 있을 때, 우리는 C-130을 타고 머리 위에서 웅웅거리며 날다가, 약 457미터 상공에서 뛰어내려, 낙하산을 펴고 바다에 들어갔고, 조디악Zodiac 상륙정이 우리를 건져 올려 출발 신호가 울리기 4분 전에 해안에 데려다주었다. 4분이면 에너지 젤과 물을 마시고 네이비 실 철인 3종 경기복으로 갈아입기에 촉박한 시간이었다.

지금쯤이면 당신도 내가 물에서는 속도가 빠르지 않다는 것을 알 것이다. 2.4마일(약 4킬로미터) 수영에서 데이비즈는 나를 묵사발로 만들었다. 자전거 위에서는 그에게 도전할 만했지만 그날은 허리가 아파서 중간 지점에서 멈추고 스트레칭을 해야 했다. 112마일 자전거 코스를 마친 후 전환 구역으로 들어갈 때쯤에는 데이비즈가 30분가량 앞서 있었고 마라톤 초반에는 그 시간을 많이 만회하지 못했다. 몸이 반란을 일으키고 있었고 초반 몇 마일은 걸어야 했다. 하지만 나는 포기하지 않고 리듬을 찾아서 기록을 단축하기 시작했다. 내 앞 어딘가에서 데이비즈가 무너지는 바람에 그와 조금 더 가까워졌다. 몇 마일 동안 그가 멀리서 터벅터벅 걷는 것이 보였다.

그는 용암 지대에서 고통을 받고 있었다. 아스팔트에서는 열기가 올라오고 있었다. 나는 그가 나를 이기고 싶어 하는 것을 알고 있었다. 그는 자존심이 강한 사람이었기 때문이다. 그는 장교였고, 훌륭한 책략가였고, 강인한 선수였다. 나 역시 그를 이기고 싶었다. 그것이 네이비 실이 연결된 방식이다. 그를 빠르게 지나칠 수도 있었다. 하지만 나는 그에게 다가가면서 스스로에게 겸손하라고 이야기했다. 결승점을 2마일 앞두고 그를 따라잡았다. 그는 존경과 유쾌한 격분이 뒤섞인 표정으로 나를 보았다.

그리고 미소 지으면서 "망할 놈의 고긴스!"라고 말했다. 우리는 함께 물에 뛰어들었고, 레이스를 함께 시작했고, 함께 마쳤다. 우리는 2마일을 나란히 걸었고, 결승선을 통과했고, 서로를 끌어안았다. 망할 TV 방송 소재로 더할 나위 없었다.

모든 것이 순조로웠다. 내 경력은 반짝반짝 빛났다. 나는 스포츠계에서 유명해졌으며, 네이비 실이 마땅히 그래야 하는 것처럼 전장으로 돌아갈 계획이었다. 하지만 때로는 삶의 모든 것을 적절히 하고 있을 때도 망할 놈의 폭풍이 등장해 몸집을 키운다. 경고도 없이 혼란이 엄습할 수 있다. 그런 일이 일어났을 때는 멈출 방법이 없다.

운이 좋다면 문제나 부상이 상대적으로 경미할 것이다. 그런 사건이 불쑥 일어났을 때 거기에 적응하고 유지하는 것은 당신 몫이다. 부상당했거나 다른 문제 때문에 당신이 가장 열정을 가지고 임하는 일을 하지 못한다면 에너지를 다른 곳으로 돌려야 한다. 보통 우리는 강점인 활동을 추구하는 경향이 있다. 잘하는 일을 할 때는 재미

가 있기 때문이다. 약점에 공을 들이는 것을 즐기는 사람은 찾기 힘
들다. 그 때문에 달리기를 잘하는 사람이 무릎 부상을 입어 12주 동
안 달릴 수 없다면, 그때가 요가를 시작하기에 좋은 시간이 된다.
유연성과 전반적인 근력을 향상시키면 더 나은 선수가 될 수 있고
부상도 쉽게 당하지 않는다. 기타 연주자인데 손을 다쳤다면, 건반
앞에 앉아 다치지 않은 손으로 더 다재다능한 음악가가 되어보라.
요점은 방해나 차질이 초점을 흐리게 놓아두지 않는 것, 우회가 우
리의 사고방식을 지배하지 않게 하는 것이다. 항상 적응, 재측정,
추진을 통해 어떻게든 더 나아지도록 해야 한다.

내가 운동하는 것은 울트라 레이스를 준비하거나 이기기 위해서
가 아니다. 내 동기는 운동과 전혀 관련이 없다. 나의 동기는 인생을
헤쳐나가기 위해 내 정신을 준비시키는 것이다. 인생은 언제나 사람을
기진맥진하게 만드는 지구력 스포츠다. 강도 높은 훈련을 하고, 불편을
즐기고, 정신을 단련하면 당신은 어떤 일이 있더라도 앞으로 나아갈 길
을 찾는 다재다능하고 숙련된 경쟁자가 될 것이다. 인생이 대형 해머처
럼 당신을 덮칠 때가 있을 것이기 때문이다.

신병 모집을 위한 2년간의 활동은 2009년 끝나게 되어 있었다.
다음 세대에게 영감을 불어넣는 시간도 무척 즐거웠지만 전장으로
돌아가 작전을 수행할 날을 고대했다. 하지만 그 자리를 떠나기에
앞서 더 큰 일을 계획했다. 샌디에이고 해변에서 메릴랜드 아나폴리
스까지 자전거를 타고 가는 전설적인 지구력 로드 레이스, 레이스
어크로스 아메리카Race Across America였다. 레이스는 6월에 열렸다. 그 때
문에 나는 1월부터 5월까지 모든 자유 시간을 자전거 위에서 보냈

레이스 어크로스 아메리카 훈련 일지.

다. 새벽 4시에 일어나 출근하기 전에 자전거를 약 177킬로미터 타고, 근무가 끝나면 약 32~48킬로미터 거리인 집으로 돌아왔다. 주말에는 적어도 하루에 약 322킬로미터를 달렸다. 레이스는 완주하는 데 약 2주가 걸리고 잠을 거의 자지 못한다. 나는 인생을 통틀어 육체적으로 가장 큰 도전에 대한 준비를 갖추려 하고 있었다.

다시 인생을 덮친 대형 해머

그러다 5월 초 모든 것이 뒤집혔다. 오작동하는 기계처럼 급격하게 심장 상태가 나빠졌다. 수년 동안 안정 시 심장박동 수는 30대였는데, 갑자기 70~80이 되었고 활동을 하기만 하면 심장박동이 치

솟아 거의 쓰러질 지경까지 갔다. 마치 물이 새는 것처럼 몸에서 모든 에너지가 빨려나갔다. 심장은 계단 한 층을 오르는 짧은 걷기만으로도 통제할 수 없이 쿵쾅거렸다.

처음에는 심한 훈련 때문이라고 생각했다. 의사도 동의했지만 만약을 위해 발보아 병원Balboa Hospital에 심장 초음파 검사를 예약해주었다. 검사를 위해 병원을 찾았고 내 머리는 모니터를 볼 수 없는 방향을 향해 있었다. 의사는 심방과 판막을 확인하는 내내 쓸데없는 이야기를 떠들었다. 그는 모든 것이 튼튼하다고 말했다. 그러다 검사가 시작되고 45분쯤 지났을 무렵 갑자기 말을 멈췄다. 그의 목소리 대신 마우스를 클릭하고 화면을 확대하는 소리가 들렸다. 이후 그는 방을 나서더니 몇 분 후 다른 의사와 함께 들어왔다. 그들은 마우스를 클릭하고 화면을 확대하고 서로 속삭였다.

흰 가운을 입은 사람들이 당신 심장을 풀어야 하는 퍼즐처럼 대한다면 상당히 심란한 상태인 모양이라고 생각할 수밖에 없다. 무척 겁이 나서 당장 답을 알고 싶었다. 하지만 무례한 놈이 되거나 두려움을 드러내고 싶지 않아 전문가들이 일을 하게 놓아두기로 했다. 몇 분 후 방으로 들어온 심장 전문의는 마법 지팡이를 받아 들고 내 가슴 위를 문지르면서 모니터를 자세히 들여다보고는 고개를 잠깐 끄덕였다. 그러더니 인턴에게 하듯 내 어깨를 두드리며 말했다. "얘기 좀 나누죠."

"심방중격결손이 있습니다." 복도에 서서 그가 말했다. 검사자와 간호사들이 우리가 서 있는 곳 양쪽의 방으로 사라졌다 다시 나타났다 했다. 나는 정면을 보면서 아무 말도 하지 않았다. 그는 내가 자신의 이야기를 이해하지 못했다는 것을 깨달았다. "심장에 구멍이 난 겁니다." 그는 미간을 찡그리며 턱을 쓰다듬었다. "크기가 꽤 커요."

"심장에 구멍이 그냥 생기는 건 아니겠죠?"

"아닙니다." 그가 웃으며 말했다. "구멍이 난 채 태어난 기죠."

그는 내 우심방과 좌심방 사이의 벽에 구멍이 있고, 그럴 경우 산소를 운반하는 혈액과 탈산소화된 혈액이 섞이기 때문에 문제가 된다고 설명했다. 의사 말에 따르면, 내 몸에서는 근육과 장기가 적절하게 기능하는 데 필요한 산소의 절반 정도만 공급되고 있었다.

그 문제는 발과 복부가 붓고, 심장이 두근거리고, 가끔 숨이 가쁜 증상으로 이어진다. 내가 얼마 전부터 느끼던 피로도 그 때문이었다. 그리고 폐에도 영향을 준다. 폐 혈관이 처리할 수 있는 것보다 혈액이 넘치기 때문에 과도한 피로와 질병에서 회복하기가 훨씬 더 어려워진다. 첫 지옥주 동안 양측 폐렴에 걸렸다가 회복할 때 겪은 온갖 문제가 떠올랐다. 폐 속 점액이 완전히 없어지지 않아서 지옥주에서나 울트라 레이스를 하는 동안 계속 가래를 뱉어야 했다. 어떤 날은 점액이 너무 많아 잠을 잘 수 없었다. 울트라 레이스에 집착하면 대부분의 사람들은 과사용 손상이라는 문제를 겪게 된다. 하지만 심혈관계만은 건강하다. 고장 난 몸으로 그렇게 많은 경쟁과 성취를 경험했는데도 나는 그게 대단하다고 느껴본 적이 없다. 나는 견디고 극복하는 법을 배웠다. 의사가 필수 사항을 다운로드하는 와중에 평생 처음으로 내가 억세게 운이 좋은 놈이라고 느꼈다. 심장에 구멍이 있지만 그것이 나를 '아직은' 죽이지 않았다는 게 간접적인 행운의 상징으로 여겨졌다.

나와 같이 심방중격결손이 있는 사람이 깊은 물에 들어갔다 올라오면 본래는 폐혈관을 거쳐 폐에서 여과되어야 하는 공기 방울이 그 구멍에서 새어 나와 무기나 다름없는 색전이 된다. 색전은 몸속을 돌면서 뇌혈관을 막아 뇌졸중을 일으킬 수도 있고 심장으로 가는 동맥을 막아 심장마비를 유발할 수도 있다. 몸속에 언제 어디에서 터질지 모르는 폭탄이 떠다니는 가운데 다이빙하는 것과 같다.

이런 싸움을 하는 것은 나만이 아니다. 10명의 아기 중 1명이 이런 결손을 갖고 태어난다. 하지만 대부분 구멍이 저절로 닫혀 수술이 필요 없다. 미국의 경우 수술이 필요한 어린이는 연간 2,000명 이하다. 요즘에는 진단 기술이 발달해 보통 환자가 학교에 가기 전에 수술을 한다. 심방중격결손을 갖고 태어난 내 또래 사람들은 대개 어머니 품에 안겨 병원을 나선 후 아무런 단서도 없이 죽음의 위험을 안고 살아간다. 나처럼 30대에 심장이 문제를 일으킬 때까지. 경고신호를 무시했다면 나는 4마일 달리기를 하다가 쓰러져 죽었을지도 모를 일이다.

그 때문에 군에 있다가 심방중격결손 진단을 받았을 경우 비행기에서 뛰어내리거나 스쿠버다이빙을 해서는 안 된다. 내 상태를 알았다면 해군은 내가 네이비 실이 되는 것을 허용하지 않았을 것이다. 내가 지옥주, 배드워터, 다른 레이스를 해냈다는 것은 믿기 힘든 일이었다. "이런 상태에서 그런 일을 해냈다니 정말 놀랍습니다." 의사가 말했다.

나는 고개를 끄덕였다. 그는 내가 의학적인 경이, 이상치, 혹은 억세게 운이 좋은 재능 있는 사람이라고 생각했다. 하지만 내게 그것은 내가 이룬 성취가 신이 준 재능이나 좋은 유전자 덕분이 아니라는 더 확실한 증거였다.

내 심장에는 빌어먹을 구멍이 있다! 나는 항상 반밖에 채워지지 않은 탱크로 달리고 있었던 것이다. 그것은 내 인생이 인간의 힘을 온전히 이용하는 일에 헌신할 때 어떤 일이 일어나는지 보여주는 완벽한 증거라는 뜻이었다.

3일 후 나는 수술을 받았다.

세상에, 수술은 개판이었다. 우선 마취가 완전히 되지 않았다. 그것은 의사가 내 허벅지 안쪽을 절개하고, 넓적다리 동맥에 카데터를 삽입하고, 그것이 심장에 닿으면 나선형 패치를 카데터를 통해 전달해 심장의 구멍을 때우도록 제자리로 옮기는 동안 내가 반쯤 깨어 있었다는 의미다. 한편 내 목 안에는 카메라가 달려 있었는데, 나는 2시간 동안 구역질을 하면서 견뎌야 했다. 그 모든 일이 끝난 후에는 문제가 끝났어야 했다. 의사는 심장의 조직이 패치 주위로 성장해서 패치를 고정하는 데 시간이 걸리겠지만 일주일 후면 가벼운 운동을 할 수 있다고 말했다.

로저! 집에 돌아오자마자 팔굽혀펴기를 하기 위해 바닥에 엎드렸는데, 곧바로 심방세동이 일어났다. 맥박이 120에서 230으로 솟구쳤다가 다시 120으로, 그다음엔 다시 250으로 요동을 쳤다. 나는 어지러움을 느끼고 호흡이 정상을 되찾을 동안 앉아서 심장박동 측정기를 응시했다. 다시 한번 안정 시 심장박동이 80대가 되었다. 즉 아무것도 변한 것이 없었다. 심장 전문의에게 전화를 했더니 그는 경미한 부작용이라면서 인내심을 가지라고 말했다. 그의 말을 믿고 며칠 더 쉬었다. 이후 직장에서 집에 오는 길에 천천히 자전거를 탔다. 처음에는 문제가 전혀 없었다. 하지만 24킬로미터쯤부터 다시 심방세동 상태가 되었다. 내 마음속 눈에 보이는 상상의 그래프 위에서 맥박 수가 120에서 230으로 튀어 올랐다가 떨어졌다. 리듬이란 찾아볼 수 없었다. 케이트가 나를 차에 태우고 발보아 병원으로 직행했다. 그 후 다른 두 의사의 진찰을 받았다. 패치가 고정되지 않았거나 구멍을 덮기에 부족한 것으로 밝혀졌고 두 번째 심장 수술을 해야 했다.

해군에서는 문제가 더 복잡해지는 것을 염려했고, 라이프스타일을 조정하고 뉴 노멀과 제대를 고려하라고 제안했다. 나는 발보아에서 더 나은 의사를 찾았고, 그는 재수술을 고려하기까지 몇 개월을 기다려야 한다고 말했다. 그동안 나는 비행기에서 뛰어내릴 수도, 다이빙을 할 수도 없었다. 완전히 다른 삶을 살아야 했다. 나를 불쌍히 여기고 싶은 유혹이 들었다. 이 일은 난데없이 나타나서 내 군 경력을 통째로 바꾸어놓았다. 하지만 내가 평생 훈련해온 것은 울트라 레이스를 위한 것이 아니었다. 나는 낙심 따위는 거부했다.

나는 피해자의 사고방식을 유지한다면 이 망할 상황에서 어떤 것도 얻을 수 없다는 것을 알고 있었다. 패배감에 젖어 하루 종일 집구석에 처박혀 있고 싶지 않았다. 그래서 그 시간 동안 신병 모집 프레젠테이션을 완벽하게 다듬었다. 훌륭한 작전 수행 보고서를 만들고 행정 업무에 훨씬 더 꼼꼼하게 임했다. 지루하게 들리는가? 망할, 그렇다. 지루한 일이다. 하지만 정직하고 필요한 일이기도 했

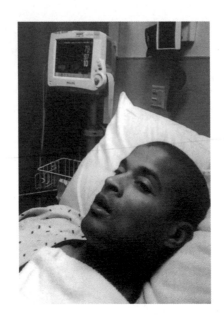

2차 심장 수술 후.

다. 나는 그것을 이용해 현실의 싸움으로 돌아갈 순간이 올 때까지 정신을 날카롭게 유지했다.

아니, 그러기를 바랐다.

1차 수술 후 14개월이 지났을 때, 나는 다시 한번 똑바로 누운 채 천장에 있는 형광등을 응시하며 들것에 실려 병원 복도를 지나갔다. 수술 전 검사를 받으러 가는 길이었다. 기술자와 간호사들이 면도를 하고 준비를 갖추는 동안 나는 군에서 이룬 모든 일을 돌이켜 보고 그것으로 충분한지 생각해보았다. 의사가 이번에도 고치지 못하면 만족감을 느끼면서 기꺼이 제대할 수 있을까? 마취과 의사가 내 얼굴에 산소마스크를 씌우고 귀에 대고 조용히 카운트다운을 할 때까지 머릿속에서 그 질문이 맴돌았다. 불이 꺼지기 직전, 나는 그에 대한 답이 칠흑 같은 내 영혼의 심연에서 터져 나오는 것을 들었다.

'절대 아냐!'

CHALLENGE #8

낭비되는 5시간을 잡아내라
- 위대해지기 위한 시간 경영법

하루를 구획할 시간이다. 너무나 많은 사람이 멀티태스커가 되었다. 그것이 나라 전체를 '대충'에 만족하게 만들었다. 이것은 3주간의 과제가 될 것이다. 첫째 주에는 평상시 스케줄대로 지내되 메모를 해야 한다. 언제 일을 하는가? 쉬지 않고 계속 일을 하는가? 아니면 휴대 전화를 확인하는가? 식사 시간은 얼마나 되는가? 언제 운동을 하고, TV를 보고, 친구들과 수다를 떠는가? 통근 시간은 얼마나 되는가? 운전을 하는가? 각 활동을 시간과 함께 매우 자세히 기록한다. 이것이 기준점이 될 것이고 빼내야 할 지방을 많이 발견하게 될 것이다. 사람들은 대부분 하루에 4~5시간을 낭비한다. 그것을 확인하고 활용하는 법을 배운다면 생산성 향상의 궤도에 오를 것이다.

둘째 주에는 최적의 스케줄을 만들어야 한다. 15~30분의 시간 블록에 모든 일을 배치한다. 여러 블록이 혹은 하루 전체가 필요한 과제도 있다. 일할 때는 한번에 한 가지만 해야 한다. 눈앞의 과제에 대해서만 생각하면서 오로지 그 일만 해나간다. 다음 과제를 해야 할 시간이 오면, 이전 과제는 치워두고, 이전과 마찬가지로 집중한다.

식사 시간이 적절하되 끝없이 이어지지 않도록 한다. 운동과 휴식 시간도 일정에 넣어야 한다. 휴식을 취할 때는 적극적으로 쉬어야 한다. 이메일을 확인하거나 소셜 미디어를 쓸데없이 흘금거리는 것은 휴식이 아니다. 열심히 일하려면 뇌를 반드시 쉬게 해야 한다.

2주 차에는 시간을 적어가며 메모한다. 또 다른 여분의 시간을 찾을 수 있을 것이다. 3주 차에는 수면 시간에 영향을 주지 않는 범위에서 노력을 극대화하는 작업 스케줄을 짜야 한다. 스케줄을 사진으로 찍어 #누구도나를파괴할수없다canthurtme, #재능은필요없다talentnotrequired 해시태그와 함께 소셜 미디어에 올려라.

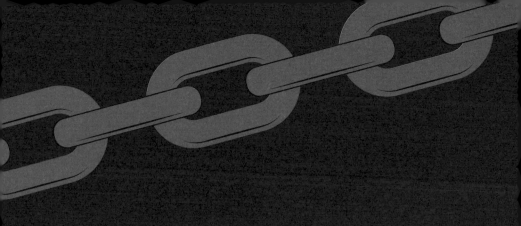

9장

레인저 리더십

: 한 번의 성공에 매몰되지 마라

나는 지체하지 않는 것을 비범해질 기회로 생각한다.
누가 보고 있어서가 아니다.
나에게는 비범함에 대한 나만의 기준이 있다.

훈련 없이 생존은 없다

마취가 되면서 과거의 한 장면이 떠올랐다. 우리는 깊은 밤 정글 속을 질주하고 있었다. 동작은 은밀하고 조용했지만 빨랐다. 그래야 했다. 먼저 공격하는 사람이 싸움에 이긴다, 대부분은.

우리는 고개 위에 올라 3중 캐노피 정글의 우뚝 솟은 굵은 마호가니 나무들 밑에 몸을 숨기고 야간 투시경을 통해 표적을 추적했다. 햇빛이 없는데도 열대의 더위는 강렬했다. 유리창 위를 굴러가는 이슬처럼 얼굴 옆으로 땀방울이 미끄러졌다. 스물일곱 살인 내 눈앞에 〈플래툰〉과 〈람보〉를 보며 꾸던 꿈이 현실로 펼쳐지고 있었다. 나는 눈을 두 번 깜빡이고, 숨을 내쉬고, 책임 장교의 신호에 따라 사격을 개시했다.

분당 500~650발이 발사되는 탄띠 송탄식 기관총, M60의 리듬에 따라 온몸이 진동했다. 100발의 탄띠가 으르렁대는 기계에 먹히고 총열에서 터져 나가는 동안 아드레날린이 혈류에 넘치고 내 뇌를 흠뻑 적셨다. 초점이 좁혀졌다. 나와 내 무기와 양해의 말 따위는 없이 박살을 내고 있는 표적 외에는 아무것도 없었다.

2002년이었다. 나는 BUD/S에서 갓 나와 네이비 실로서 공식적으로 세상에서 가장 치명적인 용사 중 한 명이, 살아 있는 가장 강인한 사람들 중 한 명이 되었다. 하지만 그때는 울트라 레이스라는 토끼굴에 빠지기 몇 년 전이었다. 9·11 테러는 미국인의 의식 속에 아물지 않는 상처였다. 그 파급효과는 우리 같은 사람들의 모든 것을 바꾸어놓았다. 전투는 더 이상 우리가 염원하는 신화적 마음 상태가 아니었다. 전투는 아프가니스탄의 산지, 마을, 도시에서 벌어지고 있는 현실이었다. 그동안 우리는 빌어먹을 말레이시아에서 전투에 참가하길 바라며 명령을 기다리고 있었다.

우리는 그렇게 훈련을 했다.

BUD/S 이후 나는 네이비 실 자격 교육^{SEAL Qualification Training}을 받았다. 거기에서 공식적으로 삼지창을 얻고 처음으로 소대에 배치되었다. 말레이시아에서는 정글전 훈련이 계속되었다. 우리는 떠 있는 헬기에서 로프를 타고 빠르게 오르내렸다. 일부는 스나이퍼 교육을 받았고 나는 부대에서 체격이 가장 컸기 때문에(당시 내 체중은 250파운드로 돌아가 있었다) 돼지를 가지고 다니는 일을 맡았다. 외양간의 수돼지 소리와 비슷한 소리를 낸다고 해서 M60에 붙은 별명이었다.

사람들은 대부분 돼지를 맡는 걸 겁을 냈지만 나는 그 총에 사로잡혔다. 무기만 약 9킬로그램이었고 100발짜리 탄띠 하나의 무게가 약 3킬로그램이었다. 어디를 가든 나는 벨트 6~7개(하나는 총에,

실 자격 교육 수료(삼지창을 내리치면서 가슴에 남은 핏자국에 주목하라).

4개는 허리에, 하나는 륙색에 묶인 주머니에), 기관총, 약 23킬로그램에 달하는 륙색을 가지고 다른 사람과 마찬가지로 빠르게 움직여야 했다. 선택의 여지가 없었다. 우리는 전투를 하는 것처럼 훈련했고 전투 격언인 쏘고, 움직이고, 소통하는 데 완벽을 기하려면 실전을 모방하기 위한 탄약이 필요했다.

그것은 총열을 정확하게 유지해야 한다는 것을 의미했다. 무기를 아무 곳에나 흩뿌릴 수는 없었다. 그럴 경우 아군 총격이 발생할 수 있다. 무장했을 때는 항상 팀원들의 위치와 결부해 조준해야 하며 이를 위해서는 근육이 잘 단련되어 있고 세부적인 부분까지 면밀히 주의를 기울여야 한다. 돼지를 가지고 임무를 수행할 때는 특히 더 그렇다. 안전에 대한 높은 기준을 유지하고 치명적인 힘을 정확히 전달하는 것이야말로 평범한 네이비 실을 훌륭한 오퍼레이터로 만든다.

사람들은 대부분 네이비 실이 되고 나면 항상 그 집단에 머물 거라고 생각한다. 하지만 그렇지 않다. 나는 우리가 끊임없는 평가 대상이라는 것을 빨리 깨달았다. 신참이든 베테랑 오퍼레이터든 안전에서 벗어나는 순간 아웃이다! 첫 소대에서 나는 신참 3명 중 1명이었다. 그중 하나는 안전을 유지하지 못해서 총을 빼앗겼다. 우리는 10일 동안 밤낮으로 무기를 들고 다니면서 말레이시아의 정글을 누비고, 해먹에서 잠자고, 통나무배를 저었다. 그는 『오즈의 마법사』에 나오는 서쪽 마녀가 빗자루를 끌고 다니듯 총을 간신히 끌고 다녔다. 이후에는 그것조차 버티지 못했고 결국 소대에서 쫓겨났다. 첫 소대의 장교들은 모두를 솔직하고 공정하게 대했고, 그런 점 때문에 나는 그들을 존경했다.

"전투가 벌어졌다고 람보로 변할 수 있는 사람은 없지." 다나 드코스터Dana De Coster는 최근 내게 이렇게 이야기했다. 다나는 네이비 실 5팀 내 첫 소대의 부지휘관이었다. 지금은 BUD/S의 작전 본부장이다. "우리는 스스로를 열심히 내몰아서 진짜 총알이 날아다닐 때 좋은 훈련에 의지할 수 있게 해야 해. 우리 기준점이 아주 높아서 적을 능가하리란 것을 분명히 알아야 하는 거야. 람보가 될 수는 없더라도 거기에 아주 가까워져야 해."

많은 사람이 네이비 실이 사용하는 무기와 참여하는 총격전에 매력을 느끼지만 내가 좋아하는 부분은 그런 것이 아니었다. 그런 일을 아주 잘하긴 했지만 나 자신과의 전쟁을 선호했다. 강도 높은 체력 훈련을 말하는 것이다. 내 첫 소대는 그 부분에서도 기대를 충족시켰다. 우리는 일과를 시작하기 전 아침에 긴 달리기-수영-달리기를 하곤 했다. 그저 먼 거리를 가기만 하는 것이 아니었다. 우리는 경쟁을 했다. 장교들이 적극적으로 앞장섰다. 책임 장교와 2인자인 다나는 전체 소대에서 운동을 가장 잘하는 사람들이었고, 소대장 크리스 벡Chris Beck(지금은 크리스틴 벡Kristin Beck으로 불리며 트위터에서 유명한 트랜스젠더 여성 중 하나다)도 정말 강한 사람이었다.

"정말 우습지." 다나가 말했다. "책임 장교와 나는 체력 훈련의 철학에 대해서는 이야기도 하지 않았어. 그저 경쟁만 했지. 나는 그를 이기고 싶었고 그는 나를 이기고 싶어 했어. 그렇게 하다 보니 사람들이 우리가 얼마나 체력 훈련에 매진하는지 얘기하더라고."

나는 다나가 얼마나 경쟁에 미쳐 있는지 잘 알았다. 괌, 말레이시아, 태국, 한국을 거쳐 인도네시아로 보내지기 전 샌클레멘테섬에서 여러 번 잠수 훈련을 했던 것이 기억난다. 다나는 내 수영 친구였다. 어느 날 아침 그는 섭씨 약 12.8도 수온에서 잠수복 없이 잠수 훈련을 하자고 제안했다. 그것이 제2차 세계대전의 그 유명한 D-데이 침공을 위해 노르망디 해안 상륙을 준비할 때 네이비 실 선배들이 사용한 방법이었기 때문이다.

"옛날식으로 반바지에 다이빙 칼을 차고 잠수를 해보자."

나는 그의 동물적 사고방식이 너무나 좋았다. 나는 그런 도전에서 물러설 생각이 없었다. 우리는 말레이시아의 엘리트 군부대를 훈련시키고 태국 네이비 실(2018년 여름 동굴에서 유소년 축구 팀을 구조한 잠수 팀)의 기술을 다듬으면서 동남아시아 전역에서 수영과 잠수를 했다. 그들은 태국 남부의 이슬람교도 반군과도 교전했다. 어디에 배치되든 나는 다른 어떤 것보다 아침에 하는 체력 훈련을 좋아했다. 곧 모든 소대원이 경쟁을 벌이게 되었다. 나는 아무리 노력해도 장교 2명을 따라잡을 수 없어 대부분 3등을 했다. 그런 것은 문제가 되지 않았다. 누가 이기는가는 중요하지 않았다. 모두가 거의 매일 자신의 최고 기록을 갱신했기 때문이다. 전 소대의 헌신과 성과를 끌어올리는 경쟁적인 환경의 힘이 함께하고 있었다!

바로 이것이 내가 BUD/S에 들어가기 위해 노력할 때 꿈꾼 것이다. 우리는 모두 네이비 실의 정신을 실천했고 나는 그런 생활이 전투에 배치되었을 때, 개인적으로, 또 한 부대로서 우리를 어디로 이끌지 정말 궁금했다. 하지만 아프가니스탄에서 전쟁이 한창 치열하게 벌어질 때 우리가 할 수 있는 일은 자리를 지키면서 번호가 불리기를 기다리는 것뿐이었다.

우리는 한국의 볼링장에서 이라크 침공을 함께 지켜봤다. 정말 우울했다. 우리는 그런 기회를 바라며 열심히 훈련해왔다. 체력 훈련을 통해 우리의 토대는 더 강화되었고 그 위에 강한 무기와 전술 훈련이 쌓였다. 우리는 작전에 참여하기를 기다리는 강력한 부대였다. 또 제외되었다는 사실에 모두가 열받았다. 우리는 그 화를 매일 아침 서로에게 풀었다.

네이비 실은 전 세계 어느 기지에서든 록 스타 같은 대우를 받았다. 그런 식으로 파티를 즐기는 녀석들도 있었다. 사실 대부분의 네이비 실은 제 몫의 야간 외출을 놓치지 않고 즐겼다. 하지만 나는 아니었다. 나는 스파르타식 라이프스타일을 영위함으로써 네이비 실이 될 수 있었고 밤에 내가 할 일은 쉬고, 재충전하고, 다음 날 벌일 전투를 위해 몸과 마음을 가다듬는 것이라고 느꼈다. 나는 항상 임무 수행 준비를 끝낸 상태였다. 일부는 내 태도를 훌륭하게 생각했지만 책임 장교는 조금은 내려놓고 '보통 녀석들 중 하나'가 되게 하기 위해 노력했다.

인간관계가 목숨을 구하지는 못한다

나는 우리 책임 장교를 무척 존경했다. 그는 해군 사관학교와 케임브리지대학을 졸업했다. 그는 대단히 똑똑했고 체력이 매우 강했으며, 해군 특수전 개발단 요직으로 가는 과정을 밟는 뛰어난 리더였다. 그 때문에 그의 의견은 내게 큰 의미가 있었다. 아니, 우리 모두에게 큰 의미가 있었다. 그는 우리를 평가할 책임이 있었고 그 평가는 계속 우리를 따라다니며 이후 군 경력에 영향을 줄 것이기 때문이었다.

서류상 내 평가는 아주 좋았다. 그는 내 기술과 온 힘을 기울이는 태도에 깊은 인상을 받았다. 하지만 그는 비공식적으로는 이런 충고를 했다. "고긴스, 자네도 알겠지만 다른 녀석들과 어울리면 이 일에 대해 좀 더 잘 이해하게 될 거야. 나는 사람들과 어울리고, 그들의 이야기를 들으면서 현장에서 이루어지는 작전에 대해 가장 많이 배우거든. 그룹의 일원이 되는 것도 중요한 일이야."

그의 말은 상처가 되는 현실 검증이었다. 분명히 그와 몇몇 소대원은 내가 조금 다르다고 생각했을 것이다. 당연하다. 나는 아무런 배경도 없다. 해군사관학교를 나오지도 않았고 케임브리지가 어디에 붙어 있는지도 모른다. 나는 수영장에 다니지도 못했고 독학으로 수영을 배웠다. 망할, 나는 네이비 실이 될 수 있는 사람이 아니었지만 해냈다. 나는 '그것'이 나를 그룹 일원으로 만들어주었다고 생각했다. 하지만 그때 나는 팀의 일원이긴 하지만 형제애로 뭉친 집단의 일원은 아니라는 것을 자각했다.

내 가치를 증명하기 위해 일과가 끝나면 밖으로 나가 사람들과 어울려야 한다고? 나 같은 내성적인 사람에게는 무리한 요구였다.

엿이나 먹어.

나는 엄청난 헌신을 통해 그 소대에 들어갔고 느슨해질 생각은 전혀 없었다. 밤에 사람들이 외출을 하면 나는 전술, 무기, 전쟁에 대한 책을 읽었다. 나는 아직 존재하지도 않는 기회를 잡기 위해 훈련하고 있었다. 당시에는 두 번째 소대를 마치기 전까지 해군 특수전 개발단에 들어가는 심사를 받을 수 없었다. 하지만 나는 그 기회를 잡기 위해 준비했다. 그리고 나는 그들의 불문율에 순응하기 위해 내가 어떤 사람인지 타협할 생각이 전혀 없었다.

해군 특수전 개발단(그리고 육군 델타 포스Delta Force 대테러 특수부대)은 최고의 특수전 부대 중에서도 최고로 꼽힌다. 그들은 오사마 빈 라덴 급습 같은 최선봉의 임무를 맡는다. 그 시점부터 나는 평범한 네이비 실에 만족하지 않을 것이고, 만족할 수 없다고 결심했다. 네이비 실은 모두 평범하지 않다. 그들은 모두 민간인에 비해 강하고 독한 놈들이다. 하지만 그때부터 나는 내가 그 평범치 않은 놈들 사이에서도 평범치 않다는 것을 알게 되었다. 그게 나란 놈이라면 그래 그렇게 되자. 나를 그들과 더 분리하는 편이 낫겠다. 그런 판단을 내린 후 오래지 않아 나는 아침의 경주에서 처음으로 우승했다. 나는 0.5마일을 남기고 다나와 책임 장교를 지나쳤고 뒤를 돌아보지 않았다.

소대 배치는 2년 동안 지속된다. 배치 임무가 끝나면 대부분은 다음 소대에 배치되기 전에 한숨을 돌린다. 당시의 전쟁 상황으로 판단했을 때 우리가 전투에 배치될 것이 거의 확실했다. 나는 휴식이 필요하지도 휴식을 원하지도 않았다. 비범한 사람들 중에서도 비범한 사람들에게 휴식이란 없기 때문이다.

첫 평가 후 나는 군의 다른 부문(해안 경비대는 제외)을 살피면서 그들의 특수부대에 대한 자료를 읽었다. 네이비 실은 그들이 특수부대 중 최고라고 생각하지만, 직접 확인하고 싶었다. 모든 부문이 최악의 환경에서도 눈에 띄는 사람들을 받아들일 것이라고 생각했다. 나는 그런 사람들을 찾고 그들과 함께 훈련할 방법을 찾고 있었다. 그들이 나를 더 나아지게 만들리라는 것을 알았기 때문이다. 게다가 나는 육군 레인저 스쿨이 매우 우수한 리더십 교육기관으로 꼽힌다는 내용을 읽은 적이 있었다. 그 때문에 배치 사이에 육군 레인저 스쿨에서 교육을 받고 싶었고 입학 허가를 받기 위해 첫 번째 소대에 있는 동안 책임 장교를 통해 7장의 치트Chit를 냈다. 나는 그에게 더 많은 지식을 흡수하고 특수전 오퍼레이터로서 보다 전문적인 기술을 쌓고 싶다고 말했다.

치트는 특별 요청이다. 여섯 번의 요청은 모두 거절되었다. 나는 신참이었고 상관들은 내가 육군이라는 곁길로 빠지기보다는 해군 특수전에 집중해야 한다고 생각했다. 하지만 첫 소대에서 2년간 복무하면서 나름의 평판을 쌓은 덕분에 일곱 번째 요청은 네이비 실 5팀을 책임지는 지휘관에게까지 올라갔다. 그가 승인했고 나는 육군 레인저 스쿨에 가게 되었다.

책임 장교는 소식을 전한 후 이렇게 말했다. "고긴스, 넌 견디는 데 필요한 게 네게 있는지 확인하겠다는 이유만으로 전쟁 포로라도 되겠다고 할 놈이야."

그는 나에 대해 잘 알고 있었다. 그는 내가 극한까지 자신을 기꺼이 몰아붙이는 사람이 되려 한다는 것도 알고 있었다. 우리는 악수를 나눴다. 그 책임 장교는 해군 특수전 개발단으로 떠났고 곧 그곳에서 만날 기회가 있었다. 그는 두 곳에서 전쟁이 진행되고 있고 특수전 개발단이 사상 처음으로 첫 소대를 떠나는 사람들을 참전시키기 위한 절차를 시작했다고 말했다. 항상 더 많은 것을 찾고 몸과 마음을 아직 존재하지도 않는 기회에 준비시킨 덕분에 나는 육군 레인저 스쿨로 떠나기 직전 네이비 실 5팀에서 특수전 개발단의 훈련 프로그램 그린 팀의 심사 승인을 받은 웨스트코스트 네이비 실 몇 명 중 한 명이 되었다.

비범한 리더로 우뚝 서다

그린 팀 심사 절차는 이틀에 걸쳐 진행되었다. 첫째 날은 체력 테스트였다. 약 4.8킬로미터 달리기, 1,200미터 수영, 3분간의 윗몸

일으키기와 팔굽혀펴기, 가능한 만큼의 턱걸이로 이루어져 있었다. 첫 소대에서의 경험 덕분에 수영과 달리기 실력이 한층 향상된 나는 모두를 쉽게 따돌렸다. 둘째 날은 거의 심문에 가까운 면접이었다. 18명의 심사 후보 중 3명만이 그린 팀으로 승인받았다. 나는 그중 하나였다. 이는 두 번째 소대를 마친 후 해군 특수전 개발단에 한 걸음 더 가까워지게 되었다는 것을 의미했다. 빨리 참여하고 싶어서 안달이 났다. 2003년 12월이었고, 상상했던 대로 내 특수전 경력은 초공간으로 빠르게 다가가고 있었다. 비범한 사람 중에서도 비범한 사람이라는 것을 증명하기 위해 계속 노력하고 단 한 명의 용사가 되기 위한 궤도에서 이탈하지 않았기 때문이었다.

며칠 뒤 나는 육군 레인저 스쿨에 들어가기 위해 조지아 포트 베닝에 도착했다. 12월 초였다. 나는 훈련생 308명 중 유일한 해군이었기 때문에 교관들에게 회의적인 시선을 받았다. 몇 기 전 네이비 실 2명이 훈련을 중단한 일이 있었기 때문이다. 당시 그들은 징벌로 네이비 실에서 레인저 스쿨에 보내졌기 때문에 네이비 실을 대표하는 최고의 사람들이라고 할 수 없었다. 나는 조르고 졸라 레인저 스쿨에 온 사람이었지만 교관들은 그 점에 대해 알지 못했다. 그들은 내가 또 다른 건방진 특수부대원일 뿐이라고 생각했다. 몇 시간 뒤 그들은 나를 비롯한 모두의 제복과 계급장을 떼 모두 똑같이 보이도록 만들었다. 장교들은 지위를 잃었고 나 같은 특수전 용사는 증명해야 할 것이 산더미 같은 아무것도 아닌 사람이 되었다.

첫날 우리는 3개 소대로 나뉘었고 나는 브라보 소대의 선임 하사가 되었다. 원래 선임 하사가 있었지만 그가 철봉에서 잔뜩 시달려 너무 피곤했던 탓에 레인저 신조를 암송하라는 명령에 죽을 쑤었기 때문이다. 레인저들에게 그들의 신조는 무엇보다 중요한 것이다. 몹시 화가 난 레인저 교관은 브라보 소대를 찬찬히 살폈다.

"당신들이 지금 어디에 있다고 생각하는지 모르지만, 적어도 레인저가 되고 싶다면 우리 신조를 알아야 합니다." 그가 나를 발견하고 말했다. "분명 여기 이 해군은 레인저의 신조를 알지 못하겠죠."

나는 몇 달 동안 레인저에 대해 공부를 했고 서 있는 동안 머릿속으로 신조를 암송했다. 그리고 인상적으로 보이기 위해 목을 가다듬고 크게 외쳤다.

"나는 레인저가 되기 위해 자원했음을 인식하고, 내가 선택한 직책의 위험을 충분히 알고 있으며, 항상 레인저의 위엄과 명예, 레인저 부대에 대한 강한 소속감을 지키기 위해 노력할 것이다!"

"아주 놀랍…." 그가 말을 자르려 했지만 나는 멈추지 않았다.

"나는 레인저가 육해공의 최전방에 이르는 최정예 병사라는 사실을 명심하고, 레인저로서 내 조국이 내게 다른 어떤 병사보다 더 멀리, 더 빠르게 움직이며, 더 열심히 싸울 것을 기대한다는 사실을 받아들인다!"

레인저 교관은 쓴웃음을 지으며 고개를 끄덕였지만, 이번에는 내 말을 막지 않았다.

"나는 결코 전우를 버리지 않는다! 나는 항상 내 정신을 기민하게, 내 육체를 강하게 유지하고 도덕적으로 바르게 행동할 것이며, 어떤 것이 되었든 내 몫보다 많은 짐을 기꺼이 지고 임무의 100퍼센트 이상을 완수할 것이다!"

"나는 특별히 선발되어 정예 훈련을 받은 병사라는 것을 세상에 당당히 보여줄 것이다! 상관을 예우하고, 복장을 단정히 하며, 장비 관리에 힘을 써서 타의 모범이 될 것이다."

"나는 조국의 적에 전력으로 맞설 것이다! 나는 전장에서 그들을 무찌를 것이다. 나는 그들보다 더 나은 훈련을 받았고 온 힘을 다해 싸울 것이기 때문이다. 레인저의 사전에 항복은 없다! 나는 쓰러진 전우를 절대 적의 손에 넘기지 않을 것이고, 어떤 상황에서도 조국을 위기에 처하게 하지 않을 것이다!"

"내가 유일한 생존자인 때도 레인저의 목표를 위해 싸우고 임무를 완수하는 데 필요한 불굴의 투지를 기꺼이 보여줄 것이다!"

"레인저가 앞장선다!"

나는 신조를 모두 암송했다. 그는 믿을 수 없다는 듯 고개를 젓더니 역습할 기회를 잡았다. "축하하네, 고긴스. 이제 자네가 선임 하사야."

나는 말을 잇지 못한 채 소대 앞에 남겨졌다. 이제 소대를 통솔하고 우리 앞에 놓일 모든 일에 소대원이 준비를 갖추도록 하는 일을 하게 되었다. 상관이자 큰형이자 반교관 역할을 해야 하는 것이다. 레인저 스쿨은 내 한 몸 건사해서 수료하는 것도 어려운 곳이다. 나는 100명을 돌보고 그들이 제대로 하고 있는지 확인해야 했다.

물론 그 와중에도 다른 사람과 똑같이 훈련받아야 했다. 훈련은 쉬운 부분이었고 오히려 내게 긴장을 풀 기회를 주었다. 육체적인 벌은 쉽게 감당할 수 있었다. 하지만 그런 육체적 과제를 달성하는 방식이 바뀐 것이다. BUD/S에서도 나는 보트 크루를 이끌었다. 애정으로 크루를 이끌기는 했지만 기본적으로 다른 보트 크루의 녀석들이 어떻게 하는지, 그들이 그만두는지에는 신경 쓰지 않았다. 이번에는 그저 과제를 처리하는 것만이 아니라 모두를 돌봐야 했다. 길을 찾거나, 정찰을 하거나, 달리기를 따라가거나, 밤새 깨어 있는 것이 어려운 사람이 있다면, 모두가 힘을 합해 돕도록 해야 했다. 모두가 기꺼이 거기에 따르는 것도 아니었다. 훈련이 너무 힘들어서 평가가 없는 시간이면 사람들은 최소한의 일도 간신히 했고 쉬거나 숨을 기회를 찾았다. 레인저 스쿨에 있는 69일 동안 나는 단 1초도 소홀히 하지 않았다. 나는 진정한 리더가 되어가고 있었다.

지배하지 말고 일으켜 세워라

레인저 스쿨의 목표는 모든 훈련생이 뛰어난 수준의 팀을 이끄는 데 필요한 것이 무엇인지 맛보게 해주는 것이었다. 훈련들은 오퍼레이퍼의 수색 작업에 지구력 레이스를 합쳐놓은 것 같았다. 여섯 단계의 시험 코스를 거치는 동안 우리는 독도, 무기, 로프 기술, 정찰, 전반적인 리더십에 대한 평가를 받았다. 스파르타식 잔혹함으로 악명이 높은 현장 테스트는 세 단계의 훈련으로 이루어졌다.

우선 포트 베닝 단계에서는 한 조당 12명으로 나누어 산기슭에서 함께 4박 5일을 보낸다. 먹을 음식이 거의 주어지지 않았고(하루에 간이 휴대 식량 1~2개) 잠은 하루에 1~2시간 잤다. 시간과 싸우며 크로스컨트리 지형에서 정해진 위치를 찾아간 후 그곳에서 특정 기술에 대한 숙련도를 입증하는 일련의 과제를 처리해야 했다. 그룹의 리더는 돌아가며 맡았다.

산악 단계는 포트 베닝보다 기하급수적으로 힘들어졌다. 이번에는 25명이 한 팀이 되어 조지아 북부의 산지에서 움직여야 했다. 애팔래치아는 겨울철에 더럽게 춥다. 나는 산악 단계 동안 겸상 적혈구 소질로 죽은 흑인 병사에 대한 이야기를 읽었고, 육군은 내가 의료진에게 이상이 있다는 것을 알리는 특수한 붉은색 인식표를 달기를 원했다. 하지만 나는 사람들을 이끄는 입장이었고 소대원들이 나를 아픈 놈으로 생각하는 것을 원치 않았기 때문에 빨간 표식은 달지 않았다.

산악에서는 라펠링rappeling(고정된 로프를 이용해서 하강하는 방법-옮긴이)과 암벽 등반을 비롯한 다양한 등반 기술을 배웠고 매복 기술과 산악 정찰에 능숙해졌다. 우리는 두 번에 걸쳐 FTXField Training Exercises라고 알려진 4박의 야외 기동 훈련을 실시했다. 두 번째 FTX 동안 폭풍이 불었다. 시속 약 48킬로미터의 바람이 얼음과 눈을 싣고 울부짖었다. 우리는 슬리핑백이나 따뜻한 옷을 갖고 있지 않았고 음식도 거의 없었다. 우리가 체온을 유지하기 위해 이용할 수 있는 것은 판초의 안감과 서로의 체온이었다. 그런데 서로에게서 코를 찌르는 악취가 난다는 것이 문제였다. 우리는 적절한 영양 공급 없이 지나치게 많은 칼로리를 소모했고 지방을 모두 빼앗겼기 때문에 연료로 근육을 태워 없애고 있었다. 구역질 나는 악취 때문에 눈에서 눈물이 났다. 시야는 몇 피트밖에 되지 않았다. 사람들은 쌕쌕거리며 기침을 하고 몸을 미친 듯 떨었다. 눈은 공포로 휘둥그레졌다. 나는 그날 밤 동상이나 저체온증, 폐렴으로 누구 하나는 죽어 나가겠구나 생각했다.

야외 기동 훈련 중 잠을 잘 때는 짧게 휴식을 취하면서 안전을 유지하기 위해 사방을 주시해야 한다. 하지만 브라보 소대는 폭풍 앞에서 허물어졌다. 모두가 대단한 자부심을 가진 강인한 사람들이었지만 당시에는 다른 무엇보다 생존에 집중했다. 나는 그런 충동을 이해했다. 더구나 비상 기상 모드였기 때문에 교관들도 신경 쓰지 않았다. 하지만 그것은 내게 다르다는 것을 보여주고 솔선수범할 기회였다.

당신이 어떤 사람이든 인생은 당신이 평범하지 않다는 것을 증명할 기회를 줄 것이다. 각계각층에 그런 순간을 즐기는 사람들이 존재한다. 나는 그런 사람들을 바로 알아볼 수 있다. 그들은 대개 혼자 있기 때문이다. 다른 사람들이 술집에 있을 때 한밤중까지 사무실에 남아 있거나 48시간 임무를 마친 후 곧장 체육관으로 향하는 미친놈이다. 누구나 그런 정신력을 가질 수 있다. 남자, 여자, 이성애자, 동성애자, 피부색이 검든 하얗든 보라색 물방울무늬든 말이다. 누구나 밤낮없이 일하고 돌아가 집이 어질러져 있어도 가족이나 룸메이트를 탓하는 대신 바로 깨끗이 정리하는 사람이 될 수 있다.

온 세상에 그런 놀라운 인간이 존재한다. 꼭 제복을 입어야 하는 것은 아니다. 명문 학교 졸업장, 견장과 메달은 중요하지 않다. 중요한 것은 내일이 없는 것처럼(그럴 수도 있기 때문에) 매달린다는 점이다. 중요한 것은 자신보다 다른 모두를 먼저 생각하고 자신을 다른 사람들과 구분하는 자신만의 윤리 강령을 개발한다는 점이다. 그런 윤리 강령 중 하나는 부정적인 것을 긍정적인 것으로 변화시키고,

힘든 상황이 닥쳤을 때 앞장설 준비를 하는 투지다.

조지아의 산 위에서 나는 그런 식의 폭풍이 적의 공격을 완벽하게 엄폐할 것이라고 생각했다. 그 때문에 나는 체온을 찾아 옹기종기 모여 있지 않았다. 나는 주의를 집중하고, 눈과 얼음의 학살을 반갑게 맞이하면서, 그것이 내 임무인 것처럼 서쪽을 경계했다. 그렇다. 그것이 바로 나의 임무였다. 매 순간이 행복했다. 나는 눈을 가늘게 뜨고 바람 속을 응시했다. 우박이 뺨을 때릴 때 나는 제대로 이해받지 못하는 내 영혼 깊은 곳에서 나오는 비명을 질렀다.

몇몇이 내 소리를 듣고 북쪽 나무 뒤에서 튀어나와 우뚝 섰다. 그러자 동쪽에서, 그리고 남쪽을 면한 비탈 끝에서 다른 사람이 나타났다. 모두가 알량한 판초 안감을 감고 떨고 있었다. 거기에 있고 싶은 사람은 아무도 없었다. 하지만 그들은 일어서서 자신의 임무를 이행했다. 레인저 스쿨 역사상 가장 거친 폭풍 속에서도 우리는 완벽한 경계 태세를 유지했다. 교관들이 추위를 피하라는 무전을 보낼 때까지. 말 그대로 그들은 서커스 천막을 만들었다. 우리는 그 안으로 줄지어 들어가 폭풍이 지나갈 때까지 한 덩어리가 되어 있었다.

레인저 스쿨의 마지막 주는 플로리다 단계Florida Phase라 불렀다. 50명이 한 부대가 되어 좁고 길게 뻗은 지형에서 GPS 포인트를 연이어 찾아나가는 것이다. 훈련은 약 457미터 고도의 비행기에서 자동 낙하로 몸을 던져 포트 월턴 비치 인근의 얼어붙은 늪지대로 내려가는 것부터 시작된다. 우리는 물살을 헤치며 걷고 헤엄을 쳐서 강을 건너고, 밧줄로 다리를 만들고, 손과 발을 이용해 반대편으로 건너가야 했다. 몸은 계속 젖어 있었고 수온은 섭씨 영하 1.1도에서 4.4도였다. 우리는 1994년 겨울 날씨가 너무 추운 나머지 플로리다 단계 도중 레인저 훈련생 4명이 저체온증으로 목숨을 잃었다는 이야기를 들었다. 해변 근처에서 불알까지 어는 추위 속에 있자니 지옥주가 떠올랐다. 걸음을 멈출 때마다 사람들은 꼭 붙어서 덜덜 떨었다. 하지만 늘 그렇듯 나는 집중력을 높였고 약점을 보여주지 않았다. 이번에는 교관들의 영혼을 거두기 위한 것이 아니었다. 고투하는 사람들에게 용기를 주기 위한 것이었다. 동료가 밧줄 다리를 묶는 데 도움이 된다면 나는 여섯 번도 강을 건널 수 있었다.

우리는 거의 잠을 자지 못했고, 먹는 것은 더 부실했다. 끊임없이 정찰 과제를 수행하고, 웨이 포인트^{way point}(중간 지점. 주로 구역 항법에서 지정된 위치를 식별하기 위해 사용하는, 미리 결정된 지리적 위치-옮긴이)를 경유하고, 다리와 무기를 설치하고, 매복을 준비하고, 그와 동시에 번갈아가며 50명의 그룹을 이끌었다. 모두가 피곤하고, 배고프고, 춥고, 불만스럽고, 그곳에 더 이상 있고 싶지 않았다. 대부분은 한계에 도달했다. 나도 한계에 가까워지고 있었다. 하지만 나는 리더의 차례가 아닐 때도 다른 사람들을 도왔다. 레인저 스쿨에 있는 69일 동안, 자신을 리더라고 부르고 싶다면 그런 태도가 필요하다는 것을 배웠기 때문이다.

진정한 리더는 전력을 기울이고, 오만함을 혐오하고, 약자 앞에서 강해지지 않는다. 진정한 리더는 자신의 사람들을 위해 싸우고 솔선해서 팀을 이끈다. 그것이야말로 비범한 사람들 중에서 비범한 사람이 된다는 것이 의미하는 바다. 이는 최고 중 하나가 되는 것이며, 팀원들 역시 최고의 자신을 발견하게 돕는 것이다. 그것은 내가 더 깊이 이해하고 싶은 가르침이었다. 단 몇 주 뒤면 나는 리더십 부서에서의 도전에 직면할 것이고 더 높은 기대치에 부합하기 위해 노력해야 할 것이기 때문이다.

레인저 스쿨은 너무 부담이 크고 기준이 높아 후보생 308명 중 96명만 수료했다. 그중 대부분은 브라보 소대원이었다. 나는 우등 사병이 되었고 동료 평가에서 만점을 받았다. 내게 그것은 무척 큰 의미였다. 그 강인한 동기들이 가혹한 조건에서 발휘하는 내 리더십을 인정해주었기 때문이다. 거울만 봐도 조건이 얼마나 가혹했는지 드러났다.

레인저 스쿨에서 체중이 56파운드(약 25킬로그램)나 줄어 곧 죽을 사람처럼 보였다. 뺨이 푹 파이고 눈이 튀어나왔다. 이두박근은 남아 있지 않았다. 모두가 수척했고 한 블록도 뛰기 힘들어했다. 턱걸이를 한 번에 40개씩 하던 사람들이 하나도 간신히 했다. 육군은 그런 것을 이미 예상하고 플로리다 단계의 마지막부터 가족이 축하하러 오는 수료식까지 3일 사이에 우리를 살찌울 계획이었다.

마지막 FTX가 끝나자마자 우리는 식당으로 달려갔다. 나는 식판에 도넛, 감자튀김, 치즈 버거를 쌓아 올렸고 우유 기계를 찾아갔다. 빈털터리 신세일 때 빌어먹을 초콜릿 셰이크를 그렇게 마셔댄 후 내 몸은 유당 불내증이 되었고 수년 동안 유제품에 손도 대지 않았다. 하지만 그날은 우유 한 잔에 대한 원시적 갈망을 억누를 수 없는 어린아이가 된 것 같았다.

나는 우유 기계를 찾아 레버를 당겼다. 그리고 코티지치즈처럼

레인저 스쿨의 우등 사병 증서.

덩어리진 우유가 나오는 모습을 어리둥절한 표정으로 지켜봤다. 이
상한 냄새가 났지만, 그 상한 우유를 신선하고 달콤한 차인 것처럼
마셨던 것이 기억난다. 우리에게 그 많은 일을 겪게 한 지옥 같은 특
수전 학교에서 결국 살아남은 사람은 상한 우유만으로도 감사했다.

대부분은 레인저 스쿨을 마치고 2주간 휴식을 취하면서 체중을
회복한다. 하지만 수료식 날인 밸런타인데이에 나는 코로나도로 가
서 두 번째 소대와 만났다. 다시 말하지만 나는 지체하지 않는 것
을 비범해질 기회로 생각한다. 누가 보고 있어서가 아니다. 사고방
식에 있어서라면, 다른 사람들의 관심이 어디에 있는지는 중요하지
않다. 나는 나만의 비범한 기준이 있고 거기에 어울리도록 살기 위
해 노력한다.

네이비 실에서 들르는 곳마다, BUD/S에서부터 첫 소대, 레인저

스쿨까지 나는 독한 놈으로 알려졌다. 두 번째 소대의 책임 장교가 내게 체력 훈련을 맡기자 더욱 용기가 솟았다. 그런 임무는 능력을 발휘하고 더 나아지겠다는 투지가 있는 사람들과 함께한다는 것을 의미하기 때문이다. 영감을 얻은 나는 전투 준비를 위해 우리가 할 수 있는 사악한 짓이 뭘지 생각했다. 이번에 이라크에 배치될 예정 이라는 것을 우리 모두 알고 있었다. 나는 우리가 전투에서 가장 강 한 네이비 실 소대가 되도록 돕는 것을 사명으로 삼았다. 그것은 네 이비 실의 전설들이 설정한, 그리고 여전히 닻처럼 내 머릿속 깊이 자리 잡은 높은 기준이었다. 우리의 전설은 우리가 월요일에는 8킬 로미터를 헤엄치고, 화요일에는 32킬로미터를 달리고, 수요일에는 약 4,267미터 높이의 산에 오르는 사람들이라고 이야기하고 있었 다. 내 기대는 하늘을 뚫을 정도로 높았다.

첫째 주에 사람들은 오전 5시에 모여 달리기-수영-달리기를 하 거나 약 19킬로미터의 류 런을 한 후 뒤이어 장애물 코스를 한 바 퀴 돌았다. 우리는 모래턱 위에서 통나무를 들었고 수백 개의 팔굽 혀펴기를 했다. 나는 우리를 네이비 실로 만든 정말 힘든 운동을 하 게 했다. 운동은 매일 전날보다 더 힘들어졌고 1~2주 만에 사람들 을 나가떨어지게 했다. 특수부대 우두머리들은 자신들이 하는 모든 일에서 최고가 되기를 원한다. 하지만 내가 이끄는 체력 훈련에서 는 항상 최고일 수 없었다. 나는 그들에게 휴식을 주지 않았다. 모 두 무너지고 약점을 보였다. 바로 거기에 목적이 있었지만 그들은 매일같이 이어지는 도전을 원하지 않았다. 둘째 주가 되자 사람들 은 열의를 잃었다. 책임 장교와 소대장이 나를 한쪽으로 데려갔다.

"이봐, 이건 어리석은 짓이야. 우리가 지금 뭘 하고 있는 건가?"
책임 장교가 말했다.

"우리는 BUD/S에 있는 게 아니야, 고긴스." 소대장이 말했다.

그런 훈련은 BUD/S를 따라 하는 것이 아니었다. 매일 네이비 실의 정신을 실천하고 삼지창을 얻기 위한 것이었다. 하지만 사람들은 사기 나름의 체력 훈련을 하고 싶어 했다. 대개 그것은 체육관에 가서 근육을 키우는 것을 의미했다. 그들은 육체를 심하게 다루는 데 관심이 없었고, 더구나 내 기준에 부합하도록 떠밀리는 데는 관심이 하나도 없었다. 나는 실망했고 그들의 리더십에 대한 존경심을 잃었다.

모든 사람이 커리어를 유지하는 내내 미친 듯 운동을 하는 것을 원치 않는다는 것은 이해했다. 나도 그렇게 할 생각은 없었기 때문이다. 하지만 나와 소대의 거의 모든 다른 사람들과는 분명한 차이가 있었다. 나는 편안함을 추구하려는 욕망이 나를 지배하게 놓아두지 않았다. 나는 더 많은 것을 찾기 위해 나 자신과 전쟁을 벌이기로 각오했다. 나는 그 BUD/S 사고방식을 유지하고 매일 입증하는 것이 우리 임무라고 믿었기 때문이다. 네이비 실은 전 세계적으로 인정받고, 신이 창조한 가장 강한 사람들로 여겨진다. 하지만 그 대화는 나로 하여금 언제나 그렇지 않다는 것을 깨닫게 했다.

과잉 성취자가 리더가 될 때

나는 레인저 스쿨에서 갓 돌아온 참이었다. 그곳에는 계급이 없었다. 장군이 훈련받으러 왔다고 해도 모두와 같은 옷을 입었을 것이다. 입대 첫날 사병이 기본 훈련에서 입는 옷 말이다. 우리는 모두 과거도 미래도 없이 0에서 시작하는, 다시 태어난 벌레 같은 존재였다. 나는 그런 개념이 마음에 들었다. 그것은 바깥세상에서 우리가 어떤 것을 이루었든 레인저에서는 아무것도 아닌 존재라는 메시지를 보냈기 때문이다. 나는 그런 은유를 나 자신에게 적용했다. 스포츠에서, 일에서, 삶에서 어떤 것을 성취했든, 나는 만족할 수 없다. 삶은 너무나 역동적인 게임이다. 더 나아지지 않는다면 더 나빠지는 길뿐이다. 그렇다. 승리를 축하하는 것은 필요한 일이다. 승리에는 변혁의 힘이 있다. 하지만 축하한 뒤에는 마음을 진정시키고 새로운 훈련 계획을, 새로운 목표를 생각해야 한다. 그리고 바로 내일부터 0에서 시작해야 한다. 나는 매일 아침 BUD/S로, 그 첫째 주 첫째 날로 돌아간 것처럼 일어난다.

0에서 시작한다는 것은 내 냉장고가 가득 차 있지 않고 앞으로도 그럴 것이라고 여기는 사고방식이다. 우리는 정신적으로나 육체적으로나 언제나 더 강하고, 기민해질 수 있다. 우리는 언제나 더 능력 있고 더 믿을 만한 사람이 될 수 있다. 그 때문에 우리 일이 끝났다고 느껴서는 안 된다.

숙련된 스쿠버다이버인가? 좋다. 그럼 장비를 버리고 숨을 깊이 마시고 약 30미터 프리 다이빙을 해보라. 뛰어난 철인 3종 경기 선수인가? 좋다. 그럼 암벽 등반을 배워라. 사회적으로 큰 성공을 거두었는가? 좋다. 그럼 새로운 언어나 새로운 기술을 배워라. 두 번째 학위를 따라. 항상 무지를 기꺼이 받아들이고 교실에서 다시 한

번 바보가 되어라. 그것이 당신의 지식과 커리어, 정신을 확장하는 유일한 방법이기 때문이다.

2소대에서 보낸 둘째 주에 소대장과 책임 장교는 그들의 패를 보여주었다. 매일 나를 증명하고 내 지위를 얻어내야 할 필요를 느끼지 않는다는 것은 엄청나게 충격적이었다. 수년 동안 내가 함께 일한 모든 사람들은 비교적 강하고 뛰어난 기술을 갖춘 사람들이었다. 그들은 일에서의 도전, 동지애를 즐겼고 슈퍼스타 대접받는 것을 좋아했다. 그들은 네이비 실이라는 것을 자랑스러워했다. 하지만 0에서 시작하는 데 관심이 없는 사람들이 있었다. 다른 사람은 도달할 수 없는 위치에 올랐다는 것만으로 만족하기 때문이었다. 대부분이 거기까지는 기꺼이 자신을 밀어붙인다. 그러고는 편안한 고원에 도착하면 긴장을 풀고 보상을 즐긴다. 하지만 그런 사고방식으로 산다는 것은 곧 무르고 무방비해졌다는 것이다. 나는 그런 상태에 머무를 수 없었다.

내게는 지켜야 할 평판이 있었다. 나머지 소대가 내가 만든 지옥에서 떠나자 나는 더 호전적으로 변했다. 나는 운동을 더 늘리고 노력을 기울여 그들의 감정에 상처를 내고자 했다. 체력 훈련 책임자의 직무 내용에는 없는 일이었다. 나는 사람들이 더 분발하게 영감을 주어야 했다. 하지만 그들에게서 내가 명백한 약점이라고 여기는 것을 발견했고 내가 그들을 전혀 인정하지 않는다는 사실을 노골적으로 보여주었다.

단 일주일 만에 내 리더십은 레인저 스쿨에 있을 때보다 몇 광년 후퇴했다. 나는 상황을 인식하는 데 뒤처졌고 우리 소대원들을 존중하지 못했다. 리더로서 나는 반대를 무릅쓰고 내 방식만 고집하려 했고 그들은 거기에 거세게 저항했다. 장교들도 마찬가지였다. 나는 모두가 저항이 최소인 길을 택했다고 생각한다. 그때 나는 그 것을 알아차리지 못했다. 체력적으로는 그 어느 때보다 더 강해지고 있었기 때문이다.

그때 나와 함께한 사람이 있었다. 슬레지Sledge는 소방관과 비서인 부모 사이에서 태어나 샌버너디노에서 성장했다. 그는 나와 마찬가지로 수영 시험에 통과해 BUD/S 훈련 자격을 얻기 위해 수영을 혼자 익혔다. 나보다 한 살밖에 많지 않았지만 벌써 네 번째 소대에 있었다. 그는 술을 많이 마셨고 약간 과체중이었다. 그는 삶에 변화를 주고자 했다. 소대장, 책임 장교와 언쟁을 벌인 다음 날 새벽 5시 슬레지가 운동을 하러 나타났다. 나는 4시 30분부터 그곳에 있었고 땀에 젖은 채 운동을 하고 있었다.

"나는 당신이 운동을 통해서 하는 일이 마음에 들어. 그걸 계속해보려고."

"로저!"

그때부터 어디에 주둔하든, 코로나도든, 닐랜드든, 이라크든 우리는 매일 아침 운동을 했다. 우리는 새벽 4시에 만나 운동을 시작했다. 때로는 산비탈을 뛰어올라 빠른 속도로 장애물 코스를 통과한 후 해변에서 모래턱까지 통나무를 날랐다. BUD/S에서는 보통 6명이 통나무를 지지만 우리는 단둘이서 지고 다녔다. 다른 날은 1회 세트에서 시작해서 20개 세트까지 갔다가 다시 하나로 돌아오는 턱걸이 피라미드pyramid(턱걸이를 일정 횟수 실시하고 짧게 휴식한 후 다음 세트에서 횟수를 하나 줄이고 다시 짧은 휴식을 하는 방식의 훈련법-옮긴이)를 했다. 세트 중간에는 약 12미터 로프를 올랐다. 거기에 아침 식사 전에 1,000개의 턱걸이를 하는 것이 우리의 새로운 루틴이 되었다.

이라크에서는 장거리달리기가 불가능했기 때문에 우리는 체력 단련실에서 살다시피 했다. 데드리프트를 몇백 개씩 하고 히프 슬레드hip sled(썰매와 같은 활주부로 미끄러지는 중량을 밀어 올리는 하체 운동 기구-옮긴이) 기계에서 몇 시간을 보냈다. 과훈련의 정도를 훨씬 넘어섰다. 우리는 근육의 피로나 고장에 대해서는 신경 쓰지 않았다. 운동은 어느 선을 넘으면 몸을 단련하는 것이 아니라 정신을 단련하는 것이기 때문이다. 내가 하는 운동은 빠른 달리기 선수가 되기 위해서가 아니라 임무에서 가장 강한 사람이 되기 위해서 고안한 것이었다. 나는 고문과 같은 훈련을 받아들여 극히 불편한 상황에서도 긴장하지 않도록 훈련했다.

소대 내의 분열(슬레지와 나 vs 다른 사람들)에도 우리는 이라크에서 성공적으로 작전을 수행했다. 하지만 근무시간 외에는 우리 두 사람이 되려는 사람의 모습과 내가 생각하는 우리 소대 사람들의 모습 사이에 큰 간극이 있었다. 나는 실망감을 공공연히 드러냈다. 나는 형편없는 태도를 장막처럼 두르고 다녔고, 소대 내에서 데이비드 '나를 혼자 내버려둬' 고긴스라는 별명을 얻었다. 그러면서도 내가 실망감을 느끼는 것이 팀원들의 잘못이 아닌 나의 문제 때문이라는 사실을 알아차리지 못했다.

그것은 비범한 사람들 사이에서도 비범한 사람이 되는 일에 따르는 단점이다. 함께 일하는 사람들의 능력이나 세속적 사고방식

DEPARTMENT OF THE NAVY
THIS IS TO CERTIFY THAT
THE SECRETARY OF THE NAVY HAS AWARDED THE

NAVY AND MARINE CORPS COMMENDATION MEDAL

TO

OPERATIONS SPECIALIST SECOND CLASS (SEA, AIR AND LAND) DAVID GOGGINS, UNITED STATES NAVY

FOR

MERITORIOUS SERVICE AS PROTECTIVE SECURITY DETAIL MOTORCADE PRIMARY NAVIGATOR AT NAVAL SPECIAL WARFARE TASK GROUP-ARABIAN PENINSULA FROM OCTOBER TO DECEMBER 2004 IN SUPPORT OF OPERATION IRAQI FREEDOM. PETTY OFFICER GOGGINS' FLAWLESS PERFORMANCE GUIDED AND TACTICALLY CONTROLLED A FOREIGN HEAD OF STATE'S MOTORCADE DURING 150 HIGH-RISK MOVEMENTS INCLUDING DAILY TRANSITS OUTSIDE THE PROTECTED INTERNATIONAL ZONE IN BAGHDAD AND HIGH PROFILE VISITS TO NAJAF AND KARBALA. ADDITIONALLY, HIS DETAILED PLANNING, NAVIGATIONAL SKILLS AND SUPERIOR JUDGMENT PROVIDED THE PRINCIPAL THE FREEDOM TO PURSUE THE STRATEGICALLY CRITICAL TASK OF BUILDING A FREE AND DEMOCRATIC IRAQ. BY HIS NOTEWORTHY ACCOMPLISHMENTS, PERSEVERANCE AND DEVOTION TO DUTY, PETTY OFFICER GOGGINS REFLECTED CREDIT UPON HIMSELF AND UPHELD THE HIGHEST TRADITIONS OF THE UNITED STATES NAVAL SERVICE.

GIVEN THIS   15ᵗʰ   DAY OF   SEPTEMBER 2005

FOR THE   SECRETARY OF THE NAVY

CAPTAIN, UNITED STATES NAVY
COMMANDER, NAVAL SPECIAL WARFARE GROUP ONE

소대의 역학이 어찌 되었든, 이라크에서는 할 일이 있었다.

을 뛰어넘는 곳으로 자신을 밀어붙이는 것은 얼마든 가능하다. 다만 당신이 우월하다는 생각은 자만이 꾸며낸 산물이라는 것만은 알아두어야 한다. 그들을 지배하려 들지 마라. 당신이 있는 분야에서 개인으로서나 팀으로서 발전하는 데 전혀 도움이 되지 않기 때문이다. 동료들이 따라오지 않는다고 화를 내는 대신 동료들을 일으켜 세우고 당신과 함께하도록 도와라!

우리는 모두 같은 싸움을 하고 있다. 우리는 평안함과 성취, 평범함에 안주하는 것과 최선의 내가 되기 위해 기꺼이 고통을 감내하는 것 사이에서 늘 갈등한다. 모두 하루에도 열두 번씩 그런 결정을 한다. 체력 단련을 책임지는 내 일은 내가 사랑하는 네이비 실의 전설에 부응하라고 사람들을 다그치는 것이 아니었다. 내 일은 그들이 최선의 버전이 되도록 돕는 것이었다. 하지만 나는 귀 기울이지 않았고 사람들을 이끌지도 못했다. 대신 화를 내고 팀원들을 무안하게 했다. 2년 동안 나는 터프가이 행세를 했고 한 발짝 물러나서 차분한 마음으로 내 근본적인 잘못을 해결하려 하지 않았다. 내게는 내가 만드는 데 일조한 격차를 줄일 수많은 기회가 있었지만 그것을 잡지 않았다. 그리고 그 대가를 치러야 했다.

두 번째 소대 배치 이후에는 자유낙하 학교로 가게 되었고 다음에는 유격 훈련 교관이 되었기 때문에 그런 점을 바로 깨닫지 못했다. 두 가지 모두 그린 팀에 대한 준비를 위해 예정된 자리였다. 유격 훈련은 대단히 중요하다. 대부분이 엉성한 공격으로 그린 팀에서 방출되기 때문이다. 건물을 비울 때 너무 느리게 움직이거나, 너무 쉽게 노출되거나, 흥분해서 총을 빨리 쏘느라 아군을 맞히게 된다. 그런 기술을 가르치면서 나는 제한된 환경에서 냉담하고 은밀하고 차분하게 움직일 수 있게 되었고, 언젠가는 버지니아 댐 넥에서 해군 특수전 개발단과 훈련을 하라는 명령을 받을 것으로 기대했다. 하지만 그런 날은 오지 않았다. 나와 함께 심사를 받은 두 사람만 명령을 받았다.

나는 댐 넥의 지휘부에 전화를 했다. 그들은 다시 심사를 받으라고만 말했는데, 그때 나는 뭔가 있다는 것을 알게 되었다. 나는 내가 거친 과정에 대해 생각하다 이상한 낌새를 느꼈다. 인터뷰에서 나는 그들이 좋은 경찰, 나쁜 경찰 역할을 나누어 맡아서 내 속내를 드러내게 만드는 취조의 느낌을 받았다. 그들은 기량이나 기술, 해군으로서 노하우를 살피지 않았다. 그들이 한 질문의 85퍼센트는 내 작전 능력과 전혀 관련이 없었다. 인터뷰 대부분은 내 인종에 대한 것이었다.

"여기는 보수적인 백인이 많지." 한 사람이 말했다. "우린 자네가 인종차별적 농담을 어떻게 받아들일지 알아야 할 필요가 있어."

그들의 질문 대부분은 그 한 가지 주제에 대한 변형이었다. 인터뷰 내내 나는 미소를 지으면서 생각했다. '여기에서 내가 가장 독한 놈이라는 것을 너희 백인은 어떻게 받아들일까?' 하지만 입 밖에 내지 않았다. 겁을 먹거나 불편해서가 아니었다. 나는 그 인터뷰 내내 군에서 있던 어떤 자리에서보다 편안했다. 생애 처음으로 그 문제를 공개적으로 마주하고 있었기 때문이다. 그들은 세계에서 가장 추앙받는 조직에서 극소수의 흑인 중 하나가 되는 문제 자체가 특별한 도전이 아닌 것처럼 가장하려 하지 않았다. 한 사람은 공격적인 태도와 어조로 나를 도발했고 다른 사람은 침착함을 유지했지만, 두 사람 모두 진짜였다. 해군 특수전 개발단에는 흑인이 두세 명 있었고 그들은 핵심층에 들어가기 위해서는 내가 특정한 조건에 서명해야 한다는 이야기를 들려주었다. 어떤 면에서는 나는 그 메시지, 그 메시지와 함께하는 도전이 마음에 들었다.

해군 특수전 개발단은 네이비 실 내에서 가장 강하고 튀는 집단이었고 그들은 자기 조직이 그런 식으로 유지되기를 원했다. 그들은 누구도 교화하길 원치 않았다. 그들은 진화하거나 바뀌고자 하지 않았다. 나는 내가 어디에 있는지 알았고 어디로 들어서고 있는지 알았다. 이 사람들은 가장 위험하고 치명적인 임무를 책임지고 있다. 그것은 백인들의 지하 세계였고 이 사람들은 누군가 나를 건드릴 때 내가 어떻게 행동할지 알아야 했다. 그들은 내가 감정을 통제할 수 있다는 확언이 필요했다. 그들의 언어에 더 큰 목적이 있다는 것을 간파한 이상 그들의 행동에 자극을 받을 수는 없었다.

"저는 평생 인종차별을 당했습니다." 내가 대답했다. "당신들이 할 수 있는 말 중 제가 들어보지 못한 말은 없을 테지만, 준비는 해두세요. 제가 곧 돌아올 테니까요!" 당시 그들은 그 말을 좋게 받아들이는 것 같았다. 문제는 되받아치는 사람이 흑인일 때는 보통 일이 잘 돌아가지 않는다는 것이다.

내가 그런 팀에 들어가지 못한 이유는 앞으로도 알 수 없을 것이다. 그것은 중요하지 않다. 우리는 인생의 모든 변수를 통제할 수 없다. 스토리의 결말을 결정하는 것은 우리가 얻지 못한 기회, 혹은 우리에게 주어진 기회로 무엇을 하느냐. 나는 '심사를 한번 받아보았으니 다시 할 수 있어'라고 생각하는 대신, 0에서 시작해서 해군 특수전 개발단의 육군 버전인 델타 포스 심사를 받아보자고 마음먹었다.

규정하기 힘든 델타포스의 특성 때문에 나는 늘 궁금증을 가져왔다. 네이비 실과 달리, 델타에 대해서는 들을 수 있는 이야기가 없었다. 델타 선발을 위한 심사에는 IQ 테스트, 자격 요건과 전쟁 경험을 비롯한 전체 군 이력, 나에 대한 평가가 모두 포함된다. 나는 며칠 만에 그것들을 모두 준비했다. 전군에서 최고인 사람들과 경쟁해야 하고 최고의 사람들만 초대받으리라는 것을 알고 있었다. 몇 주 만에 델타의 명령이 떨어졌다. 오래지 않아 나는 최고의 병사들 사이에서 주목받기 위해 경쟁할 준비를 갖추고 웨스트버지니아 산지에 도착했다.

이상하게도 델타 영내에서는 외침도 비명 소리도 들리지 않았다. 점호도 책임 장교도 없었다. 거기에 있는 사람들은 모두 자발적으로 행동했고 하달된 명령은 병영에 걸린 칠판에 분필로 적혀 있었다. 3일 동안은 구내에서 떠날 수 없었다. 우리의 목표는 휴식과 적응이었다. 하지만 4일 차에는 기본 심사로 체력 훈련이 시작되었다. 2분간의 팔굽혀펴기, 2분간의 윗몸일으키기, 시간제한이 있는 약 3킬로미터 달리기가 포함되어 있었다. 그들은 모두가 최소한의 기준에 부합하기를 바랐다. 그러지 못한 사람들은 집으로 보냈다. 거기에서부터 즉각적으로, 그리고 점진적으로 상황이 어려워졌다. 사실 그날 밤부터 우리는 첫 행군을 했다.

160명이 약 18킬로그램의 륙색을 메고 출발할 때는 무척 어둡고 추웠다. 대부분이 속도를 유지하며 행군을 마치는 데 만족하고 서서히 출발했다. 나는 출발부터 속도를 내서 다른 사람들을 따돌렸다. 나는 비범한 사람이 될 기회를 움켜잡아 다른 사람보다 30분 먼저 행군을 끝냈다.

델타 선발 과정에는 세계에서 가장 뛰어난 오리엔티어링^{orienteering} (지도와 나침반을 이용해 험한 지형을 빠르게 이동하는 것–옮긴이) 코스가 포함되어 있다. 이후 10일 동안 아침에 체력 훈련을 하고 밤이면 고급 지상 항법 기술을 공부했다. 우리는 손가락 등을 이용해 방향 찾는 법을 배웠는데, 알면 알수록 호기심이 생겼다. 물길을 따라가는 법도 배웠다. 나는 생애 처음으로 오리엔티어링을 잘하게 되었다. 거리를 판단하는 법, 직접 지형도를 그리는 법도 배웠다. 처음에는 황무지에서 우리를 따라다닐 교관이 배정되었지만 그들은 급히 떠났다. 다음 몇 주 동안 교관이 보이지 않았다. 기술적으로는 연습 중이었지만, 한편으로 우리는 도로를 타지 않는다는 규칙을 지키는지 확인하고 점수를 매기는 사람들의 감시를 받고 있었다.

이 과정은 야외에서 7일 밤낮으로(거기까지 갈 수 있다면) 이어진 최종 시험으로 끝났다. 그것은 팀별 평가가 아니었다. 우리는 각자 지도와 나침반을 이용해 길을 찾아가야 했다. 포인트에 이르면 군용 트럭이 있었고 간부들(교관과 평가자)이 시간을 기록한 후 다음 좌표를 주었다. 매일이 특별한 도전이었고 테스트가 끝나기 전까지 얼마나 많은 포인트를 찾아가야 하는지조차 알지 못했다. 더구나 간부들만 공유하는, 우리는 알지 못하는 시간제한이 있었다. 결승점에서도 합격 여부를 들을 수 없었다. 대신 지붕이 덮인 두 대의 트럭 중 하나로 가라는 지시를 받는다. 한 대는 다음 캠프로 가고, 다른 한 대는 기지로 돌아갔다. 기지로 가면 짐을 싸서 집으로 가야 했다. 대부분 트럭이 멈출 때까지는 통과했는지 알 수 없었다.

5일 차에는 델타 포스로 고려되는 약 30명 중 하나가 되었다. 단 3일이 남았고 나는 모든 테스트에서 좋은 성적을 거뒀다. 제한 시간보다 적어도 90분 전에 시험을 마쳤다. 최종 테스트는 약 64킬로미터의 지상 항법이었다. 나는 그 시험을 고대하고 있었다. 하지만 우선해야 할 일이 있었다. 나는 너울 속을 철벅거리며 지나고, 경사진 삼림지대를 씩씩거리며 이동하고, 능선을 따라 걸으며, 포인트 사이를 이동했다. 그러다 생각지 못한 일이 일어났다. 길을 잃은 것이다. 나는 지도와 나침반을 두 번 확인하고 계곡 건너 정남쪽 정확한 지점을 건너다보았다.

로저!

처음으로 시간이 문제가 되었다. 제한 시간은 몰랐지만 촉박하다는 것은 알 수 있었다. 그 때문에 가파른 계곡을 질주했고 발을 헛디뎠다. 왼쪽 발이 바위 사이에 끼었고 발목을 돌리자 꺾이는 것이 느껴졌다. 고통은 즉각적이었다. 나는 시계를 확인한 후 이를 악물고 가능한 한 빠르게 군화 끈을 졸라맨 뒤, 절뚝이며 산마루를 향해 가파른 언덕을 올랐다.

결승점까지 마지막으로 피치를 올리다가 발목이 너무 심하게 부어올라서 통증을 줄이기 위해 군화 끈을 풀어야 했다. 나는 집에 보내질 것이라 확신하고 천천히 움직였다. 그러나 그것은 착각이었다. 내가 탄 트럭은 우리를 캠프에 내려주었다. 델타 선발의 베이스 캠프는 하나밖에 남지 않았다. 나는 부상 때문에 지상 항법 시험이 버거워질 가능성이 높다고 생각하고 밤새 발목에 얼음찜질을 했다. 하지만 포기하지 않았다. 나는 캠프에 남기 위해 싸웠지만 초반 체크포인트 중 하나를 놓쳤다. 나는 부상당했다고 해서 고개를 숙이지 않았다. 내가 가진 모든 것을 내놓았다. 어떤 일이든 그렇게 임한다면 당신의 노력이 눈에 띌 수밖에 없을 것이다.

델타 간부들은 로봇처럼 보였다. 선발 과정 내내 그들은 성격을 전혀 드러내지 않았다. 그런데 내가 부지를 떠날 준비를 하고 있을 때 한 담당 장교가 나를 사무실로 불렀다.

그는 손을 내밀며 "고긴스, 당신은 정말 강한 사람이에요! 회복되면 돌아와서 다시 한번 시도해주었으면 좋겠어요. 언젠가 델타 포스에 큰 힘이 되어줄 거라고 믿습니다"라고 말했다.

델타를 떠난 나는 네이비 실로 돌아갔고 지상전 용사가 아닌 교관으로 배치되었다. 나보다 기술, 헌신, 운동 능력이 떨어지는 사람들은 두 나라의 전장에 있는데, 나는 무인 지대에 발이 묶여 있었다. 어떻게 이렇게 빨리 이렇게 엉망진창이 될 수 있을까 궁금했다. 유리 천장에 부딪힌 듯한 느낌이었다. 유리 천장이 계속 거기에 있었던 걸까, 이니면 내가 그것을 그 자리로 밀어 넣은 것일까? 진실은 그 사이 어딘가에 있었다.

나는 인디애나 브라질에 살면서 어디에나 편견이 존재한다는 것을 깨달았다. 모든 사람에게, 모든 조직에 편견이 있다. **주어진 상황에서 당신이 '유일'한 존재라면 그것을 어떻게 다룰지 결정하는 것은 당신의 몫이다. 그것을 사라지게 할 수는 없기 때문이다. 나는 수년 동안 그것을 연료로 사용했다. '유일'한 존재가 되는 것에는 큰 힘이 있기 때문이다.** 그것은 부당한 시선 앞에서 자신의 자원을 이용하고 자신을 믿을 수 있게 해준다. 그런 편견과 마주할 것이라는 사실을 알면서도 내가 계속해서 나 자신을 그런 상황에 밀어 넣는 이유가 거기에 있다. 나는 어떤 곳에서 '유일'한 존재가 됨으로써 더 강해진다. 나는 사람들과 전쟁을 벌이고 나의 탁월함이 편협한 마음을 깨뜨리는 것을 지켜봤다. 나는 물러나서 유일한 존재라는 것을 이유로 징징대지 않는다. 나는 조치를 취하고, 꺼지라고 말하고, 내가 느낀 모든 편견을 다이너마이트로 그 벽을 깨부쉈다.

하지만 그런 종류의 원료로는 멀리 갈 수 없다. 나는 대립을 일삼은 나머지 그 과정에서 불필요한 적을 만들었다. 나는 그것이 네이비 실에서 위로 올라가는 길을 막았다고 생각한다. 커리어의 갈림

길에서 그런 실수를 곱씹을 시간이 없었다. 나는 더 높은 곳을 찾아야 했고 내가 만든 부정적인 것을 또 다른 긍정적인 것으로 바꿔야 했다. 나는 지상전 교관의 임무를 받아들이기만 한 것이 아니라 최고의 교관이 되기 위해 노력했고, 한편으로는 울트라 마라톤 세계에 대한 탐색을 시작함으로써 새로운 기회를 만들었다. 그것이 교착상태에 빠진 내 커리어를 되살렸다. 나는 바로 궤도를 되찾았다. 그러고는 심장에 구멍이 난 채 태어났다는 것을 알게 되었다.

거기에는 긍정적인 면도 있었다. 수술 후 병원 침대에 누워 의식과 무의식을 넘나드는 사이 의사, 간호사, 아내, 어머니의 대화가 백색소음처럼 스며들었다. 그들은 내가 내내 완전히 깨어서 내 상처 난 심장의 박동에 귀를 기울이며 속으로 미소 짓고 있었다는 것을 전혀 몰랐다. 지금까지 살았던 어떤 독한 놈들보다 비범하다는 확실한 과학적 증거를 갖게 되었다는 것을 깨달았기 때문이다.

위대함을 유지하는 법
- 조직의 안일함을 불태워버려라

이 도전은 비범한 사람들을 위한 것이다. 많은 사람이 어느 정도 지위, 명예, 성취를 얻으면 인생에 성공했다고 생각한다. 나는 언제나 그 너머를 추구해야 한다고 말하기 위해 여기 있다. 위대함은 한 번 만났다고 영원히 당신 곁에 머무르는 것이 아니다. 위대함은 뜨거운 팬에 부은 기름처럼 순식간에 증발한다.

정말로 비범한 사람 중에서도 비범한 사람이 되고 싶다면, 오랜 시간 위대함을 유지해야 한다. 거기에는 지속적인 추구와 끝없는 노력이 필요하다. 매력적으로 들릴 수도 있지만 그러기 위해서는 당신이 가진 모든 것을 던지고도 더 내놓아야 한다. 나를 믿어라. 이것은 모든 사람을 위한 것이 아니다. 여기에는 레이저 같은 집중력이 필요하며, 삶이 균형이 무너질 수도 있다.

그것이 진정으로 기대 이상의 성과를 거두는 과잉 성취자가 되기 위해 필요한 것이다. 게임 상위권에 있는 사람들에게 둘러싸여 있다면, 거기에서 두드러지기 위해 어떻게 달라져야 할까? 평범한 사람들 사이에서 두드러지는 것은, 작은 연못에서 큰 물고기가 되는 것은 쉬운 일이다. 늑대들 사이에 둘러싸인 한 마리 늑대가 되는 것은 훨씬 더 어렵다.

이는 와튼 경영대학원에 들어가는 데 그치지 않고 동기 중 1등이 되는 것을 의미한다. 이는 BUD/S를 수료하는 데서 그치지 않고 육군 레인저 스쿨의 우등 사병이 되고, 배드워터를 완주하는 것이다.

당신, 동료, 팀원 주위에 모여드는 안일함을 불태워라. 끊임없이 장애물을 세워두고 이를 해시태그 #누구도나를파괴할수없다canthurtme, #비범함중의비범함uncommonamongstuncommon과 함께 소셜 미디어에 공유하라. 마찰을 발견하는 곳이야말로 당신이 더 강하게 성장하도록 도울 수 있는 부분이기 때문이다. 당신은 스스로 알아채기 전에 홀로 빛나게 될 것이다.

10장

실패 파헤치기

: 성공을 위한 작전 수행 보고서를 작성해라

4,021번째 턱걸이를 하자
체육관에 있는 사람들이 환호했다.
하지만 나는 평정을 유지했다.
두 세트를 더 해 총 4,030회 턱걸이를 했다.
"스티븐 하일랜드, 드디어 당신을 잡았어!"

나의 '언젠가'를 위한 행군

2012년 9월 27일, 나는 록펠러 센터 2층에 임시로 마련된 체육관에 서 있었다. 24시간 턱걸이 세계기록을 깨기 위한 준비를 하고 있었던 것이다. 어쨌든 계획은 그랬다. 앵커인 사바나 거스리Savannah Guthrie가 기네스북 관계자 매트 라우어Matt Lauer와 함께 그 자리에 있었다. 이번에도 특수전 용사 재단을 위한 모금이라는 목표가 있었지만 기록도 세우고 싶었다. 기네스북 기록을 세우기 위해서는 〈투데이 쇼Today Show〉의 스포트라이트 아래서 턱걸이를 해야만 했다.

머릿속에 있는 숫자는 4,020개였다. 초인적으로 들리지 않는가? 처음에는 나도 그랬다. 하지만 쪼개보니 1분에 턱걸이 6개를 하면 되는 거였다. 24시간 동안 말이다. 대략 10초 동안 턱걸이를 하고 50초 쉬면 된다. 쉽지는 않겠지만 내가 운동에 투자한 노력을 생각하면 해볼 만하다고 생각했다. 나는 지난 5~6개월 동안 4만

개가 넘는 턱걸이를 했다. 또 다른 거대한 도전의 벼랑에 서 있다는 생각에 신이 났다.

두 번째 수술 후 우여곡절을 겪은 나에게 꼭 필요한 것이었다.

좋은 소식은 수술이 효과가 있었다는 것이다. 생전 처음 심장근육이 온전히 기능하게 되었다. 서둘러 달리기나 자전거 타기를 하지 않았다. 인내심을 갖고 회복에 힘썼다. 해군은 여전히 내가 작전에 참여하는 것을 허용하지 않았다. 네이비 실에 머물기 위해서는 작전 배치와 전투가 없는 일을 받아들여야 했다. 윈터스 소장은 내게 2년 더 신병을 모집하도록 했다. 나는 전국을 돌아다니며 기꺼이 귀를 기울이는 사람들에게 내 이야기를 들려주고 그들의 마음과 정신을 얻기 위해 노력했다. 하지만 내가 정말로 하고자 하는 일은 그간 훈련해온 일이었다. 그것은 싸움이었다! 나는 사격장을 찾아 상처를 달래보려 했지만 표적을 맞히는 것은 마음을 더 우울하게 할 뿐이었다.

2011년, 4년 넘게 신병 모집 업무를 하고 심장 문제로 2년 반 동안 장애인 목록에 올라 있던 끝에 나는 마침내 의학적으로 다시 작전을 수행할 수 있다는 승인을 얻었다. 윈터스 소장은 내가 원하는 곳이면 어디든 보내주겠노라고 했다. 그는 나의 희생과 내 꿈에 대해 알고 있었다. 나는 델타에 마치지 못한 일이 있다고 말했고 그는 내 서류에 서명했다. 5년의 기다림 끝에 나의 '언젠가'가 찾아왔다.

다시 한번 델타 선발을 위해 애팔래치아로 갔다. 나는 본격적인 선발 과정 첫날 약 29킬로미터 행군이 있다는 정보를 알려주고 다른 사람들 몇몇이 얻은 정보를 전해 들었다. 델타 선발에서는 모든

THE UNITED STATES OF AMERICA

THIS IS TO CERTIFY THAT
THE PRESIDENT OF THE UNITED STATES OF AMERICA
HAS AWARDED THE

MERITORIOUS SERVICE MEDAL

TO
SPECIAL WARFARE OPERATOR (SEA, AIR, AND LAND) DAVID GOGGINS
UNITED STATES NAVY

FOR

OUTSTANDING MERITORIOUS SERVICE FROM JUNE 2007 TO MAY 2010

GIVEN THIS 28TH DAY OF MAY 2010

E. G. WINTERS
REAR ADMIRAL, UNITED STATES NAVY
COMMANDER, NAVAL SPECIAL WARFARE COMMAND

 NAVAL SPECIAL WARFARE COMMAND

The President of the United States takes pleasure in presenting the
MERITORIOUS SERVICE MEDAL to

SPECIAL WARFARE OPERATOR FIRST CLASS (SEAL)
DAVID GOGGINS
UNITED STATES NAVY

for service as set forth in the following

CITATION:

For outstanding meritorious service while serving as Leading
Petty Officer at the Naval Special Warfare Recruiting Directorate
from June 2007 to May 2010. Petty Officer Goggins personally
presented compelling discussions about perseverance, mental toughness
and Naval Special Warfare career opportunities to 71,965 students
from 159 high schools, 12 junior high schools, and 67 universities
throughout the country. Capitalizing on his hard-earned fame from
stellar achievements in ultra-running and ultra-biking events, he
recruited, mentored, coached, and provided ongoing personal guidance
to hundreds of potential candidates, 66 of whom entered the Navy for
SEAL training, 21 having successfully graduated to date. Through
superlative personal effort and initiative, he dramatically enhanced
efforts to increase NSW awareness among minority audiences through
numerous high impact presentations. Finally, on his own personal
time, he raised $1.1 million for a charity supporting the families of
fallen special operations warriors. Petty Officer Goggins'
exceptional professionalism, personal initiative, and loyal devotion
to duty reflected great credit upon him and were in keeping with the
highest traditions of the United States Naval Service.

For the President,

E. G. Winters
Rear Admiral, United States Navy
Commander, Naval Special Warfare Command

신병 모집에 대한 공로로 수상한 근무 공로 훈장.

The Commander, Naval Special Warfare Command takes pleasure in commending

SPECIAL WARFARE OPERATOR FIRST CLASS (SEAL)
DAVID GOGGINS
UNITED STATES NAVY

for service as set forth in the following

CITATION:

For outstanding performance of duty resulting in selection as Commander, Naval Special Warfare Command Sailor of the Quarter from January to March 2010. Petty Officer Goggins displayed exceptional professionalism and superior performance in the execution of his duties as the Recruiting Directorate Leading Petty Officer, Diversity representative, and NSW Ambassador. As leading petty officer he was responsible for the leadership, mentorship, coaching and execution of daily operations for 28 junior sailors on two coasts. His unparalleled efforts have forged relationships with eight historically black colleges and universities and ten high schools reaching, 7,482 potential NSW candidates. During this time he raised over $123 thousand for the Special Operations Warrior Foundation, which resulted in the ability of numerous children to attend college that normally would not have had the opportunity. Petty Officer Goggins' professionalism and devotion to duty reflected credit upon him and were in keeping with the highest traditions of the United States Naval Service.

G. J. BONELLI
Rear Admiral, United States Navy
Deputy Commander, Naval Special Warfare Command

2010년 1~3월 1분기 우수 해군으로 선정되었다.

것이 비밀이었다. 명확한 과제와 훈련이 있지만 그 과제가 얼마나 걸리는지(29킬로미터 행군은 내 지상 항법을 기반으로 한 추측에 불과하다) 아무도 알지 못한다. 간부들만이 후보생을 어떻게 평가하는지 알고 있다. 소문에 따르면, 그들은 첫 행군을 기준점 삼아 각각의 항법 과제 수행 시간을 계산한다고 했다. 너무 열심히 하면 오히려 실수가 허용될 여지를 스스로 깎아 먹는 셈이다. 그런 정보를 갖고 있었기 때문에 안전하게 충분히 시간을 갖고 행군을 할 수도 있었다. 하지만 나는 뛰어난 사람들 사이에 섞여서 힘을 아낄 생각은 없었다. 나는 더 열심히 해서 그들이 내 최고의 모습을 보도록 했고 기록을 9분 단축했다(믿을 만한 소식통에 따르면).

그런 성과는 선발 과정을 함께한 동기들에게만 깊은 인상을 남긴 것이 아니었다. 최근 또 다른 네이비 실인 호크Hawk가 자신과 함

께 배치되었던 육군 사이에서 그 행군이 전설처럼 여겨지고 있다
는 이야기를 전해주었다. 그 행군을 시작으로 나는 델타 선발 단계
를 1등 혹은 최상위권으로 마쳤다. 내 지상 항법 기술은 그 어느 때
보다 발전해 있었지만 그것이 오리엔티어링이 쉬웠다는 것을 의미
하지는 않는다. 도로는 이용할 수 없었고, 평지는 찾아볼 수 없었
다. 우리는 며칠 동안 영하의 기온에서 웨이 포인트를 찾고, 지도를
읽고, 모두 똑같아 보이는 수도 없이 많은 봉우리, 산등성이, 골짜
기를 오르내렸다. 빽빽한 덤불과 깊은 눈 더미를 헤치고, 얼음이 언
시내를 첨벙거리며 지나, 우뚝 솟은 나무의 큰 뿌리들 사이를 피해
다녔다. 고통스럽고, 힘들고, 말할 수 없이 아름다웠다. 나는 그들
이 만들어낸 모든 시험을 박살 냈다.

델타 선발의 끝에서 둘째 날, 나는 평소처럼 빠르게 4개의 웨이
포인트를 찾았다. 그 때문에 다섯 번째 포인트를 찾을 때는 자신감
이 넘쳤다. 마음속에서 나는 흑인 대니얼 분Daniel Boone(미국의 개척자.
브래덕의 원정대에 참가하고, 플로리다, 켄터키를 답사했다-옮긴이)이었다. 나
는 포인트를 지도에 표시하고 가파른 길을 찬찬히 내려갔다. 생소
한 지형에서 길을 찾는 방법 중 하나는 송전선을 추적하는 것이다.
멀리에 있는 송전선 하나가 다섯 번째, 마지막 포인트에 바로 이어
진 것을 볼 수 있었다. 송전선을 따라 길을 재촉하며 나는 의식에서
멀어져 앞날을 꿈꾸었다. 마지막 시험, 지난번에는 이틀 전 발목을
다쳐 시도조차 해보지 못했던 약 96킬로미터의 지상 항법을 이번
에는 통과할 수 있다! 나는 수료를 기정사실로 생각했다. 그 후에는
다시 엘리트 부대에 들어가서 달리고 총을 쏠 것이다. 미래는 시각

화를 통해 점점 현실적이 되었고, 내 상상은 나를 애팔래치아산맥으로부터 멀리 데려갔다.

전력선을 따라가려면 올바른 선인지 반드시 확인해야 한다! 훈련에 따르자면 나는 계속 지도를 확인해서 실수를 했을 경우 시간을 많이 소요하지 않고 빨리 재조정해 정확한 방향으로 향하도록 해야 한다. 하지만 나는 자신감이 넘친 나머지 그린 확인 과정을 거치지 않았고 백스톱도 마련해두지 않았다. 환상에서 깨어난 나는 경로에서 벗어난 것은 물론이고 훈련지의 경계에서도 벗어날 판이었다!

나는 공황 상태에 빠져 지도를 통해 내 위치를 찾고 올바른 송전선을 따라 산꼭대기로 전력을 다해 뛰어 올라가 다섯 번째 포인트까지 멈추지 않고 달렸다. 탈락 시간까지는 아직 90분이 남아 있었다. 하지만 다음 트럭에 가까워지고 있을 때 내 쪽으로 뛰어오고 있는 다른 훈련생을 만났다.

"어디 가는 거야?" 내가 달리면서 물었다.

"여섯 번째 포인트로 가." 그가 말했다.

"제길, 오늘 5개 아니었어?"

"아니, 오늘은 6개야."

나는 시계를 확인했다. 마감까지 40분이 좀 넘게 남아 있었다. 나는 트럭에 도착해 6번 포인트의 좌표를 적고 지도를 읽었다. 내 등신 짓 덕분에 2개의 명확한 옵션이 남았다. 규칙을 지키고 시간을 넘기거나, 규칙을 어기고 도로를 마음대로 이용해서 나 자신에게 기회를 주는 것. 내게 유리한 면이 있다면, 특수작전에서는 목표를 달성하기 위해서 무슨 일이든 기꺼이 하는 병사에게 가치를 둔다는 점이다. 내가 할 수 있는 일은 그들이 자비를 베풀어주길 비는 것뿐이었다. 나는 숲을 둘러 도로를 이용했고 근처에서 트럭 소리가 들릴 때마다 몸을 숨겼다. 30분 후 또 다른 산 정상에 있는 여섯 번째 포인트가 눈에 들어왔다. 결승선이기도 했다. 내 시계에 따르면 5분이 남아 있었다.

있는 힘을 다해 나는 듯이 내리막을 달려갔고 시간을 1분 남기고 도착했다. 숨을 고르는 동안 우리 일행은 지붕이 덮인 두 대의 트럭에 나누어 태워졌다. 언뜻 보기에는 성적이 꽤 괜찮은 녀석들이 함께하고 있는 것 같았다. 하지만 내가 여섯 번째 포인트에 온 시간을 감안하면 그 자리에 있는 장교들이 내가 규칙을 어겼다는 것을 알 수밖에 없었다. 떨어졌을까? 붙었을까?

델타 선발에서 탈락했다는 것을 아는 방법은 그날 일과를 마치고 가는 길에 과속방지턱을 넘는지 확인하는 것이었다. 과속방지턱이 있다는 것은 기지로 가 집으로 돌아간다는 의미였다. 그날 첫 번째 과속방지턱을 넘는 순간 우리의 희망과 꿈은 깨져버렸다. 욕을 하는 사람도 있고 눈물을 흘리는 사람도 있었다. 나는 그저 고개만 젓고 있었다.

"고긴스, 여기서 뭘 하는 거야?" 한 녀석이 물었다. 그는 옆에 내가 앉아 있는 것을 보고 당황했다. 하지만 나는 현실을 받아들였다. 나는 훈련을 마치고 델타 포스가 되는 꿈을 꾸고 있었기 때문이다. 선발 과정을 마치기도 전에 말이다!

"규칙을 지키지 않았어. 집으로 돌아가도 싸지."

"망할! 넌 최상위권에 들잖아. 널 내보내다니, 믿을 수 없어. 단단히 잘못된 거야."

그가 그렇게 화를 내주어서 고마웠다. 통과시켜주지 않을까 기대는 했지만 그들의 결정에 화를 낼 자격은 없었다. 델타 지휘부는 C, B$^+$의 노력으로 통과할 수 있는 사람을 찾는 것이 아니었다. A$^-$도 안 된다. 그들은 A$^|$만 받아들였다. 가지고 있는 역량에 못 미치는 성적을 내는 사람이라면 짐을 싸야 한다. 전장에서 망상에 빠진다면, 그것은 자신의 목숨은 물론 전우의 목숨을 내준다는 의미일 수 있다. 나는 그것을 알고 있었다.

"아니, 내 잘못이야. 집중력을 잃지 않고 최선을 다해서 여기까지 왔고, 집중력을 잃었기 때문에 집에 가는 것뿐이야."

턱걸이 4,000개를 위한 도전

네이비 실로 돌아가야 할 시간이 왔다. 이후 2년 동안 나는 SD-V(SEAL Delivery Vehicles 네이비 실 잠수정 운용 팀)라 불리는 비밀 운송 부대의 일원으로 호놀룰루에 주둔했다. 레드 윙스 작전은 SDV 임무로 가장 잘 알려진 것이다. 워낙 큰 뉴스였기 때문에 그에 대해 들어보았겠지만 SDV 작업은 대부분 눈에 보이지 않는 음지에서 이루어진다. 나는 그 일과 잘 맞았고 다시 작전에 참여할 수 있어서 기뻤다. 나는 거실 창문으로 진주만이 바로 내다보이는 포드 아일랜드에서 살았다. 케이트와 헤어졌기 때문에 그야말로 스파르타식 생활을 했다. 여전히 새벽 5시에 일어나 사무실까지 달려갔다. 길은 약 13킬로미터짜리와 16킬로미터짜리, 두 가지였다. 어떤 경로를 택하든 몸의 반응은 그리 좋지 않았다. 달리는 도중에 어지러워서 쉰 적이 많았다.

몇 년 동안 사람에겐 몸이 다 고장 나기 전에 달릴 수 있는 거리가 정해져 있는 것은 아닌가, 내가 거기에 다가가고 있는 건 아닌가 하는 생각이 들었다. 몸이 그렇게 딱딱하게 느껴진 것은 처음이었다. 내 두개저(머리뼈 밑바닥의 안팎-옮긴이)에는 결절이 하나 있었다. BUD/S를 수료한 후 발견한 것이었다. 10년이 지나자 결절의 크기는 두 배가 되었다. 굴근(관절 양쪽의 뼈 사이 각도를 줄이는 근육-옮긴이) 위에도 결절이 있었다. 병원에 가 모든 검사를 했지만 그것들은 악성은커녕 종양도 아니었다. 치명적인 위험 요인이 아니라는 진단을 받고 난 후 나는 그들과 함께 살아야 한다는 것을, 장거리달리기는 한동안 잊어야 한다는 것을 깨달았다.

내게 달리기가 그랬던 것처럼, 항상 해오던 활동이나 운동을 할 수 없게 되면 운동을 하지 않게 된다. 하지만 나는 포기하는 게 익숙하지 않다. 나는 철봉에 흥미를 느꼈고 슬레지와 했던 운동을 재현했다. 그 운동을 통해 나를 밀어붙일 수 있었다. 세트 사이에 휴식을 취했기 때문에 어지럽지도 않았다. 한동안 인터넷에서 내가 도전할 만한 턱걸이 기록이 있는지를 찾아봤다. 그러다 스티븐 하일랜드Stephen Hyland가 세운 여러 가지 기록에 대해 읽게 되었다. 그중에는 24시간 동안 4,020개의 턱걸이를 한 기록도 있었다.

당시 나는 울트라 마라토너로 알려져 있었다. 하지만 나는 한 가지로 규정되고 싶지 않았다. 나를 만능 선수로 생각하는 사람은 없었다. 그 기록은 사람들의 인식을 뒤바꿀 수 있을 것이다. 100마일, 150마일, 200마일을 달리면서 하루 동안 4,000개가 넘는 턱걸이를 할 수 있는 사람이 몇이나 되겠는가? 나는 특수전 용사 재단에 전화를 걸어 모금에 도움을 줄 기회가 있겠느냐고 물었다. 반응이 무척 좋았다. 이후 나는 나와 연락했던 사람이 인맥을 이용해 〈투데이 쇼〉 출연을 성사시켰다는 소식을 들었다.

도전을 준비하기 위해 그 주일 동안 하루 400개의 턱걸이를 했다. 70분 정도가 소요되었다. 토요일에는 5~10회를 한 세트로 3시간 넘게 1,500개를 했다. 일요일에는 횟수를 750개로 줄였다. 그 모든 운동은 활배근, 삼두근, 이두근, 등을 강화하고, 어깨와 팔꿈치 관절이 극단적인 학대에 대한 준비를 갖추게 하고, 강력한 고릴라와 같은 악력을 기르는 데 도움을 주며, 젖산 내성을 키워 과도한 운동 후에도 계속 오랫동안 기능할 수 있게 해줄 것이다. 도전의 날이 다가오면서 나는 회복 시간을 줄이고 2시간 동안 30초마다 다섯 번씩 턱걸이를 했다. 이후 팔이 늘어난 고무줄처럼 양옆으로 축 처졌다.

도전 전날, 어머니와 삼촌이 지원 팀으로 도움을 주기 위해 뉴욕으로 오셨다. 모든 시스템이 잘 가동되고 있었다. 그런데 마지막 순간 네이비 실에서 〈투데이 쇼〉 출연을 취소하라고 통보했다. 얼마 전 오사마 빈 라덴 급습을 다룬 『노 이지 데이No Easy Day』가 출간되었다. 작전에 직접 참여했던 해군 특수전 개발단의 오퍼레이터가 쓴 책이었다. 당연히 해군 특수전 사령부의 장교들은 반가워하지 않았다. 특수전 오퍼레이터는 전장에서 수행한 상세한 내역을 일반인에

신병 모집을 홍보하는 내용이 담긴 광고판.

게 공개할 수 없다. 많은 특수전 관계자들이 그 책에 분노했다. 나
는 직접 출연 취소 명령을 받았다. 말이 되지 않는 처사였다. 나는
작전에 대해 이야기하기 위해 카메라 앞에 서는 것이 아니고 자기
홍보를 하는 것도 아니었다. 전사자 가족을 위한 모금을 하고 싶었
을 뿐이었다.

　나는 그때까지 20년간 복무했고 단 한 번도 규칙을 위반하지 않
았다. 더구나 4년 동안 해군은 나를 홍보 모델로 사용했다. 광고판
에 내 사진이 걸렸고, 나는 CNN과 인터뷰했으며, NBC 카메라 앞
에서 공중 낙하를 선보였다. 그들은 수십 개의 잡지와 신문에 내 이
야기를 실었고 그것은 모병에 도움을 주었다. 그런데 이제 와서 뚜
렷한 이유 없이 나를 억누르려 하고 있었다. 맙소사! 내가 말해도

되는 것과 말해서는 안 되는 것에 대한 규칙을 가장 잘 아는 사람이 있다면 그건 다름 아닌 나였다. 마지막 순간 아슬아슬하게 해군 법무과가 허가해주었다.

내 인터뷰는 간단했다. 클리프노트CliffsNote(고전문학 작품을 축약한 학습 교재—옮긴이)로 내 인생 이야기를 하고 기록을 깰 때까지 탄수화물이 함유된 스포츠 음료만으로 영양을 공급하는 유동식을 할 것이라고 이야기했다.

"다 끝나면 무슨 요리를 준비하면 될까요?"

진행자 사바나 거스리가 말했다. 나는 웃으면서 한껏 밝게 분위기를 맞춰주었지만 오해는 하지 마라. 나는 안락 지옥에서 한참 벗어나 있었다. 그렇게 보이지 않고, 그렇게 행동하지 않았지만 나는 나 자신과의 전쟁을 앞두고 있었다. 시간이 다가오자 나는 셔츠를 벗고 가벼운 검은색 반바지를 입고 러닝화를 신었다.

"와, 거울 속 내 모습을 보는 것 같네요." 라우어가 나를 가리키며 농담을 했다.

"점점 더 흥미로워지는데요? 좋아요, 데이비드. 행운을 빕니다. 우리가 지켜보고 있을게요." 사바나가 말했다.

누군가가 〈로키〉의 주제곡 〈고잉 더 디스턴스〉를 틀었고 나는 철봉으로 다가갔다. 철봉은 검은색 무광 페인트로 칠해져 있었고, 흰 테이프가 감겨 있었으며 'Show No Weakness(나약함을 드러내지 마라)'라는 문구가 흰색으로 찍혀 있었다. 나는 회색 장갑을 끼며 마지막 말을 했다.

"specialops.org에 기부를 부탁드립니다. 100만 달러를 모금하고 있습니다."

"좋습니다, 준비되셨나요?" 라우어가 물었다. "셋… 둘… 하나! 데이비드, 시작하세요!"

그 말과 함께 시계가 움직이기 시작했고 나는 8회 턱걸이 세트를 시작했다. 기네스북이 정한 규칙은 명확했다. 매번 팔을 완전히 뻗은 자세에서 시작하고 턱이 봉 위로 올라가야 한다.

나는 카메라를 향해 미소를 짓고 여유로운 표정을 지었지만, 첫 번째 세트부터 괜찮지 않았다. 상황이 한몫했다. 나는 햇빛을 끌어들인 데다 길게 늘어선 뜨거운 무대 조명까지 반사하는 유리 어항 속 외로운 한 마리 물고기였다. 다른 절반의 이유는 기술적인 것이었다. 첫 턱걸이를 하면서 철봉이 내가 사용하던 것보다 탄성이 훨씬 크다는 것을 알아차렸다. 평소만큼 힘이 없었다. 긴 하루가 될 것 같았다. 처음에는 그것에 대해 생각하지 않았다. 그래야 했다. 헐거운 철봉은 힘을 더 써야 한다는 것을 의미했고 그것은 평범하지 않은 존재가 될 또 다른 기회를 선사했다.

하루 종일 아래에서 거리를 지나는 사람들이 손을 흔들고 응원을 했다. 나도 손을 흔들어주고, 내 계획을 따르면서 1분에 6개씩 턱걸이를 해나갔다. 하지만 곧 무너질 듯한 철봉 때문에 쉽지 않았다. 힘이 점점 빠졌고 몇백 개를 한 후에는 피로로 인한 타격이 왔다. 이후에는 턱걸이 하나하나에 엄청난 노력과 강한 악력이 필요했다. 1,500개째부터는 팔뚝이 미친 듯 아팠다. 마사지사가 세트 사이사이 팔뚝을 문질러주었지만 상체의 모든 근육이 젖산 때문에 잔뜩 부풀었다.

6시간 동안 2,000개의 턱걸이를 한 후 나는 처음으로 10분간 휴식 시간을 가졌다. 24시간의 계획된 속도에서 훨씬 앞서 있었고 태양이 지평선 아래로 내려가 실내 온도가 적당히 떨어졌다. 시간이 늦어지면서 스튜디오 전체가 문을 닫았다. 그곳에는 나와 몇 명의 친구, 마사지사, 어머니뿐이었다. 〈투데이 쇼〉 카메라가 설치되어 계속 돌아가면서 시간을 재고 내가 규정을 지키는지 감시했다. 아직 턱걸이를 2,000개는 더 해야 했다. 처음으로 내 머리에 의심이 자리 잡았다.

머릿속에 떠오른 부정성을 소리 내 말하진 않았다. 나는 남은 절반을 위해 마음을 다잡으려 노력했다. 하지만 진실은 계획 전체가 거꾸러졌다는 것이었다. 탄수화물 음료는 내게 필요한 힘을 주지 않았고 대안이 없었기 때문에 치즈 버거를 주문해 먹었다. 제대로 된 음식을 먹었더니 기분이 좋아졌다. 그동안 우리 팀은 파이프를 추가해서 철봉을 안정화하려고 노력했다. 하지만 긴 휴식은 내가 바랬던 대로 몸을 충전하는 대신 역효과를 낳았다.

휴식이 불러온 패배

몸은 가라앉고 정신은 공황으로 소용돌이쳤다. 나는 약속을 했고, 기록을 깨고 돈을 모으는 일에 내 이름을 걸었다. 나는 이미 이 일을 완수할 방법이 없다는 것을 알고 있었다. 턱걸이를 500개 더 하는 데 5시간이 걸렸다. 1분에 평균 두 번도 못했다는 뜻이다. 보통 토요일에 체육관에서 아무런 부작용 없이 하는 턱걸이보다 겨우

첫 턱걸이 도전.

1,000개를 더 했을 뿐인데 근육이 전혀 기능을 하지 못하는 상태에 가까워졌다.

꿋꿋이 밀고 나가보려 했지만 긴장과 젖산이 몸을 압도했고 상체는 곤죽이 되었다. 나는 평생 근육 부전을 겪은 적이 없었다. 하지만 그날 늦은 밤 NBC 타워 2층에서 내 플러그가 뽑혔다. 2,500개를 한 후 턱걸이는커녕 손을 철봉 높이로 들어 올릴 수조차 없었다. 그렇게 도전은 끝났다. 사바나, 매트와 함께 하는 축하의 아침 식사는 없었다. 축하도 없었다. 나는 실패했다. 수백만 명이 보는 앞에서.

그래서 나는 수치심과 고통으로 기가 죽었을까? 천만에! 내게 실패는 미래의 성공을 위한 디딤돌일 뿐이다. 다음 날 아침 전화가 폭발할 지경이어서 휴대 전화를 호텔 방에 둔 채 센트럴파크로 달리기를 하러 갔다. **정신을 산만하게 하는 요소에서 벗어나 내가 잘한 것과 부족한 부분을 낱낱이 되돌아볼 시간이 필요했다. 군에서는 실제 임무나 훈련 이후 작전 수행 보고서를 쓴다. 이는 검시 역할을 한다. 결과가 어떻든 작전 수행 보고서를 작성해야 한다. 나처럼 실패를 분석하는 경우에는 더욱 중요하다.** 미답의 영역으로 향할 때는 책도, 유튜브의 교육 영상도 없기 때문이다. 내가 읽어야 하는 것은 오로지 나의 실수다. 나는 모든 변수를 고려했다.

무엇보다 나는 그 프로그램에 출연하지 말았어야 했다. 동기는 확고했다. 재단의 인지도를 높이고 기금을 모으는 데는 좋은 아이디어였다. 원하는 금액을 모금하려면 노출이 필요했지만, 나는 돈을 첫 번째로 생각함으로써(언제나 좋지 못한 생각) 당면한 과제에 집중하지 못했다. 기록을 깨기 위해서는 최적의 환경이 필요했다. 그런 깨달음이 기습 공격처럼 밀려들었다. 나는 그 기록을 존중하지 않았다. 픽업트럭 뒤 대충 고정된 녹슨 철봉 위에서 그 기록을 깰 수 있다고 생각했다. 도전을 시작하기 전에 철봉을 두 번이나 시험해봤지만 변화를 줘야 할 만큼 신경 쓰이지 않았다. 세부적인 것에 대한 집중력과 주의력이 부족해 기회를 날렸다. 또 방 안팎에서 웅성거리며 세트 사이에 사진 촬영을 부탁하는 구경꾼이 너무 많았다.

그리고 휴식 시간이 너무 길었다. 마사지를 통해 부기와 젖산이 쌓이는 데 대응할 수 있다고 생각했지만 잘못된 생각이었다. 경련을 막기 위해 소금 알약을 더 먹었어야 했다. 시도하기 전부터 온라인에는 실패를 예견하는 사람들이 많았다. 하지만 나는 그들을 무시했고 그들의 부정에 담긴 냉엄한 진실을 받아들이지 못했다. 훈련만 열심히 하면 기록은 내 것이 되리라고 생각했고 결과적으로 나는 필요한 것만큼 준비가 되지 않은 상태였다.

알려지지 않은 요소까지 대비할 수는 없다. 하지만 게임 전에 더 나은 집중력을 발휘한다면 경기에 임해서는 예상하지 못한 요소를 10개가 아닌 한두 개만 다루면 될 것이다. 뉴욕에서 시도한 도전에는 거품이 많았다. 미지의 요소는 의심의 불길을 일으키는 법이다. 이후 실패를 예측했던 사람들의 의견을 받아들였다. 나는 체중이 210파운드로 기록 갱신을 시도한 그 어떤 사람보다 무거웠다. 실패할 확률이 높았다.

2주 동안 철봉을 건드리지도 않았지만 호놀룰루로 돌아오자 홈짐에서 여러 세트의 턱걸이를 했고 바로 철봉의 차이를 알아차렸다. 모든 것을 헐거운 철봉 탓으로 돌리고 싶은 유혹을 이겨내야 했다. 철봉이 더 견고하다는 것이 곧 턱걸이 1,521개를 더 할 수 있다는 뜻은 아닐 가능성이 높았기 때문이다. 나는 체조용 초크, 장갑, 테이핑에 대해 알아봤다. 표본조사를 하고 실험을 했다. 이번에는 철봉 밑에 선풍기를 설치해 세트 사이에 몸을 식히고 싶었다. 식이에도 변화를 주었다. 순수하게 탄수화물만 공급하는 대신 경련을 막기 위한 단백질과 바나나를 추가했다. 신기록에 도전하기 위한 장소를 물색할 때는 순수한 내 모습으로 돌아가야 한다고 생각했다. 그것은 화려함을 버리고 던전에 자리를 마련해야 한다는 의미였다. 내슈빌로 갔을 때 어머니 집 근처에서 1마일 떨어진 곳에 있는 장소를 발견했다. 전직 해병대원 난도르 타마스카Nandor Tamaska가 소유한 크로스핏 체육관이었다.

이메일을 몇 차례 주고받은 후 나는 그를 만나기 위해 크로스핏 브렌드우드 힐스CrossFit Brentwood Hills로 갔다. 체육관은 상점과 식당이 늘어선 스트립 몰에 있었고 몇 집 건너에는 타깃Target(미국의 종합 유통업체-옮긴이)이 있었다. 화려함이라고는 찾아볼 수 없는 곳이었다. 바닥에는 검은색 매트가 깔려 있고, 초크가 담긴 양동이, 철제 운동기구가 있었으며, 많은 사람이 열심히 운동하고 있었다. 체육관에 걸어 들어가 우선 철봉을 잡고 흔들어봤다. 내가 바란 대로 바닥에 나사로 고정되어 있었다. 철봉이 조금만 흔들려도 세트 중간에 손을 고쳐 잡아야 하는데, 아주 작은 움직임도 낭비되는 에너지가 축적되어 큰 피해를 준다.

"정확히 제게 필요한 것이네요."

내 말에 난도르가 "그럼요. 스쾃 랙보다 훨씬 튼튼해야 하죠"라고 대답했다.

강도나 안정성도 좋았지만 높이도 적당했다. 낮은 철봉은 원하지 않았다. 다리를 굽히는 것은 햄스트링의 경련을 유발할 수 있기 때문이다. 발끝으로 서야 철봉을 쥘 수 있는 정도의 높이가 필요했다.

난도르는 이 작업의 완벽한 지원군이었다. 그는 군인 출신이었고, 크로스핏을 시작했고, 첫 번째 체육관을 열기 위해 아내와 가족을 이끌고 애틀랜타에서 내슈빌로 이주했다. 낯선 사람이 자기 체육관을 점거하는 것을 기꺼이 허락해줄 사람은 많지 않다. 하지만 난도르는 특수전 용사 재단의 뜻에 공감했다.

두 번째 도전 날짜는 11월로 정해졌다. 5주 연속으로 하와이의 홈 짐에서 매일 500~1,300개의 턱걸이를 했다. 마지막 훈련 때는 5시간 동안 2,000개의 턱걸이를 했다. 이후 비행기로 이동해 도전 6일 전 내슈빌에 도착했다.

난도르는 증인과 지원 팀으로 활동할 체육관 회원을 모았다. 그는 선곡표를 관리하고, 초크를 채우고, 내가 필요할 경우를 대비해 체육관 뒤쪽에 휴게실을 마련했다. 그는 보도 자료도 냈다. 도전을 준비하는 동안 그의 체육관에서 훈련했다. 지역 뉴스 채널에서 보도하러 왔다. 지역신문에도 기사가 실렸다. 규모는 작았지만 내슈빌에서도 관심이 커졌다. 크로스핏에 열광하는 사람들이 특히 호기심을 보였다. 현장을 보기 위해 여러 명이 체육관을 찾았다. 최근 나와 이야기를 나누던 중에 난도르가 한 표현이 마음에 들었다.

"수십 년 동안 달리기를 하는 사람들이 있지. 장거리 달리기를 하는 사람도 있고. 하지만 턱걸이를 4,000번 한다니…. 인간은 그런 일을 할 수 없어. 그런 일을 눈앞에서 볼 기회를 얻는 것은 대단한 일이지."

나는 도전하기 전날 하루 온종일 휴식을 취했다. 체육관에 갔을 때는 활력이 있었고 앞에 둔 지뢰밭에 대한 준비를 갖춘 듯한 느낌이었다. 난도르와 어머니는 힘을 합해 모든 것을 조정해두었다. 벽에는 날렵한 디지털 타이머가 있었다. 타이머가 턱걸이 횟수도 헤아렸다. 철봉 위에는 기네스북 현수막이 붙어 있었고 영상을 촬영하는 사람도 있었다. 검토하기 위해 모든 횟수를 기록해야 했기 때문이다. 테이프도 좋았다. 장갑도 완벽했다. 철봉은 단단하게 고정되어 있었다. 시작했을 때의 성능은 폭발적이었다.

숫자는 그대로였다. 나는 1분당 6개를 하겠다는 목표를 세웠다. 첫 10세트 동안은 가슴을 높이 들어 올렸다. 그러다가 불필요한 움직임과 에너지 낭비를 최소화해야 한다는 계획을 기억했다. 첫 번째 도전에서는 턱을 철봉 위로 높이 올려야 한다는 압박감을 느꼈다. 그런 큰 동작은 방송에는 도움이 되었지만 기록을 깨는 데는 도움이 되지 않았고 앞으로도 그럴 것이다. 이번에는 턱을 간신히 철봉 위에 올리고 턱걸이 외에는 팔과 손을 사용하지 말자고 다짐했다. 뉴욕에서처럼 팔을 뻗어 물병을 들어 올리는 대신, 나무 상자(다리 운동에 사용하는 종류의 상자) 위에 물병을 올려두었다. 고개만 돌리면 빨대를 통해 양분을 빨아들일 수 있도록 말이다. 물을 한 모금 마신 뒤 바로 턱걸이 동작으로 되돌아갔고 그때부터 절제된 동작으로 횟수를 늘려나갔다. 나는 4,020개의 턱걸이만 생각한 것이 아니었다. 24시간을 모두 사용하고 싶었다. 그렇게 한다면 5,000개, 아니 6,000개도 가능하다!

나는 경계를 소홀히 하지 않고 갑자기 발생할 수 있는 신체적 문제를 면밀히 살폈다. 모든 것이 순조로웠다. 하지만 4시간에 가까운 시간 동안 1,300회를 하고 나자 손에 물집이 잡혔다. 세트 사이에 어머니가 세컨드 스킨Second Skin(습윤 밴드의 상표명-옮긴이)을 붙여주어서 도전을 계속할 수 있었다. 새로운 문제였다. 나는 도전하기 전소셜 미디어에 올라온 성공을 의심하는 댓글을 모두 읽고 기억하고 있었다. 그들은 내 팔이 너무 길다고 했다. 체중이 너무 많이 나간다고도 했다. 자세가 이상적이지 않아서 손이 압력을 지나치게 많이 받는다는 말도 있었다. 나는 이 마지막 댓글을 무시했다. 첫 번째 도전 때는 손바닥에 문제가 없었기 때문이다. 하지만 두 번째 도전을 하면서 이전에 손에 상처가 나지 않았던 것이 철봉이 많이 흔들렸기 때문이라는 것을 깨달았다. 이번에는 철봉이 안정적이고 단단했다. 시간이 지나자 그 단단한 철봉이 손에 상처를 냈다.

나는 도전을 계속했다. 1,700개를 넘어서자 팔뚝이 아프기 시작했다. 앞을 구부리면 이두박근이 조였다. 첫 번째 도전 때도 그런 느낌이 있었다. 경련이 시작된다는 신호였기 때문에 세트 사이에 소금 알약을 먹고 바나나를 2개 먹었다. 그것이 통증을 완화해주었지만 손바닥 상태는 계속 악화되었다.

50개를 더 한 후에 장갑 밑에서 살이 찢어지는 것을 느꼈다. 멈춰서 문제를 수습해야 한다는 것을 알았지만 멈춘다면 몸이 경직되고 마비될 수 있다는 것도 알았다. 나는 한 번에 2개의 불과 싸우고 있었다. 어느 불부터 먼저 꺼야 할지 알 수 없었다. 분 단위로 속도를 유지하면서 그 사이에 여러 해법을 실험해보기로 했다. 장갑을 두 겹, 다음에는 세 겹 끼었다. 내 오랜 친구, 박스 테이프에도 의지해보았지만 도움이 되지 않았다. 철봉은 완충재로 감쌀 수 없었다. 기네스 규칙에 위배되기 때문이었다. 내가 할 수 있는 일은 싸움을 계속하기 위해 할 수 있는 모든 것을 시도해보는 것뿐이었다.

도전이 시작되고 10시간 후 한계에 부딪혔다. 1분당 3회로 속도가 떨어졌다. 고통이 극심했고 휴식이 필요했다. 오른쪽 장갑을 벗었는데, 피부 껍질이 함께 벗겨졌다. 손바닥은 굽지 않은 햄버거 패티 같았다. 어머니는 근처에 사는 의사인 친구 레지나에게 전화를 걸었다. 레지나는 상태를 살피고, 주사기를 꺼내 국소마취제를 채운 후 내 오른손 상처에 바늘을 꽂아 넣었다.

그녀가 나를 보았다. 나는 가슴이 두근거리고 피부가 온통 땀에 젖었디. 근육이 식고 딱딱해지는 것을 느낄 수 있었다. 나는 시선을 돌렸고 그녀는 바늘을 깊게 찔렀다. 더럽게 아팠지만 원초적인 비명은 안으로 삼켰다. '약점을 보이지 마라'는 여전히 내 모토였지만 그렇다고 고통을 느끼지 않는 것은 아니었다. 어머니는 두 번째 주사를 예상하고 왼쪽 장갑을 벗겼다. 하지만 레지나는 부어오른 내 이두근과 상박의 경련을 살피느라 바빴다.

"횡문근융해증인 것 같다, 데이비드. 계속해선 안 돼. 위험해." 그러고는 이에 대해 설명해주었다.

횡문근융해증은 근육군이 지나치게 오래 운동할 때 일어나는 현상이었다. 근육의 포도당이 부족해 분해되면서 근육에서 산소를 저장하는 섬유상 단백질, 미오글로빈이 혈류로 새어 나오는 것이다. 이런 일이 일어나면 그 모든 단백질을 신장이 걸러내야 하는데, 단백질에 압도된 신장은 기능을 멈춘다. "횡문근융해증으로 죽을 수도 있어." 그녀가 말했다.

손이 고통으로 욱신거리고 근육이 땅겼다. 이성적인 사람이라면 수건을 던지겠지만 나는 스피커에서 나오는 〈고잉 더 디스턴스〉를 들었다. 이것이 나의 14라운드, "잘라, 마이크Cut me, Mick(영화 〈로키〉에서 주인공이 코치에게 앞을 제대로 보고 싸울 수 있도록 심하게 부은 눈두덩을 칼로

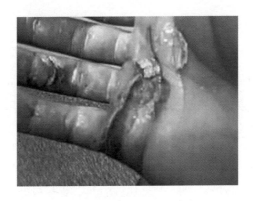

두 번째 턱걸이 기록 도전 동안의 내 손.

째달라고 부탁하는 장면의 대사-옮긴이)"의 순간이었다.

이성 따윈 개나 줘. 나는 레지나가 주사를 놓을 수 있도록 왼쪽 손바닥을 들었다. 마음속에 의심의 꽃이 만발하면서 고통의 물결이 나를 덮쳤다. 레지나는 양 손바닥을 거즈와 의료용 테이프로 감싸고 새 장갑을 끼워주었다. 나는 체육관 바닥을 성큼성큼 걸어가 다시 턱걸이를 시작해 2,900회를 했다. 나는 싸움을 계속하는 한 무엇이든 가능하다고 믿고 있었다.

2시간 동안 1분에 1세트 2~3회의 턱걸이를 이어갔지만 뜨겁게 녹는 막대를 쥐고 있는 것 같았다. 그것은 손끝으로만 철봉을 잡았다는 의미다. 처음에는 손가락 4개를, 다음에는 3개를 사용했다. 100개를 더 해냈다. 다음에는 100개 더. 시간은 계속 흘렀다. 기록에 다가가고 있었지만 횡문근융해 상태인 내 몸은 끝으로 다가가고 있었다. 손목을 철봉에 건 상태로 몇 세트를 했다. 불가능해 보였지만, 어쨌든 나는 마취제의 효과가 다할 때까지 도전을 계속했다. 이후에는 손가락을 굽힐 때조차 날카로운 칼로 손을 찌르는 것 같았다.

3,200개를 넘긴 후, 계산해보고는 1회를 한 세트로 800세트를 하려면 13시간이 걸린다는 것을, 시간 전에 기록을 깨기 위해서는 변화가 필요하다는 것을 깨달았다. 45분을 더 버텼다. 통증이 너무 심했고 낙관적이던 분위기는 어두워졌다. 가능한 한 약점을 드러내지 않으려 했지만 자원봉사자들은 내가 장갑과 그립을 계속 바꾸는 것을 보았고 뭔가가 크게 잘못되고 있다는 것을 알았다. 두 번째로 휴게실에 들어갔을 때 사람들이 일제히 한숨을 쉬는 소리를 들었다. 마치 파멸의 소리처럼 들렸다.

레지나와 어머니는 손에 감은 테이프를 풀었다. 살이 바나나처럼 벗어지는 것을 느낄 수 있었다. 양 손바닥이 신경이 있는 진피까지 드러나 있었다. 아킬레스에게 발목이 치명적이듯, 턱걸이에서는 재능도 실패의 원인도 모두 손이었다. 의심하던 사람들이 옳았다. 나는 날렵한 몸으로 우아하게 턱걸이를 하는 사람이 아니었다. 나는 강했고 그 힘은 내 악력에서 나왔다. 하지만 이제 내 손은 사람의 것이라기보다는 생리학 수업용 마네킹에 가까웠다.

처참한 기분이었다. 육체적인 피로나 기록을 깨지 못했기 때문만이 아니라 너무나 많은 사람이 도움을 주었기 때문이었다. 내슈빌의 체육관까지 빌려놓고는 모두를 실망시키고 말았다는 생각이 들었다. 어머니와 나는 범죄 현장에서 달아나는 것처럼 말 한마디 하지 않고 뒷문으로 빠져나왔다. 어머니의 차를 타고 병원으로 가면서 '난 이것보다 나은 사람이야(〈로키〉에서 어머니가 하는 "넌 그것보다 나은 사람이야You're better than that"라는 대사를 차용한 것-옮긴이)!'라는 생각을

394

멈출 수 없었다.

　난도르와 그의 팀이 시계를 분해하고, 배너를 떼어내고, 초크를 쓸고, 철봉에 붙은 피 묻은 테이프를 제거하는 동안, 어머니와 나는 응급실 앞 의자에 주저앉았다. 나는 내 장갑에 남아 있던 것을 들고 있었다. O. J 심프슨의 범죄 현장에서 나온 것 같이 피에 절어 있었다. 어머니는 눈을 동그랗게 뜨고 나를 보며 고개를 저었다.

　"한 가지는 알겠다." 어머니가 말씀하셨다.

　한참을 묵묵히 있다가 어머니의 얼굴을 마주 봤다.

　"뭘요?"

　"네가 이런 일을 다시 할 거라는 걸."

　어머니는 내 마음을 읽고 있었다. 나는 이미 검시를 진행 중이었고 피가 흐르는 손이 허락하는 대로 작전 수행 보고서를 구석구석 실험하게 될 것이다. 나는 이 잔해 속에 보물이 있다는 것, 어딘가에서 지렛대를 얻을 수 있다는 것을 알고 있었다. 퍼즐처럼 그것들을 맞추기만 하면 된다. 입 밖에 내지 않았는데도 어머니가 알아차렸다는 사실이 내게 열의를 불어넣었다.

　많은 사람이 편안함을 추구하는 사람을 주위에 두려 한다. 상처 위에 굳은살을 만들고 다시 시도할 수 있게 돕기보다 상처의 고통을 잠재우고 더 이상의 부상을 막으려는 사람을 말이다. 우리는 듣고 싶은 말이 아니라 들어야 할 말을 해주는 사람, 동시에 우리가 불가능에 맞서고 있다고 느끼게 하지 않는 사람을 곁에 두어야 한다. 어머니는 나의 가장 열렬한 팬이었다. 삶에서 실패를 겪을 때마다 어머니는 항상 언제, 어디에서 다시 그것을 좇을지 물으셨다. 어머니는 "음, 그건 내 운명이 아닌 것 같아"라는 말을 하는 법이 없었다.

대부분의 전쟁은 우리 머릿속에서 승패가 갈린다. 참호 속에 있을 때는 보통 혼자가 아니다. 우리와 함께 참호 속에 쭈그리고 앉아 있는 사람의 마음, 정신, 그 사람과 하는 대화의 질에 대해 확신이 있어야 한다. 어느 시점엔가는 극도의 집중력을 유지하기 위해 행동력을 끌어올리는 말이 필요할 것이기 때문이다. 병원에서, 나만의 참호 속에서, 나는 의심에 파묻혀 있었다. 턱걸이가 800개 부족했고 나는 800개의 턱걸이가 어떤 느낌인지 알고 있었다. 말할 수 없이 긴 여정이다! 하지만 그 참호 안에 다른 사람은 필요 없었다.

"걱정할 필요 없어. 집에 도착하자마자 증인들에게 전화를 걸 거야." 어머니가 말했다.

"로저! 두 달 후에 다시 돌아가겠다고 얘기해주세요."

실패를 즐기는 법

인생에서 실패만큼 나를 변화시키는 선물은 없다. 나는 많은 실패를 하면서 실패를 즐기는 법을 배웠다. 실패에 대한 검시를 자세히 하면 어디를 수정해야 할지, 과제를 달성하는 방법이 무엇인지에 대한 단서를 발견하게 되기 때문이다. 그냥 마음속으로만 짐작하는 것이 아니다. 두 번째 도전 이후 나는 모든 것을 직접 손으로 기록했다. 하지만 그립, 철봉을 쥐는 방식에서 시작한 것이 아니었다. 처음에는 잘된 것을 모두 브레인스토밍했다. 모든 실패에는 적절한 것이 포함되어 있는 법이고 그것을 반드시 인정해야 하기 때문이다.

이 도전에서 가장 좋았던 점은 난도르의 체육관이었다. 그의 던전은 나에게 완벽한 장소였다. 물론 나는 소셜 미디어를 이용하고 때때로 주목받기는 하지만 할리우드 취향은 아니다. 나는 어둠 속에서 힘을 얻는 스타일이다. 그리고 난도르의 체육관은 허세가 없는 곳이었다. 그곳은 어둡고 땀 냄새를 풍기고 고통이 있는 현실적인 곳이었다. 바로 다음 날 그에게 전화를 걸어 다시 그의 체육관에서 훈련하고 기록에 도전해도 되겠느냐고 물었다. 그의 시간과 에너지를 너무 많이 빼앗았고 체육관을 엉망인 채 놔두고 왔기 때문에 그가 어떤 반응을 보일지 짐작할 수 없었다.

"물론이지. 해보자고!" 그의 지원을 다시 받을 수 있다는 것은 내게 큰 의미였다.

또 다른 긍정적인 면은 내가 두 번째 실패에도 바로 일어났다는 것이다. 나는 응급실 의사를 만나기도 전에 다시 일어서서 복귀의 길을 걷고 있었다. 당신도 마찬가지다. 단순한 실패가 사명을 이루지 못하게 놓아두어서는 안 된다. 실패가 꿈틀거리고 기어올라 당신의 뇌를 장악하고 가까운 사람들과의 관계를 망치게 놔둬서는 안 된다. 누구나 때로 실패를 한다. 그리고 인생은 절대 당신의 변덕에 맞춰 움직이지 않으며 애초에 공평하지도 않다.

행운은 변덕스럽다. 행운은 당신 마음대로 움직이지 않는다. 그 때문에 자격이 있을지도 모르겠다는 상상을 했다는 이유만으로 그 생각에 갇혀서는 안 된다. 권리가 있다는 생각은 엄청난 짐이 된다. 그런 생각은 버려라. 마땅한 자격이 있다고 생각하는 것을 대상으로 삼아서는 안 된다. 꼭 얻어내고 싶은 것을 표적으로 삼아라! 내 슈빌에서 나는 결코 내 실패의 책임을 다른 사람에게 돌리지 않았고 고개를 숙이지 않았다. 나는 겸허한 자세를 유지했고 자격이 있다고 생각하는 마음과 거리를 두었다. 기록을 내 것으로 만들지 못했다는 것을 너무나 잘 알았기 때문이다. 득점판은 거짓말을 하지 않는다. 나는 나 자신을 기만하지 않았다. 믿거나 말거나, 대부분은 망상을 선호한다. 그들은 다른 사람, 불운, 혼란스러운 상황을 탓한다. 하지만 나는 그렇게 하지 않았다. 그것은 긍정적인 면이었다.

우리가 사용한 장비 중 대부분은 작전 수행 보고서의 긍정적인 면에 나열되었다. 테이프와 초크가 효과가 있었고, 철봉은 손을 찢어놓긴 했지만 턱걸이 횟수를 700개 더 늘리게 해주었으니 올바른 방향으로 가고 있는 것이 맞았다. 또 다른 긍정적인 요소는 난도르 크로스핏 커뮤니티의 자원봉사자들이었다. 그렇게 열정적이면서 예의까지 바른 사람들에게 둘러싸여 있는 것은 기분 좋은 일이었다. 하지만 이번에는 봉사자의 수를 절반으로 줄여야 했다. 가능한 한 소음을 줄여야 했다.

모든 플러스 요소를 나열한 뒤에는 사고방식을 점검할 차례였다. 엄청난 실패 후 실전에 임할 때라면 절대 빼놓을 수 없는 과정이다. 사고방식 점검이란 준비와 실행 단계에 당신이 어떤 생각을 어떻게 했는지 검토하는 것을 의미한다. 준비와 실행 단계에서 이루어진 헌신에는 부족함이 없었다. 거기에는 흔들림이 없었다. 하지만 내 믿음은 인정하고 싶지 않을 만큼 흔들렸다. 세 번째 도전에서는 의심을 넘어서는 것이 중요했다.

쉽지 않은 일이었다. 두 번 내리 실패하자 의심하는 사람들이 온라인에 넘쳐났기 때문이다. 기록 보유자 스티븐 하일랜드는 손바닥이 단단한 근육질로 이루어졌고 거미처럼 날렵한 사람이었다. 그는 턱걸이 기록을 세우기에 완벽한 체형이었다. 모두 나는 덩치가 너무 크고, 자세가 너무 거칠며, 몸이 더 많이 상하기 전에 그만둬야 한다는 이야기를 했다. 그들은 거짓말을 하지 않는 점수판을 가리켰다. 나는 기록에서 800개나 뒤져 있었다. 두 번째 시도 전보다 말이 더 많아졌다. 시작부터 손에 힘이 빠질 것이라고 예상하는 사람들이 있었고 내슈빌에서 그것이 현실이 되자 정신적으로 큰 장애물이 되었다. 정말 그 사람들이 옳은 것이 아닐까 하는 생각이 들었다. 내가 정말 불가능한 일을 시도하고 있는 것은 아닐까?

이후 로저 배니스터Roger Bannister라는 영국의 중거리 육상 선수가 생각났다. 1950년대 배니스터가 1마일에 4분이라는 벽을 깨기 위해 노력할 때 전문가들은 불가능한 일이라고 이야기했다. 하지만 그 어떤 말도 그를 말리지 못했다. 그는 계속 실패했다. 하지만 그는 인내했다. 그리고 1954년 5월 6일 1마일을 3분 59.4초에 주파했다. 기록만 갱신한 것이 아니었다. 그는 불가능하지 않다는 것을 증명함으로써 수문을 열었다. 6주 뒤 그의 기록이 깨졌고 지금까지 1,000명의 선수가 한때는 인간의 한계를 넘는다고 생각되던 일을 해냈다.

소위 전문가라는 사람들, 혹은 주어진 분야에서 우리보다 경험이 많은 사람들에게 우리 잠재력의 한계를 정하게 놓아둔 것은 우리 책임이다. 우리가 스포츠를 사랑하는 이유 중 하나는 그런 유리 천장이 박살 나는 것을 지켜보는 것이 즐겁기 때문이다. 대중의 인식을 박살 내는 다음 선수가 되려면, 밖에서 밀려드는 것이든, 안에서 솟아나는 것이든 의심에 더 이상 귀 기울이지 말아야 한다. 그리고 그렇게 하는 가장 좋은 방법은 턱걸이 기록이 내 것이라고 결정하는 것이다. 공식적으로 언제 그것이 내 기록이 될지는 모른다. 두 달 후일 수도, 20년 후일 수도 있다. 하지만 일단 그 기록이 내 것이라고 결정하고 나면 자신감으로 가득 차고 모든 압박감에서 해방된다. 과제가 불가능한 것을 달성하려는 노력에서 필연을 향한 노력으로 바뀌기 때문이다. 하지만 거기에 도달하기 위해서는 내가 놓친 전술적 우위를 찾아야만 한다.

전술적 검토는 검시나 작전 수행 보고서에서 마지막에 기록되는 가장 중요한 부분이다. 첫 도전에서보다는 전술적으로 개선되었지만(안정적인 철봉을 사용하고 낭비되는 에너지를 최소화하는) 800회가 부족했다. 따라서 횟수에 대해 더 깊이 연구할 필요가 있었다. 분당 6회의 턱걸이로 두 번이나 실패를 맛보았다. 그 방법으로 4,020회로 향하는 빠른 궤도에 올라갈 수 있었지만 4,020회에 도달하지는 못했다. 이번에는 천천히 시작해서 더 멀리 가보기로 결심했다.

경험을 통해 시작한 지 10시간 후에는 벽에 부딪힌다는 점, 긴 휴식으로 대응해서는 안 된다는 점도 알고 있었다. 10시간 지점에서 나는 두 번이나 무릎을 꿇었고 두 번 모두 5분 이상 쉬었으며, 이는 아주 빠르게 최종적인 실패로 이어졌다. 전략을 충실히 지켜야 하고 휴식은 최대 4분으로 제한해야 했다.

철봉 문제도 해결해야 했다. 손이 또 찢어질 것이 분명하기 때문에 그것을 피할 방법을 찾아야 했다. 규칙에 따르면 도전 중간에 손 사이 거리를 바꾸는 것이 허용되지 않는다. 손 사이 너비는 첫 턱걸 이부터 동일하게 유지해야 한다. 내가 변화시킬 수 있는 것은 손을 보호하는 방법뿐이었다. 세 번째 도전을 준비하는 동안, 나는 여러 종류의 장갑을 시험해보았다. 손바닥을 보호하기 위한 주문형 발포 패드를 사용해도 된다는 허가도 받았다. 네이비 실 동료들 몇몇이 발포 매트리스 조각을 이용해 역기를 들 때 손을 보호하는 것을 본 적이 있었다. 나는 매트리스 회사에 전화를 걸어 내 손 형태에 맞 는 패드를 주문했다. 두 번째 도전으로부터 2개월 후인 2013년 1월 19일, 나는 크로스핏 브렌트우드 힐스의 철봉 앞으로 돌아갔다.

이번에는 1분에 5회로 천천히 시작했다. 발포 패드는 테이프로 감지 않았다. 철봉 주위에 고정해놓았는데 효과가 무척 좋은 듯했 다. 1시간 만에 패드가 손에 딱 맞으면서 불붙은 쇳덩이를 만지는 듯한 감각에서 해방되었다. 아니, 해방되기를 바랐다. 약 2시간 동 안 600개를 하고 나서 난도르에게 〈고잉 더 디스턴스〉를 반복 재생 해달라고 부탁했다. 내 안에 무엇인가가 찰칵 켜지는 것을 느꼈고 사이보그가 되었다.

나는 철봉 위에서 리듬을 찾았고 세트 사이에는 역기 운동용 벤 치에 앉아 초크 가루로 얼룩진 바닥을 응시했다. 앞으로 다가올 지 옥을 위해 정신을 준비시키면서 내 시야는 터널처럼 좁아졌다. 손 바닥에 생긴 첫 물집을 보고 지옥이 곧 현실이 되리라는 것을 알 수 있었다. 하지만 이번에는 두 번의 실패와 철저한 현장 검증 덕분에 나는 성공할 준비가 되어 있었다.

그렇다고 이런 과정이 재미있었다는 뜻은 아니다. 더 이상은 열정을 느끼지 못했다. 턱걸이는 더 하고 싶지 않았다. 하지만 목표를 이루거나 장애를 극복하는 것이 꼭 재미있어야 하는 것은 아니다. 씨앗은 새로운 삶의 자기 파괴적 의식으로부터, 안에서 밖으로 터져 나온다. 그게 재미있을 것 같은가? 기분 좋을 것 같은가? 나는 행복해지기 위해 혹은 내가 하고 싶은 것을 하기 위해 체육관에 있는 것이 아니었다. 나는 나 자신을 안에서부터 바꾸기 위해, 정신적, 정서적, 육체적 장애를 뚫고 나가는 데 필요하다면 기꺼이 해내기 위해 그곳에 있었다.

12시간 후 3,000개에 도달했다. 나에게는 중요한 체크포인트였다. 머리로 벽을 들이받은 듯한 기분이었다. 울화가 치밀었고, 고통스러웠으며 손은 또 찢어지기 시작했다. 목표한 기록까지는 아직 한참 남아 있었다. 그 공간에 있는 모든 시선이 나를 향하고 있는 것이 느껴졌다. 그 시선과 함께 실패와 굴욕의 압도적인 무게가 다가왔다. 갑자기 나는 세 번째 지옥주의 훈련소로 돌아가 마지막 기회인 BUD/S를 완수해내기 위해 정강이와 발목에 테이프를 감고 있었다.

사람들 앞에서 비난의 위험을 감수하고 버티는 데는, 슬금슬금 내빼고 있는 것처럼 느껴지는 꿈을 향해 노력하는 데는 엄청난 힘이 필요하다. 많은 사람이 주시하고 있다. 가족과 친구가 지켜보고 있다. 긍정적인 사람들로 둘러싸여 있다 하더라도 그들은 당신이 어떤 사람인지, 당신이 무엇에 능한지, 당신이 자신의 에너지를 어디에 집중해야 하는지에 대해 생각이란 것을 할 것이다. 그것이 인간의 본성이다. 그들의 틀을 부수려 한다면 당신은 청하지도 않은 충고를 받게 될 것이다. 당신이 그대로 놓아둔다면 당신의 열망을 억누르는 충고를 듣게 될 것이다. 주위의 사람들은 우리에게 피해를 주려는 것이 아니다. 우리를 아끼는 사람들은 우리가 상처받는 것을 원치 않는다. 그들은 우리가 안전하고, 편안하고, 행복하기를 바란다. 던전 바닥을 응시하며 깨진 꿈들의 조각 속을 샅샅이 뒤지기를 바라지 않는다. 안타까운 일이다. 그런 고통의 순간에는 큰 잠재력이 있기 때문이다. 그 그림을 다시 맞추는 방법을 알아낸다면 그 안에서 엄청나게 많은 힘을 발견하게 될 것이다.

나는 휴식 시간을 계획대로 단 4분으로 유지했다. 내 손과 폼 패드를 패드가 들어간 장갑 안에 밀어 넣을 만큼 충분한 시간이었다. 하지만 철봉으로 돌아왔을 때는 동작이 느리고 약해진 것을 느꼈다. 난도르, 그의 아내, 다른 자원봉사자들이 나의 고투를 지켜보았다. 하지만 그들은 이어버드를 내 귀에 넣고, 로키 발보아Rocky Balboa (영화 〈로키〉의 주인공-옮긴이)의 음악을 틀고, 하나씩 고되게 턱걸이를 하는 나를 건드리지 않았다. 1분에 4회에서 3회로 횟수를 줄였다. 다시 사이보그 같은 상태가 되었다. 추하고 어두워졌다. 나는 내 고통이 스티븐 하일랜드라는 미친 과학자가 만든 것이라고 상상했다. 내 기록과 영혼을 소유하고 있는 사악한 천재. 그놈 때문이었어! 그 빌어먹을 새끼가 지구 반대편에서 나를 고문하고 있었다. 숫자를 늘리고 엄청난 힘으로 그를 압도하는 것은 나에게 달려 있었다. 나만이 할 수 있었다. 그의 망할 영혼을 거두려면!

분명히 밝히지만 나는 하일랜드에게 감정이 있는 것이 아니다.

나는 그를 알지도 못한다. 내가 그렇게 한 것은 계속하는 데 필요한 힘을 찾기 위해서였다. 나는 머릿속에서 그와 적이 되었다. 과도한 자신감이나 부러움 때문이 아니라 나 자신의 의심을 떨쳐내기 위해서였다. 삶은 심리전이다. 이것은 내가 심리전에서 이기기 위해 주로 사용하는 방법이었다. 어디에선가 힘을 찾아야 했다. 당신이 가는 길을 가로막는 사람에게서 힘을 찾을 수 있다면 그것은 강력한 동력이 될 수 있다.

자정을 넘으면서 하일랜드와 내 거리가 좁아졌다. 하지만 턱걸이는 빨리 되지 않았고 쉽게 되지도 않았다. 나는 정신적으로, 육체적으로 지쳐 있었고, 심한 횡문근융해증 상태였으며, 겨우 3회만 할 수 있었다. 3,800회를 하고 나자 산 정상이 보인다는 느낌을 받았다. 그와 동시에 1분에 3개가 순식간에 1분에 0개로 변할 수 있다는 것도 알고 있었다. 언제 당신의 100퍼센트에 이를지, 완전한 근육 부전 상태에 도달할지는 알 수 없다. 나는 그 순간이, 팔을 더 이상 들어 올릴 수 없는 때가 오기를 기다렸다. 의심이 그림자처럼 따라다녔다. 의심을 통제하고 침묵시키려고 최선을 다했지만 그것은 계속 다시 나타나고, 따라오고, 나를 밀어댔다.

2014년 1월 20일 새벽 3시, 17시간의 고통 끝에 나는 4,020번째 그리고 4,021번째 턱걸이를 했다. 기록은 나의 것이었다. 체육관에 있던 모든 사람이 환호했다. 하지만 나는 평정을 유지했다. 두 세트를 더 해 총 4,030회를 한 후 나는 헤드폰을 벗고 카메라를 응시하며 말했다. "스티븐 하일랜드, 드디어 당신을 잡았어!"

하루 만에 나는 우주왕복선 무게의 세 배에 가까운 84만 6,030

파운드(약 383,750킬로그램)를 들어 올렸다! 내가 장갑을 벗고 휴게실로 사라지는 동안 환호는 웃음으로 이어졌다. 하지만 놀랍게도 나는 축하할 기분이 아니었다.

당신에게도 충격적인가? 알다시피 내 냉장고는 결코 꽉 차는 법이 없다. 앞으로도 그럴 것이다. 나는 항상 다음 도전을 찾아 헤매는, 사명을 동력으로 하는 삶을 살기 때문이다. 그런 사고방식은 내가 기록을 깨고, 배드워터를 완주하고, 네이비 실이 되고, 레인저 스쿨에서 뛰어난 기량을 보여주는 등의 일을 하는 이유다. 내 마음속에서 나는 언제나 잡을 수 없는 당근을 좇는, 영원히 스스로에게 나 자신을 증명하려 노력하는 경주마다. 그런 식으로 삶을 살고 목표를 이뤄나간다면, 성공은 점강적으로 느껴질 것이다.

처음 기록에 도전할 때와 달리 뉴스에서는 내 성공을 크게 다루지 않았다. 하지만 그런 것은 문제가 되지 않았다. 칭찬받기 위해 한 일이 아니었다. 나는 모금을 했고 철봉에서 내가 배울 수 있는 모든 것을 배웠다. 9개월 동안 해온 6만 7,000개 이상의 턱걸이는 쿠키 단지에 넣고 앞으로 나아가야 할 시간이다. 인생은 득점판도 없고 심판도 없는, 우리가 죽어 묻힐 때까지 끝나지 않는 빌어먹게 긴 상상의 게임이기 때문이다.

거기에서 내가 원하는 것은 내 기준으로 성공한 사람이 되는 것이었다. 내게 성공은 재산이나 유명세, 근사한 자동차가 가득한 차고나, 나를 따르는 아름다운 여성들의 하렘이 아니었다. 그것은 어떤 사람보다 강해지는 것이었다. 성공까지 걸어온 과정에서 여러 번 실패했지만 내 마음속에서 턱걸이 기록은 내가 가장 강한 사람에 가까워졌다는 것을 증명했다. 그러나 게임은 아직 끝나지 않았다. 강해진다는 것은 경기 종료 휘슬이 울릴 때까지 정신과 몸과 영혼에서 마지막 능력 한 방울까지 짜내는 것을 전제로 한다.

실행 단계를 집요하게 파고들기
- 실패에 대한 작전 수행 보고서를 만들어라

가장 최근에 경험한, 가장 속이 뒤틀리는 실패에 대해 생각해보라. 마지막으로 한번 더 일기장을 펼쳐라. 디지털 버전이 아니라 직접 손으로 적어라. 당신이 이 과정을 속속들이 느끼길 바란다. 이제 뒤늦은 작전 수행 보고서를 작성할 참이기 때문이다.

우선 실패에 존재했던 모든 좋은 것, 잘된 것을 적어라. 가능한 한 상세하게 적어야 하고 자신에게 관대해야 한다. 좋은 일이 많이 생겼을 것이다. 모든 것이 나쁜 경우는 드물다. 그리고 당신이 실패를 어떻게 처리했는지 기록하라. 그것이 당신의 삶과 당신의 인간관계에 영향을 끼쳤는가? 어떻게?

실패했던 일을 준비하거나 실행하는 단계에서 당신은 어떤 생각을 했는가? 각 단계에서 어떤 생각을 갖고 있었는지 알아야 한다. 모든 것이 사고방식의 문제이고 대개 그것이 부족한 부분이기 때문이다.

이제 고쳐야 할 일을 검토하고 목록을 작성한다. 이번에는 부드럽고 관대한 태도를 보일 때가 아니다. 잔인할 정도로 솔직하게 빠짐없이 적어야 한다. 그것들에 대해 연구하라. 이후 캘린더를 보고 가능한 한 빨리 다음 시도를 할 스케줄을 잡아라. 실패가 어린 시절에 일어난 것이라면, 되돌릴 수는 없다. 그렇더라도 보고서를 작성해야 한다. 그 정보를 어떤 목표에든 활용할 수 있기 때문이다.

준비를 할 때는 작전 수행 보고서를 손으로 쓰고, 책임 거울을 이용하고, 모든 필요한 조정을 하라. 실행할 때가 오면 단련된 마음, 쿠키 단지, 40퍼센트 규칙에 대해 배운 모든 것을 당신 정신의 일선에 배치하라. 사고방식을 통제하라. 사고 과정을 지배하라. 삶의 모든 것은 빌어먹을 심리전이다. 깨달아라! 받아들여라!

그리고 또 실패한다면, 그대로 받아들여라. 고통을 감내하라. 이 단계들을 반복하고 싸움을 계속하라. 그것이 이 모든 이야기의 핵심이다. #누구도나를파괴할수없다canthurtme, #실패파헤치기empowermentoffailure 해시태그를 이용해 준비, 훈련, 실행의 모든 이야기를 소셜 미디어에 공유하라.

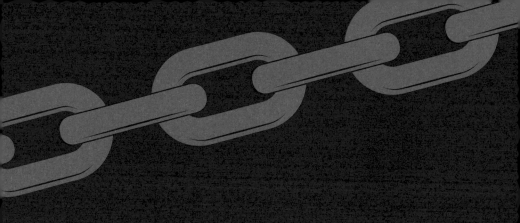

11장

만약이라는 위대한 말

: 불가능하다고 말하는 얼간이들에게

불가능하다고 말하는 이들의 눈을 똑바로 보고
딱 한마디만 할 것이다.
"만약… 가능하다면?"

사막의 레인저

레이스가 시작도 되기 전에 엿이 되었다는 것을 알 수 있었다. 2014년 국립공원관리청이 배드워터 개최를 승인해주지 않자, 크리스 코스트먼은 지도를 다시 그렸다. 데스 밸리 국립공원에서 시작해 지구상에서 가장 뜨거운 사막을 통과하는 42마일(약 68킬로미터)을 달리는 대신, 더 깊은 오지에서 22마일(약 35킬로미터)의 오르막으로 시작할 예정이었다. 그런데 문제는 따로 있었다. 평소 레이스를 뛸 때 몸무게보다 약 5킬로그램이 더 나갔고 그중 약 4.5킬로그램이 7일간 늘었다는 점이다. 뚱뚱하지는 않았다. 평범한 사람 눈에는 탄탄한 체격으로 보일 것이다. 하지만 배드워터는 평범한 레이스가 아니었다. 힘차게 달리고 끝까지 힘 있게 마무리하기 위해서는 컨디션이 절정에 다다라야 하는데, 나는 절정과는 거리가 먼 상태였다. 이 일이 내게 충격으로 다가온 것은 2년 동안 기준에 못

미치는 달리기를 하다가 이제야 기운을 되찾았다고 생각했기 때문이다.

그해 1월 나는 프로즌 오터Frozen Otter라 불리는 100킬로미터 빙하 트레일 레이스에서 우승했다. 허트 100보다 어렵지는 않았으나 비슷한 수준이었다. 위스콘신주 밀워키 바로 외곽에서 출발하는 코스는 한쪽으로 치우친 8자 모양으로 중앙에 출발점이자 결승점이 있었다. 우리는 2개의 고리 사이를 지나게 되며 그 덕분에 차에서 음식과 다른 보급품을 비상 물품과 함께 짐에 채워 넣을 수 있었다. 기상 상황이 언제든 악화될 수 있었기 때문에 레이스 관계자들은 탈수, 저체온증, 노출로 죽지 않도록 항상 휴대해야 하는 필수품 목록을 만들었다.

첫 바퀴는 둘 중 큰 고리를 도는 것이었다. 출발할 때 기온은 섭씨 영하 약 17.2도였다. 다져진 적이 없는 길이었다. 어떤 곳에는 바람에 휩쓸린 눈 더미가 쌓여 있었다. 다른 곳에는 일부러 광을 낸 것처럼 반질반질한 얼음이 있었다. 나는 대부분의 경쟁자처럼 부츠나 등산화를 신고 있지 않았다. 나는 일반 러닝화를 신고 싸구려 아이젠을 달았다. 이론적으로는 아이젠이 얼음에 박히면서 몸을 똑바로 세울 수 있게 해줘야 했다. 하지만 그 전쟁에서 이긴 것은 얼음이었고 아이젠은 시작하고 1시간도 안 되어 부러졌다. 그럼에도 나는 선두에 나서서 평균 6~12인치(약 15~30센티미터)로 쌓인 눈길을 달리고 있었다. 눈 더미가 더 높이 쌓인 곳도 있었다. 발은 출발하자마자 차갑게 젖어 2시간 뒤에는 얼어붙는 것이 느껴졌다. 발가락이 특히 심했다. 영하 십몇 도의 추위 속에서 땀을 흘리면 몸에서 나온 소금에 피부가 쓸린다. 겨드랑이와 가슴은 빨간 산딸기 색으로 갈라지고 있었다. 온몸은 발진으로 뒤덮였고, 걸음을 옮길 때마다 발가락이 아팠다. 그러나 그 어느 것도 내 통증 등급에서 최상위를 기록하지는 못했다. 마음껏 달리고 있었기 때문이다.

두 번째 수술 이후 몸이 제자리를 찾기 시작했다. 다른 사람들처럼 산소를 100퍼센트 공급받으면서 지구력과 근력의 수준이 달라졌다. 길이 미끄럽기는 했지만 점점 요령이 생겼다. 나는 한참 앞서고 있었다. 22마일 고리를 돌기 전 샌드위치를 먹기 위해 내 차가 있는 곳에 멈췄다. 발가락이 끔찍한 통증으로 욱신거렸다. 동상에 걸린 것 같다는 생각이 들었다. 그것은 발가락을 잃을 수도 있다는 의미였다. 하지만 나는 신발을 벗지 않았다. 또다시 머릿속에 의심과 두려움이 등장했다. 그것들은 프로즌 오터를 완주한 사람이 손으로 꼽을 수 있을 정도이고 그런 추위 속에서 마냥 안전할 리 없다는 점을 상기시켰다. 날씨는 다른 어떤 변수보다 사람을 빨리 무너뜨릴 수 있다. 하지만 나는 그 어떤 것에도 귀 기울이지 않았다. 나는 새로운 대화를 만들었고 나 자신에게 일단 레이스를 힘차게 마무리하고 발가락을 절단해야 할지 걱정하는 것은 챔피언이 된 뒤 병원에서 하자고 이야기했다.

나는 코스로 달려갔다. 솟아오른 해가 눈을 좀 녹였지만 차가운 바람이 길을 다시 꽁꽁 얼려놓았다. 나는 달리면서 허트 100에 처음 도전했던 때와 위대한 칼 멜처를 떠올렸다. 당시 나는 터벅터벅 걸었다. 뒤꿈치가 먼저 지면에 닿고 발바닥 전체가 진창인 길을 밀어내면 미끄러져 넘어질 가능성이 커진다. 칼은 그렇게 달리지 않앗다. 그는 염소처럼 움직였다. 발끝으로 지면을 차면서 길가를 따라 달렸다. 그는 발끝이 바닥에 닿음과 동시에 다리를 공중으로 차올렸다. 그 때문에 그가 떠 있는 것처럼 보인 것이다. 발은 거의 땅에 닿지 않는데도 머리와 코어는 안정적으로 움직이고 있었다. 그 순간부터 그의 동작은 동굴벽화처럼 내 두뇌에 영원히 각인되었다. 나는 훈련 중 항상 그를 미릿속에 그리면서 그의 기법을 연습했다.

사람들은 66일이면 습관이 형성된다고 말한다. 내 경우에는 그보다 훨씬 더 오래 걸린다. 하지만 결국 거기에 도달했다. 울트라 마라톤을 위한 훈련과 경기를 거치는 오랜 세월 동안 나는 기술을 가다듬었다. 진정한 달리기 선수는 자신의 자세를 분석한다. 네이비 실에서는 그런 방법을 배우지 못했다. 하지만 수년 동안 많은 울트라 마라토너를 보면서 처음에는 부자연스럽게 보였던 기술을 흡수하고 연습했다. 프로즌 오터에서 가장 중점을 둔 것은 바닥을 도움닫기가 될 정도로만 부드럽게 딛는 것이었다. 세 번째 BUD/S 훈련과 첫 번째 소대에서 나는 달리기를 잘하는 사람으로 인정받았다. 하지만 머리가 엉망으로 흔들렸다. 몸에 중심이 잡히지 않아서 발로 땅을 디딜 때 한쪽 다리가 체중을 온전히 받아내야 했고, 그 때문에 미끄러운 지형에서는 우스꽝스럽게 넘어지기 일쑤였다. 시행착오와 수천 시간의 훈련을 거쳐 나는 균형을 유지하는 법을 배웠다.

프로즌 오터에서는 이 모든 것이 종합되었다. 빠르고 우아하게 가파르고 미끄러운 산길을 헤쳐나갔다. 머리는 흔들림이 없었고 동작은 가능한 한 조용하게 유지되었다. 발끝으로 달려 발걸음에서

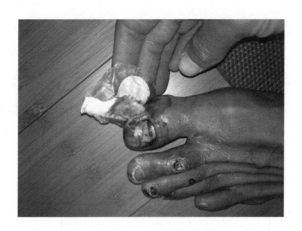

프로즌 오터 이후의 발가락.

소리가 나지 않았다. 속도를 높이자 바람 속으로 사라져 명상 상태로 들어가는 것 같았다. 나는 칼 멜처가 되었다. 이제 불가능해 보이는 길을 부양해서 지나는 것처럼 보이던 그 사람이 되었다. 나는 16시간 만에 레이스를 마쳤다. 코스 기록을 깼고 프로즌 오터 타이틀을 얻었다. 발가락은 잃지 않고.

2년 전에는 천천히 6마일만 뛰어도 현기증이 났다. 2013년에는 배드워터 100마일을 겨우 걸어 17위로 완주했다. 나는 하락세였고 1위를 두고 겨루는 날은 예전에 지나버렸다고 생각했다. 하지만 프로즌 오터 이후 그런 생각을 뒤로 미루고 울트라 마라톤의 내 전성기가 앞에 펼쳐져 있다고 믿고 싶은 유혹이 들었다. 나는 그 에너지를 배드워터 2014를 준비하는 데 쏟아부었다.

당시 나는 BUD/S 예비 학교 교관으로 일하면서 시카고에서 살고 있었다. BUD/S에서 마주할 가혹한 현실을 다룰 수 있도록 후보자들을 준비시키는 학교였다. 나는 20년간 복무한 후 군 생활의 마지막 1년을 보내고 있었다. 네이비 실이 되고자 하는 미래의 사람들에게 지혜를 전하는 자리에 있다 보니 내가 한 바퀴를 다 돌아 제자리로 돌아왔다는 느낌이 들었다. 평소처럼 나는 출퇴근길에 16킬로미터를 달렸고 가능할 때면 점심시간에 약 12.9킬로미터를 달렸다. 주말이면 적어도 한 번은 약 56~64킬로미터를 달렸다. 일주일에 약 209킬로미터 이상을 달리는 훈련을 계속했고 나는 강인함을 느꼈다. 봄이 오자 거리로 나서기 전에 운동복을 4~5겹 입고 비니, 고어텍스 재킷을 껴입는 열기 훈련을 추가했다. 출근해서 무게가 6.8킬로그램에 달하는 젖은 옷을 검은 쓰레기봉투에 넣는 나를 지켜보면서 동료 네이비 실 교관들은 경악했다.

4주를 앞두고 훈련 강도를 줄였다. 주당 훈련을 줄여나갔다. 이런 식의 테이퍼링은 음식을 먹고 쉬는 동안 많은 에너지를 만들어 몸이 손상을 회복시키고 경쟁에 대한 만반의 준비를 갖추게 해준다. 하지만 내 기분은 최악이었다. 배도 고프지 않았고 잠도 잘 수 없었다. 어떤 사람들은 칼로리가 결핍되었기 때문이라고 말했다. 나트륨이 부족한 것이라고 말하는 사람도 있었다. 의사는 갑상선 수치를 측정했다. 정상에서 약간 벗어나긴 했지만 내가 느끼는 형편없는 상태를 설명할 수 있을 정도로 나쁘진 않았다. 아마도 간단히 설명할 수 있는 문제였을 것이다. 훈련 과다.

레이스 2주 전 손을 뗄까 생각했다. 가벼운 달리기만으로도 걷잡을 수 없이 아드레날린이 솟구쳤기 때문에 심장에 또 문제가 생긴 것이 아닐까 걱정되었다. 천천히 달려도 맥박이 불규칙하게 뛰었다. 레이스를 열흘 앞두고 나는 라스베이거스에 도착했다. 다섯 번의 달리기를 계획했지만 약 4.8킬로미터를 넘기지 못했다. 그리 많이 먹지 않았는데도 체중은 계속 늘어났다. 모두가 물이었다. 나는 다른 의사를 찾아갔고 그는 신체적으로 문제가 없다고 확인해주었다. 그 이야기를 들은 이상 꽁무니를 뺄 수 없었다.

배드워터 2014의 처음 몇 마일과 초반 오르막에서는 심장박동수가 높았지만 고도의 영향도 있었다. 22마일 이후에는 6~7위로 상위권에 진입했다. 놀랍기도 하고 자랑스럽기도 한 마음으로 내리막을 갈 수 있는지 보자는 생각을 했다. 가파른 언덕을 달려 내려가는 것은 내가 즐기는 일이 아니었다. 사두근이 찢어질 듯한 느낌을 주기 때문이다. 그러나 한편으로는 내리막이 호흡을 정상으로 되돌려 안정시킬 것이라고 생각했다. 하지만 내 몸은 거부했다. 숨을 쉴 수 없었다. 평지에 이르자 나는 속도를 늦추고 걷기 시작했다. 허벅지가 걷잡을 수 없이 경련을 하는 동안 경쟁자들이 나를 지나쳐 갔다. 근육 경련이 너무 심해서 사두근 안에서 외계인이 꿈틀거리는 것같이 보였다.

하지만 나는 멈추지 않았다! 4마일을 꽉 채워 걸은 후 배드워터 의료 팀이 진료소를 차린 론 파인의 모텔 방으로 피신했다. 그들이 진료를 했고 혈압이 약간 낮지만 쉽게 정상을 되찾는 것을 확인했다. 그들은 내 상태가 좋지 않은 이유를 찾지 못했다.

고형 음식을 조금 먹고 쉬었다가 한 번 더 시도하기로 결정했다. 론 파인을 떠나면 평지였다. 그 부분을 통과하고 나면 두 번째 바람을 탈 수 있으리라고 생각했다. 하지만 내 돛은 여전히 텅 비어 있었다. 내가 가진 것을 모두 내놓은 후였다. 근육이 덜덜 떨렸고, 심장 박동은 차트 위아래로 요동쳤다. 나는 페이스메이커를 보며 말했다. "끝이야. 이제 난 틀렸어."

지원 차량이 내 뒤에 섰고 나는 차에 올랐다. 몇 분 뒤 나는 기가 잔뜩 죽은 상태로 모텔 침대에 누워 있었다. 겨우 약 80킬로미터를 버텼다. 하지만 포기에서 오는 굴욕감(내게 익숙하지 않은 감정)은 뭔가 많이 잘못되었다는 직감에 압도되었다. 그것은 두려움이나 편안함에 대한 욕망이 아니었다. 이번에는 이 장애를 돌파하려는 시도를 멈추지 않을 경우 시에라를 살아서 나오지 못할 거란 확신이 들었다.

우리는 론 파인을 떠나 다음 날 밤 라스베이거스에 도착했다. 이틀 동안 내 몸이 정상적으로 회복되기를 바라면서 최선을 다해 휴식을 취했다. 우리는 원에 머무르고 있었고 셋째 날 아침 내 상태를 확인하기 위해 조깅에 나섰다. 심장이 목구멍을 막아 달리기를 멈췄다. 의사들이 뭐라고 하든 나는 내가 아프다는 것을 알고 있었다. 심각한 병이 있는 것은 아닌지 의심이 들었다.

그날 밤 라스베이거스 외곽에서 영화를 보고 근처에 있는 식당, 엘리펀트 바Elephant Bar로 걸어가던 중에 힘이 빠지는 것이 느껴졌다. 어머니가 나보다 몇 걸음 앞에 있었는데, 어머니가 3명으로 보였다. 나는 눈을 질끈 감았다 떴다. 여전히 어머니가 3명으로 보였다. 어머니가 나를 위해 문을 잡아주었다. 시원한 실내로 들어서자 상태가 좀 나아졌다. 우리는 서로를 마주 보는 부스 좌석에 들어가 앉았다. 상태가 너무 좋지 않아서 메뉴를 읽을 수 없어서 어머니에게 내 것도 주문해달라고 부탁했다. 그때부터 상태가 악화되었다. 직원이 음식을 갖고 나타났을 때 시야가 다시 흐려졌다. 나는 눈을 크게 뜨기 위해 안간힘을 썼다. 어머니가 테이블 위에 떠 있는 것처럼 보이면서 토할 것 같은 기분이 들었다.

"어머니, 구급차를 불러주셔야겠어요. 쓰러질 것 같아요."

안정되기를 간절히 바라면서 나는 테이블에 머리를 눕혔다. 하지만 어머니는 911에 전화를 하지 않았다. 대신 내 의자 쪽으로 건너와 나를 어머니에게 기대게 하고 출입문 쪽으로 간 뒤 차로 갔다. 그동안 나는 의식을 잃을 경우 어머니가 도움을 요청해야 할 때를 대비해서 서둘러 기억나는 대로 병력을 이야기했다. 다행히 시력과 기운이 좀 돌아와서 구급차를 부르지 않고 어머니가 직접 차로 응급실에 데려다주셨다.

이전부터 갑상선에 약간 문제가 있었기 때문에 의사가 가장 먼저 확인한 것도 갑상선이었다. 30대에 들어선 네이비 실은 갑상선에 문제가 생기는 경우가 많다. 지옥주나 전쟁과 같은 극한의 환경에 처하면 호르몬 수치가 엉망이 되기 때문이다. 갑상선에 문제가 있으면 피로, 근육통, 기력 저하 등 다양한 부작용이 뒤따르지만, 내 갑상선 수치는 정상에 가까웠다. 심장도 확인했다. 라스베이거스 응급실 진료 기록에 따르면 내게 필요한 것은 휴식뿐이었다.

나는 시카고로 돌아가 주치의를 찾아갔다. 그는 다양한 혈액검사를 지시했다. 병원에서 나는 내분비계에 대한 진찰을 받고 라임병Lyme(진드기가 옮기는 세균에 의한 전염병-옮긴이), 간염, 류머티즘성관절염, 몇 가지 자가 면역 질환에 대한 검사를 받았다. 갑상선 수치가 정상에서 약간 벗어나는 것 이외에는 깨끗했다. 어떤 것도 수백 마일을 달리는 엘리트 운동선수에서 초주검이 되지 않고서는 조금도 뛰지 못하는 것은 말할 것도 없고 신발 끈을 묶을 힘도 짜내기 힘든 약하디약한 사람이 되었는지 설명해주지 못했다. 나는 의료의 무인지대에 있었다. 갑상선 약 처방전과 대답보다 많은 질문을 안고 병원에서 나왔다.

긴 싸움의 대가

날이 갈수록 상태가 나빠졌다. 문제가 되지 않는 것이 없었다. 침대에서 일어나기도 힘들었고, 변비가 있었고, 계속 온몸이 아팠다. 혈액검사를 몇 번 더 하고서야 애디슨 병이라는 진단을 받았다. 부신이 고갈되어 코르티솔을 충분히 분비하기 못해서 생기는 자가면역 질환으로 네이비 실에게 흔했다. 우리는 항상 아드레날린을 연료로 삼을 준비가 되어 있기 때문이다. 약을 먹어도 상태가 악화되는 속도는 빨라지기만 했다. 이후 그와 내가 만난 다른 의사들은 두 손을 들었다. 그들의 눈에 담긴 표정이 모든 것을 말해주었다. 그들의 마음속에서 나는 심각한 건강 염려증 환자이거나 무엇이 나를 죽음으로 몰아넣고 있는지, 치료할 방법은 무엇인지 모르는 채 죽어가는 사람이었다.

나는 최선을 다해 싸웠다. 동료들은 내 몸이 안 좋아지고 있다는 것을 전혀 알지 못했다. 약점을 드러내지 않았기 때문이다. 나는 평생 불안과 트라우마를 숨겨왔다. 내 모든 취약점을 철판 아래 가두었다. 하지만 결국 통증이 너무 심해져 침대에서 일어날 수도 없게 되었다. 나는 병가를 신청하고 침대에 누워 천장을 응시하며 이게 끝일지도 모르겠다고 생각했다.

심연을 응시하자 내 마음은 오래된 파일을 뒤적이는 것처럼 며칠, 몇 주, 몇 년 전으로 되돌아갔다. 나는 최고의 부분을 찾아 붙여서 하이라이트 영상을 만들고는 계속 반복했다. 나는 매를 맞고 학대를 당하며 자라서, 매번 나를 거부하는 시스템 안에서 배운 것도 없이 걸러져 나왔다. 내 삶의 주인이 되고 바뀌기 시작할 때까지. 이후에도 나는 비만이었고 결혼을 했다가 이혼했다. 심장 수술을 두 번 받았고, 수영을 독학했으며, 부러진 다리로 달리는 법을 배웠다. 높은 곳을 무서워하지만 고고도 스카이다이빙을 시작했다. 물이라면 경기를 했지만 스쿠버다이빙보다 몇 단계나 어려운 테크니컬 다이버(테크니컬 다이빙technical diving은 오버헤드 환경(폐쇄 환경)과 감압(가상 폐쇄 환경)을 동반하는 깊은 심도로의 잠수를 말한다-옮긴이)이자 수중 항법사가 되었다. 70개가 넘는 울트라 레이스에 참가했고, 몇 개 대회에서 우승했으며, 턱걸이 세계기록을 세웠다. 초등학교 때 말을 더듬었지만 자라서 네이비 실에서 가장 신임하는 대중 연설가가 되었다. 전쟁터에서 조국을 위해 봉사하기도 했다. 그 과정에서 나는 태어나면서부터 받은 학대와 자라면서 받은 괴롭힘으로 정의되지 않겠다는 투지로 움직였다.

내가 극복한 장애물을 모두 합친 것이 바로 나였다. 전국의 학생들에게 내 이야기를 들려주었지만 정작 내가 한 이야기나 내가 만든 삶의 진가를 인정할 만큼 오래 발걸음을 멈춘 적은 없었다. 내 마음속에서 나는 낭비할 시간이 없었다. 나는 인생 시계의 '나중에

울림' 버튼을 누른 적이 없었다. 항상 해야 할 일이 있었기 때문이다. 하루에 20시간 일했다면 잠을 3시간으로 줄이더라도 1시간 동안 운동을 했다. 내 머리는 인정하고 감탄하기 위해서가 아니라, 일하고, 지평선을 살피고, 다음에 뭐가 있는지 묻고, 그 일을 해내도록 프로그램되어 있었다. 그 때문에 그렇게 보기 드문 일을 많이 할 수 있었던 것이다. 나는 언제나 다음 큰일을 찾아 헤맸다. 하지만 뻣뻣하고 쑤시는 몸으로 침대에 누워 있자니 다음 단계가 명확해졌다. 묘지. 오랜 학대 끝에 나는 마침내 내 육체를 고칠 수 없는 정도로 갈가리 찢어버렸다.

나는 죽어가고 있었다.

몇 주, 몇 달 동안 내 의학적 미스터리에 대한 치료법을 찾아 헤맸다. 하지만 그 카타르시스의 순간에는 슬픈 감정도 속았다는 느낌도 들지 않았다. 나는 겨우 서른여덟이었지만 그 10배의 삶을 살았고 여든 살 노인보다 훨씬 더 많은 지옥을 경험했다. 스스로에게 조금도 미안하지 않았다. 어느 순간에는 대가를 치러야 하는 것이 당연하게 여겨졌다. 나는 몇 시간 동안 내 여정을 되돌아봤다. 이번에는 전투 와중에 승리를 향한 티켓을 찾기 위해 쿠키 단지를 뒤지는 것이 아니었다. 새로운 목표를 향해 내 삶의 자산을 이용하고 있는 것이 아니었다. 나는 싸움을 끝냈다. 내가 느끼는 감정은 감사뿐이었다.

나는 이런 사람이 될 운명이 아니었다. 모든 고비에서 나 자신과 싸워야 했고 망가진 내 몸은 가장 큰 트로피였다. 그 순간 나는 내가 다시 달릴 수 있든, 더 이상 작전을 할 수 없든, 죽든, 살든 중요하지 않다는 것을 깨달았다. 그것을 받아들이자 깊은 감사의 마음이 찾아왔다.

눈에 눈물이 고였다. 두려워서가 아니라 가장 형편없는 상태에서 명확한 사실을 발견했기 때문이었다. 내가 언제나 가혹하게 평가했던 그 아이가 거짓말을 하거나 부정행위를 한 것은 다른 사람의 마음을 아프게 하기 위해서가 아니었다. 그는 받아들여지기 위해서 그렇게 했다. 그에게는 다른 경쟁 도구가 없었다. 그는 멍청한 아이가 되는 것이 부끄러워서 규칙을 어겼다. 친구가 필요해서 그렇게 했다. 읽을 수 없다고 선생님들에게 이야기하는 것이 두려웠다. 특수교육과 관련된 낙인이 찍히는 것이 두려웠다. 그 아이를 또 한번 호되게 나무라는 대신, 어린 나 자신을 꾸짖는 대신, 나는 처음으로 그 아이를 이해했다.

거기에서부터 여기까지는 외로운 여정이었다. 나는 많은 것을 놓쳤다. 재미있는 경험도 많지 않았다. 행복은 내가 선택한 칵테일의 재료가 아니었다. 내 두뇌는 나를 끊임없이 다그쳤다. 나는 조금도 도움이 되지 않는 아무것도 아닌 사람이 될까 겁내면서 두려움과 의심 속에서 살았다. 나는 끊임없이 나 자신을 평가하고 주위의 모든 사람을 평가했다.

분노는 강한 힘을 갖고 있다. 수년 동안 나는 세상을 향해 호통쳤다. 과거에서 비롯된 모든 고통을 연료로 사용해 나를 성층권으로 밀어 올리는 데 사용했다. 하지만 나는 항상 폭발 반경을 통제하지 못했다. 때로 나의 분노는 내가 바라는 만큼 강하지 않은 사람들, 열심히 하지 않는 사람들을 불태웠다. 나는 말을 삼키지도 평가 잣

대를 숨기지도 않았다. 그렇게 주위에 있는 사람들에게 상처를 줬다. 그 때문에 나를 싫어하는 사람들이 나의 군 경력에 영향을 주었다. 하지만 2014년 가을 어느 날 아침 시카고 집 침대에 누워 모든 판단을 내려놓았다.

나는 나 자신과 내가 아는 모든 사람을 모든 죄책감과 억울함에서 석방시켰다. 내 과거를 장식한 나를 학대한 사람, 인종차별주의자, 나를 의심한 사람, 나를 미워한 사람을 더 이상 미워할 수 없었다. 나는 그들에게 감사했다. 그들은 지금의 나를 만드는 데 도움을 주었기 때문이다. 그런 감정이 커지면서 마음이 평온해졌다. 38년동안 나는 전쟁을 해왔다. 그리고 이제 마지막으로 보이고 느껴지는 때 비로소 나는 평화를 찾았다.

인생에는 자아를 실현하는 수많은 길이 있다. 대부분이 치열한단련을 요하기 때문에 거기에 이르는 사람은 극소수다. 남아프리카의 산San족은 신과 교감하기 위해 30시간 동안 쉬지 않고 춤을 춘다. 티베트의 순례자들은 일어나서 무릎을 땅에 댄 후 얼굴을 바닥에 대고 엎드려 팔을 뻗었다가 다시 일어나는 의식을 몇 주, 몇 달씩 계속하며 수천 마일을 이동해 신성시하는 사원까지 가고, 거기에 이르면 깊은 명상에 들어간다. 일본에는 고통과 괴로움을 통해깨달음을 얻기 위해 1,000일 동안 1,000번의 마라톤을 하는 선종승려들이 있다. 그날 침대에서 느낀 것을 '깨달음'이라고 부를 수있을지는 모르겠다. 하지만 나는 고통이 마음으로 가는 비밀의 문을 연다는 것만은 잘 알고 있다. 최고의 성과와 아름다운 침묵으로이르는 문을.

처음 인지된 역량 너머로 당신을 밀어붙일 때는 마음이 계속 불평을 해댈 것이다. 마음은 당신이 멈추기를 원한다. 그 때문에 공황과 의심을 계속 당신에게 보낸다. 그것은 당신의 자기 고문을 한층 더 괴롭게 만든다. 하지만 고통이 완전히 정신을 포화시키는 지점 너머까지 집요하게 밀어붙이면 하나에 집중하게 된다. 외부 세계는 0이 된다. 경계는 소멸되고 당신은 자신과의, 모든 것과의, 영혼 깊은 곳과의 연결을 느낀다. 그것이 내가 추구하던 것이다. 내가 어디에서 왔는지, 나 자신에게 거치도록 한 모든 것을 되돌아보자 그런 완전한 연결과 힘의 순간이 더 깊은 방식으로 나를 찾아왔다.

유연함의 위력

몇 시간 동안 나는 빛에 둘러싸여, 고통만큼이나 큰 감사의 마음, 불편함만큼이나 큰 감탄의 마음을 느끼며 그 고요한 공간을 부유하고 있었다. 어느 순간 공상이 열병처럼 찾아들었다. 나는 미소지으며 물기가 있는 눈을 손바닥으로 덮고 머리를, 그리고 머리 뒤쪽을 문질렀다. 그리고 목 밑에서 익숙한 결절을 더듬어보았다. 전보다 훨씬 크게 부풀어 올라 있었다. 이불을 걷고 굴근 위에 있는 결절들을 더듬었다. 그것들도 자라 있었다.

그렇게 기본적인 문제라고? 내 고통이 이 결절들과 연관이 있다고? 나는 2010년 네이비 실이 코로나도 기지로 불러들인 스트레칭 및 심신 훈련 방법 전문가, 조 히펜스틸Joe Hippensteel의 강연을 떠올렸다. 조는 대학에서 10종 경기 선수로 활약했다. 그는 올림픽 출전을 위해 노력했지만 키 약 172.7센티미터의 작은 체구인 그가 평균 약 190.5센티미터인 세계적인 10종 경기 선수를 상대하는 것은 쉽지 않은 일이었다. 그는 하체 힘을 키워 크고 강한 경쟁자들보다 더 높이 점프를 하고 더 빨리 뜀으로써 유전적 열세를 이겨내겠다고 결심했다. 어느덧 운동 시간마다 체중의 두 배가 되는 추를 매고 스쾃을 10회 10세트씩 하게 되었다. 하지만 근육량의 증가에는 근육의 긴장이 따라왔고 긴장은 부상을 불렀다. 열심히 훈련할수록 부상이 많아졌고 물리치료사를 더 자주 찾아야 했다. 그는 시합 전에 햄스트링이 파열되었다는 진단을 받았고, 올림픽 출전의 꿈은 사라졌다. 그는 몸을 단련하는 방법을 바꿔야 한다는 것을 깨달았다. 그는 근력 운동을 광범위한 스트레칭과 조화시켰고, 해당 근군이나 관절이 특정 동작에 이를 때마다 오랫동안 이어지던 통증이 사라지는 것을 알아차렸다.

그는 스스로 실험쥐가 되어 인간 신체의 모든 근육과 관절에 대한 최적 범위의 동작을 개발했다. 그는 자신의 방법이 훨씬 효과적이라는 것을 발견했기 때문에 의사나 물리치료사를 다시 찾지 않았다. 부상당하면 그는 스트레칭 요법으로 직접 치료했다. 시간이 흐르면서 고객이 생겼고 그 지역에 있는 엘리트 운동선수들 사이에서 유명해졌다. 2010년에는 몇 명의 네이비 실을 소개받았다. 해군 특수전 사령부에 소문이 퍼졌고 그는 초대를 받아 20여 명의 네이비 실을 대상으로 자신의 동작 루틴을 소개했다. 나도 그중 하나였다.

그는 강의를 하면서 우리를 진단하고 스트레칭을 시켰다. 그의 말에 따르면 우리 대부분의 문제는 적절한 유연성의 균형 없이 근육을 과도하게 사용한 데 있었다. 그런 문제들은 지옥주로 거슬러 올라간다. 우리는 수천 번의 플러터 킥을 한 뒤에 파도가 우리를 씻어내는 동안 찬물에 누워 있다. 그는 자신의 프로토콜을 이용해 20시간의 강도 높은 스트레칭을 한다면 엉덩이를 정상적인 가동 범위로 돌려놓을 수 있을 것이라고 예측했다. 일단 정상 범위를 되찾으면 하루 20분 정도의 스트레칭으로 그 상태를 유지할 수 있다는 것이 그의 말이었다. 최적 범위의 동작에는 큰 노력이 필요했다. 그는 내게 다가와 자세히 살피더니 고개를 저었다. 알다시피 나는 지옥주를 세 번이나 맛봤다. 그는 내 몸을 스트레칭시켰고 몸이 너무 심하게 굳어서 강철선을 펴는 것 같다고 하고는 덧붙였다.

"당신은 수백 시간은 필요하겠어요."

당시 나는 그에게 조금도 관심을 갖지 않았다. 나는 스트레칭을 할 계획이 없었다. 나는 강하고 빠른 것에 집착하고 있었고 내가 읽는 것들은 한결같이 유연성을 증진하는 것이 곧 속도와 힘에 반대 방향으로 작용한다고 말했다. 침대에서 죽어가며 머릿속에서 재생한 영상은 내 관점을 바꿨다.

나는 비틀거리며 욕실 거울로 가서 몸을 돌리고 머리에 있는 결절을 살폈다. 가능한 한 몸을 쭉 펴고 섰다. 체중은 1파운드도 빠지지 않았고 키만 거의 2인치(약 5센티미터) 줄어든 것 같았다. 내 가동 범위는 그보다 나쁠 수 없었다. 조의 말이 맞았다면?

'만약 그렇다면?'

요즘 나의 좌우명은 '평온하되 만족하지 않는'이다. 자기 수용의 평온함을 즐기고 망할 놈의 세상을 있는 그대로 받아들이는 것은

11장 만약이라는 위대한 말 **427**

내가 목숨을 구할 노력은 하지 않고 누워서 죽을 날만 기다린다는 뜻이 아니다. 그때도, 지금도, 그것은 내가 불완전하거나 완벽히 틀린 것을 더 낫게 바꾸려는 싸움 없이 받아들인다는 의미가 아니다. 나는 치유법을 찾기 위해 주류인 사람들에게 접근하려고 했지만 의사와 그들이 준 약은 나를 훨씬 더 악화시킬 뿐 치료하지 못했다. 내가 할 수 있는 것은 건강을 되돌리기 위해 전력을 다하는 것뿐이었다.

첫 자세는 간단했다. 나는 바닥에 앉아서 인도식으로 다리를 꼬려고 노력했다. 엉덩이가 너무 조여서 무릎이 귀에 닿을 지경이었다. 균형을 잃고 뒤로 쓰러졌다. 다시 몸을 바로잡고 자세를 잡는 데 있는 힘을 다 써야 했다. 나는 10초나 15초쯤 자세를 유지하다가 다리를 폈다. 너무 고통스러웠기 때문이다.

하체의 모든 근육에 쥐어짜고 꼬집는 듯한 경련이 일었다. 모공에서 땀이 스며 나왔지만 잠시 휴식을 취한 후 다리를 접었다. 통증은 더 심해졌다. 같은 스트레칭을 1시간 동안 찔끔찔끔 따라 하자 천천히 몸이 풀리기 시작했다. 다음은 간단한 사두근 스트레칭이었다. 모두 중학교에서 배우는 것이다. 왼쪽 다리로 서서 오른쪽 다리를 구부려 오른손으로 발을 잡았다. 조가 옳았다. 내 사두근은 부피가 너무 크고 단단해서 강철선을 늘리는 것 같았다. 이번에도 통증이 10에서 7로 떨어질 때까지 자세를 유지했다. 이후 잠시 휴식을 취하고 반대쪽을 스트레칭했다.

그런 자세는 사두근을 이완하고 요근을 늘이는 데 도움이 되었다. 요근은 척추와 하체를 연결하는 유일한 근육이다. 요근은 골반

뒤쪽을 감싸고, 엉덩이의 움직임을 통제하며, 투쟁-도주 근육으로 알려져 있다. 알다시피 내 삶 전체는 투쟁 혹은 도주였다. 독성 스트레스에 빠진 젊은 시절, 나는 근육을 과도하게 움직였다. 전쟁은 말할 것도 없고, 세 번의 지옥주, 레인저 스쿨, 델타 포스 선발에서도 마찬가지였다. 그러나 근육을 풀기 위한 일은 전혀 하지 않았다. 이어 운동선수로 끊임없이 교감신경계를 자극하면서 아주 고된 운동을 하는 동안 요근은 계속 뻣뻣해졌다. 특히 장거리달리기에서의 수면 부족과 추운 날씨도 영향을 미쳤다. 이제 그것이 안에서 밖으로 나를 질식시키려 하고 있었다. 이후 그것이 내 골반을 비틀고, 척추를 압박하고, 결합 조직을 단단히 감쌌다는 것을 알게 되었다. 그 때문에 키가 2인치나 줄어들었던 것이다. 나는 최근에 조와 그 이야기를 했다.

"당신에게 일어나고 있던 일은 인구의 90퍼센트에 일어나는 일의 극단적인 버전이에요. 당신의 근육은 너무 단단해서 혈액이 잘 돌지 못했죠. 얼어붙은 스테이크 같았어요. 언 스테이크에는 피를 주입할 수 없잖아요. 그래서 기능이 멈춘 거예요."

싸움 없이는 놓여나올 수 없었다. 스트레칭을 할 때마다 불 속으로 뛰어드는 것 같았다. 내 경우에는 염증과 내부 경직이 너무 심했다. 아주 조금만 움직여도 통증이 느껴졌다. 사두근과 요근을 분리하는 긴 정지 자세는 말할 것도 없었다. 앉아서 나비 자세를 취하자, 고문은 더 심해졌다.

나는 그날 2시간 동안 스트레칭을 했다. 잠에서 깰 때 몸이 미친 듯이 아팠지만 다시 스트레칭을 하러 갔다. 둘째 날에는 꼬박 6시간 동안 스트레칭을 했다. 똑같은 세 가지 포즈를 반복해서 취한 후 무릎을 꿇고 앉았다. 사두근이 늘어나는 그 자세는 순수한 고통 그 자체였다. 종아리 스트레칭도 했다. 수업 시간마다 처음에는 몹시 힘들었지만, 한두 시간 후에는 통증이 완화될 정도로 몸이 풀렸다.

오래지 않아 하루 12시간을 할 정도로 스트레칭에 열중하게 되었다. 나는 오전 6시에 일어나 9시까지 스트레칭한 뒤 직장에서 일할 때, 특히 전화 통화를 할 때도 틈틈이 스트레칭을 했다. 점심시간이나 오후 5시에 집에 돌아와서도 잠자리에 들 때까지 스트레칭을 했다.

나는 목과 어깨에서 시작해 엉덩이, 요근, 둔근, 대퇴사두근, 햄스트링, 종아리로 이동하는 루틴을 만들었다. 스트레칭은 새로운 집착 대상이 되었다. 마사지 볼을 사서 요근을 풀었다. 닫힌 문에 70도 각도로 판자를 받쳐 종아리를 스트레칭하는 데 이용했다. 거의 2년 동안 몹시 고통스러웠는데, 몇 달 동안 스트레칭을 하고 나자 두개저의 결절과 엉덩이 굴근의 통증이 줄어들었고 전반적인 건강과 활력 수준이 높아졌다. 아직 유연함과는 거리가 멀었고 완전히 이전의 내 모습을 찾은 것은 아니었지만 갑상선 약 외에는 약을 모두 끊었고 스트레칭을 할수록 컨디션이 나아졌다. 몇 주 동안 하루 6시간 이상 스트레칭을 했다. 몇 달, 몇 년 동안. 지금도 스트레칭을 하고 있다.

나는 2015년 11월 수석 부사관Chief으로 해군에서 은퇴했다. 공군 TAC-P에 참여하고, 1년 동안 세 번의 네이비 실 지옥주를 거치고

(그중 두 번을 완료하고), BUD/S와 육군 레인저 스쿨을 수료한 최초의 군인이었다. 희비가 엇갈리는 순간이었다. 군은 내 정체성에서 큰 부분을 차지했기 때문이다. 군은 나를 형성시켰고, 나를 더 나은 사람으로 만들었으며, 내가 가진 모든 것을 주었다.

그때쯤 빌 브라운 역시 전역했다. 그는 나와 마찬가지로 불우한 환경에서 자랐고, 좋은 사람이 될 수 있는 여건이 아니었다. 그의 지적 능력을 의심한 교관들 때문에 첫 BUD/S 훈련에서 쫓겨나기도 했다. 현재 그는 필라델피아의 대기업에서 변호사로 일하고 있다. 괴물 브라운은 자신을 증명했고, 계속해서 증명해나가고 있다.

슬레지는 여전히 네이비 실 팀에 있다. 나와 처음 만났을 때 그는 대단한 술꾼이었지만 나와 함께 운동을 한 후 사고방식을 바꾸었다. 그는 달리기를 전혀 하지 않던 사람에서 마라톤을 뛰는 사람이 되었다. 자전거를 가지고 있지도 않던 사람에서 샌디에이고에서 가장 빠른 사이클리스트 중 하나가 되었다. 그는 여러 번 철인 3종 경기를 완주했다. 사람들은 쇠가 쇠를 단련한다고 말한다. 우리는 그것을 증명했다.

션 돕스는 네이비 실이 되지 못했지만 장교가 되었다. 그는 현재 해군 소령이고 여전히 운동을 몹시 잘한다. 그는 철인이고, 뛰어난 기량을 갖춘 사이클리스트이며, 해군 고급 다이빙 스쿨Advanced Dive School의 우등생이고, 이후에는 석사 학위를 취득했다. 이 모든 성공을 이룬 한 가지 이유는 그가 지옥주에서의 실패를 온전히 자기 것으로 만들었기 때문이다. 그것은 실패가 더 이상 그를 자기 것으로 만들지 못한다는 의미다.

SBG는 여전히 해군에 몸담고 있지만 더 이상은 BUD/S 후보생들을 훈련시키지 않는다. 그는 데이터를 분석해 해군 특수전을 그 어느 때보다 더 영리하고, 강하고, 효과적으로 만드는 일을 하고 있다. 그는 책상 앞에서 펜을 굴리는 지식인이다. 하지만 강한 힘을 갖춘 지식인이다. 나는 그가 체력적으로 절정에 있을 때 그와 함께했다. 그는 믿도 못하게 강하다.

버펄로와 브라질에서 보낸 어두운 나날 이후 어머니 역시 당신의 인생을 완전히 바꾸었다. 어머니는 교육학 석사 학위를 받고 내슈빌 의과대학에서 수석 부장으로 일한다. 그리고 시간이 날 때면 가정 폭력 방지 기구에서 자원봉사자로도 활동한다.

나는 스트레칭으로 기력을 되찾는 데 큰 도움을 받았다. 군에서 보내는 시간을 줄여가면서 재활하는 동안, 나는 응급구조사 면허를 갱신하기 위해 공부했다. 졸업장을 따기 위해 고등학교 때부터 갈고 닦은 손으로 쓰는 암기법을 다시 한번 이용했다. TEEX 소방 아카데미에 다녔고 우등으로 졸업했다. 결국 나는 달리기를 다시 시작했다. 이번에는 부작용이 전혀 없었다. 컨디션이 충분히 회복되자 나는 울트라 마라톤을 몇 번 시도했고 2016년 테네시의 스트롤링 짐 40마일러Strolling Jim 40-Miler와 버몬트의 인피니터스 88kInfinitus 88k에서 우승했다. 하지만 그것으로는 충분치 않았다. 그래서 몬태나의 산불 소방관이 되었다.

만약에, 가장 터무니없고 위대한 목표

2015년 여름 방화선 fire line (불이 번지는 것을 막기 위해 나무 등을 제거한 긴 띠 모양의 땅—옮긴이)에서 첫 시즌을 마친 뒤, 나는 내슈빌에 있는 어머니 집에 들렀다. 한밤중에 어머니의 전화가 울렸다. 어머니는 나와 마찬가지로 친구가 많지 않고 적절하지 않은 시간에 전화가 걸려오는 일이 없었다. 그 때문에 잘못 걸린 전화이거나 비상 상황, 둘 중 하나였다.

수화기 너머로 트루니스 주니어의 목소리가 들렸다. 나는 15년 넘게 그를 보지도 그와 이야기를 나누지도 않았다. 우리 관계는 그가 우리와 함께 견디는 대신 아버지 곁에 머물기로 선택한 순간 무너졌다. 나는 거의 평생 그의 결정을 용서할 수도 받아들일 수도 없다고 생각했다. 하지만 내가 말했듯 나는 변했다. 수년 동안 어머니는 굵직한 일을 알려주었다. 그는 결국 아버지와 그의 음침한 사업에서 발을 빼고, 박사 학위를 받고, 대학에서 행정 일을 하고 있었다. 좋은 아버지이기도 했다.

어머니의 목소리를 통해 뭔가 잘못되었다는 것을 알 수 있었다. 내가 기억할 수 있는 것은 어머니가 "정말 카일라가 맞니?"라고 물은 것뿐이다. 전화를 끊은 어머니는 형의 열여덟 살 난 딸이 인디애나폴리스에서 친구들과 어울리고 있었는데, 언젠가부터 지인의 지인들이 모여들었다고 했다. 그리고 시비가 붙었고, 누군가 총을 뽑았고, 총성이 울렸고, 10대 중 하나가 총에 맞았다.

전처의 전화를 받은 형은 공황 상태에서 차를 몰고 범죄 현장으로 달려갔다. 그러나 현장에 도착한 그는 노란색 테이프 밖에, 어둠 속에서 서 있어야 했다. 카일라의 차와 방수포 밑에 있는 시신이 보였지만 딸이 살아 있는지 말해주는 사람은 아무도 없었다.

어머니와 나는 바로 길을 나섰다. 나는 비바람 속에서 5시간을 달려 인디애나폴리스로 갔다. 우리가 진입로에 차를 댄 것은 형이 현장에서 돌아온 직후였다. 노란색 테이프 밖에 서 있던 그는 형사에게서 그의 휴대 전화에 찍힌 카일라의 시신 사진을 보고 딸의 신원을 확인해달라는 요청을 받았다. 사생활이나 존엄성에 대한 배려 따위는 없었다. 그런 것은 모두 뒤로 미뤄졌다. 그는 문을 열고 우리를 향해 몇 걸음 걸어왔다. 그리고 울음을 터뜨렸다. 어머니가 먼저 다가갔다. 나는 형을 끌어당겨 안았다. 우리 사이에 일어난 모든 일은 더 이상 문제가 되지 않았다.

부처는 생즉고生卽苦, 삶이 곧 고통이라고 말했다. 나는 불교도가 아니다. 하지만 그의 말이 어떤 의미인지는 안다. 당신도 그럴 것이다. 이 세상에 존재하기 위해서는 굴욕, 부서진 꿈, 슬픔, 상실과 씨름해야 한다. 그것이 당연한 것이다. 각각의 삶에는 나름의 고통이 있다. 다가오는 고통을 막을 방법은 없다. 당신은 그 사실을 잘 알고 있다.

이에 대응해서 우리 대부분은 고통에 무뎌지고 타격을 완화하는 방법으로 편안함을 추구하도록 프로그램되어 있다. 우리는 그런 믿음을 확인하기 위해 미디어를 소비하고, 각자의 재능에 부합하는 취미를 갖고, 싫어하는 일에는 가능한 한 적은 시간을 투자하려 노력한다. 그리고 그것은 우리를 나약하게 만든다. 우리는 스스로 상상하고 바라는 한계에 갇힌 삶을 산다. 그 틀 안에서 사는 것이 편안하기 때문이다. 나뿐 아니라 가까운 친구나 가족에게도 그렇다. 우리가 만들고 받아들인 한계는 그들이 우리를 보는 렌즈가 된다. 그들은 그 렌즈를 통해 우리를 사랑하고 인정해준다.

하지만 어떤 사람은 그런 한계를 굴레로 느낀다. 뜻밖의 순간에 우리 상상력은 그 벽을 넘어 꿈을 좇는다. 그때만은 그 꿈을 이룰 수 있을 것만 같다. 대부분의 꿈은 이룰 수 있기 때문이다. 우리는 영감을 받아 조금씩 변화를 일으킨다. 그리고 상처를 받는다. 족쇄를 부수고 우리가 스스로 인식한 한계를 넘어서는 데는 엄청난 노력(종종 육체적 노력도)이 필요하다. 위험을 무릅쓸 때면 자기 의심과 고통이 당신을 반긴다. 당신을 무릎 꿇게 할 가공할 괴로움의 조합들과 함께.

영감과 동기부여로 시작했던 대부분의 사람들은 이 시점에서 포기한다. 되돌아왔을 때 그들의 세포는 훨씬 더 작아지고 족쇄는 더 단단해진다. 여전히 벽 밖에 남아 있는 소수의 사람은 가장 큰 지원자라고 생각했던 사람들 때문에 더 많은 고통과 더 많은 의심을 마주한다. 3개월 안에 약 48킬로그램을 감량해야 했을 때 내가 이야기를 나눈 모든 사람은 그렇게 할 방법은 없다고 말했다. 모두가 너무 기대하지 말라고 했다. 그들의 나약한 대화는 스스로에 대한 내 의심에 불을 붙일 뿐이었다.

그러나 당신을 주저앉히는 것은 외부의 목소리가 아니다. 중요한 것은 당신이 자신에게 하는 말이다. 당신이 나누는 가장 중요한 대화는 자신과의 대화다. 당신은 자신과의 대화와 함께 일어나고, 그것과 함께 걷고, 그것과 함께 잠든다. 결국 당신은 자신과의 대화에 따라 행동한다. 그것이 좋은 것이든 나쁜 것이든.

자신을 가장 미워하고 의심하는 사람은 나 자신이다. 자기 의심은 삶을 개선하려는 모든 대담한 시도에 대한 자연스러운 반응이다. 머릿속에 의심이 피어나는 것을 막을 방법은 없다. 하지만 자기 의심과 외부의 모든 말을 중화할 수는 있다. '만약What if'이라고 물음으로써 말이다. '만약'이란 질문은 당신의 위대함을 의심하는 혹은 당신을 방해하는 모든 사람에게 날리는 엿이다.

그것은 부정성을 침묵시킨다. 그리고 가지고 있는 것을 모두 걸기 전까지는 당신이 무엇을 할 수 있는지 아무도 모른다는 것을 상기시킨다. 그것은 불가능한 것을 적어도 조금은 가능하게 느껴지도록 한다. '만약'은 곧 힘이고 허락이다. 당신의 가장 어두운 악마, 당신의 가장 참혹한 기억을 제압하고 그것들을 당신 역사의 일부로 받아들이게 할 힘이 있다면, 그런 허락이 떨어진다면? 그렇게 할 수 있다면 당신은 그것들을 연료로 사용해 가장 대담하고 가장 터무니없는 목표를 세우고 거기를 향해 나아갈 수 있을 것이다.

우리는 불안한, 질시하는 많은 사람이 있는 세상에서 살아간다. 그중에는 친한 친구도 있고 피를 나눈 가족도 있다. 실패는 우리를 겁먹게 한다. 그러나 성공도 마찬가지다. 우리가 한때 불가능하다고 생각되었던 것을 넘어서고, 한계를 넓히고, 더 나은 사람이 되면, 우리의 빛이 그들이 주위에 만들어놓은 벽에 반사된다. 당신의 빛 덕분에 그들은 자신이 갇힌 감옥, 스스로 만든 자기 한계의 윤곽을 확인하게 된다. 하지만 그들이 당신이 항상 믿어왔듯 정말 훌륭한 사람이라면, 그들의 질투는 진화할 것이고 곧 그들의 상상도 울타리를 뛰어넘을 것이며, 결국 그들도 더 나은 자신을 위한 변화를 맞이할 것이다.

이 책이 당신에게도 그런 역할을 할 수 있길 바란다. 당신이 바로 지금도 존재하는지조차 모르고 있던 빌어먹을 당신의 한계에 넘어서기 위해 전력을 기울이기를 바란다. 한계를 무너뜨리기 위한 노력에 기꺼이 임하기를 바란다. 당신이 기꺼이 변화하기를 바란다. 고통을 느낄 테지만 그것을 받아들이고, 견디고, 정신을 단련한다면 고통조차 당신을 파괴할 수 없는 시점에 이를 것이다.

열심히 스트레칭에 매달린 덕분에 마흔셋인 내 몸은 20대 때보다 더 나아졌다. 20대에는 항상 몸이 아팠고, 상처를 입었고, 스트레스를 받았다. 나는 계속 압박골절을 당하는 이유가 무엇인지 분석하지 않았다. 골절 부위에 테이프를 감는 것이 다였다. 무엇 때문에 몸과 마음이 병든 해법은 하나였다. 테이프를 감고 움직인다! 이제 나는 그 어느 때보다 똑똑해졌다. 그리고 여전히 노력을 기울이고 있다.

2018년 나는 산불 소방관 일을 하기 위해 산으로 돌아갔다. 3년 동안 현장에 나가지 않았고 이후 깔끔한 체육관에서 훈련하고 편안하게 사는 삶에 길들었다. 그것을 사치라고 부를 수도 있을 것이다. 콜로라도 416 산불이 시작되었을 때 나는 라스베이거스의 고급 호텔 방에서 전화를 받았다. 콜로라도 로키산맥의 산후안 줄기에서

2,000에이커(약 8.1제곱킬로미터, 245만 평)의 산불로 시작되었던 것이 5만 5,000에이커(약 223제곱킬로미터, 6,733만 평)의 기록적인 괴물로 커졌다. 나는 전화를 끊고 프로펠러기로 그랜드 정션에 도착한 뒤 산림청 트럭에 짐을 싣고 3시간 동안 차를 달려 콜로라도 듀랑고 외곽으로 갔다. 그러고는 녹색 노멕스Nomex(내열성 합성섬유의 일종으로, 불과 열기로부터 몸을 보호한다-옮긴이) 바지에 단추가 달린 노란색의 긴 팔 셔츠를 입고, 안전 고글과 장갑을 끼고, 산불 소방관이 가장 신뢰하는 무기인 만능 풀라스키Pulaski(방화선 설치나 뒷불 정리에 사용하는 산불 진화 도구로서 한쪽 날은 도끼처럼 나무를 절단하는 데 사용하며, 다른 쪽 곡괭이 면은 땅을 파고 뿌리를 절단하는 데 사용한다-옮긴이)를 들었다. 나는 풀라스키로 몇 시간이고 땅을 팔 수 있다. 그것이 우리가 하는 일이다. 우리는 물을 뿌리지 않고 견제를 전문으로 한다. 일렬로 땅을 파고 덤불을 없애서 불길이 지나는 길에 연료를 제거하는 것이다. 우리는 땅을 판 뒤 달리고, 달린 뒤 땅을 판다. 근육이 더 이상 말을 듣지 않을 때까지. 그 후에 그 모든 일을 다시 반복한다.

첫날 우리는 취약한 집 주변에 밤낮으로 방화선을 팠다. 약 1.6 킬로미터도 떨어지지 않는 곳에서 화염 벽이 다가오고 있었다. 나무 사이로 불길이 보였고 가뭄의 영향으로 건조한 숲에서는 열기가 느껴졌다. 우리는 거기에서부터 약 3킬로미터에 걸쳐 배치되어 45도 경사의 언덕에서 불에 타지 않는 광물질 토양에 이를 때까지 가능한 한 깊이 땅을 팠다. 한번은 나무가 쓰러졌고 팀원 하나를 8인치 차이로 비껴갔다. 그는 나무 때문에 죽을 뻔했다. 우리는 공기 속에서 연기 냄새를 맡았다. 전기톱 전문가는 죽은, 그리고 죽어가는 나무들을 계속 베어냈다. 우리는 덤불을 끌어모아 개울 바닥 너머로 끌어냈다.

우리는 일주일 동안 그런 식으로 18시간 교대 근무를 했다. 시급은 세전 12달러였다. 낮에는 기온이 섭씨 약 26.7도였고 밤이면 섭씨 약 2.2도였다. 근무가 끝나면 우리는 어디든 우리가 있는 곳에 매트를 깔고 야외에서 잠을 잤다. 그러고는 일어나서 일했다. 나는 6일 동안 옷을 갈아입지 않았다. 대부분은 나보다 최소 열다섯 살은 어렸다. 모두가 강인한 사람들이었고 내가 만난 어떤 사람들보다 열심히 일했다. 특히 여성들이 그랬다. 아무도 불평을 하지 않았다. 일을 마쳤을 때 우리는 괴물이 산 아래까지 내려오지 못하도록 막는 데 충분한 너비에 약 5.1킬로미터 길이의 방화선을 만들었다.

마흔셋 나이에 내 산불 소방 경력은 막 시작되고 있다. 나는 그들과 같은 강하고 지독한 놈들과 한 팀이 되는 것을 너무나 좋아한다. 내 울트라 마라톤 경력도 다시 시작될 것이다. 나는 지옥에 뛰어들고, 여전히 마라톤에 나가 달릴 만큼 젊다. 나는 지금 그 어느 때보다 빠르게 달리고 있다. 이제 발에는 테이프나 소품이 필요 없다. 서른셋에 나는 약 1.6킬로미터를 8분 35초의 속도로 달렸다. 현재 나는 아주 편안히 7분 15초에 달린다. 나는 아직 이런 새롭고, 유연하고, 온전히 기능하는 몸에, 그리고 새로운 나 자신에 익숙해지고 있는 중이다.

열정은 여전히 불타고 있다. 하지만 솔직히 분노를 이용하는 데는 조금 시간이 걸린다. 내 가슴과 머리를 압도하는 무의식적인 분노의 떨림은 이제 내 바탕화면에 진을 치고 있지 않다. 이제는 의식적으로 거기에 접근해야 한다. 하지만 일단 그렇게 하면 여전히 모든 난관과 장애, 가슴 아픈 기억과 고생을 어제 일처럼 느낄 수 있다. 내 팟캐스트나 동영상에서 내 열정을 느낄 수 있는 것은 그 때문이다. 분노가 아직 거기 있다. 흉터처럼 내 두뇌에 남아 있다. 그림자처럼 뒤를 따르면서 나를 통째로 삼키려 한다. 하지만 그 덕분에 나는 앞으로 나아갈 힘을 얻는다.

많은 실패와 성공이 내 앞에 펼쳐질 것이 분명하다는 것을 알고 있다. 그것이 어떤 실패이고 어떤 성공이든 계속해서 거기에 내 모든 것을 던질 것이고 가장 불가능해 보이는 목표를 세울 것이다. 불가능하다고 말하는 개자식들이 있으면 나는 그들의 눈을 똑바로 보고 말할 것이다.

"만약… 가능하다면?"

감사의 말

    이 책을 만드는 데 7년의 시간이 필요했습니다. 그 과정에는 여섯 번의 시도가 있었고 마침내 제 열정을 진심으로 이해하고 목소리를 제대로 담아내는 작가를 소개받았습니다. 많은 조각을 한데 모으고 제 이야기에 책으로서 생명을 불어넣기 위해 셀 수 없이 많은 시간을 투자해서 저와 제 빌어먹을 인생에 대한 모든 것을 배워준 애덤 스콜닉에게 감사를 전하고 싶습니다. 이 책의 진실함, 무방비함, 날것 그대로의 솔직함에 얼마나 자랑스러운지 말로 다 표현할 수 없습니다.

    제니퍼 키시, 뭐라 말씀을 드려야 할지 모르겠습니다. 많은 사람이 그런 말을 하곤 하지만 이건 정말입니다. 당신만이 이 과정을 거치는 것이 제게 얼마나 어려운 일인지 온전히 알 것입니다. 당신이 제 옆에 있어주지 않았다면 이 책은 존재하지도 않았을 것입니다. 당신이 책과 관련된 모든 업무를 돌봐주었기 때문에 저는 책 쓰는 일을 잠깐 멈추고 산불과 싸우러 갈 수 있었습니다. '내게 키시가 있다'는 것을 알기에 독립 출판이라는 배짱 있는 결정을 내릴 수 있었습니다! 제가 상당한 선금을 내건 제안을 거절할 만큼 자신이 있었던 것은 당신의 직업윤리 때문입니다. 당신이 출판사 전체가 하는 일을 해낼 수 있다는 것을 알았기 때문이죠! 제가 말씀드릴 수 있는 것은 감사하고 사랑한다는 것뿐입니다.

우리 어머니, 재키 가드너. 어머니, 우리는 정말 힘들고 힘든 인생을 살았습니다. 우리 두 사람 모두 자랑스러워할 수 있는 인생을요. 우리는 일으켜 세워줄 사람 하나 없이 너무 여러 번 바닥에 내팽개쳐졌죠. 우리는 어떻게든 일어설 방법을 찾았어요. 저를 걱정하고 제가 멈추기를 원할 때가 많았다는 것을 압니다. 그런 감정에 휘둘리지 않아주셔서 감사합니다. 그 때문에 저는 제 안에서 더 많은 것을 찾을 수 있었어요. 대부분은 어머니께 감사드린다는 말을 이런 식으로 하지 않겠죠. 하지만 어머니만은 이 메시지가 얼마나 강력한지 아실 겁니다. 굽히지 말고, 약해지지 말고 나아가기로 해요. 사랑합니다, 어머니.

나의 형, 트루니스. 우리 삶과 우리가 성장한 길은 한때 우리를 적으로 만들었지. 하지만 혼란이 찾아왔을 때 우리는 서로를 위해 그곳에 있었어. 결국 남은 것은 진정한 형제애였어.

애덤과 제게 이 책을 위한 인터뷰를 허락해주신 여러분께 깊은 감사를 드립니다. 사건에 대한 여러분의 기억은 제 인생이, 이런 일이 어떻게 펼쳐졌는지 정확하고 진실하게 묘사하는 데 큰 도움이 되었습니다.

내 사촌 데이미언, 너는 자라는 동안 항상 내가 가장 좋아했던 사람이었어. 너와 어울려 맹추 같은 짓을 하면서 나는 인생에서 좀 더 나은 시간을 보낼 수 있었다.

조니 니콜스, 브라질에서 자랄 때 우리 우정은 당시 내게 유일하게 긍정적인 부분이다. 내가 어린 시절 경험했던 어둠을 너만큼 잘 아는 사람은 없을 거야. 내가 너를 가장 필요로 할 때마다 그 자리에 있어주어서 고맙다.

커크 프리먼 선생님, 솔직한 태도를 보여주신 데 감사드리고 싶습니다. 선생님은 브라질에서 제가 경험한 어려움에 대해 고통스러운 진실을 기꺼이 이야기해주신 몇 안 되는 사람 중 하나였습니다. 저는 그 점에 대해 영원히 감사의 마음을 갖고 살 것입니다.

스콧 기어렌, 볼 수 있는 것은 암흑뿐이던 시기의 저에게 당신의 이야기와 당신이라는 존재 자체가 얼마나 도움이 됐는지 모르실 겁니다. 당신은 열네 살 아이에게 어떤 영향을 주었는지 모르시겠죠. 누가 당신을 지켜보고 있었는지 모르실 겁니다. PJOC 학교에서 그날부터 저는 당신을 지켜보게 되었습니다. 이렇게 오랜 세월이 흐른 후에야 당신의 우정에 감사드립니다.

빅터 페냐, 할 말이 너무나 많지만, 이것 하나만 말하겠습니다. 당신은 항상 든든하게 자리를 지켜주었고 항상 가지고 있는 모든 것을 주었습니다. 너무나 존경합니다, 나의 형제여.

스티븐 샬조, 당신이 아니었다면 이 책은 존재할 수 없었습니다. 당신은 해군 최고의 신병 모집관입니다. 저를 믿어주신 데 다시 한번 감사드립니다.

케니 빅비, BUD/S의 또 다른 '흑인'이 되어주어서 고맙다. 네 유머 감각은 언제나 적절했어. 내 형제, 굽히지 말고 굳세게!

백인 데이비드 고긴스, 빌 브라운에게. 가장 어려운 때 기꺼이 끝까지 가는 네 태도는 가장 어려운 때 나를 더 나은 사람으로 만들었다. 마지막 우리가 만났을 때 우리는 이라크에서 작전 중이었지. 나는 50구경을 너는 M60을 담당했어. 가까운 미래에 미국에서 만나길 바란다!

드루 시트, 세 번째 지옥주에 나와 함께 보트 맨 앞에 있어준 용기에 감사를 전하고 싶다. 그 망할 것이 얼마나 무거운지 아는 사람이 얼마나 되겠어! 백인 촌놈과 흑인이 이렇게 끈끈한 사이가 되리라고 누가 생각이나 했을까? 사람들 말이 맞았어. 반대는 끌린다!

션 돕스, 이 책에서 네가 한 일에는 엄청난 용기가 필요하지. 나는 독자들에게 나 자신을 드러내기로 했지만, 너는 그럴 필요가 없었어! 네 이야기를 공유할 수 있게 해줘서 고맙다는 말 외에 달리 무슨 말이 필요하겠어. 네 용기는 많은 삶을 바꿀 거야!

브렌트 글리슨, '언제나 처음처럼'이라는 말이 정말로 적용되는 몇 안 되는 사람 중 하나야. 이게 무슨 의미인지 아는 사람도 찾기 힘들 거야. 굽히지 말고 굳세게!

SBG, 당신은 내가 만난 첫 네이비 실입니다. 당신은 네이비 실에 대한 기준을 크게 높여놓았습니다. 세 번의 BUD/S 훈련 동안 저를 밀어붙여주셔서 감사드립니다. 심장박동 수 모니터링 교육도 감사했어요!

다나 드 코스터, 사람이 찾을 수 있는 최고의 수영 친구. 내 첫 소대에서 당신의 리더십은 최고였어요!

슬레지, 내가 말할 수 있는 건 이것뿐이야. 쇠를 단련하는 것은 쇠다! 매일같이 나와 목표를 향해 달려 준 몇 안 되는 사람 중 하나가 되어줘서, 더 나아지기 위한 과정에서 기꺼이 기호를 버리고 오해를 견뎌주어서 고맙다.

모건 러트럴, 2-5! 유마에 있는 순간부터 영원히 우리는 연결되어 있을 거야.

크리스 코스트먼, 당신은 알지 못하는 사이에 저로 하여금 완전히 다른 수준의 저 자신을 찾게 만들어주셨습니다.

존 메츠, 경험이 없는 저에게 레이스를 허락해주셔서 감사합니다. 그 이후로 제 인생은 완전히 바뀌었습니다.

크리스 로먼, 당신의 전문성과 세부적인 것에 대한 관심은 항상 저를 놀라게 했습니다. 지구상에서 가장 힘든 도보 경주에서 제가 3등을 하는 데 큰 부분을 차지한 것은 바로 당신입니다.

에디 로젠탈, 특수전 용사 재단을 위해 해주신 모든 지원과 놀라운 일에 감사드립니다.

송구스럽게도 오랫동안 함께 일할 기회를 주신 에드 윈터스 소장님. 소장님과 일을 한 덕분에 저는 항상 최선을 다할 수 있었습니다. 소장님의 지속적인 지원에 감사드립니다.

스티브 위즈 위소츠키, 정의는 승리했습니다. 감사드립니다.

호크, 네가 '13퍼센트'에 대한 이메일을 보냈을 때, 나는 우리가 같은 부류라는 것을 알았다. 너는 이 세상에서 설명 없이 나와 내 정신을 이해하는 몇 안 되는 사람 중 하나야.

슈렉켄가우스트 박사님, 저를 거기에 넣어주셔서 감사합니다. 그게 제 목숨을 구했을 수도 있습니다!

T, 날 밀어붙여주어서 고마워, 형제!

로널드 카발레스, 계속해서 솔선하면서 굽히지 말고 나아가길. 클래스 03-04 RLTW.

조 히펜스틸, 올바른 스트레칭 방법을 알려주셔서 감사합니다. 그 덕분에 정말로 제 인생이 바뀌었습니다!

라이언 덱스터, 75마일을 나와 함께 걸으며 내가 205마일까지 갈 수 있도록 도와줘서 고맙다.

키스 커비, 지난 몇 년간 보내주신 지원에 감사드립니다.

난도르 타마스카, 턱걸이 세계 기록을 위해 저와 제 팀에게 체육관을 사용하게 해주셔서 감사합니다. 당신의 환대와 친절, 지원은 절대 잊을 수 없을 것입니다.

댄 코트렐, 아무것도 기대하지 않고 주는 것은 정말 찾기 힘든 것입니다. 40대에 스카이다이버가 되겠다는 꿈을 이루게 해주신 데 감사드립니다.

프레드 톰슨, 올해 당신의 놀라운 팀과 함께 일할 수 있게 해주셔서 감사합니다. 당신과 당신 직원들을 통해 많은 것을 배울 수 있었습니다. 정말 존경합니다!

마크 아델먼, 첫날부터 팀의 일원이 되어주신 것, 모든 단계에서 조언을 아끼지 않으신 것에 감사드립니다. 올해 당신은 인식된 한계를 훨씬 넘어셨습니다. 당신의 모든 업적이 자랑스럽습니다!

브랜드파이어, 여러분의 천재적인 창의성에, davidgoggins.com

을 만들어주신 데 감사드립니다.

마지막으로 스크라이브 미디어의 훌륭한 팀에 진심 어린 감사를 전하고자 합니다. 터커 맥스와의 첫 연락부터 마지막까지, 그리고 그 사이 모든 접점에서, 당신과 당신 팀의 모든 구성원은 당신이 말한 그대로 기대 이상의 일을 해주셨습니다! 출판 매니저, 완벽한 전문가 엘리 콜, 뛰어난 마케팅 계획을 세우는 데 도움을 주신 자크 오브런트, 편집자 할 클리퍼드, 상상할 수 있는 가장 재능 있는 표지 디자이너 에린 타일러에게 진심 어린 감사를 표합니다.

옮긴이 이영래

이화여자대학교 법학과를 졸업했다. 현재 가족과 함께 캐나다에 살면서 번역에이전시 엔터스코리아에서 번역가로 활동하고 있다. 옮긴 책으로는『부의 추월차선 위대한 탈출』,『파타고니아, 파도가 칠 때는 서핑을』,『사업을 한다는 것』,『모두 거짓말을 한다』,『당신의 뇌는 변화가 필요합니다』,『제프 베조스, 발명과 방황』,『빌 게이츠 넥스트 팬데믹을 대비하는 법』,『세계미래보고서 2050』,『어떤 선택의 재검토』,『진화된 마케팅 그로스 해킹』등이 있다.

누구도 나를 파괴할 수 없다

초판 1쇄 발행 2023년 6월 28일
초판 3쇄 발행 2023년 7월 26일

지은이 데이비드 고긴스 **옮긴이** 이영래

발행인 이재진 **단행본사업본부장** 신동해
편집장 김예원 **책임편집** 김다혜
디자인 this‒cover **교정** 이정현
마케팅 최혜진 백미숙 **홍보** 허지호
제작 정석훈 **국제업무** 김은정 김지민

브랜드 웅진지식하우스
주소 경기도 파주시 회동길 20 웅진씽크빅
문의전화 031-956-7357(편집) 031-956-7129(마케팅)
홈페이지 www.wjbooks.co.kr
인스타그램 www.instagram.com/woongjin_readers
페이스북 www.facebook.com/woongjinreaders
블로그 blog.naver.com/wj_booking

발행처 ㈜웅진씽크빅
출판신고 1980년 3월 29일 제 406-2007-000046호

한국어판 출판권 ⓒ 웅진씽크빅, 2023
ISBN 978-89-01-27316-7 03190